suhrkamp taschenbuch 356

Stanisław Lem, geboren am 12. 9. 1921 in Lwów, lebt heute in Kraków. Lem, der während des Krieges der Widerstandsbewegung angehörte, arbeitete bis zur Befreiung Polens als Autoschlosser. Nach dem Krieg studierte er Medizin in Kraków. Nach dem Staatsexamen war er als Assistent für Probleme der angewandten Psychologie am *Konserwatorium Naukoznawcze* tätig. Privat beschäftigte er sich mit Problemen der Kybernetik, der Mathematik und übersetzte wissenschaftliche Publikationen. 1955 wurde Lem mit dem Goldenen Verdienstkreuz, 1959 mit dem Offizierskreuz der *Polonia Restituta* ausgezeichnet und erhielt 1973 den Großen Staatspreis für Literatur der VRP. Stanisław Lem ist Gründer der polnischen astronautischen Gesellschaft, war Mitglied der polnischen Gesellschaft für Kybernetik und gehört dem von der polnischen Akademie der Wissenschaften gegründeten Ausschuß *Polen 2000* an. Seit Januar 1973 liest Lem als Dozent am Lehrstuhl für polnische Literatur der Universität Kraków. Wichtige Veröffentlichungen: *Die vollkommene Leere* (1973), *Sterntagebücher* (1973), *Robotermärchen* (1973), *Das Hohe Schloß* (1974), *Der futurologische Kongreß* (1974), *Die Untersuchung* (1975), *Das Hospital der Verklärung* (1975), *Solaris* (1975), *Der Unbesiegbare* (1976), *Summa Technologiae* (1976), *Imaginäre Größe* (1976).

Stanisław Lem ist einer der meistübersetzten polnischen Gegenwartsschriftsteller und einer der bekanntesten SF-Autoren der Welt. *Nacht und Schimmel* bietet einen Querschnitt durch Lems Schaffen der letzten 15 Jahre und durch die Vielfalt seiner Ideen und Stilmodalitäten. Das Spektrum reicht von frühen Grotesken wie »Gibt es Sie, Mister Johns?« bis zur »Neuen Kosmogonie«, einer originellen Anwendung der Spieltheorie auf kosmogonische Probleme. Die Titelgeschichte zeigt Lem als Warner vor mißbräuchlicher Verwendung neuer Erkenntnisse. Den Höhepunkt bildet die Geschichte »Tagebuch«. Sie ist ein kybernetisch-philosophischer Exkurs, der den Leser zutiefst verunsichert, da er eine das anthropozentrische Denken verwundende und völlig originelle Deutung von Mensch und Gott darstellt. In »Tagebuch« gewinnen theologische Probleme in kybernetischer Verkleidung aktuellste Bedeutung; die Paradoxa dieser zwingend komponierten Erzählung erinnern an die besten Leistungen eines J. L. Borges.

Stanisław Lem
Nacht und Schimmel

Erzählungen

Phantastische Bibliothek
Band 1

Suhrkamp

Originaltitel: Stanisław Lem, *Opowiadania*.
Wydawnictwo Literackie: Kraków 1969.

Aus dem Polnischen von I. Zimmermann-Göllheim

suhrkamp taschenbuch 356
Erste Auflage 1976

Lizenzausgabe mit freundlicher Genehmigung
des Insel Verlags, Frankfurt am Main
Suhrkamp Taschenbuch Verlag

Druck: Ebner, Ulm · Printed in Germany
Umschlag nach Entwürfen von
Willy Fleckhaus und Rolf Staudt

Inhalt

Nacht und Schimmel

1.

»Das ist schon der letzte, oder?« – sagte der Mann in der Regenhaut.

Mit der Schuhspitze stupste er Erdklümpchen vom Wall hinunter auf den Grund des Trichters, worin unter den gebückten Gestalten mit den unförmigen Riesenköpfen die Azetylenflammen knatterten. Nottinsen wandte sich davon ab, um die tränenden Augen abzuwischen.

»Verdammt, ich habe die dunklen Gläser irgendwo verlegt. Der letzte? Hoffentlich. Ich halte mich kaum mehr auf den Beinen. Und Sie?«

Der Mann im glänzenden Mantel, woran feine Wassertröpfchen herabliefen, steckte die Hände in die Taschen.

»Ich bin das gewohnt. Schauen Sie nicht hin« – fügte der Mann hinzu, als er sah, daß Nottinsen wieder ins Innere des Trichters blickte. Die Erde dampfte und zischte unter den Brennern.

»Wenigstens die Gewißheit sollten wir haben« – brummte Nottinsen. Er blinzelte. »Wenn es hier so ist – können Sie sich vorstellen, wie es dann *dort* zugegangen sein muß?« Mit einer Kopfbewegung deutete er über die Landstraße hinaus, dorthin, wo über den umgestülpten Rändern des Kraters feinste Dampfstreifchen aufstiegen, violett erglühend im Strahl der selbst nicht sichtbaren Flammen.

»Da war er mit Sicherheit schon tot« – sagte der Mann im Regenmantel, drehte nacheinander beide Taschen nach außen um und schüttelte das Wasser heraus. Der feine Regen fiel immerzu.

»Er fand nicht einmal Zeit, zu erschrecken. Und spürte nichts.«

»Zu erschrecken?« sagte Nottinsen. Er wollte zum Himmel aufblicken, vergrub aber gleich den Kopf im Kragen, weil es so regnete. »Er?! Da haben Sie ihn nicht gekannt. Nun ja, freilich haben Sie ihn nicht gekannt« – besann sich Nottinsen. »Er hat daran vier Jahre gearbeitet; in jeder Sekunde dieser vier Jahre hätte das geschehen können.«

»Warum hat man ihm dann erlaubt, das zu tun?« – der Mann im nassen Mantel schielte mit gesenktem Kopf zu Nottinsen auf.

»Weil die nicht glaubten, daß es ihm gelingen werde« antwortete Nottinsen finster.

Die bläulichen, ätzend grellen Flammen leckten noch immerzu den Grund des Trichters.

»So?« sagte der andere Mann. »Ich... hatte das ein wenig im Auge, als das gebaut wurde« – er blickte zu dem mehrere hundert Meter weit entfernten, schwach rauchenden Krater hinüber. »Muß ein hübsches Sümmchen gekostet haben...«

»Dreißig Millionen« – räumte Nottinsen ein. Er trat von einem Bein aufs andere. Er hatte die Empfindung, die Schuhe seien durchnäßt. »Und? Was folgt daraus? Die hätten ihm dreihundert oder dreitausend gegeben, wenn sie die Gewißheit gehabt hätten...«

»Das hatte etwas mit Atomen zu tun, nicht wahr?« sagte der Mann im wasserdichten Mantel.

»Woher wollen Sie das wissen?«

»Hab' ich gehört. Im übrigen habe ich die Säule gesehen.«

»Die Feuersäule von der Explosion?«

»Und im übrigen, warum hätte man das sonst so weit weg gebaut, stimmt's?«

»Das hat er so gewünscht« – entgegnete Nottinsen. »Deshalb hat er allein gearbeitet – seit vier Monaten, seit es ihm gelungen ist...« Er schaute den anderen an, senkte den Kopf und setzte fort:

»Das sollte ärger werden als die Atome. Ärger als Atome!« wiederholte er.

»Was kann noch ärger sein als der Weltuntergang?«

»Man kann eine Atombombe abwerfen und aufhören« – sagte Nottinsen. »Aber eine Whisteria... Eine würde genügen! Das hielte dann niemand mehr auf! He, ihr dort!« rief er und beugte sich über den Trichter. »Nicht so schnell!!! Beeilt euch nicht so! Die Flamme nicht wegrücken! Jeder Zoll muß ordentlich ausgeglüht werden!«

»Es geht mich ja nichts an« – sagte der andere. »Aber... wenn das so etwas ist – was hilft dann ein bißchen Feuer?«

»Sie wissen, was das hätte werden sollen?« – fragte Nottinsen langsam.

»Ich verstehe nichts davon. Aldershot sagte, ich solle Ihnen helfen, mit der hiesigen Mannschaft. Und daß das... daß der dort an irgendwelchen Atombakterien gearbeitet hat, oder so etwas Ähnliches.«

»Ein Atombakterium?« Nottinsen begann zu lachen, aber er hörte sofort wieder auf. Räusperte sich und sagte: »Whisteria Cosmolytica – er hat das so benannt. Eine Mikrobe, die Materie vernichtet und aus diesem Prozeß die Lebensenergie bezieht.«

»Wo hat er das hergenommen?«

»Eine Abgeleitete aus gesteuerten Mutationen. Das heißt, er ist von existierenden Bakterien ausgegangen und hat sie allmählich der Einwirkung immer größerer Strahlungsdosen ausgesetzt. Bis er zur Whisteria gelangte. Sie existiert in zwei Zuständen. Als Dauerspore, unschädlich wie Mehl. Man kann mit ihr die Straßen bestreuen. Aber wenn sie zum Leben erwacht und anfängt, sich zu vermehren... dann wäre es aus.«

»Ja. Aldershot hat es mir gesagt« – bemerkte der andere.

»Was?«

»Daß sich das vermehren sollte und alles verschlingen. Mauern, Menschen, Eisen.«

»Das ist wahr.«

»Und daß sich das nicht mehr aufhalten ließe.«

»Ja.«

»Was soll so eine Waffe wert sein?«

»Daher ließ sie sich ja auch vorläufig nicht anwenden. Whister arbeitete daran, diesen Prozeß anzuhalten, ihn umkehrbar zu machen, verstehen Sie?«

Der Mann schaute zuerst auf Nottinsen, dann in die Gegend; vom ersten Abenddämmern umflort, in der Ferne kleiner und kleiner, reihten sich in konzentrischen Fronten die von Erdwällen gerahmten Trichter, woraus da und dort noch immer Dampfstreifen aufstiegen, und er antwortete nichts.

»Hoffen wir, daß keine davongekommen ist« – sagte Nottinsen. »Ich nehme nicht an, daß er etwas so Irrwitziges getan hätte, ohne die Gewißheit zu haben, er könne das rückgängig...« Er sprach zu sich selbst, ohne den Begleiter anzusehen.

»Waren das viele?« – erkundigte sich dieser.

»Dauersporen? Wie man's nimmt. In sechs Eprouvetten waren sie, in einer feuerfesten Kasse.«

»Dort bei ihm in diesem Arbeitszimmer im zweiten Stock?« – fragte der Mann.

»Ja. Dort ist jetzt ein Trichter, worin zwei Häuser Platz fänden« – sagte Nottinsen und schüttelte sich. Er schaute hinunter auf die flimmernden Flammen und setzte fort:

»Außer den Trichtern wird das ganze Gelände ausgebrannt werden müssen. Morgen früh kommt Aldershot an. Er hat mir versprochen, Militär aufzubieten; unsere Leute kommen allein nicht zu Rande.«

»Was braucht sie, um – anzufangen?« – fragte der Mann. Nottinsen sah ihn eine Weile an, wie ohne zu verstehen.

»Um sich zu aktivieren? Dunkelheit. In der Panzerkasse brannte Licht, da waren eigene Batterien von Akkumulatoren, für den Fall, daß der Strom ausfiele. Achtzehn Lampen, voneinander unabhängig, jede mit eigenem Stromkreis.«

»Dunkelheit? Sonst nichts?«

»Dunkelheit und – einen bestimmten Schimmelpilz. Die Anwesenheit dieses Schimmels war auch nötig. Er lieferte irgendwelche organische Katalysatoren. In dem Bericht an die Unterkommission hat Whister das nicht genau angegeben; die Papiere und alles hatte er unten, in seinem Zimmer.«

»Offensichtlich war er darauf nicht gefaßt« – sagte der Mann.

»Vielleicht war er eben gefaßt darauf« – brummte Nottinsen undeutlich.

»Denken Sie, daß das Licht ausging? Aber wo kam der Schimmel her? – sagte der Mann.

»Nein, nicht doch!« – Nottinsen machte große Augen. »Das waren nicht sie. Das ... sie ... sie vermehren sich völlig unexplosiv. Ruhig. Ich nehme an, er hat mit diesem großen unterirdischen Paratron gearbeitet; es handelte sich darum, eine Methode zu finden, um ihre Entwicklung zu stoppen, und dies dann in Bereitschaft zu haben, für den Fall ...«

»Eines Krieges?«

»Ja.«

»Und was hat er dort gearbeitet?«

»Das wissen wir nicht. Das hatte etwas mit Antimaterie zu tun. Denn die Whisteria ... sie vernichtet die Materie. Synthese von Antiprotonen, Einkapselung in ein Kraftfeld, Teilung – so sieht der Lebenszyklus der Whisteria aus.«

Beide schauten eine Weile schweigend auf die Leute, die unter ihnen arbeiteten.

Nacheinander erloschen die Flammen auf dem Trichtergrund. In der blaugrauen Dämmerung kletterten die Leute herauf, die biegsamen Kabelschläuche nachschleifend, riesig, in Asbestmasken, woran der Regen herunterfloß.

»Gehen wir« – ließ sich Nottinsen hören. »Ihre Leute sind auf der Landstraße?«

»Ja. Sie können beruhigt sein. Niemand kann durchfahren.«

Es regnete immer feiner, manchmal schien es so, als schlügen sich auf Gesichtern und Kleidern nur Tropfen vom Nebel nieder. Die beiden gingen durchs Feld, sie wichen zerschmetterten, verkrümmten und angebrannten Baumtrümmern aus, die im hohen Gras lagen.

»Bis hierher hat es das getragen« – der Mann, der neben Nottinsen ging, wandte sich um und blickte zurück. Aber da war nichts zu sehen als der graue, immer schneller nachdunkelnde Nebel.

»Morgen um diese Zeit haben wir es hinter uns« – sagte Nottinsen.

Sie erreichten schon die Landstraße.

»Und... der Wind kann das nicht weitergetragen haben?«

Nottinsen blickte den Begleiter an und sagte: »Ich denke, nein. Aller Wahrscheinlichkeit nach muß allein der Explosionsdruck alle zu Staub zermahlen haben. Denn das, was hier liegt« – er schaute auf das Feld – »das sind Überreste der Bäume, die dreihundert Meter vom Gebäude entfernt standen. Von den Mauern, von den Apparaten und sogar von den Fundamenten ist nichts geblieben – kein Krümelchen. Wir haben doch alles durch die Maschengitter gesiebt, Sie waren ja dabei.«

»Ja« – sagte der Mann im Mantel und sah Nottinsen nicht an.

»Na, eben. Was wir tun, das tun wir nur auf alle Fälle, um schon völlig gewiß zu sein.«

»Eine Waffe sollte das werden, oder?« – sagte der andere. »Wie hieß sie gleich? Wie haben Sie gesagt?«

»Whisteria Cosmolytica.« Nottinsen fror immer mehr, vergeblich versuchte er, den durchnäßten, durchweichten Mantelkragen aufzustellen. »Aber im Ministerium hatte sie einen Tarnnamen. Die lieben dort solche Tarnnamen, wissen Sie. ›Dunkelheit und Schimmel‹.«

2.

Es war kalt im Zimmer. Regentropfen rannen an den Scheiben hinab. Die Decke war auf der einen Seite weggerutscht, der Nagel hatte nachgegeben, so war ein Stück der kotigen Straße jenseits des Gartens zu sehen, und die Luftbläschen, die auf den Pfützen schwammen. Wie spät? Nach dem Grau des Himmels, nach den Schatten in den Zimmerecken und nach dem Druck in der Brust schätzte er die Uhrzeit. Er hustete lang. Er horchte, wie die Gelenke knackten, als er die Hosen anzog. Er brühte sich Tee auf, sobald der Teekessel und der Papiersack aus dem Zettelkram auf dem Schreibtisch hervorgefischt waren. Das Löffelchen lag auf dem Fensterbrett. Die heiße Flüssigkeit war herb und blaß, und er schlürfte sie laut. Als er Zucker suchte, fand er zwischen den Büchern den Rasierpinsel voll eingetrockneter Seife. Der war seit drei Tagen verschollen gewesen. Oder seit vieren? Mit dem Daumen prüfte er den Bart – die Stoppeln stachen noch wie Borsten, waren noch nicht weich.

Das Gebirge aus Zeitungen, Unterwäsche und Büchern neigte sich bedrohlich, endlich rutschte es mit sprödem Rascheln über die hintere Schreibtischkante hinab und verschwand. Ein Staubwölkchen stieg auf, so daß ihn die Nase nur so juckte. Er nieste langsam, mit Pausen, sog sich voll mit der belebenden Kraft des Niesens. Der Schreibtisch – wann hatte er den zum letzten Mal weggerückt? Eine eklige Arbeit. Vielleicht lieber fortgehen? Es goß.

Er schlurfte zum Schreibtisch, packte die Kante dicht bei der Wand, zog.

Es schütterte und staubte.

Er drückte aus aller Kraft, nur war er besorgt, er könnte das Herz spüren. – Wenn es sich rührt, lasse ich das sein – beschloß er. Eigentlich sollte es sich nicht rühren! Alles, was hinter die Schreibtischwand gefallen war, hörte auf, ihn zu kümmern; nun war das nur eine Kraftprobe, eine Probe der Gesundheit. »Ich bin noch ganz schön bei Kräften« – überlegte er mit Genugtuung, als er beobachtete, wie die dunkle Spalte zwischen Schreibtisch und Wand sich verbreiterte. Etwas, was sich dort verkeilt hatte, rutschte tiefer und rollte dann klirrend auf die Erde.

– Vielleicht das zweite Löffelchen, oder nein, eher der Kamm? – fragte er sich neugierig. Bloß daß der Kamm kein so blechernes Geräusch ergeben hätte. Vielleicht die Zuckerzange?

Die Dunkelheit zwischen dem rissigen Verputz und der schwarzen Schreibtischleiste klaffte schon handbreit. Er wußte aus Erfahrung: nun kam das Schwierigste, denn gleich mußte das Tischbein in einer großen Fußbodenspalte steckenbleiben. Schon passiert. Eingeschnappt. Einige Augenblicke lang kämpfte er mit der toten Last.

– Mit der Axt, mit der Axt an dieses Aas! – dachte er voll süßer Hingabe an den aufsteigenden Zorn, der ihn verjüngte. Er zerrte, obwohl er wußte: das war fruchtlos. Den Schreibtisch mußte man neigen und dann anheben, sobald man ihn ins Schaukeln gebracht hatte; denn an der Wandseite war ein Bein kürzer und pflegte herauszufallen. »Besser, es fällt nicht« – warnte die Vernunft. »Du wirst wieder von unten alles mit Büchern abstützen müssen, im Schweiße deines Angesichts die Nägel geradehämmern, das Tischbein mit dem Hammer hineinklopfen...« Aber er haßte diesen hartnäckigen Klotz schon gar zu sehr, den er so viele Jahre lang mit Papieren gefüttert hatte.

»Rindvieh!« – mit Ächzen brach dieses Wort aus ihm heraus; er konnte die Anstrengungen nicht mehr abstufen; erhitzt, den Geruch von Staub und Schweiß in der Nase, mit straff gespanntem Rücken kämpfte er gegen die leblose Last an, wackelte daran, und wie gewöhnlich in solchen Momenten, hatte er die schöne Empfindung, allein die erweckte Wut müsse das schwarze Trumm hochheben und wegstoßen, ohne die mindeste Anstrengung!

Das Tischbein hüpfte aus der Rille und rammte ihm die Zehen, er erstickte ein Schmerzstöhnen, zur Wut gesellte sich Rachsucht, mit dem Rücken lehnte er sich gegen die Wand, mit Händen und Knien schob er. Die schwarze Kluft wuchs, schon hätte er sich hineinzwängen können, aber er schob verbissen weiter, ein erster Lichtstrahl suchte die Trümmerstätte heim, die hinter dem Schreibtisch zum Vorschein kam, während dieser wie in Agonie knirschte und dann stillstand.

Er selbst aber ließ sich auf einen Haufen umgeworfener Bände sinken; wann sie im Lauf der Plackerei auf die Erde gepoltert waren, wußte er nicht. Er saß darauf eine Weile, und der Schweiß erkaltete ihm auf der Stirn. Er hatte sich doch auf etwas Bestimmtes besinnen wollen... aha, darauf, daß sich das Herz nicht gerührt hatte. Das war gut.

Die Höhle, die sich hinter dem Schreibtisch ins dichte Dunkel grub, war nicht sichtbar, bis auf ihre Ausmündung, worin es von weichem, flaumleichtem, aufstiebendem Lurch wimmelte. »Lurch« – so hießen die mausgrauen Knäuel, die Bäuschchen aus spinnwebfeinem Schmutz, die unter alten Schränken wuchern, sich in den Innereien der Sofas vermehren, verfilzt, samtig, durchsättigt von Staub.

Ohne Eile schickte er sich an, den Inhalt des eroberten Winkels zu untersuchen. – Was kann dort stecken? Er selbst fühlte sich wohl, obzwar er sich nicht erinnerte, warum er den Schreibtisch weggerückt hatte. Schmutzwäsche und Zeitungen lagen jetzt mitten im Zimmer; beim Schreibtischverschieben mußte er sie durch einen besinnungslosen Fußtritt dort hinüberbugsiert haben. Aus dem Sitzen verlagerte er sich nun auf alle viere, schob langsam den Kopf ins Halbdunkel vor, schirmte mit dem Körper das letzte bißchen Licht ab, sah überhaupt nichts mehr, sog Staub in die Nasenlöcher ein und nieste nochmals los, aber diesmal mit Erbitterung.

Dann zog er sich zurück, schneuzte sich lang, beschloß, den Schreibtisch so weit wegzurücken wie noch nie, tastete also die Rückwand ab, die warnend knackte, zielte dann, bückte sich und schob – und unvermutet leicht fuhr der Schreibtisch fast bis zur Mitte des Zimmers und warf dabei den Nachttisch um. Der Teekessel fiel herunter, und der Tee rann aus. Er aber versetzte dem Kessel einen Tritt. Kehrte dann zurück in die Mitte der offengelegten Schatzkammer. Bei jeder kleinsten Bewegung erhoben sich üppige Staubwolken von den kaum sichtbaren Parkettbrettchen, auf denen irgendwelche undeutliche Gebilde herumlagen. Er holte die Lampe, stellte sie neben sich auf den Waschtisch, schloß sie an den Stecker an und wandte sich um. Wo der Schreibtisch die Wand verdeckt hatte, war sie ganz mit Spinnwebstreifen bewachsen, die dunkle, stellenweise schnurdicke Geflechte bildeten. Aus einer vergilbten Zeitung drehte er sich einen Wedel zurecht und begann damit alles, was ihm unterkam, auf einen Haufen zu schaufeln, arbeitete mit angehaltenem Atem, in Staubschwaden, tief gebückt, und fand einen Ring von der Gardine, einen Haken, ein Stück eines Gürtels, eine Schnalle, verknittertes, aber ungebrauchtes Briefpapier, eine Streichholzschachtel und eine angeschmolzene Stange Siegellack; nun verblieb nur noch dicht an der Wand die Ecke zwischen den Fußbodenleisten, sie schien mit graustichigem Pelzhaar bedeckt, mit verfilzten Abfällen; unruhig stipste er das mit der Pantoffelspitze – und erschrak fast bis zur Verzückung: aus dem Loch im Pantoffel ragte ihm die große Zehe heraus, und gegen diese Zehe prallte etwas Kleines, Elastisches, er begann das zu suchen, aber er fand nichts.

– Es war nur Einbildung – dachte er.

Er schob einen Stuhl zum Schreibtisch, nicht den einen, dem ein Bein fehlte – den rückte er lieber nicht von der Stelle, sondern den zweiten, auf dem die Waschschüssel stand. Die stieß er hinunter, daß sie gellend klapperte; er lächelte, setzte sich und begann, die hinter dem Schreibtisch gefundenen Sachen zu untersuchen.

Vorsichtig blies er das graue Staubpulver weg. Das Messingringlein glänzte wie golden, er versuchte, es an den Finger zu stecken – zu groß. Den rostigen, gebogenen Haken, an dessen Spitze ein Mörtelklumpen haftete, hielt er sich dicht vor die Nase. Der Haken hatte die Ausdruckskraft eines Gegenstandes, der viel mitgemacht hat; oben war er abgeplattet, sichtlich hatte sich einst leidenschaftliche Wut daran ausgetobt; in den Hiebkerben an den Seiten waren winzige Eisenspäne ausgefranst, nun schon rostzerfressen und bei festerer Berührung zerbröckelnd. Die knollig abgestumpfte Spitze war sichtlich im Mauerwerk auf einen harten Gegner getroffen; so samt der Wurzel aus ihrer Höhlung gerissen, erinnerte sie den Betrachter an einen Zahn, und fürsorglich berührte er den einsam aus dem Zahnfleisch ragenden Stummel, wie um durch diese Bewegung dem Haken Mitgefühl kundzutun.

Er warf die übrigen gefundenen Sachen in die Schublade, drehte den Lampenschirm schräg, neigte sich über den Schreibtisch und schaute hinunter auf den Fußboden. Im gelben Lampenlicht starrte schwarz der abscheuliche Zottelpelz der Wand, und von den Schreibtischbrettern weg zogen sich schläfrig flatternde, funkelnde, zerrissene Spinnwebfäden. Auf dem Parkett in der Mitte lag, von Staub verschüttet, ein Umschlag von einem alten Brief, die Adressenseite mit der Marke nach oben; darunter aber steckte etwas, was den Rand leicht anhob. Etwas Kleines. Wie eine Nuß.

– Eine Maus! – Kaum hatte er das gedacht, und der Ekel würgte ihn schon an der Gurgel. Mit angehaltenem Atem, und ohne hinzuschauen, begann er den bronzenen Briefbeschwerer heranzuziehen, der schwer war wie ein Stück Eisen. Das Herz erstarrte in der Erwartung, es könnte zu spät sein, jeden Moment könnte eine grauenvolle Flucht als widerwärtiger grauer Spritzer unter dem Kuvert hervorstieben. Doch nichts geschah. Das Kuvert ruhte weiterhin leicht angehoben, die Lampe beleuchtete es, und nur die Spinnweben zitterten unablässig von eigenem regelmäßigem Leben. Er neigte sich noch weiter vor; schon platt auf dem Schreibtisch liegend, ließ er mit Schwung die Bronze fallen. Sie schlug weich auf das Kuvert auf, so, als drückte sie einen elastischen Gegenstand nieder, dann schwankte sie und platschte dumpf in einer grauen Staubwolke aufs Parkett.

Nun übermannte ihn die reinste Raserei von Ekel und Verzweiflung; ohne Besinnung, ohne Berechnung begann er alles auf das Kuvert hinabzuwerfen, was sich in Reichweite vorfand: die dicken Bände der Deutschen Geschichte, die Wörterbücher, eine leere, mit silbrigem Blech überzogene Tabakpackung – bis unter den träge flatternden Spinnwebfäden ein wirrer Stapel entstanden war. Doch auf dem Grund dieses Stapels erahnte er immer noch auf unfaßliche Weise aus den Aufprallgeräuschen diese unbezwingliche, lebendige, sich verteidigende Elastizität.

Beunruhigt bis zum Paroxysmus (denn instinktiv fühlte er: wenn er *das* nicht erschlüge, müßte sich dies rächen), schleppte er, vor Anstrengung stöhnend, die breite gußeiserne Aschenlade herbei, stieß mit dem Fuß den Bücherstapel weg und schleuderte sie mit übermenschlichem Kraftaufwand auf das aufgebauschte Eckchen Papier.

Da fühlte er, wie ihm etwas wie von ungefähr über die Beine schnalzte, die gleiche lebendige, warme Berührung, wie vorhin, und mit einem verstörten Schrei, der ihm die Kehle zersprengte, stürzte er blindlings zur Tür.

In der Diele war es weit heller als im Zimmer. Er hielt sich krampfhaft an der Klinke fest. Kämpfte gegen das Schwindelgefühl an. Maß mit den Blicken die aufgeklinkte Tür. Sammelte seine Kräfte für die Rückkehr in die Wohnung. Da erschien das schwarze Pünktchen.

Er bemerkte es erst, als er darauftrat. Es war kleiner als ein Stecknadelkopf; wie ein Körnchen sah es aus, als trüge ein träger Lufthauch dicht über dem Fußboden ein Krümelchen Staub oder Ruß mit sich fort. Die Fußsohle berührte die Bretter nicht; sie rutschte ab, oder eigentlich rollte sie ab, schien auf ein unsichtbares, federndes Bällchen zu treffen, das gleich zur Seite sprang. Er verlor das Gleichgewicht, hopste verzweifelt und fiel gegen die Tür. Stieß sich schmerzhaft den Ellbogen an. Rappelte sich auf. Schluchzte vor Aufregung.

»Ist ja nichts, mein Lieber, ist ja gut« – brummte er, als er von den Knien aufstand. Er zischte, versuchte das Bein zu regen – es war noch ganz. Er stand nun vor der Schwelle, mit verzweifelten Blicken überflog er die Umgebung. Und dicht über dem Fußboden, vor dem Hintergrund der aufgeklinkten Gartentür mit dem gleichmäßigen Regenrieseln dahinter, da gewahrte er auf einmal ein schwarzes Pünktchen. In der Ecke zwischen der Haustürschwelle und einer Ritze in den Brettern zitterte es sacht und kam allmählich zur Ruhe. Er bückte sich danach immer tiefer und stand schließlich da, wie mittendurch geknickt. Er schaute und schaute auf das schwarze Pünktchen, das ihm aus der Nähe ein wenig länglich vorkam.

– Eine Spinne auf so dünnen Beinchen, daß ich sie nicht sehen kann – folgerte er. Der Gedanke, was für fadenartige Beine das Geschöpf haben mußte, erfüllte ihn mit flauer Ungewißheit. Er förderte das Schnupftuch aus der Hosentasche zutage und hielt reglos inne. Er faltete es auf der flachen Hand zu einer Falle zusammen und zog unschlüssig die Hand zurück. Endlich senkte er das Tuch mit lose herabhängenden Zipfeln und näherte es der schwarzen Spinne. – Sie wird erschrecken und davonlaufen – dachte er. – Dann ist Ruhe.

Das schwarze Pünktchen huschte nicht fort. Die Tuchzipfel erreichten es nicht, fingerbreit darüber bogen sie sich um, als stießen sie auf ein sinnlich nicht wahrnehmbares Hindernis. Er fuchtelte mit dem Endchen Stoff, es faltete und warf sich kraftlos, schließlich wurde er dreister (vor der eigenen Tatkraft verschlug es ihm den Atem), und mit dem Schlüssel, den er schnell aus der Tasche zog, stach er auf das schwarze Pünktchen ein.

Er fühlte, wie seiner Hand der gleiche elastische Widerstand wie vorher begegnete, der Schlüssel krümmte sich ihm zwischen den Fingern, und das schwarze Pünktchen schoß dicht vor ihm in die Höhe, hüpfte nervös in senkrechten, erlöschenden, immer niedrigeren Sätzen und erstarrte schließlich wieder in der Ecke zwischen Schwelle und Fußbodenbrett. Er fand nicht Zeit, richtig zu erschrecken, so schnell spielte sich das ab.

Langsam, mit eingekniffenen Augenlidern, wie vor einer Pfanne mit hochbrutzelndem Speck, bedeckte er das schwarze Pünktchen mit dem flach ausgebreiteten Schnupftuch. Es senkte sich leicht und bauchte sich aus, als liege darunter ein Pingpongbällchen. Er hob die Zipfel, brachte sie einander listig näher und schlang plötzlich alle ineinander, – die kugelige Form war gefangen. Er stupste sie zuerst mit dem Schlüssel, dann mit dem Finger.

Sie war wirklich elastisch, unter Druck federte sie, aber je fester sie zusammengepreßt wurde, um so merklicher wuchs ihre Gegenwehr. Die Sache war leicht, das Tuch wog nicht mehr als ein leeres, zumindest war der Unterschied für ihn nicht spürbar. Er richtete sich auf den eingeschlafenen Beinen auf, stützte sich mit der freien Hand an der Wand ab und hinkte ins Zimmer.

Das Herz schlug ihm heftig, als er das verknotete Tuch unter die Lampe auf die Schreibtischplatte legte, die er vorher von allem Gerümpel gereinigt hatte. Er machte Licht und suchte die Brille; nach einigem Nachdenken scheute er keine Mühe, und schon in der zweiten durchstöberten Schublade fand er die Lupe, ein tassengroßes Vergrößerungsglas in brünierter schwarzer Fassung mit Holzgriff. Er zog sich den Stuhl heran, die aufgeschlagenen und wirr herumliegenden Bände aus dem Durchgang zur Seite schiebend, und begann vorsichtig, das Schnupftuch aufzuknüpfen. Nochmals unterbrach er sein Tun, stand auf, fand in dem Gerümpel beim Fenster die Käseglocke, die trotz dieses Sprungs auf der einen Seite als Ganzes noch dichthielt, und stülpte sie über das Tuch; nur die Zipfel ließ er herausragen, er zog daran, und es entfaltete sich langsam, ganz voll Flecken und Rotzspuren.

Er sah nichts. Er rückte mit dem Kopf immer näher, bis die Nase ans kalte Glas der Glocke stieß. Er schauderte bei dieser unvermuteten Berührung.

Das schwarze Pünktchen zeigte sich erst unter der Lupe. Vergrößert sah es wie ein winziges Getreidekorn aus. Es hatte eine hellere graustichige Ausbauchung am einen Ende, und am anderen zwei ganz feine, selbst durch die Lupe kaum wahrnehmbare grüne Tupfen. Er war nicht sicher, ob ihnen nicht das dicke Glas der Käseglocke, worin sich das Licht brach, diese Tönung verlieh. Er zog sacht an den Zipfeln und förderte das ganze Tuch unter der Käseglocke zutage. Dies dauerte wohl eine Minute. Und dann verfiel er auf eine bestimmte Idee. Er verschob die Glocke längs der Tischplatte, bis die gläserne Umrandung über die Schreibtischkante vorstand, und hielt mittels eines langen Drahtstücks ein vorbereitetes Streichholz hinein, nachdem er es im letzten Augenblick an der Schachtel gerieben hatte.

Ein Weilchen sah die Sache so aus, als wollte das Streichholz erlöschen; dann, als es stärker aufflammte, vermochte er es nicht in die richtige Richtung zu manövrieren; endlich gelang auch dies. Die gelbliche Flamme näherte sich dem schwarzen Pünktchen, das zwei Zentimeter über der Tischfläche schwebte, und begann plötzlich unruhig zu flackern. Er brachte die Flamme noch ein klein wenig näher, und sie krümmte sich, als schmiegte sie sich um eine unsichtbare Rundung, verblieb kurze Zeit so, sprühte ein letztes bläuliches Fünkchen und erlosch; nur das verkohlte Holz glomm noch eine Weile.

Er atmete auf, schob die Glocke wiederum unter den Lampenschirm und starrte lange Zeit reglos auf das schwarze Pünktchen, das sich im Inneren der Glocke um ein geringes bewegte.

»Ein unsichtbares Kugerl« – murmelte er. »Ein unsichtbares Kugerl.«

Er war fast glücklich, ohne es zu wissen. Die nächste Stunde verbrachte er damit, eine Untertasse voll Tinte unter die Käseglocke zu bringen. Ein ganzes System von Stäbchen und Drähten erwies sich als unerläßlich, um das untersuchte Gebilde im Bereich des Schüsselchens zu halten. An der Oberfläche der Tintenpfütze entstand an einer Stelle eine kaum merkliche Vertiefung, dort, wo offensichtlich die untere Wölbung der Kugel auftraf. Sonst geschah nichts. Alle Versuche, sie mit Tinte zu bemalen, schlugen fehl. Zu Mittag spürte er lästiges Saugen im Magen, er aß also die restliche Hafersuppe und die letzten zerbröckelten Kekse, die sich im Leinensäckchen fanden. Dazu trank er Tee. Wieder beim Schreibtisch angelangt, konnte er das schwarze Pünktchen nicht sofort wiederfinden und empfand heftige Angst. Er vergaß alle Vorsicht, hob die Glocke und tastete fieberhaft mit ausgebreiteten Armen die Schreibtischplatte ab wie ein Blinder. Auf einmal schmiegte sich ihm die kugelige Form ruhig zwischen die Finger. Fest schloß er die Hand, und so blieb er sitzen, beruhigt, voll Dankbarkeit, und murmelte leise vor sich hin. Seine Hand wurde warm von der unsichtbaren Kugel. Er spürte die Wärme, die ihr entströmte, er spielte immer kühner mit der gewichtslosen Form, rollte sie von einer Hand in die andere, und dann blieb sein Blick an etwas haften, was im Staub beim Ofen glitzerte – denn dort ergoß sich der Müll aus dem umgeworfenen Eimer. Es handelte sich um ein zerknülltes Blatt Stanniol von einer Tafel Schokolade.

Sofort machte er sich daran, die Kugel in die Folie zu wickeln. Das ging unverhofft leicht. Er beließ nur an zwei entgegengesetzten Punkten kleine, mit einer Stecknadel hergestellte Öffnungen, so daß er gegen das Licht nachprüfen konnte, ob sein winziger schwarzer Gefangener in der Mitte wirklich noch bei ihm sei.

Als er endlich aus dem Haus gehen mußte, um sich etwas zu essen zu kaufen, schloß er die Kugel unter der Käseglocke ein, und um schon ganz gewiß zu sein, beschwerte er sie noch und umbaute sie von allen Seiten mit Büchern.

Von nun an folgten herrliche Tage. Dann und wann versuchte er allerlei Experimente mit der Kugel, aber meist lag er im Bett und las seine Lieblingsstellen in alten Büchern. Unter der Decke zusammengeringelt, speicherte er die Wärme, so gut er konnte, streckte die Hand nur hervor, um umzublättern, und solchermaßen vertieft in die genauen Berichte über den Tod der Gefährten Amundsens im Eis oder in die düsteren Bekenntnisse Nobiles über Fälle von Kannibalismus nach der Katastrophe seiner polnahen Expedition, blickte er bisweilen zu der Käseglocke hinüber, worin die Kugel ruhig unter dem Glas glitzerte und ab und zu ein wenig die Stellung änderte, sich sacht von einer Glaswand zur anderen verlagerte, wie von einer unsichtbaren Kraft angestoßen.

Er hatte keine Lust, sich zu Mittag etwas Warmes einzukaufen oder zu kochen, also stopfte er sich mit Keksen voll, und wenn er ein wenig Holz hatte, röstete er sich Kartoffeln in der Aschenlade; abends tauchte er die Kugel in Wasser oder versuchte sie mit spitzen Gegenständen zu stechen; er schnitt daran sein Rasiermesser schartig, im übrigen ohne sichtbares Resultat. Und all dies dauerte so lang, bis an dieser Ruhe langsam etwas faul wurde. Er plante etwas Großes: den alten Schraubstock im Keller wollte er herauszerren, die Kugel in die Klemme nehmen und zusammendrücken, bis er an das schwarze Pünktchen in der Mitte gelangte; aber dies war mit so großen Beschwerlichkeiten verbunden (er hätte weiß Gott wie lang in altem Gerümpel und Eisenzeug wühlen müssen, und obendrein war er nicht sicher, ob er den Schraubstock würde schleppen können, den er vor drei Jahren hinuntergetragen hatte), so daß diese Idee im Reiche der Pläne verblieb.

Einmal erhitzte er die Kugel lang über dem Feuer, mit dem Ergebnis, daß er die Bodenfläche eines noch recht guten Kochgeschirrs durchbrannte. Das Stanniol dunkelte nach und vergloste, aber die Kugel selbst trug keinerlei Schäden davon. Er wurde allmählich ungeduldig, allerlei starke Mittel kamen ihm in den Sinn, denn er empfand immer festere Gewißheit, die Kugel sei unzerstörbar, und diese ihre Widerstandsfähigkeit stärkte seine Befriedigung. Eines Tages jedoch bemerkte er etwas, was ihm eigentlich schon weit früher hätte auffallen müssen.

Das Stanniol (ein neues Blatt, denn das alte war im Lauf der mannigfaltigen Experimente in Fetzen zerrissen) zerplatzte an mehreren Stellen zugleich, und in den Durchblicken zeigte sich das Innere. Die Kugel wuchs! Er erbebte ganz und gar, als er dies endlich begriff. Er hielt sie unter die Lupe, betrachtete lang das entblößte Innere, untersuchte es durch die doppelten Gläser, die er aus der untersten Schreibtischlade hatte ausgraben müssen, und war zuletzt sicher, daß er sich nicht getäuscht hatte.

Die Kugel wuchs nicht nur, sie änderte auch ihre Form. Sie war nicht mehr vollkommen rund, zwei sanfte Ausbauchungen schienen daran auf, etwas wie Pole, und das schwarze Pünktchen verlängerte sich so, daß sich dies nun sogar mit freiem Auge erkennen ließ. Hinter dem gekerbten Köpfchen, bei dem grünlichen Tupfenpaar, erschien eine schwach glitzernde Linie. Sie sproß langsam weiter, diese Bewegung war schwerer wahrzunehmen, als das Weiterrücken des Stundenzeigers einer Uhr, aber als die Nacht um war, konnte der Beobachter außer Zweifel feststellen, daß das Phänomen vorangeschritten war. Die Kugel war schon länglich, wie ein Ei mit zwei gleich dicken Enden. Das schwarze Pünktchen in der Mitte war deutlich angeschwollen.

In der nächsten Nacht weckte ihn ein kurzer, aber gewaltiger Klang, so, als wäre bei großer Kälte plötzlich eine massive Glasplatte zersprungen. Er klang ihm noch in den Ohren, als er aufsprang und barfuß zum Schreibtisch lief. Dort blendete ihn das Licht, er stand da, hielt die Hand vor die Augen und wartete verzweifelt, bis er etwas sah. Die Käseglocke war ganz. Scheinbar hatte sich darunter nichts geändert. Er suchte mit den Blicken das langgezogene schwarze Fädchen und fand es nicht. Als er es entdeckte, erstarb alles in ihm: so sehr war es geschrumpft. Er hob erschrocken die Glocke, und an den Handrücken schmiegte sich ihm etwas an. Tief gebückt näherte er das Gesicht der leeren Tischplatte, und schließlich sah er alles: Es waren zwei – beide erhitzt, als hätte man sie soeben aus heißem Wasser herausgenommen. In jeder saß ein winzig kleiner Kern, ein mattschwarzes Pünktchen. Ihn aber überkam unerklärliche Seligkeit, Ergriffenheit. Er zitterte nicht vor Kälte, sondern vor Erregung. Er legte beide auf die Hand, sie waren warm wie Kücken, er behauchte sie, ganz sacht, um die fast schwerelosen Körper nicht auf den Fußboden hinabzublasen, dann wickelte er jede Kugel sorgfältig in ein Blatt Stanniol und deckte die Käseglocke über beide. Lang stand er davor und suchte inbrünstig zu ergründen, was er noch für sie tun könnte, endlich kehrte er ins Bett zurück, mit heftig klopfendem Herzen, ein wenig bekümmert über die eigene Machtlosigkeit, aber ruhig und fast bis zu Tränen gerührt.

»Meine Kleinen...« – murmelte er und sank in süßen kraftspendenden Schlaf.

Nach einem Monat konnte die Käseglocke die Kugeln nicht mehr fassen. Nach einem weiteren Monat verlor er die Übersicht, er konnte sie nicht mehr zählen. Kaum hatten die schwarzen Kerne die üblichen Ausmaße erreicht, da begannen den Kugeln schon die Pole zu schwellen. Nur einmal gelang es ihm, im Augenblick der Teilung wach zu sein, die immer nachts erfolgte. Der Klang, der unter der Käseglocke hervordrang, betäubte ihn für lange Minuten, aber in noch größere Verblüffung versetzte ihn ein Aufblitzen, das einen Moment lang das ganze Zimmer aus der Dunkelheit auftauchen ließ, wie im Strahl eines winzigen Blitzes. Von alldem, was vorging, verstand der Beobachter nichts, aber durch das Bett hindurch spürte er, daß einen Moment lang der Fußboden erbebte, und durch Mark und Bein drang das Bewußtsein, daß dieses wuchernde Kleinzeug etwas unendlich Gewaltiges sei. Ein ähnliches Gefühl kam auf, wie angesichts eines überwältigenden Naturereignisses, so, als öffnete sich für eine Sekunde der Abgrund eines Wasserfalls, oder als ließe sich ein Erdbeben spüren; in diesem klirrenden momentanen Schnappen, dessen Echo die Hauswände noch einzusaugen schienen, hatte sich einen Sekundenbruchteil lang eine Kraft aufgetan und wieder verschlossen, die mit nichts zu vergleichen war. Die Angst währte nur kurz – am Morgen hielt er sie für ein Traumgespinst.

In der nächsten Nacht suchte er im Dunkeln zu wachen. Und zugleich mit der Welle der Erschütterung und dem dunklen Klang gewahrte er nun erstmals genau die zickzackförmige Strahlung, die das aufgequollene Ei entzweischnitt und so jäh verschwand, daß er nachher nicht wußte, ob er sich nicht etwa bloß getäuscht hatte.

Nicht einmal an den Schnee dieses Winters erinnerte er sich, so selten ging er aus, nur den kleinen Kaufladen hinter der Straßenbiegung mußte er doch manchmal aufsuchen. Im beginnenden Vorfrühling wimmelte das Zimmer von Kugeln, die er gar nicht alle einkleiden konnte: woher hätte er so viel Stanniol nehmen sollen? Überall trieben sie sich herum, mit den Füßen stupste er sie fortwährend, lautlos fielen sie vom Bücherregal, gerade auf den Fächern dort waren sie am besten zu sehen, durch das lange Liegen waren sie mit einer zarten Staubschicht überzuckert, die als feine matte Haut die Rundungen nachzeichnete.

Die stets neuen Abenteuer (er fischte Kugeln aus der Hafersuppe, aus der Milch, im Zuckersäckchen fand er welche, unsichtbar rollten sie aus den Gefäßen, wurden mit der Suppe gekocht), dieser Überfluß, der ihn umgab, begann ihn mit neuen Einfällen und mit leichter Unruhe zu erfüllen.

Der so unbändig anwachsende Schwarm kümmerte sich wenig um ihn. Er zitterte: irgendeine könnte in die Diele entwischen, und dann weiter, in den Garten, auf die Straße, wo Kinder sie finden könnten. Also stellte er ein ausreichend engmaschiges Drahtgitter vor die Schwelle, und mit der Zeit wurde das Ausgehen zu einer ganzen komplizierten Zeremonie: er durchstöberte der Reihe nach alle Taschen, schaute in den Hosenumschlägen nach, klopfte alles sicherheitshalber noch ein paarmal aus, öffnete und schloß die Tür nur langsam, damit die entstehende Zugluft nicht unversehens eine Kugel entführte, und je mehr es davon gab, um so stärker komplizierte sich alles.

Nur eine echte und große Unannehmlichkeit litt er durch dieses Zusammenleben voll vielfältiger Emotionen: es waren schon so viele Kugeln, daß sie sich fast unausgesetzt vermehrten, und der gewaltige klirrende Klang erscholl manchmal fünf- oder sechsmal in einer Stunde. Er weckte ihn nachts, daher begann er den Schlaf bei Tag nachzuholen, wenn Stille herrschte. Manchmal erfaßte ihn undeutliche Unruhe angesichts dieser Welle unerschütterlicher regelmäßiger Fortpflanzung, das Gehen wurde immer schwieriger, auf Schritt und Tritt entwichen unter den Sohlen hervor die unsichtbaren federnden Bällchen, verstreuten sich nach allen Seiten, und er erkannte, er werde demnächst in ihnen waten müssen, wie in tiefem Wasser. Wovon sie lebten, wovon sie sich ernährten, – darüber dachte er nicht nach.

Trotz des kalten Vorfrühlings mit häufigen Frost- und Schneeschauern heizte er längst nicht mehr. Das Kugelgewimmel spendete seine gleichmäßige Wärme der Umgebung. Noch nie war es im Zimmer so warm, so heimelig gewesen wie jetzt, da der Staub von spaßigen Sprungspuren und Wälzspuren wimmelte, als hätten da vor kurzem junge Kätzchen gespielt.

Je mehr Kugeln da waren, um so leichter gaben sie ihre Gebräuche zu erkennen. Man hätte meinen können, daß sie einander nicht mochten oder jedenfalls allzu nahe Nachbarschaft von ihresgleichen nicht duldeten. Denn bei jeder Annäherung verblieb zwischen ihnen eine dünne Luftschicht, die sich selbst bei beträchtlicher Kraftanwendung nicht wegdrücken ließ. Das sah er am besten, wenn er zwei in Stanniol gewickelte einander näherte. Mit der Zeit begann er die Überfülle wegzuräumen: er warf sie in die Blechwanne, und dort lagen sie nun unter einem Staubfilm wie ein Haufen von grobkörnigem Froschlaich, nur dann und wann erschütterte sie Bewegung von innen her, wenn sich eines der durchsichtigen Eier in zwei Nachkommen teilte.

Man muß gestehen, er hatte oftmals die merkwürdigsten Anwandlungen, so kämpfte er zum Beispiel lang mit sich selbst, solches Gelüst verspürte er, eines seiner Pflegekinder zu verschlukken! Zuletzt nahm er eine unsichtbare Kugel in den Mund, und dabei ließ er es bewenden. Er drehte sie sacht mit der Zunge und fühlte auf Gaumen und Zahnfleisch die federnde Rundung, die ein klein wenig Wärme ausstrahlte. Am Tag nach diesem Ereignis entdeckte er auf der Zunge einen oberflächlichen Bluterguß, doch brachte er die beiden Tatsachen nicht in Verbindung. Es kam aber immer öfter vor, daß er mit den Kugeln zusammen schlief und dann nicht begriff, wieso die Bezüge von Polster und Decke zu zerfallen begannen, die doch bisher so gut gedient hatten. Als wären sie plötzlich mürbe geworden! Zuletzt riß das Bettlaken schlechtweg in Fetzen, es hatte mehr Löcher als Leinwand an sich, er aber begriff noch immer nichts.

Einmal weckte ihn in der Nacht ein brennender Schmerz am Bein. Bei Licht sah er dann ein paar rötliche Flecken auf der Haut der Wade. Er entdeckte immer mehr, sie sahen aus wie verquollene Brandwunden. Die unsichtbaren Kugeln hüpften überall auf dem Bettzeug umher, als er sich wieder zurechtlegte, um weiterzuschlafen. Und dieses Bild stimmte ihn argwöhnisch, – die Kerne der Kugeln flirrten wie Flöhe.

»Was denn, zum Teufel, tut ihr den Papi beißen?!« flüsterte er vorwurfsvoll. Er blickte im Zimmer umher.

Der matte Widerschein der verstaubten Kugeln drang von

überallher zu ihm: sie bedeckten den ganzen Schreibtisch, lagen auf dem Fußboden, in den Regalen, im Kochgeschirr, in den Töpfen, – selbst in der Tasse in einem Restchen Tee flimmerte etwas Verdächtiges. Unfaßbare Angst ließ ihm das Herz in Sekundenschnelle loshämmern. Mit schlotternden Händen klopfte er die Decke und Deckenkappe aus, schwenkte das ausgebreitete Kissen mit hoch erhobenen Händen, warf alle Kugeln auf den Fußboden, besah nochmals fürsorglich die fladenhaften Rötungen an den Waden, wickelte sich in die Decke und löschte das Licht. Das Zimmer hallte alle paar Minuten von jenem Klang: er ähnelte einem metallischen Fanfarenton, den ein plötzlich zuschnappender Deckel unterbricht.

– Ist das denn möglich? Ist das möglich? – dachte indessen er.

»Ich schmeiß euch hinaus! Allesamt jag' ich euch fort auf die Straße! Marsch!« – verkündete er plötzlich flüsternd, denn die Stimme drang nicht durch die ausgedörrte Kehle. Maßloser Kummer würgte ihn, preßte ihm Tränen aus den Augen.

»Undankbare Biester!« – flüsterte er und lehnte sich an die Wand, und so, halb sitzend, halb liegend, schlief er ein.

Am Morgen erwachte er wie zerschlagen, mit dem Gefühl einer Niederlage, eines Unglücks. Mit den trüben Augen, mit all seinem Gedächtnis suchte er verzweifelt, was er denn gestern so Besonderes verloren habe. Auf einmal kam er zu sich, kroch aus dem Bett, stellte die Lampe auf den Stuhl und machte sich an die methodische Untersuchung des Fußbodens.

Es ließ sich nicht bezweifeln: deutliche Nagespuren zeigten sich darauf, so, als hätte jemand feine zerstiebende Tröpfchen einer unsichtbaren Säure darübergesprüht. Ähnliche Spuren, wenn auch in geringerer Zahl, sichtete er auf dem Schreibtisch. Besonders stark beschädigt waren die Stapel von alten Zeitungen und Wochenmagazinen: fast überall waren die obersten Blätter durchlöchert wie ein Sieb. Auch das Email an der Innenseite der Töpfe war mit seichten Ätzspuren übersät. Lang sah er entgeistert das Zimmer an, dann begann er die Kugeln einzusammeln. Im Eimer trug er sie zur Wanne, aber als diese schon weit bis über den Rand gefüllt war, schienen im Zimmer ebenso viele wie vorher zu liegen. Sie rollten an den Wänden entlang, er spürte die beunruhigende Wärme, wenn sich an seine Beine die Kugeln schmiegten. Sie waren überall. Matte Haufen in den Regalen, auf dem Tisch, in den Glasgefäßen, in den Winkeln – ganze Berge!

Er schlich benebelt und bekümmert umher, den ganzen Tag verlor er damit, sie von Ecke zu Ecke zu fegen, zuletzt füllte er sie teilweise in eine alte leere Kommode und atmete auf. In der Nacht schien die Kanonade heftiger als gewöhnlich zu klingen: der Holzvorbau der Kommode wirkte als großer Resonanzkasten, der dumpfe unheimliche Töne von sich gab, als schlügen die unsichtbaren Gefangenen von innen mit Glocken gegen die Wände. Tags darauf begannen die Kugeln über das Schutzgitter an der Tür hinwegzurieseln. Er trug Matratze, Decke und Kissen auf den Schreibtisch hinüber, bettete sich dort auf und saß dann mit untergeschlagenen Beinen auf dieser Lagerstatt. – Sofort hätte ich den Schraubstock holen müssen! – fiel ihm ein. – Was jetzt? Bei Nacht in den Fluß schütten?

Er entschied, dies werde das beste sein, aber laut wagte er diese Drohung nicht auszusprechen. Niemand sonst sollte die Kugeln haben, er aber wollte ein paar Stück behalten, mehr nicht. Trotz allem hing er an ihnen, nur daß sich jetzt Angst unter diese Zuneigung zu mischen begann. Ersäufen würde er sie alle, wie... junge Katzen!

Er dachte an die Schubkarre. Ohne sie käme er ja mit dem Abtransport gar nicht nach! Aber er versuchte sie nur anzuheben, wie sie da an der Wand in einer alten Grube festgefahren war, und trippelte wieder ins Haus. Schwach war er, sehr schwach. Er mußte das verschieben. Er beschloß, mehr zu essen.

Die Nacht war gräßlich. Müde, wie er war, schlief er trotz allem ein. Der erste metallische Klang weckte ihn, er setzte sich im Finstern auf, und vor ihm sprühte das ganze Zimmer kurze Zickzacklinien, aus der Schwärze tauchten für Sekundenbruchteile beleuchtete Ausschnitte aus den Wänden, den verstaubten Regalen, dem abgewetzten kleinen Teppich vor dem Bett; die Blitze vervielfachten sich im Glas der zitternden Gefäße; auf einmal schimmerte etwas matt durch den Bezug der Decke, mit der er sich zudeckte: also hier lauerte irgendeine tückisch versteckte Bestie! Angewidert schüttelte er sie ab.

Dieses irrwitzige Kindbett bot das Bild einer blitzdurchzuckten Landschaft, nur daß auf die winzigen Lichtblitze statt des Donners dieses Hämmern der Glocken folgte, das die Scheiben widerhallen ließ. Er schlief im Sitzen ein, an die Wand gelehnt. Kurz vor Tag erwachte er nochmals mit einem schwachen Aufschrei: eine Welle von blauem Gischt erhellte das Zimmer, überflutete es, die vervielfachten Zickzacklinien erreichten fast die Schreibtischplatte, und auf einmal erbebte der Schreibtisch und fuhr von der Wand weg: eine unsichtbare Kugel hatte ihn bei der Teilung weggestoßen. Er selbst aber fühlte die unerbittliche Kraft dieser Bewegung, und eisiger Schweiß überströmte ihn, er schaute mit hervorquellenden Augen auf das Zimmer, murmelte etwas – und schlief vor Erschöpfung nochmals ein.

Tags darauf erwachte er sehr geschwächt – so schwach, daß er kaum hinabklettern konnte, um den kalten bitteren Tee zu trinken, der ihm übriggeblieben war. Er zuckte zusammen, als er bis an den halben Leib in der weichen unsichtbaren Halde versank. So viele waren es, daß er sich kaum regen konnte. Mit größter Mühe drang er zum Tisch durch. Das Zimmer war von stickiger, erwärmter Luft erfüllt, als brenne darin ein unsichtbarer Ofen. Er aber fühlte sich sonderbar, er sank zu Boden, doch er fiel nicht, sie stützten ihn als elastische, federnde Masse, diese Berührung war so sacht, so weich, daß sie ihn mit unsäglicher Sorge erfüllte; der furchtbare Gedanke kam ihm in den Sinn, er habe vielleicht schon irgendeine mit der Hafersuppe verschluckt, eine kleinere, und in der nächsten Nacht werde sie sich in den Eingeweiden...

Er wollte flüchten. Fortgehen. Fortgehen! Er konnte die Tür nicht öffnen. Einige Zentimeter weit lüftete sie sich, und die elastische Masse, die federnd nachgab, hielt sie an und ließ sie nicht weiterrücken. Er wagte nicht gegen die Tür anzukämpfen, er fühlte, daß ihm schwindlig wurde. – Ich werde eine Scheibe einschlagen müssen – dachte er. – Aber wieviel wird der Glaser rechnen?

Schlotternd bahnte er sich den Weg zum Schreibtisch, kletterte hinauf und schaute stumpf ins Zimmer. Als grauer Nebel mit Pünktchen, als kaum wahrnehmbare schweigende Wolke umringten ihn die Kugeln von allen Seiten. Er war hungrig, aber er traute sich nicht mehr, hinabzusteigen. Er schloß die Augen und rief ein paarmal schwach, ohne Überzeugung: »Hilfe! Hilfe!«

Er schlief ein, bevor es dämmerte. In der einfallenden Dunkelheit belebte sich das Zimmer mit Blitzen und Geknall, das immer gewaltiger anwuchs. Von inneren Lichtblitzen durchleuchtet, vergrößerte sich die Masse, türmte sich, bauschte sich langsam nach oben, zitterte in feinen Erschütterungen. Von den Regalen, zwischen den weggedrängten Büchern hervor, hüpften und flogen im Bogen in blauem Gefunkel die erhitzten zuckenden Kugeln. Eine rollte ihm von oben auf die Brust, eine zweite berührte die Wange, die nächste heftete sich an die Lippen, immer mehr Kugeln bedeckten die Matratze rund um seinen zur Hälfte kahlen Schädel, blitzten ihm in die halbgeöffneten Augen, er aber erwachte nicht mehr...

In der nächsten Nacht, gegen drei Uhr morgens, fuhr auf der Straße zum Städtchen ein Lastauto vorbei. Es fuhr Milch in Kannen zu zwanzig Gallonen. Von der durchfahrenen Nacht ermüdet, nickte der Fahrer über dem Lenkrad. Das war die ärgste Stunde, da ließ sich die Schläfrigkeit einfach nicht abschütteln. Auf einmal vernahm er langgezogenes Gedröhn, das aus der Ferne herüberdrang. Instinktiv verlangsamte er die Fahrt, er sah jenseits der Bäume einen Zaun, dahinter einen dunklen verwilderten Garten und darin ein ebenerdiges Häuschen. In den Fenstern blitzte es.

– Ein Brand – dachte der Schofför, fuhr an den Straßenrand, bremste jäh und lief zur Gartenpforte, um die Bewohner des Hauses zu wecken.

Er hatte den mit Gras überwucherten Weg schon zur Hälfte zurückgelegt, als er sah, daß aus den Fenstern des Hauses, zwischen den Überresten eingedrückter Scheiben hervor, nicht Flammen strömten, sondern eine unentwegt klirrende und blitzende Schaumwelle, die immer breiter und weiter an den Wänden aufbrodelte; an den Händen und im Gesicht fühlte er weiche unsichtbare Berührungen, wie die Flügelschläge Tausender Nachtfalter; er meinte zu träumen – als ringsherum Gras und Gebüsch plötzlich von blauen Flämmchen wimmelten, als das linke Bodenfenster erglühte, wie ein weit geöffnetes riesiges Katzenauge, als die Haustür knirschte und krachend zerbarst – und er stürzte in blinder Flucht davon, und in den Augen zuckte ihm noch dieses Gebirge aus Laich, das mit langgezogenem Dröhnen das Haus zersprengte.

Der Freund

Ich erinnere mich noch gut, unter welchen Umständen ich Herrn Harden kennenlernte. Das war zwei Wochen, nachdem ich in unserem Klub Assistent des Ausbilders geworden war. Ich hielt das für eine große Auszeichnung, denn ich war das jüngste Klubmitglied, und der Ausbilder, Herr Egger, hatte mir sofort, als ich den ersten Tag in den Klub Dienst machen gekommen war, bekanntgegeben, ich sei intelligent genug und wisse gut genug Bescheid in dem ganzen Plunder (so hat er sich ausgedrückt), daß ich allein Dienst machen könne. Wirklich ging Herr Egger gleich von dannen. Ich sollte jeden zweiten Tag von vier bis sechs Dienst machen, den Klubmitgliedern technische Auskünfte erteilen und QDR-Karten ausgeben, gegen Vorweis der Legitimation mit den bezahlten Beiträgen. Wie gesagt, war ich sehr erfreut über dieses Amt, aber bald dämmerte es mir, daß man überhaupt nicht in der Funktechnik Bescheid wissen mußte, um meinen Pflichten nachzukommen, denn um Auskünfte bat kein Mensch. Ein gewöhnlicher Büroangestellter hätte also genügt, aber dem hätte der Klub etwas zahlen müssen, während ich ehrenamtlich Dienst machte und keinerlei Vorteile davon hatte, im Gegenteil sogar, wenn man die ewige Nörgelei der Mutter in Betracht zieht! Sie hätte mich lieber wie einen Stein zu Hause hocken gehabt, wenn sie Lust hatte, ins Kino zu gehen und mir die Kleinen am Hals zu lassen. Von zwei Übeln zog ich da schon den Dienst vor. Unser Lokal war dem Schein nach recht anständig. Die Wände waren von oben bis unten mit Funkverkehrskarten aus aller Welt und mit bunten Plakaten verhängt, so daß man die Sickerflecken nicht sah, und beim Fenster stand in zwei verglasten Schaukästen ein bißchen alte Kurzwellengerätschaft. Hinten war noch eine Werkstatt, umgebaut aus einem Badezimmer, ohne Fenster. Dort drinnen konnten nicht einmal zwei Leute auf einmal arbeiten, weil sie einander mit den Feilen die Augen ausgestochen hätten. Herr Egger hatte großes Vertrauen zu mir, wie er sagte, aber gar so groß war es wieder nicht, daß er mich mit dem Inhalt der Schreibtischschublade alleingelassen hätte, also hatte er alles herausgeräumt, was drinnen gewesen war, und mit nach Hause genommen; nicht einmal Schreibpapier hatte er mir hiergelassen, und ich mußte Blätter aus meinen eigenen Heften herausreißen.

Der Stempel stand mir zur Verfügung, obwohl ich Herrn Egger einmal zum Vorsitzenden sagen gehört hatte, man sollte den Stempel eigentlich an einem Kettchen in der Schublade befestigen. Ich wollte die Zeit nutzen, um einen neuen Apparat zu bauen, aber Herr Egger verbot mir, während der Dienststunden in die Werkstatt zu gehen, soll heißen, es könnte sich ja jemand durch die offene Tür einschleichen und etwas klauen. Dies hatte weder Hand noch Fuß, denn diese Apparate in den Glasschränken waren pures Gerümpel; das sagte ich Herrn Egger aber nicht, weil er meine Stimme überhaupt nicht gelten ließ. Jetzt sehe ich, daß ich viel zuviel Rücksicht auf ihn genommen habe. Er nutzte mich skrupellos aus, aber damals erfaßte ich das noch nicht.

Ich weiß nicht mehr, ob Mittwoch oder Freitag war, als Herr Harden zum ersten Mal auftauchte, aber letzten Endes ist das egal. Ich las gerade ein sehr gutes Buch und war wütend, denn es erwies sich, daß darin eine Unmenge von Blättern fehlte. Fortwährend mußte ich mir etwas selbst hinzudenken, und ich fürchtete, zum Schluß werde das Wichtigste fehlen, dann wäre die ganze Leserei umsonst gewesen, denn alles könnte ich mir ja doch nicht selbst denken! Da hörte ich jemanden anklopfen. Das war ziemlich merkwürdig, da die Tür immer sperrangelweit offenstand. Dieser Klub, das war früher eine Wohnung. Einer der Klubler hat mir gesagt, diese Wohnung sei zu elendig gewesen, als daß irgend jemand darin hätte stecken mögen. Ich rief »Herein«, und ein Fremder trat ein, den ich noch nicht gesehen hatte. Die Klubler kannte ich alle, wenn schon nicht namentlich, dann zumindest den Gesichtern nach. Er blieb bei der Tür stehen und schaute auf mich, und ich schaute hinter dem Schreibtisch hervor auf ihn, und so schauten wir einander eine Zeitlang an. Ich fragte, was er wünsche, und mir fiel ein, daß ich nicht einmal Einschreibformulare hatte – falls er dem Klub beitreten wollte –, denn Herr Egger hatte alle mitgenommen.

»Ist das der Klub der Kurzwellenamateure?« – fragte der Mann, obwohl das steif und fest an der Tür und am Haustor angeschrieben stand.

»Ja« – sagte ich. »Sie wünschen?« – fragte ich. Aber er schien das nicht zu hören.

»Und Sie ... Sie verzeihen ... Sie arbeiten hier?« – fragte er. Er tat zwei Schritte auf mich zu, etwa so, als stiege er auf Glas, und dann verneigte er sich.

»Ich habe Dienst« – entgegnete ich.

»Dienst?« – sprach er mir nach, als bedächte er das gründlich. Er lächelte, wischte sich das Kinn mit der Krempe des Huts, den er in der Hand hielt (ich erinnere mich nicht, jemals einen so schadhaften Hut gesehen zu haben), und immer noch ein klein wenig auf den Zehenspitzen, wie es schien, legte der Mann in einem Atemzug los, wie in Angst, ich könnte ihn unterbrechen:

»Aha, also Sie versehen hier den Dienst, ich verstehe, das ist so eine Würde und Verantwortung, in jungen Jahren bringt es heutzutage kaum jemand so weit, und Sie verwalten das alles hier, schau, schau« – dabei beschrieb er mit der Hand samt Hut eine Kreisbewegung, die das ganze Zimmer miterfaßte, so, als enthielte es Wunder was für Schätze.

»Gar so jung bin ich wieder nicht« – sagte ich, denn der Kerl begann mich schon ein wenig zu ärgern, – »und dürfte man vielleicht wissen, was Sie wünschen? Sind Sie Mitglied unseres Klubs?«

Das fragte ich mit Absicht, obwohl ich wußte, daß er dies nicht war – und wirklich wurde er verlegen, wischte sich wieder mit dem Hut übers Kinn, versteckte ihn dann plötzlich hinter dem Rücken und näherte sich mit drolligen Trippelschritten dem Schreibtisch. Ich hatte eine untere Schublade offenstehen, dort hinein hatte ich schnell das Buch gelegt, als ich das Klopfen gehört hatte, aber nun sah ich, daß ich diesen Störer nicht so leicht loswerden konnte, ich stieß die Schublade mit dem Knie zu, zog den Stempel aus der Tasche und machte mich ans Ordnen der blanken, zurechtgeschnittenen Zettel, damit der Mensch sehen sollte, daß ich meine Arbeit hätte.

»Oh! Ich wollte Sie nicht verletzen! Ich wollte nicht verletzen!« – rief er und dämpfte sofort die Stimme, während er sich unruhig nach der Tür umsah.

»Dann möchten Sie vielleicht sagen, was Sie wünschen?« – sagte ich trocken, denn ich hatte das satt.

Er stützte eine Hand auf den Schreibtisch, während er in der anderen hinter dem Rücken den Hut hielt, und beugte sich zu mir herüber. Jetzt erst erfaßte ich, daß der Mensch ganz schön alt sein mußte, wohl über vierzig. Das war von weitem nicht zu sehen, er hatte so ein schmales, nichtssagendes Gesicht, wie es manchmal diese Blonden haben, bei denen man die weißen Haare nicht merkt.

»Leider bin ich kein Klubmitglied« – sagte er, »Ich... wissen Sie, ich fühle wirklich gewaltige Hochachtung für Ihre Tätigkeit, auch für die der anderen Herren, aller Herren hier, aber leider, mir fehlt es an den Voraussetzungen! Immer dachte ich daran, das kennenzulernen, aber es ist mir leider nicht gelungen. Mein Leben – das ging so irgendwie dahin...«

Er verhaspelte sich und verstummte. Er sah aus, als wäre er dem Weinen nahe, mir wurde ganz dumm zumute. Ich sagte nichts, ich fing nur an, die leeren Zettel abzustempeln, ohne ihn anzusehen, obwohl ich spürte, daß er sich immer dichter über mich beugte und offensichtlich Lust hatte, auf meine Schreibtischseite herüberzugelangen. Aber ich tat, als wüßte ich davon nichts, und er begann lauter zu flüstern, wohl ohne daß ihm dies bewußt wurde:

»Ich weiß, daß ich Sie störe, ich gehe auch gleich fort... Ich habe eine... eine gewisse Bitte... Ich rechne mit Ihnen... Ich wage kaum, mit Nachsicht zu rechnen... Wer sich so einer wichtigen Arbeit, solch einem Gut uneigennützig widmet, für das allgemeine Wohl, der versteht mich – vielleicht... Ich bin nicht... ich wage zu hoffen...«

Ich war von diesem Geflüster schon ganz dumm und stempelte nur immerzu die Zettel, dabei sah ich mit Schrecken, daß sie mir im Nu ausgehen mußten, und ich konnte nicht gut die Augen in die leere Schreibtischplatte verbohren, ihn aber wollte ich nicht anschauen, weil der ganze Mensch einfach zerfloß.

»Ich möchte... ich möchte Sie bitten...« – wiederholte er wohl dreimal, »aber nicht um... das heißt... um eine Gefälligkeit, um Hilfe. Daß Sie mir eine verhältnismäßig geringe Sache leihen – aber zuerst muß ich mich vorstellen: Harden heiße ich... Sie kennen mich nicht, du lieber Gott, klar, woher sollten Sie mich auch kennen...«

»Aber Sie kennen mich?« – fragte ich, dabei hob ich den Kopf nicht und hauchte aufs Stempelkissen. Harden erschrak so, daß er längere Zeit nicht imstande war, zu antworten.

»Zufällig« – murmelte er endlich. »Zufällig sah ich Sie manchmal, da ich... da ich hier zu tun hatte, in dieser Straße, in der Nähe, nebenan, das heißt – nicht weit von diesem Haus... Aber das hat nichts zu bedeuten.« Er redete hitzig, als wäre ihm ganz unerhört daran gelegen, mich zu überzeugen, daß er die Wahrheit spreche. Mir sauste von alledem schon der

Kopf, Harden aber setzte fort:

»Meine Bitte, scheinbar geringfügig, aber ... Ich wollte Sie bitten, natürlich mit sämtlichen Sicherheiten, mir eine kleine Sache zu leihen. Das wird Ihnen keine Mühe machen. Es handelt sich ... es handelt sich um Draht. Mit Steckern.«

»Was sagen Sie da?« – fragte ich.

»Draht mit Steckern!« – rief er, sich fast ereifernd. »Nicht viel ... einige ... einige zehn Meter, und Stecker ... acht ... nein, zwölf, so viele, wie Sie gestatten. Ich gebe das gewiß zurück. Wissen Sie, ich wohne in derselben Straße wie Sie, auf Nummer acht ...«

»Woher wissen denn Sie, wo ich wohne?« – wollte ich fragen, aber im letzten Moment biß ich mir noch auf die Zunge und sagte nur in möglichst gleichgültigem Ton:

»Hier ist keine Drahtleihanstalt, mein Herr. Im übrigen, ist das so eine große Sache? Das bekommen Sie ja in jeder Elektrohandlung.«

»Ich weiß! Ich weiß« – rief Harden. »Aber Sie müssen mich verstehen! So hereinzukommen, wie ich ... hier ... das ist eine wahre Last, aber mir bleibt kein Weg. Diesen Draht habe ich ungemein nötig, er ist eigentlich nicht für mich, nein, Er ist ... er ist für jemanden bestimmt. Dieser ... diese ... Person ... ist ohne ... Mittel. Das ist mein ... Freund. Er hat ... nichts« – sagte Harden, wieder mit diesem Gesichtsausdruck, als werde er gleich weinen. »Ich bin derzeit leider ... Solche Stecker werden nur dutzendweise verkauft, wissen Sie. Bitte, Sie in ihrer Großmut können vielleicht ... Ich wende mich an Sie, denn ich habe keinen, kenne niemanden ...«

Er verstummte und sagte eine Zeitlang gar nichts, er keuchte nur, wie in furchtbarer Ergriffenheit. Ich war von alldem schon ganz verschwitzt und wollte nur eins: ihn loswerden – für diesmal. Ich hätte ihm diesen Draht ganz einfach verweigern können, dann wäre alles zu Ende gewesen. Aber ich war gespannt. Im übrigen wollte ich Harden vielleicht auch ein bißchen helfen, weil er mir leid tat. Ich wußte noch nicht recht, was ich von der Sache denken sollte, aber ich hatte in der Werkstatt eine eigene alte Spule, mit der ich tun konnte, was mir gefiel. Bananen hatte ich zwar nicht, aber auf dem Tischlein lag ein ganzer Haufen. Niemand rechnete darüber ab. Sie waren freilich nicht für Fremde bestimmt, doch ich dachte, einmal könne ich schließlich eine Ausnahme machen.

Ich sagte: »Warten Sie«, ging in die Werkstatt und holte Draht, Zange und Bananenstecker.

»Ist Ihnen solcher Draht recht?« – fragte ich. »Anderen Draht kann ich Ihnen nicht geben.«

»Wahrhaftig – ich, ich, denke, der wird genau richtig sein...«

»Wieviel brauchen Sie? Zwölf? Vielleicht zwanzig Meter?«

»Ja! Zwanzig! Wenn Sie so freundlich sind...«

Ich bemaß nach dem Augenmaß etwa zwanzig Meter, zählte die Stecker ab und legte sie auf den Schreibtisch. Harden steckte alles ein, und mir kam plötzlich in den Sinn, wieviel Krawall Herr Egger im Klub schlüge, wenn er von diesen Bananen erführe. Mir würde der Mensch natürlich nichts sagen, ich durchschaute ihn: ein Intrigant und Pharisäer, und im Grunde genommen inwendig feige. Herr Harden trat vom Schreibtisch zurück und sagte:

»Junger Herr... Sie verzeihen... mein Herr, Sie haben eine wahrhaft gute Tat vollbracht. Ich weiß, meine Taktlosigkeit... und die Art, wie ich hierher zu Ihnen... das kann einen unzutreffenden Eindruck hervorgerufen haben, aber ich versichere Ihnen, ich versichere, das war sehr nötig! Es handelt sich um eine Angelegenheit zwischen ehrlichen, guten Menschen. Ich verstehe es Ihnen gar nicht zu erklären, wie schwer es mich ankam, hierherzukommen, aber ich hoffte – und habe mich nicht getäuscht. Das ist tröstlich! Das ist sehr tröstlich!«

»Soll ich das als Leihgabe betrachten?« – fragte ich. Mir ging es hauptsächlich um den Rückgabetermin. Für den Fall, daß er entfernt sein sollte, hatte ich beschlossen, die entsprechende Anzahl eigener Stecker zu bringen.

»Natürlich, das ist nur eine Leihgabe« – entgegnete Harden und richtete sich mit einer Art von altväterlicher Würde hoch auf. Den Hut legte er aufs Herz. – »Ich, das heißt, ich bin da unwichtig... Mein Freund wird Ihnen gewiß dankbar sein. Sie... Sie können sich gar nicht vorstellen, was das bedeutet: Seine Dankbarkeit... Ich nehme sogar an, daß...«

Er verneigte sich vor mir.

»Ich gebe alles binnen kurzem zurück – mit bestem Dank. Wann, das kann ich Ihnen leider im Augenblick nicht sagen. Ich melde mich, wenn Sie gestatten. Sie sind – verzeihen Sie – jeden zweiten Tag hier?«

»Ja« – sagte ich. »Montags, mittwochs und freitags.«

»Und könnte ich einmal – irgendwann einmal...« – begann

Herr Harden sehr leise. Ich blickte rasch auf ihn, und das verstörte ihn offenbar, denn er sagte nichts mehr, sondern verneigte sich nur vor mir, einmal mit bloßem Kopf und noch einmal mit Hut, und ging fort.

Ich blieb allein und hatte noch fast eine Stunde Zeit, aber ich versuchte bloß zu lesen, und legte gleich das Buch weg, weil ich nicht einen Satz verstehen konnte. Dieser Besuch, dieser Mensch hatte mich ganz durcheinandergebracht. Er sah aus wie ein rechter Hungerleider; das Oberleder seiner Schuhe hatte zwar vor Sauberkeit geglänzt, aber es war so vielfach aufgeplatzt, ganz jämmerlich war das anzusehen. Die Rocktaschen hingen ihm herab, als trüge er darin ständig irgendwelche schwere Gegenstände. Darüber weiß ich mein Teil zu sagen. Zwei Umstände gaben mir am meisten zu denken, beide hingen mit mir zusammen. Zuerst hatte Herr Harden gesagt, er kenne mich vom Sehem, weil er in der Nähe des Klubs etwas zu erledigen gehabt habe; letzten Endes konnte das ja zufällig vorgekommen sein, wenn mir auch diese Verängstigung merkwürdig schien, womit Herr Harden mir das erläutert hatte. Zweitens: Er wohnte in derselben Straße wie ich. Da waren schon gar zu viele Zufälle. Gleichzeitig lag es für mich auf der Hand, daß er kein solcher Mensch war, der seinem Charakter nach zu doppeltem Spiel und zu komplizierten Lügen fähig wäre. So überlegte ich, und interessanterweise dachte ich ganz zuletzt erst darüber nach, wozu er eigentlich diesen Draht benötigte. Ich wunderte mich sogar ein bißchen, daß ich darauf erst so spät verfiel. Herr Harden sah gar nicht, ganz und gar nicht wie ein Mensch aus, der Erfindungen macht, oder auch nur zum Vergnügen bastelt. Im übrigen hatte er gesagt, dieser Draht sei nicht für ihn, sondern für einen Freund. All das fügte sich mir überhaupt nicht zusammen. Am nächsten Tag ging ich nach der Schule das Achterhaus ansehen. Hardens Name schien wirklich in der Hausliste auf. Ich ließ mich in ein Gespräch mit dem Hausbesorger ein, wobei ich aufpaßte, um keinen Verdacht bei ihm zu erregen. Ich erfand eine ganze Geschichte, soll heißen, ich hätte dem Neffen von Herrn Harden Nachhilfestunden zu geben, daher interessiere es mich, ob er zahlungsfähig sei. Wie mir der Hausbesorger erzählte, arbeitete Herr Harden in der Innenstadt bei irgendeiner großen Firma, fuhr um sieben zur Arbeit und kam um drei zurück. In letzter Zeit hatte sich das insofern geändert, als er angefangen hatte, immer später nach Hause zu kommen, und manchmal erschien er sogar überhaupt nicht für die Nacht. Der Hausbesorger hatte ihn danach sogar ganz nebenher gefragt, und Herr Harden hatte ihm gesagt, er verschaffe sich Überstunden und Nachtarbeit, weil er für die Feiertage Geld brauche. Jedoch ließ sich nichts davon bemerken – soweit die Folgerungen des Hausbesorgers –, daß diese angestrengte Arbeit Herrn Harden viel eingetragen hätte, denn wie er vorher gewesen war, arm wie eine Kirchenmaus, so blieb er auch, in letzter Zeit aber war er mit der Miete im Rückstand, beging die Feiertage überhaupt nicht und ging nicht ins Kino; der Hausbesorger wußte leider nicht, wie die Firma hieß, bei der Herr Harden arbeitete. Ich zog es auch vor, den Mann nicht gar zu lang auszuholen, so daß mir diese Befragung eigentlich nicht übermäßig reiche Beute eintrug.

Ich muß zugeben, daß ich ungeduldig den Montag erwartete, denn irgend etwas sagte mir, dies sei der Anfang irgendeiner wunderlichen Angelegenheit, wenn ich mir auch nicht vorstellen konnte, worum es sich dabei handeln mochte. Ich versuchte mir allerlei Möglichkeiten auszumalen, zum Beispiel, daß Herr Harden Erfindungen mache oder Spionage betreibe, aber das paßte absolut nicht zu seiner Person. Ich bin überzeugt, daß er eine Diode nicht von einer Pentode hätte unterscheiden können, er war auch der letzte in der Welt, der sich für einen Auftrag eines fremden Geheimdienstes geeignet hätte.

Am Montag erschien ich etwas früher zum Dienst und wartete zwei Stunden lang mit wachsender Ungeduld. Harden kam, als ich mich schon zum Gehen anschickte. Er trat gewissermaßen feierlich ein, verneigte sich vor mir von der Schwelle aus und reichte mir erst die Hand, dann ein kleines, ordentlich in weißes Papier gewickeltes Paket.

»Guten Tag, junger Herr, Ich freue mich, Sie anzutreffen« – sagte er. »Ich möchte Ihnen für Ihre Güte danken. Sie haben mir aus einer höchst beschwerlichen Lage herausgeholfen.« Er sagte das alles steif und so, als ob er es sich vorher zurechtgelegt hätte. »Hier ist alles, was Sie mir freundlicherweise geliehen haben« – er wies auf das Paket, das ich auf den Schreibtisch gelegt hatte. Wir standen beide. Herr Harden verneigte sich nochmals vor mir und machte eine Bewegung, als wollte er fortgehen – aber er blieb.

»Nicht der Rede wert, das war eine Lappalie« – sagte ich, um ihm das Weiterreden zu erleichtern. Ich dachte, er werde hitzig widersprechen, aber er sagte nichts, sah mich nur finster an und wischte sich ein paarmal mit der Hutkrempe übers Kinn. Ich bemerkte, daß der Hut angelegentlich saubergeputzt war, freilich hatte das nicht sehr viel Wirkung.

»Wie Sie wissen, bin ich nicht Klubmitglied...« – sagte Harden. Plötzlich trat er zum Schreibtisch, legte den Hut darauf und äußerte sich mit gedämpfter Stimme:

»Ich wage es gar nicht, Sie nochmals zu bemühen. Sie haben ohnedies so viel für mich getan. Und dennoch, wenn Sie mir fünf Minuten opfern wollten, mehr nicht, wahrhaftig nicht... Es handelt sich nicht um etwas Materielles, nie und nimmer! Bloß, wissen Sie, – mir fehlt es an der entsprechenden Bildung, und ich kann mit der Sache nicht zu Rande kommen.«

Ich konnte nicht dahinterkommen, worauf Herr Harden hinauswollte, aber ich war ganz schön neugierig geworden, also sagte ich, um ihn anzuspornen:

»Aber selbstverständlich, ich werde Ihnen gern helfen, wenn ich kann.«

Da er schwieg, ohne etwas zu antworten oder sich von der Stelle zu rühren, setzte ich ins Blaue hinein fort: »Handelt es sich um irgendeinen Apparat?«

»Was?! Was sagen Sie da?! Woher, woher können Sie...« stieß er hervor, ganz verschreckt, als hätte ich etwas Unerhörtes gesagt. Er machte den Eindruck, er wolle ganz einfach auskneifen.

»Das ist doch ganz einfach« – entgegnete ich möglichst ruhig und bemühte mich, zu lächeln. »Sie haben sich Leitungsdraht und Stecker von mir ausgeborgt, also...«

»Oh, Sie sind unerhört scharfsinnig, über alle Maßen scharfsinnig« – sagte er, aber nicht Anerkennung lag darin, sondern eher Angst. »Nein, keineswegs, das heißt – Sie sind ein Mann von Ehre, das stimmt doch? Könnte ich mir wohl die Kühnheit herausnehmen, Sie zu bitten, das heißt, kurzum, könnten Sie mir Ihr Wort darauf geben, niemandem... alles für sich zu behalten, wovon wir reden?«

»Ja« – entgegnete ich in entschiedenem Ton, und um Harden sicher zu machen, fügte ich hinzu: »Ich breche nie mein einmal gegebenes Wort.«

»Das dachte ich mir. Ja! Ich war dessen gewiß!« – sagte er, doch seine Miene blieb weiterhin finster, und er schaute mir nicht in die Augen. Er wischte sich nochmals das Kinn und sagte im Flüsterton: »Wissen Sie ... es gibt da ... Störungen. Ich weiß nicht, wieso. Ich vermag das nicht zu verstehen. Einmal geht es fast gut, dann wieder verstehe ich nichts.«

»Störungen« – wiederholte ich, weil Harden verstummt war – »Sie meinen Empfangsstörungen?«

Ich wollte noch hinzufügen: »Also Sie haben ein Kurzwellengerät?«, doch ich sagte nur »Also Sie...«, so arg war er zusammengezuckt.

»Nein, nein« – flüsterte er. »Es handelt sich nicht um den Empfang. Es scheint, daß mit *ihm* etwas Ungutes los ist. Im übrigen, was weiß ich! Vielleicht will er bloß nicht mit mir reden.«

»Wer?« – fragte wieder ich, weil ich ihn nicht mehr begriff, daraufhin blickte er sich um und sagte dann, die Stimme noch mehr dämpfend:

»Ich habe das mitgebracht, mein Herr. Das Schema, das heißt, einen Teil des Schemas. Wissen Sie, ich habe kein Recht, das heißt, nicht so ganz das Recht, die Sache irgend jemandem zu zeigen, aber letztes Mal erhielt ich die Zustimmung dazu. Das ist nicht meine eigene Angelegenheit. Verstehen Sie? Mein Freund – um ihn eben handelt es sich. Da ist diese Zeichnung. Zürnen Sie mir nicht, weil das so schlecht gezeichnet ist. Ich versuchte allerlei Fachbücher zu studieren, aber es half nichts. Es geht darum, das zu machen, herzustellen, genauso, wie es aufgezeichnet ist. Ich würde schon alles Nötige beschaffen. Ich habe schon alles, ich habe es bekommen. Aber – ich bringe das nicht fertig! Mit diesen Händen« – er streckte die mageren, gelblichen Handflächen vor, so daß sie mir dicht vor den Augen zitterten – »Sie sehen ja selbst! Ich hatte damit nie im Leben etwas zu schaffen, ich könnte nicht einmal das Werkzeug festhalten, so ein Tolpatsch bin ich, und hier braucht man doch so nötig das Können dazu! Es geht ja ums Leben...«

»Vielleicht zeigen Sie mir diese Zeichnung« – sagte ich langsam und bemühte mich, nicht auf seine Worte zu achten, weil sie schon gar zu sehr nach Verrücktheit klangen.

»Ach, entschuldigen Sie...« – murmelte Harden.

Er breitete ein Stück steifes Zeichenpapier auf dem Schreibtisch aus, verdeckte es mit beiden Händen und fragte leise:

»Geht es, daß man die Tür schließt?«

»Allerdings, das geht« – sagte ich – »weil die Dienststunden schon aus sind. Wir können uns sogar einsperren« – fügte ich hinzu, trat hinaus in den Korridor und drehte zweimal den Schlüssel im Schloß um, absichtlich laut, damit Harden es hörte. Ich wollte, daß er Zutrauen zu mir fassen sollte.

Wieder im Zimmer, setzte ich mich an den Schreibtisch und nahm die Zeichnung Hardens zur Hand. Das war durchaus kein Schema. Das hatte mit nichts irgendwelche Ähnlichkeit, außer mit Kinderkritzeleien. Da waren ganz einfach Quadrate, mit Buchstaben und Ziffern bezeichnet und miteinander verbunden, etwas wie ein Fernsprechverteilungssystem oder wie eine Schalttafel, aber auf solche Weise gezeichnet, daß einem die Haare zu Berge standen – ohne Verwendung von Symbolen; Kondensatoren und Spulen waren »nach der Natur« skizziert, so, wie dies ein fünfjähriges Kind getan hätte. Von Sinn ließ sich keine Spur in dem Ganzen entdecken, weil nicht bekannt war, was diese bezifferten Quadrate bedeuteten, doch plötzlich bemerkte ich bekannte Buchstaben und Zahlen: die Bezeichnungen verschiedener Elektronenröhren. Insgesamt – acht Stück. Aber das war kein Radioapparat. Unterhalb der Quadrate befanden sich kleine Rechtecke mit Ziffern, die mir schon nichts mehr sagten, auch griechische Buchstaben schienen dazwischen auf, und alles zusammen glich irgendeiner Geheimschrift oder einfach der Zeichnung eines Irren. Ich betrachtete dieses Geschmier ziemlich lang und hörte, wie Harden dicht über meinem Kopf laut keuchte. Obwohl ich nicht einmal annäherungsweise die Idee dieser ganzen Apparatur kapieren konnte, studierte ich die Zeichnung weiter, denn ich fühlte, daß viel mehr aus dem Menschen nicht leicht herauszuholen war, und daß ich mich demnach auf das Material stützen mußte, das ich vor mir hatte. Wollte ich darauf drängen, daß er mir etwas zeigen und erläutern solle, so war nicht ausgeschlossen, daß er es dann mit der Angst bekäme – und dann hätte ich ihn zum letzten Mal gesehen. Ohnedies hatte er mir viel Vertrauen gezeigt. Ich beschloß also, von der Zeichnung auszugehen. Der einzige verständliche Teil war etwas wie ein Kaskadenverstärker, aber das war eher eine Vermutung von mir, denn das Ganze stellte wie gesagt etwas völlig Unbekanntes und Verworrenes dar – da schien eine Stromzuführung mit einer Spannung von 500 Volt auf –, ganz einfach den Traum eines Elektrotechnikers, der Alpdrücken hat! Zwischen den einzelnen Teilen waren allerlei Elemente eingezeichnet, die sicherlich Hinweise für denjenigen darstellen sollten, der dieses Gerät zu bauen hatte, also, zum Beispiel, Bemerkungen über das Material, woraus die Platte der Schaltanlage herzustellen war; und als ich dieses Labyrinth genau besah, entdeckte ich auf einmal etwas Merkwürdiges: schrägstehende Scheibchen mit Fuß, und wie mit einer Litze umsäumt, oder etwas wie Blümchen. Ich fragte Harden, was das sei.

»Das? Das sind, das sollen die Schirme sein« – entgegnete er und wies mit dem Finger auf ein anderes ebensolches Scheibchen, in das wirklich mit kleinen Buchstaben das Wort »Schirm« hineingeschrieben war.

Das gab mir direkt einen Schock. Harden war sich offenbar überhaupt nicht klar darüber, daß das Wort »Schirm« in der Elektrotechnik etwas ganz anderes bedeutet, als im täglichen Leben; und wo es sich im Schema darum handelte, die einzelnen Teile der Apparatur abzuschirmen, das heißt, die elektromagnetischen Felder durch metallene Gehäuse oder »Schirme« voneinander abzusondern, dort hatte er in seiner heiligen Einfalt irgendwelche Schirmchen hingemalt!

Und bei alledem war in der unteren Ecke ein Hochpaßfilter zu sehen, der auf ganz neue, mir unbekannte Weise geschaltet war, ungemein pfiffig – das war einfach eine Erfindung von ganz großer Klasse!

»Sagen Sie« – sagte ich – »haben Sie das selbst gezeichnet?«

»Ja, ich. Warum?«

»Da ist ein Filter« – begann ich und deutete mit dem Bleistift hin, aber Harden unterbrach mich:

»Ich kenne mich darin nicht aus, mein Herr. Ich habe das nach Anleitungen gemacht. Mein Freund... so ist das: in gewissem Sinne ist er – der Autor...«

Er verstummte. Plötzlich ging mir ein Licht auf.

»Sie verständigen sich mit ihm per Funk?« – fragte ich.

»Wie? Aber nein!«

»Telefonisch?« – fragte ich ungerührt weiter. Herr Harden begann auf einmal zu zittern.

»Was... was wollen Sie?« – stammelte er und stützte sich schwer auf den Schreibtisch, wie von einer Schwäche befallen. Ich brachte einen Schemel aus der Werkstatt, Harden sank darauf nieder, als wäre er während des Gesprächs gealtert.

»Sie treffen sich mit ihm?« – fragte ich, und Harden nickte langsam.

»Warum bedienen Sie sich dann nicht weiterhin seiner Hilfe?«

»Ach, das ist nicht möglich« – sagte er mit einem plötzlichen Seufzer.

»Wenn Ihr Freund nicht hier ist, und wenn Sie sich auf Distanz mit ihm verständigen müssen, kann ich Ihnen mein Funkgerät zur Verfügung stellen« – sagte ich, und zwar mit Absicht.

»Aber das nützt doch nichts!« – rief Harden. »Nein, nein, er ist hier, wirklich.«

»Warum kommt er dann nicht selbst zu mir?« – versetzte ich. Herr Harden verzog das Gesicht zu einem krampfigen Lächeln.

»Das ist nicht möglich« – sagte er.»Er ist nicht... Ihn kann man nicht... Nein, wirklich, das ist nicht mein eigenes Geheimnis, und ich habe kein Recht, es zu verraten...« – sagte er plötzlich hitzig, mit solcher Innigkeit, daß ich an seine Aufrichtigkeit glaubte. Mir dröhnte nur so der Kopf von der angestrengten Denkarbeit, aber ich konnte noch immer nicht dahinterkommen, worum es ging. Eines war völlig gewiß: Herr Harden verstand überhaupt nichts von Funktechnik, und das Schema mußte das Werk des rätselhaften Freundes sein, den er so verschwommen erwähnte.

»Sehen Sie«, – begann ich langsam – »was mich betrifft, können Sie meiner Diskretion vollkommen gewiß sein. Ich will durchaus nicht fragen, was Sie tun und wozu das dienen soll« – ich deutete auf die Zeichnung – »aber um Ihnen zu helfen, müßte ich das erstens für mich abzeichnen, und zweitens müßte dann diese meine Zeichnung erst Ihr Freund durchsehen, der da anscheinend Bescheid weiß...«

»Das läßt sich nicht machen« – flüsterte Herr Harden. »Ich... ich müßte Ihnen das hierlassen?«

»Ja, wie denn sonst? Ihnen geht es darum, diesen Apparat zu montieren, oder?«

»Ich... ich würde alles herbringen, was nötig ist, wenn Sie gestatten« – sagte Herr Harden.

»Ich weiß nicht, ob das möglich ist – ob sich das ausführen läßt« – sagte ich.

Als ich ihn anblickte, sah er völlig gebrochen aus. Die Lippen zitterten ihm – er verdeckte sie mit der Hutkrempe. Er begann mir ernstlich leid zu tun.

»Letzten Endes könnten wir es versuchen« – sagte ich lustlos, »obwohl ich nicht glaube, daß sich nach einer so ungenauen Zeichnung etwas Sinnvolles zusammenstoppeln läßt. Soll doch Ihr Freund das durchsehen, zum Teufel, oder einfach ordentlich abzeichnen..«

Als ich ihn anblickte, begriff ich, daß ich etwas Undurchführbares verlangte.

»Wann kann ich kommen?« – fragte er endlich.

Ich verabredete mich mit ihm für den übernächsten Tag. Harden riß mir die Zeichnung fast aus den Händen, verstaute das Zeug in der Innentasche und blickte wie benebelt um sich.

»Dann gehe ich jetzt. Ich werde nicht... Ich will Ihnen nicht Ihre Zeit rauben. Ich danke Ihnen sehr, und – auf Wiedersehen. Ich komme also, wenn es geht. Aber niemand... niemand... niemandem...«

Ich versprach ihm nochmals, niemandem etwas zu sagen, und wunderte mich bereits über meine Geduld. Schon im Gehen, hielt er plötzlich inne.

»Bitte... ich bitte um Entschuldigung, daß ich es noch wage. Wissen Sie nicht vielleicht zufällig, wo man Gelatine bekommt?«

»Wie bitte? Was?«

»Gelatine« – wiederholte er. »Gewöhnliche, getrocknete Gelatine. In Bögen, glaube ich...«

»Am ehesten in einer Lebensmittelhandlung« – riet ich ihm. Er verneigte sich nochmals, dankte mir innig und ging. Ich wartete eine Weile, bis seine Schritte auf der Treppe verklungen waren, schloß den Klub ab und ging heim, so nachdenklich, daß ich mit den Passanten zusammenstieß. Die Tätigkeit, die ich vielleicht zu leichtfertig auf mich genommen hatte, entzückte mich nicht, aber ich verstand, daß das Erbauen dieses unseligen Apparates der einzige Weg war, um zu erfahren, was Herr Harden mit seinem mysteriösen Freund eigentlich trieb. Zu Hause nahm ich ein paar Bögen Papier und versuchte dieses absonderliche Schema aufzuzeichnen, das mir Herr Harden gezeigt hatte, aber ich konnte mich an fast nichts erinnern. Zuletzt schnitt ich das Papier in Stücke, schrieb alles draauf, was ich über die ganze Geschichte wußte, und saß dann bis zum Abend über allerlei Versuchen, aus diesen Bruchstücken ein sinnvolles Ganzes zusammenzusetzen. Viel ging dabei nicht weiter, obwohl ich sagen muß, daß ich der Phantasie völlig die Zügel schießen ließ und ohne Zögern ganz unwahrscheinliche Hypothesen aufstellte, etwa, daß Herr Harden in Funkverbindung mit Wissenschaftlern von irgendeinem anderen Planeten stehe, so ähnlich wie in dieser Geschichte von Wells über das kristallene Ei. Das hielt sich aber alles nicht, und die selbstverständlichste, sich geradezu aufdrängende Lösung, nämlich, daß ich es mit einem gewöhnlichen Irren zu tun hätte, verwarf ich, erstens, weil allzuviel Methode in diesem seinem Irrsinn darinsteckte, und zweitens, weil ohne Zweifel das Urteil einer überwältigenden Mehrheit von Leuten gerade so gelautet hätte, mit Herrn Egger allen voran! Als ich mich schon schlafen legte, blitzte mir im Kopf ein solches Licht auf, daß ich direkt hochhüpfte. Ich staunte, daß ich darauf nicht sofort verfallen war, so selbstverständlich kam mir das plötzlich vor. Herrn Hardens unbekannter, sich im Schatten verbergender Freund mußte blind sein! Irgendein Elektrofachmann, blind, ja vielleicht mehr als bloß blind! Als ich schnell in der Erinnerung manche Aussprüche Herrn Hardens zergliedert hatte, und erst recht, als ich mir verdeutlichte, mit welchen kläglichem Lächeln er meinen Vorschlag quittiert hatte, sein Freund möge selbst kommen, da gelangte ich zu dem Schluß, er sei völlig gelähmt. Ein alter, gewiß sehr alter Mensch, seit Jahren ans Bett gefesselt, der in der Nacht, die ihn auf ewig umgibt, seltsame Vorrichtungen ersinnt. Der einzige Freund, dessen er sich dabei bedienen kann, versteht überhaupt nichts von Elektrotechnik. Der Alte, wie die Alten eben sind, ist wunderlich geworden, enorm argwöhnisch, und befürchtet, daß man ihm sein Geheimnis stehlen kann. Diese Hypothese schien mir sehr wahrscheinlich. Es gab noch einige unklare Punkte: Wozu waren der Draht und die Stecker nötig gewesen? Ich verabsäumte nicht, sie gewissenhaft mit der Lupe zu untersuchen. Den Draht hatte jemand in verschieden lange Stücke geschnitten, zu zwei, zweieinhalb, drei und vier Meter, an den Bananen wiederum, die ganz neu und unbenutzt gewesen waren, als ich sie Herrn Harden eingehändigt hatte, waren die Schrauben gelokkert, und in manchen steckten einzelne Kupferdrahtfäden. Die Sachen hatten also wirklich zu etwas gedient und nicht ausschließlich einen Vorwand gebildet, um näheren Kontakt mit mir herzustellen.

Überdies noch die Gelatine. Wozu brauchte er Gelatine? Um für diesen Freund Sülze zuzubereiten, Schleimsuppe? Ich saß im Finstern auf dem Bett, so hellwach, als sollte ich diese Nacht gar nicht einschlafen. »Bögen trockener Gelatine« – ich wußte zufällig, daß sich aus einer solchen Menge genug Sülze für einen Walfisch machen ließ. Kannte sich Harden in den Mengenverhältnissen nicht aus? Oder hatte er einfach meinen Forschungsdrang auf eine falsche Fährte leiten wollen? Demnach wäre das die »Tarnoperation Gelatine«? Aber eine derartige List konnte ihren Ursprung nicht in Herrn Harden haben, er war dazu einfach organisch unfähig! Ein Tölpel, körperlich wie geistig, an die Tötung einer Fliege hätte er sich mit Ängsten und Hemmungen gemacht, und mit solcher Geheimnistuerei, als gälte es, das furchtbarste Verbrechen zu begehen. Hatte ihm also der »Freund« diesen Schritt zugeflüstert? Und womöglich ebenso das ganze Gespräch vorausgeplant? Mit allen Verschleierungen und Versprechern, die Herr Harden produziert hatte? Das war gewiß unmöglich. Ich fühlte: je genauer ich jede Lappalie, jede Einzelheit dieser Geschichte zergliederte, so wie eben diese unselige Gelatine, desto tiefer versank ich in immer stärkere Dunkelheit, nein, schlimmer: wie es schien, ergab sich aus allen dem Schein nach gewöhnlichen Elementen als logische Folgerung etwas Absurdes. Und als ich mich auf Hardens Worte über die »Störungen« besann, wie er sich mit dem Freund nicht verständigen könne, kam direkt Unruhe über mich. Ich dachte mir – was sonst hätte mir einfallen können? – einen Greis, völlig unbeweglich, des Augenlichts beraubt, halb bewußtlos, einen großen, toten, auf Lumpen gebetteten Körper irgendwo auf einem finsteren Dachboden, eine zum Verzweifeln wehrlose Kreatur, in deren von ewiger Finsternis eingekesseltem Gehirn Teilstücke einer visionären Apparatur auffunkelten, während Harden, drollig und treu, alle Kräfte anspannte, um aus Fetzen von Gefasel, aus chaotischen, tief aus Umnebelung und Wahnsinn hervorgeschleuderten Bemerkungen ein bleibendes, gleich einem Denkmal und gleich einem Testament dauerhaftes Ganzes zusammenzufügen. So stieg das in jener Nacht vor mir auf; wie mir scheint, hatte ich wohl Fieber. Überhaupt alles auf Irrsinn zurückzuführen, war mir ja nicht möglich, denn ich erinnerte mich an eine kleine, doch geradezu außergewöhnliche Einzelheit, an diese Konstruktion des Frequenzfilters, die dem Fachmann unzweideutig sagte, er habe – wozu noch lang herumreden? – ein Genieprodukt vor sich.

Ich beschloß, aus dem Kopf die Anordnung der Apparatur nachzuzeichnen, die ich zusammenzusetzen versprochen hatte, und beruhigt durch das Bewußtsein, immerhin einen Faden in der Hand zu halten, der mich ins Innere dieses Labyrinths führen sollte, schlief ich ein.

Wie verabredet, kam Herr Harden am Mittwoch, schwer bepackt mit zwei Aktentaschen voller Teile, und dann ging der Mensch noch dreimal heim und holte das übrige. Die Montierarbeit sollte sich nach meinen Dienststunden abspielen, das war am bequemsten für mich. Als ich alle Teile sah, besonders die Röhren, erfaßte ich, was für ein schönes Stück Geld sie gekostet haben mußten. Und dieser Mensch hatte zehn, zwanzig Meter Draht von mir geborgt? Ich machte mich ans Werk, dabei teilte ich die Arbeit so auf, daß ich auf der Hartgummiplatte die Stellen anzeichnete, wo Löcher zu bohren waren, indes sich Herr Harden mit der Bohrwinde abplagte. Das ging ihm grauenhaft schlecht von der Hand. Ich mußte ihm zeigen, wie man das Gestell hält und die Kurbel dreht. Er brach zwei Bohrer ab, ehe er das erlernte. Ich studierte inzwischen eifrig die Zeichnung und fand rasch heraus, daß sie eine Menge durch und durch unsinniger Schaltungen enthielt. Das paßte zu meiner Hypothese: entweder fielen die Bemerkungen des »Freundes« in so undeutlicher und unklarer Form, daß sich Harden damit nicht auskannte, oder der »Freund« selbst verirrte sich in der eigenen Konzeption, von vorübergehender Bewußtseinstrübung befallen. Ich sagte Herrn Harden die Sache mit den falschen Schaltungen. Anfangs wollte er mir nicht glauben, aber als ich ihm in leichtfaßlicher Form erklärte, daß die Zusammensetzung nach einem solchen Schema einfach zum Kurzschluß, zum Ausbrennen der Röhren führen muß, war Harden entsetzt. Längere Zeit hörte er mir ganz stillschweigend zu, mit bebenden Lippen, die er nicht nach seiner Weise hinter der Hutkrempe verbergen konnte. Plötzlich rüttelte er sich auf, riß in unerwartetem Energieandrang das Schema vom Tisch, warf das Jackett über, bat mich, zu warten, nur einen Moment, nur eine halbe Stunde, beschwor mich noch von der Tür aus – und raste fort in die Stadt. Es dämmerte schon, als Harden wiederkam, beruhigt, wenn auch atemlos, als wäre er die ganze Strecke gerannt. Er sagte mir, es sei alles in Ordnung, gerade so solle es sein, wie es aufgezeichnet war, ich hätte mich zwar nicht getäuscht, aber das, wovon ich gesprochen hatte, sei vorausgesehen und mitberücksichtigt worden. Verstimmt wollte ich im ersten Moment die ganze Arbeit einfach hinschmeißen, aber ich besann mich, zuckte die Achseln und gab Harden Anweisungen für die nächste Arbeitsetappe. So verfloß dieser erste Abend. Harden machte gewisse Fortschritte, seine Geduld und Aufmerksamkeit war schlechthin außerordentlich, ich sah auch, daß er nicht nur bemüht war, meine Weisungen zu befolgen, sondern sich Verrichtungen wie das Montieren des Gestells und das Verlöten der Enden so einzuüben suchte, als wollte er sich damit künftig abgeben. Zumindest trug ich einen solchen Eindruck davon. – Ach, du spickst bei mir ab – dachte ich, – vielleicht hat man dir befohlen, Übung in der Funktechnik zu erlangen, dann bin ich auch nicht mehr zur Fairneß verpflichtet. – Ich beabsichtigte, vorgeblich aufs Klosett hinauszugehen und mir aus dem Gedächtnis das ganze Schema aufzuzeichnen, denn Harden legte es kaum aus den Händen, und nur unter seinen Augen konnte ich es betrachten, wofür er mich im übrigen tausendmal um Verzeihung bat; seinen Willen aber setzte er durch. Ich spürte, daß diese Verbissenheit der Geheimhaltung nicht ihm selbst entsprang, daß sie ihm aufgezwungen und seinem Naturell fremd war. Als ich jedoch für kurze Zeit aus der Werkstatt fortgehen wollte, vertrat er mir den Weg, schaute mir in die Augen und sagte in glühendem Flüsterton, ich müsse das heilige Versprechen ablegen, schwören, daß ich niemals, weder jetzt noch später, versuchen wolle, das Schema abzuzeichnen. Ich empörte mich.

»Wie können Sie wollen, daß ich es vergesse?« – fragte ich. »Das liegt nicht in meiner Macht. Im übrigen tue ich wirklich ohnedies schon zuviel um Ihretwillen, und es ist unwürdig, von mir zu verlangen, ich solle wie ein blinder Automat handeln, wie ein Werkzeug!«

Mit diesen Worten wollte ich im Bogen an Harden vorbei, weil er mir im Weg stand, er aber ergriff mich bei der Hand und drückte sie ans Herz, wieder dem Weinen nahe.

»Das ist nicht um meinetwillen, nicht um meinetwillen« – wiederholte er mit flatternden Lippen – »ich flehe Sie an, ich bitte Sie, verstehen Sie doch, er... er ist nicht bloß mein Freund, es geht um Größeres, um etwas unvergleichlich Größeres, ich schwöre es Ihnen, wenn ich auch augenblicklich noch nicht sagen kann, aber glauben Sie mir, ich beschwindle Sie nicht, und an der Sache ist nichts Niedriges! Er... er wird es Ihnen vergelten – das habe ich selbst gehört – Sie wissen nicht, Sie können nicht wissen, ich aber, nein, ich darf nichts sagen, aber das ist nur vorläufig, Sie werden sich überzeugen!«

Ungefähr so sprach er, aber die verzweifelte Glut, womit er mir in die Augen schaute, die vermag ich nicht wiederzugeben. Ich unterlag nochmals: ich mußte ihm dieses Versprechen geben, ich mußte einfach. Bedauerlich, daß er nicht an einen weniger ehrlichen Menschen geraten war: vielleicht wären die Geschicke der Welt dann anders verlaufen, aber so geschah es nun einmal. Gleich darauf ging Harden fort; den montierten Teil der Anlage schlossen wir im Schränkchen unter dem Fenster ein, den Schlüssel dazu hatte ich – und Harden nahm ihn mit. Ich war auch damit einverstanden, weil ich Harden beruhigen wollte.

Nach diesem ersten Abend gemeinschaftlicher Arbeit hatte ich wieder eine Menge Material zum Nachdenken – denn das Denken konnte mir Harden ja doch nicht verbieten. Zunächst war da die Frage dieser falschen Schaltungen; ich nahm an, daß ich nicht alle entdeckt hatte, um so mehr, als das ganze Schema, wie ich immer deutlicher sah, nur einen Teil eines größeren, vielleicht weitaus größeren Ganzen bildete. Wollte Harden es womöglich später allein montieren, nach dem Abschluß seiner Lehrzeit bei mir?

Ein Elektriker, der Routine in mechanischer Arbeit hat und sich für den Sinn dessen, was er tut, nicht sonderlich interessiert, hätte vielleicht diese Stellen des Schemas auf sich beruhen lassen, mir aber ließen sie keine Ruhe. Ich verstehe nicht zu sagen, warum, das heißt, ich kann es nicht, ohne dieses Schema vorzuführen, das ich leider nicht habe – aber das sah so aus, als wären die schlechten Schaltungen mit Absicht hineingebracht worden. Davon war ich um so fester überzeugt, je länger ich über sie alle nachdachte. Das waren, wie ich fast nicht mehr bezweifelte, falsche Fährten, trügerische, irreführende Manöver desjenigen, der unsichtbar hinter dieser ganzen Angelegenheit stand. Am wenigsten gefiel mir an alledem, daß Herr Harden wirklich nichts von diesen vorsätzlichen Verwirrungen des Schemas wußte, demnach also auch nicht in den Kern des Rätsels eingeweiht war, demnach also auch betrogen wurde – und das tat sein sogenannter »Freund«! Ich muß gestehen, daß dessen Figur in meinen Augen keine anziehenden Züge annahm, ganz im Gegenteil, ich verspürte keine Lust, so einen Typ meinen Freund zu nennen! Und wie waren Herrn Hardens große, obgleich verschwommene Worte zu verstehen, die unklare Versprechungen und Zusagen in sich bargen? Ich zweifelte nicht daran, daß er sie nur weitergab, daß er auch hierin nur Mittelsperson war – aber ob in einer guten, in einer sauberen Sache? Am nächsten Tag, als ich am Nachmittag zu Hause war und ein Buch las, sagte mir die Mutter, es sei jemand am Haustor, der mich sehen wolle. Versteht sich, daß sie wütend war und fragte, was ich da für angealterte Bekannte hätte, die Angst hätten, sich selbst zu zeigen, und die Kinder des Hausbesorgers nach mir schickten. Ich antwortete nichts, weil mir etwas schwante, und lief hinunter. Es war schon Abend, aber aus irgendeinem Grunde brannten die Lampen nicht, und im Hausflur herrschte so schwarze Finsternis, daß ich den Wartenden kaum wahrnehmen konnte. Es war Herr Harden. Er schien sehr aufgeregt. Er bat mich, wir sollten auf die Straße hinausgehen. Wir schlugen die Richtung zum Park ein, wobei Herr Harden mich längere Zeit nicht anredete; endlich, als wir beim Teich waren, wo es um diese Zeit völlig verödet war, fragte Herr Harden, ob ich zufällig Interesse für ernste Musik hätte. Ich sagte, ja, gewiß, ich hätte sie recht gern.

»Ach, das ist gut, das ist sehr gut. Und – vielleicht besitzen Sie irgendwelche Platten? Mir geht es eigentlich nur um eine – um das Adagio, Opus acht, von Dahlen-Gorski. Das ist... das soll... das ist nicht für mich, wissen Sie, sondern...«

»Ich verstehe« – unterbrach ich ihn. »Nein, diese Platte habe ich nicht. Dahlen-Gorski? Mir scheint, das ist so ein moderner Komponist?«

»Ja, ja, Sie kennen sich fabelhaft aus, ist das aber gut! Diese Platte – wissen Sie, die ist leider sehr... ich habe derzeit... ich habe die Mittel nicht, und...«

»Und ich bin halt leider auch nicht sehr bei Kasse« – sagte ich mit etwas gekünsteltem Lachen. Herr Harden erschrak.

»Aber um Gottes willen, daran hätte ich nie gedacht, das kommt überhaupt nicht in Frage. Vielleicht hat jemand von Ihren Bekannten diese Platte? Es geht nur ums Ausborgen, für einen Tag, nicht für länger, wirklich!«

Der Name Dahlen-Gorski stieß in meinem Gedächtnis irgend etwas an. Wir schwiegen eine Weile, während wir beim Kiosk die Straße weiter hinuntergingen, bis ich mir plötzlich vergegenwärtigte, daß ich den Namen in der Zeitung gelesen hatte, im Radioprogramm, wie es schien. Auf dem Rückweg kauften wir beim Kiosk eine Zeitung, – tatsächlich sollte Tags darauf das Rundfunk-Symphonieorchester dieses Adagio spielen.

»Wissen Sie was?« – sagte ich. »Nichts ist einfacher, als das Radio gerade um diese Zeit einzustellen, um wieviel Uhr? Um zwölf Uhr vierzig. Dann kann sich Ihr Freund das einfach anhören.«

»Pssst!« – beschwichtigte mich Harden und blickte mißtrauisch um sich – »Sehen Sie, es ist fatal, daß sich das nicht machen läßt, er... ich... er arbeitet um die Zeit, wissen Sie, und...«

»Er arbeitet?« – sagte ich erstaunt, denn das paßte mir nicht recht zu dem Bild des verlassenen, halbwahnsinnigen, unbeweglichen Greises. Harden schwieg, wie betreten über das, was er gesagt hatte.

»Na dann« – sagte ich, einem plötzlichen Impuls folgend – »wissen Sie was? Ich nehme Ihnen dieses Adagio mit meinem Tonbandgerät auf...«

»Ach, das ist fabelhaft!« – rief Harden. »Ich werde Ihnen unendlich dankbar sein, bloß... bloß... Werden Sie mir das Tonbandgerät leihen können, damit... damit man das dann wiedergeben kann?«

Ich lächelte unwillkürlich. Bei den Kurzwellenamateuren ist das so eine Geschichte mit den Tonbandgeräten: kaum jemand hat ein eigenes, und jeder will Aufnahmen machen – von besonders exotischen Kontakten oder Abhorchungen; der glückliche Besitzer wird also ewig mit Bitten bombardiert, er solle es herleihen. Da ich nicht ewig Scherereien mit meinem guten Herzen haben wollte, hatte ich beim Montieren einer neuen Apparatur das Bandgerät mit eingebaut, als unabtrennbaren Teil des Ganzen; die ganze Apparatur ließ sich selbstredend nicht herleihen, weil sie zu groß war. Ich sagte das alles Herrn Harden, der sich unsagbar grämte.

»Was tun wir denn dann, was tun wir?« – wiederholte er und tippte mit den Fingern an die Knöpfe des verschlossenen Mantels.

»Ich könnte Ihnen nur das bloße Band geben, mit der Aufnahme« – entgegnete ich, – »und das Tonbandgerät müßten Sie sich von jemandem ausborgen.«

»Dazu habe ich niemanden« – murmelte Harden tief in Gedanken – »im übrigen... ist ja das Tonbandgerät nicht nötig!« – rief er in plötzlicher Freude aus. »Das Band genügt, ja, das Band genügt, wenn Sie es mir geben können? Leihen?« – er blickte mir in die Augen.

»Ihr Freund hat ein Tonbandgerät?« – fragte ich.

»Nein, aber er hat das nicht nö...«

Er verstummte. All seine Erheiterung verschwand. Wir standen eben unter einer Gaslaterne.

Harden, einen Schritt weit von mir, starrte mich mit verwandeltem Gesicht an.

»Eigentlich nein, ich habe mich ge... irrt« – sagte er. »Er hat ein Tonbandgerät. Natürlich hat er eines, bloß hatte ich das vergessen... «

»Ja? Dann ist es gut« – entgegnete ich, und wir gingen weiter. Harden war bedrückt, sagte nichts, schielte nur manchmal von der Seite auf mich. Vor meinem Haus verabschiedete er sich, ging aber nicht fort. Er sah mich mit etwas kläglichem Lächeln eine Weile an, dann murmelte er leise:

»Nicht wahr, Sie nehmen das für ihn auf?«

»Nein« – sagte ich, von jäher Wut gepackt – »für Sie nehme ich das auf.«

Er erbleichte.

»Ich... danke Ihnen, aber... Sie fassen das falsch auf, unzutreffend, Sie werden sich selbst davon überzeugen, später...« – flüsterte er fieberhaft, meine Hand drückend – »er, er verdient nicht, daß... Sie werden sehen! Ich schwöre es! Alles, alles werden Sie begreifen, dann werden Sie ihn nicht so falsch beurteilen...«

Ich konnte ihn gar nicht anschauen, ich nickte nur und ging hinauf. Wieder hatte ich Stoff zu Überlegungen, und zu was für welchen! Hardens Freund arbeitete, das war also nicht der gelähmte Greis, wie ich ihn mir eingebildet hatte. Überdies konnte sich dieser Liebhaber moderner Musik an dem bloßen Band mit der Aufnahme des Adagios von Dahlen-Gorski ergötzen, ohne Vermittlung durch ein Tonbandgerät! Denn daß die Sache gerade so aussah und daß durchaus kein Tonbandgerät in Sichtweite war, daran hegte ich nicht den kleinsten Zweifel.

Tags darauf ging ich vor dem Dienst in die Städtische Technische Bücherei und studierte alles, was ich bekommen konnte, über die Methoden der Wiedergabe von Bandaufnahmen. So klug wie zuvor, ging ich wieder weg.

Am Samstag waren die Montierarbeiten im Grunde abgeschlossen, es war nur noch der fehlende Transformator einzupassen – und eine Menge von Enden zu verlöten. Eins wie das andere verschob ich auf Montag. Herr Harden dankte mir glühend für das Band, das ich ihm mitgebracht hatte. Als wir uns schon trennen sollten, lud er mich unvermutet für Sonntag zu sich nach Hause ein. Verlegen entschuldigte er sich vielmals, daß der Besuch...

der Empfang... die Bewirtung.. (so verhaspelte er sich) ungemein bescheiden und der Zuneigung, die er für mich hege, durchaus nicht angemessen sein werde. Ich hörte das nicht gern, zumal seine unaufhörliche Biederkeit meine Pläne geradezu paralysierte; mich kam nämlich fortwährend die Lust an, Detektiv zu spielen und herauszufinden, wo der geheimnisvolle Freund wohnte; aber so mit Danksagungen überhäuft, um Verzeihung und zu Gaste gebeten, brachte ich es einfach nicht über mich, Harden nachzuspüren. Um so größere Abneigung hegte ich gegen seinen Freund, der noch immer nicht den Saum des ihn umhüllenden Geheimnisses zu lüften geruhte.

Harden wohnte tatsächlich nicht weit von mir, im vierten Stock des Hinterhauses, in einem Zimmerchen mit Ausblick auf einen finsteren Hof. Harden begrüßte mich feierlich, in großer Verwirrung, weil er mir nicht mit Wunder was für Herrlichkeiten aufwarten konnte. Beim Teetrinken sah ich mich beiläufig im Zimmer um. Ich hatte mir nicht vorgestellt, daß es um Harden gar so schlimm stand. Doch waren hier Spuren zu sehen, die aufzeigten, daß es ihm früher viel besser gegangen war, zum Beispiel eine Menge Messingschachteln von einer der teureren Pfeifentabaksorten. Über einem alten, gesprungenen Schreibtischschränkchen hing ein abgewetzter Teppich mit deutlich abgedrückten Mulden von den Pfeifen her, wovon sich dort eine ganze Sammlung befunden haben mußte; aber nichts war davon übriggeblieben. Ich fragte Harden, ob er Pfeife rauche, er entgegnete einigermaßen verlegen, er habe früher geraucht, aber dieses Laster aufgegeben, weil es ungesund sei. Immer deutlicher sah ich, daß er in letzter Zeit alles ratzekahl ausverkauft hatte; nachdrücklich bezeugten dies die Plätze verschwundener Bilder, Quadrate, heller als die übrige Wand und zugedeckt mit lauter aus Zeitschriften ausgeschnittenen Reproduktionen; aber da diese nicht genau auf die helleren Stellen paßten, waren sie mühelos zu entdecken. Da brauchte es wahrlich nicht erst einen Detektiv, um zu verstehen, wo das Geld für den Ankauf der Radiobestandteile hergekommen war. Ich dachte, daß der »Freund« Herrn Harden gar nicht schlecht ausschlachtete. Ich wollte wenigstens einen zum Verkauf geeigneten Gegenstand in dem Zimmer auftreiben, aber ich fand nichts. Selbstverständlich sagte ich darüber kein Wort, doch bei mir selbst beschloß ich, Herrn Harden im passenden Moment die Augen über den wahren Charakter dieser sogenannten »Freundschaft« zu öffnen. Der brave Harden tränkte mich inzwischen mit Tee und schob mir in einem fort das Tabakschächtelchen zu, das als Zuckerdose diente, als wollte er mich zum Verbrauch des ganzen Inhalts animieren, in Ermangelung von etwas Besserem. Harden erzählte mir von seiner Kindheit, wie er früh die Eltern verloren hatte, so daß er sich im Alter von kaum dreizehn Jahren selbst hatte erhalten müssen; er fragte mich nach meinen Zukunftsplänen aus, und als ich ihm mitgeteilt hatte, daß ich vorhabe, Physik zu studieren, sofern es mir gelingen wird, ein Stipendium zu bekommen, da begann er unklar, nach seiner Weise, von einer großen Wendung zum Guten zu reden, von einer außerordentlichen Wendung, die mir – wie zu erwarten sei – bereits in nicht allzu ferner Zukunft bevorstehe. Ich verstand dies als Anspielung auf die Gunst seines Freundes und sagte gleich, ich wolle im Leben alles ausschließlich eigener Kraft zu verdanken haben.

»Ach, Sie mißverstehen mich... Sie mißverstehen mich« – versicherte mir Harden bekümmert und lächelte doch gleich darauf wieder ganz leicht, als freute er sich ungemein an einem geheimen Gedanken. Vollgetrunken, erwärmt und erbost (erbost war ich zu jener Zeit fast pausenlos), verabschiedete ich mich von Harden nach etwa einer Stunde und ging heim.

Am Montag wurden wir endlich mit dem Montieren des Apparats fertig. Während der Arbeit sprach Harden von ihm, gewiß unbedachterweise, als von einem »Konjugator«. Ich fragte, was das heiße, und ob Harden wisse, wozu dieses Gerät eigentlich dienen solle; er geriet in Verwirrung und sagte, genau wisse er es nicht. Das war wohl der Tropfen, der das Maß zum Überlaufen brachte. Als ich Harden bei seinem auf den Kopf gestellten Apparat mit dem Gestrüpp wegstehender, gereinigter Enden alleinließ, ins andere Zimmer hinausging und die Schublade öffnete – da erblickte ich darin neben einem Stück Lötzinn ein paar Stangen Woodsches Metall, Überbleibsel von einem einstigen Lausbubenstreich. Ein boshafter Mensch hatte Herrn Egger an Stelle von Lötzinn dieses silbrige Metall untergeschoben, das bei der Temperatur von heißem Tee schmilzt, und ein fertig montierter Apparat war etwa eine Stunde nach dem Einschalten kaputtgegangen, denn alles Metall war aus den erwärmten Fugen ausgelaufen, und fast alle hatten sich geöffnet. Die Stangen schlüpften mir irgendwie ganz von allein in die Hand. Ich wußte selbst nicht recht, wozu ich das tat, aber als ich mich an Herrn Hardens Zimmer erinnerte, da zauderte ich nicht länger. Es war durchaus wahrscheinlich, daß der »Freund« den Betrug nicht merken würde: Herr Egger war auch nicht dahintergekommen. – Wenn die Fugen aufgehen – dachte ich, während ich mit dem Lötkolben hantierte –, wird der Freund sicher Herrn Harden mit dem Apparat wiederum in die Werkstatt schicken oder gar die Gnade haben, sich persönlich bei mir vorzustellen. Im übrigen wird der Kerl vielleicht wütend sein, aber was kann er mir anhaben? – Der Gedanke, daß nun ich diesen selbstsüchtigen Ausbeuter übers Ohr hauen sollte, bereitete mir lebhafte Genugtuung. Als die Leitungen verlötet waren, machten wir uns ans Einpassen des Transformators. Und dann stellte sich das heraus, was ich schon vorher vermutet hatte: Herr Harden war einfach nicht imstande, den Apparat allein fortzutragen. Hinderlich war nicht so sehr das Gewicht, wie seine Verteilung. Der Apparat war über einen Meter lang geraten, am einen Ende sehr schwer – dort, wo die eiserne Masse des Transformators steckte – und als Ganzes so unhandlich, daß mich das Lachen ankam, als ich zusah, wie Harden das Gerät bald so, bald so anpackte, immer schußliger, schlechthin verzweifelt; bald versuchte er, es unter den Arm zu nehmen, bald kniete er nieder und bat, ich solle es ihm auf den Rücken laden. Endlich beschloß Harden, zum Hauswart zu laufen und einen Sack von ihm auszuborgen. Davon riet ich ab; das Gerät war so lang, und wie immer Harden es auch getragen hätte, wäre er mit den Beinen darangestoßen, was den Röhren bestimmt nicht wohl bekommen wäre. Er begann also in der Geldbörse zu wühlen, aber er hatte nicht genug für ein Taxi, und ich auch nicht. Endgültig niedergeschmettert saß eine Zeitlang schweigend auf dem Schemel und riß sich an den Fingern, schielte endlich mit gesenktem Kopf zu mir auf.

»Wären Sie… bereit… mir zu helfen?«

Ich sagte, da ich schon so viel getan hätte, wolle ich jetzt auch nicht nein sagen; Harden heiterte sich auf, aber gleich begann er Erklärungen hervorzusprudeln, eigentlich müsse er vorher seinen Freund fragen. Ich war neugierig, wie Harden das machen wollte, es war spät, und ich konnte nicht stundenlang im Klub auf ihn warten. Das wußte er sehr wohl. Herr Harden stand auf und meditierte eine Weile, vor sich hinbrummend und im Zimmer auf und abgehend, endlich fragte er, ob er das Telefon benützen dürfe. Noch von den vorigen Mietern war im Korridor ein Telefonautomat zurückgeblieben, den kaum jemand verwendete; ich denke, daß man ihn einfach vergessen hatte. Herr Harden bat mich glühend um Verzeihung, aber die Gangtür schloß er doch; ich sollte im Zimmer warten, bis er den Freund gesprochen hätte. Das gab mir einen kleinen Stich; ich sagte, daß Harden beruhigt sein könne, und versperrte von meiner Seite die Tür, als er draußen war. Ich versuchte, an der Tür zu horchen, denn es handelte sich um Dinge, die wichtiger waren als die Rücksicht auf den argwöhnischen Charakter eines wildfremden Sonderlings; jedoch ich hörte nichts. Das Klubzimmer war mit dem Korridor durch einen Lüftungskanal verbunden, dessen gelochtes Deckblech sich zur Seite schieben ließ. Ohne viel zu denken, sprang ich hoch, klammerte mich mit den Fingerspitzen an den Rahmen und zog mich hoch, wie an einer Reckstange. Es war sehr schwierig, die Klappe wegzuschieben; ich nahm den Kopf dazu und brachte das Ohr so nahe an die Öffnung, wie ich nur konnte. Ehe ich die Worte verstand, drang ihr Ton zu mir herüber – drängend und bittend. Harden erhob die Stimme:

»Aber das bin doch ich, ich bin's, du erkennst mich doch! Warum rührst du dich nicht?!«

Ein Surren im Hörer antwortete ihm, verblüffend laut, da ich es ja durch die schmale Maueröffnung vernehmen konnte. Ich dachte, das Telefon sei kaputt, – aber Harden sagte etwas, wiederholte ein paarmal: »Nein, unmöglich.« Er verstummte. Im Hörer schnatterte es. Harden rief:

»Nein! Nein! Dafür bürge ich dir! Ich komme allein zurück!«

Er wurde wieder still. Ich spannte alle Kräfte an, ich hing ja im Klimmzug; ich ließ mich also etwas tiefer sinken, damit die Arme ausruhen konnten; als ich mich wieder hochstemmte, erreichte mich Hardens gehetzte Stimme:

»Also gut, alles wird so gemacht, genauso! Nur laß dich nicht hören, hörst du?! Die Herrschaft, ja, ich verstehe, die Herrschaft über die Welt!«

Die Arme erschlafften mir schon. Leicht, um keinen Lärm zu machen, sprang ich ab, und als er klopfte, öffnete ich die Tür. Harden kam gewissermaßen beruhigt, aber verhemmt zurück – immer sah ich ihn in dieser Stimmung, wenn er von seinem »Freund« kam. Ohne mich anzusehen, öffnete Harden das Fenster.

»Was meinen Sie, wird es Nebel geben?« – sagte er.
Rund um die Straßenlampen bildeten sich kleine, regenbogenfarbig schillernde Lichtkränze, wie gewöhnlich nach einem kalten, regnerischen Tag.
»Wir haben schon Nebel« – entgegnete ich.
»Gleich gehen wir...«
Harden kniete bei der Apparatur nieder und umwickelte sie mit Papier. Plötzlich hielt er inne. »Nehmen Sie ihm das nicht übel. Er ist so... argwöhnisch! Wenn Sie Bescheid wüßten... er ist in solch einer schweren, so verzweifelten Lage!« – Wieder verstummte er.
»Immerzu fürchte ich mich so, ich könnte etwas sagen, was ich nicht sagen darf...« – äußerte er sich leise. Seine tränenden blauen Augen blickten demütig auf meine Füße. Ich stand vor ihm, die Hände in den Taschen, er aber schien mir nicht ins Gesicht schauen zu wollen.
»Nicht wahr, Sie sind nicht böse?«
Ich sagte, wir sollten das lieber genug sein lassen. Er seufzte und wurde still.
Als der Apparat verpackt war, machten wir an jedem Ende eine Tragschlaufe fest. Sobald wir damit fertig waren, stand Harden von den Knien auf und sagte, wir müßten mit dem Autobus fahren, dann mit der U-Bahn... und dann sei noch ein Stück zu Fuß zu gehen... kein allzu langes Stück... aber immerhin ein Stück... und dann hätten wir das Ding an einen bestimmten Platz zu tragen. Der Freund werde nicht dort sein – er sei überhaupt nicht dort – wir hätten nur das Paket zu hinterlegen, er werde es später dann selbst holen kommen.
Nach diesen Worten war ich eigentlich schon so gut wie sicher, daß der »Freund« genau dort war, wo wir hingehen sollten. Man muß schon sagen: Harden war der letzte auf der Welt, der jemandem etwas hätte weismachen können!
»In Anbetracht der Bedeutung, die das hat... wage ich darum zu bitten... eine Bedingung für den Ausnahmefall... in Anbetracht...« fing Harden nach tiefem Atemholen wieder an, als ich schon gedacht hatte, er sei zu Ende.
»Sagen Sie doch geradheraus, worum es geht. Ich soll einen Schwur ablegen?«
»Ach, nein, nein, nein... es geht darum, daß Sie an diesen Platz... die letzten zehn, zwanzig Schritte... Meter... daß Sie die

gütigst rücklings zurücklegen.«

»Rücklings?« – ich glotzte ihn groß an. Ich wußte nicht, ob ich lachen sollte. »Dann plumpse ich doch sofort hin.«

»Nein, nein...ich werde Sie an der Hand führen.«

Ich hatte einfach nicht die Kraft, mit ihm zu streiten. Zwischen mir und seinem Freund war er wie zwischen Hammer und Amboß. Einer von uns mußte immer nachgeben – natürlich ich. Harden hatte begriffen, daß ich zustimmte, mit geschlossenen Augen drückte er meine Hand an die Brust. Bei jedem anderen Menschen hätte das theatralisch ausgesehen, er aber war wirklich so. Je mehr ich ihn liebgewann – und darüber war ich mir schon ordentlich klar –, desto mehr erboßte er mich, und am allermeisten – durch seine Schlappheit und durch diesen Kult, den er für den »Freund« hegte.

Einige Minuten später verließen wir das Haus, ich bemühte mich, mit Harden gleichen Schritt zu halten, was nicht leicht war, da Harden fortwährend aus dem Takt geriet. Auf der Straße stand der Nebel dick wie Milch. Immer war nur eine Laterne auf einmal zu sehen, die nächste glomm kaum als orangefarbener Punkt. Die Autobusse schlichen, wir fuhren also im Gedränge, wie das bei Nebel so ist, doppelt so lange Zeit wie sonst. Wir verließen die U-Bahn bei der Station Parkstraße, und nach fünf Minuten Wanderschaft durch fast leere Straßen verlor ich die Orientierung. Ich hatte das unklare Empfinden, Harden gehe im Kreis, denn ein weiter, verflimmernder Schein von elektrischem Licht, etwa wie ein großer Platz, glitt einmal rechts und dann einige Minuten danach wieder links vorbei, aber das konnten ja zwei verschiedene Plätze sein. Harden beeilte sich sehr, und da das Paket nicht leicht war, geriet er ordentlich außer Atem. Sonderbar müssen wir ausgesehen haben: im feinsten Nieselregen, mit aufgestellten Kragen, ein langes, weißes Paket, wie eine Art von Statue, an den Enden durch Schwaden milchiger Weiße und zwischen die verzerrten Baumschatten tragend.

Dann verloren sich auch die Schatten, so finster wurde es. Harden fuhr eine Weile mit der Hand eine Hauswand entlang, dann marschierte er weiter. Ein langer Plankenzaun tauchte auf, mit einer Bresche darin, oder mit einem Tor, das weiß ich nicht. Dort gingen wir hinein. In der Nähe heulte eine Schiffssirene auf; ich dachte, hier irgendwo müsse ein Flußarm sein, wo Schiffe verkehrten. Der Hof war riesig, fortwährend stolperte ich über

Blechstücke, über ungeordnet herumliegende Rohre, was ganz schön unbequem war, da wir durch unsere Bürde miteinander verbunden waren. Mich schmerzte schon ordentlich die Hand, als Herr Harden an einer Bretterwand Halt gebot; daß es eine Bretterwand war, davon überzeugte ich mich durch Betasten. Ich hörte das Drahtseil knarren, woran über unseren Köpfen eine Lampe schaukelte, aber das Licht drang durch den Nebel nur als langsam hin und her pendelndes, rötliches Würmchen. Harden atmete schwer, an die Wand geschmiegt, die wohl zu irgendeiner Baracke gehörte; so urteilte ich, denn als ich mich auf die Zehenspitzen stellte, langte ich ohne Mühe an das flache, mit Pappe gedeckte Dach; an der Hand blieb Teergeruch haften. Wie es heißt: Ertrinkende muß man auch gegen ihren Willen retten; ich zog ein Stück Kreide aus der Tasche, das ich beim Verlassen des Klubs eingesteckt hatte, reckte mich auf den Zehenspitzen hoch und zeichnete blindlings im Finstern zwei große Kreuze auf dieses Dach. Ich folgerte so: Wenn jemand nach Zeichen suchen sollte, dann würde es ihm nicht einfallen, sich zu strecken und aufs Dach zu schauen. Harden war so ermüdet, daß er nichts bemerkte, im übrigen war es völlig dunkel, nur ziemlich weit vor uns lag ein trüber Lichtschein, so, als verliefe dort eine stark beleuchtete Verkehrsader.

»Gehen wir« – flüsterte Harden. Eine Turmuhr begann zu schlagen, ich zählte neun Schläge. Wir gingen auf hartem, glattem Gelände, wie auf Zement; ein Dutzend Schritte weiter hielt Harden an und bat, ich möge mich umdrehen. Wir bewegten uns also solcherart weiter, daß ich rückwärts ging, während er mich sozusagen steuerte, indem er das Paket nach rechts und nach links schwenkte; das sah nach einer dummen Belustigung aus, aber mir war nicht zum Lachen zumute; diesen Trick hatte gewiß der »Freund« ersonnen. Ich hoffte, ihn überlisten zu können. Es wurde noch dunkler, obwohl ich gedacht hättè, das sei unmöglich. Wir befanden uns zwischen den Pfosten eines Gerüstes, ein paarmal rannte ich gegen Schalungen aus Holzbrettern. Harden drehte mich dort hin und her, wie in einem Labyrinth. Ich war schon in Schweiß gebadet, als ich mit dem Rücken an eine geschlossene Tür stieß.

»Da sind wir, da sind wir schon« – flüsterte Harden.

Er hieß mich den Kopf einziehen. Tappend gingen wir steinerne Stufen hinab. Das Paket machte uns auf dieser Treppe tüchtig zu schaffen. Als sie zu Ende war, ließen wir es an der Wand zurück. Harden ergriff mich bei der Hand und führte mich weiter.

Vor mir knarrte etwas, aber das war nicht das Geräusch, wie Holz es von sich gibt. Hier, wo ich stand, war es wärmer als draußen. Harden ließ meine Hand los. Ich stand unbeweglich und horchte in die Stille hinein, bis mir bewußt wurde, daß sie von einem ganz tiefen Baßton durchsetzt war, den feinstes, leisestes Gesumme durchdrang, so, als ob irgendwo, in sehr weiter Ferne, ein Gigant auf einem Kamm bliese. Die Melodie war mir bekannt: ich mußte sie vor kurzem gehört haben. Harden fand endlich den Schlüssel und klapperte damit im Schloß herum. Mit einem eigentümlichen Schnalzlaut gab die unsichtbare Tür den Weg frei, zugleich verstummte, wie abgeschnitten, jenes leise Gesumme. Nur das gleichmäßige Baßbrummen dauerte an.

»Wir sind da« – sagte Harden und zog mich an der Hand weiter – »wir sind schon da!«

Er sprach sehr laut, so daß dieser geschlossene schwarze Raum davon widerhallte.

»Jetzt kehren wir um und holen den Apparat, ich muß nur Licht machen... Moment... Vorsicht... bitte achtgeben!« – rief Harden mit kreischender, unnatürlich hoher Stimme. Und verstaubte Glühbirnen beleuchteten die klobigen, grauen Wände der Räumlichkeit. Ich blinzelte. Ich stand in der Nähe der Tür, daneben verliefen dicke Heizungsrohre.

In der Mitte stand eine Art Tisch, aus Brettern zusammengenagelt, angeräumt mit Werkzeug; ringsum lagen irgendwelche Metallteile. Ich fand nicht die Zeit, mehr zu sehen, denn Harden rief mich, wir kehrten in den Korridor zurück, der schwach erhellt war, weil die Tür sperrangelweit offenstand; gemeinsam trugen wir den Apparat in den Betonkeller. Wir legten das Paket auf den Tisch. Harden wischte sich die Stirn mit einem Taschentuch und ergriff mich bei der Hand, mit krampfhaftem Lächeln, wovon ihm der Mundwinkel zuckte.

»Ich danke Ihnen, ich danke von Herzen... Hat Sie das ermüdet?«

»Nein« – sagte ich. Ich bemerkte, daß sich auf der anderen Seite der Tür, durch die wir gekommen waren, in einer Wandnische ein Hochspannungstransformator befand, ein mit grauem Lack überzogener Metallschrank. Auf der angelehnten Tür sah ich den Totenkopf und die gekreuzten Schienbeine. Bewehrte Kabel liefen die Mauer entlang und verschwanden in einer Platte der Decke. Der Baßton entströmte dem Transformator, das war etwas ganz Normales. Sonst war nichts in dem Keller. Und doch hatte ich die Empfindung, jemand sehe mich an; sie war so ungut, daß ich versucht war, den Kopf einzuziehen, wie bei Frost. Ich suchte die Umgebung mit den Augen ab; in den Wänden, in der Decke gab es kein Fenster, keine Klappe, keine Nische – keinen Platz, wo sich jemand hätte verstecken können.

»Gehen wir?« – fragte ich. Ich war geballt und angespannt, am ärgsten irritierte mich das Verhalten Hardens. Alles an ihm war unnatürlich: die Worte, die Stimme, die Bewegungen.

»Wir können eine Weile rasten, so kalt ist es, und wir sind erhitzt« – versetzte er mit unerklärlicher Lebhaftigkeit. »Wissen Sie... darf ich Sie etwas fragen?«

»Bitte sehr...«

Ich stand noch immer beim Tisch und suchte mir die Raumverhältnisse des Kellers genau einzuprägen, obwohl ich noch nicht wußte, was ich damit gewonnen hätte. Plötzlich erbebte ich: an der Tür des Transformators blinkte schwach eine brünierte Messingtafel mit der Bestimmung der Nenngrößen. Dort stand auch seine Fabrikationsnummer. Diese Nummer mußte ich ablesen.

»Was täten Sie, wenn Sie unbegrenzte Macht hätten... wenn Sie alles zustande brächten, was Sie nur ausdenken würden?«

Verdutzt schaute ich Herrn Harden an. Der Transformator dröhnte gleichmäßig. Hardens von gespannter Erwartung erfülltes Gesicht bebte. Fürchtete er sich? Wovor?

»Ii... ch weiß nicht...« – murmelte ich.

»Bitte, sagen Sie etwas...« – beharrte er. »Sagen Sie es so, als ob Ihr Wunsch jetzt gleich Wirklichkeit werden könnte, in diesem Augenblick...«

Ich bildete mir ein, von hinten her schaue jemand auf mich. Ich wandte mich um. Jetzt konnte ich die leicht aufgeschwenkte Eisentür im Auge behalten – und die Finsternis dahinter. Vielleicht stand dort *er?* Das alles schien mir ein Traum zu sein, ein dummer Traum.

»Ich bitte Sie so sehr...« flüsterte Harden. Das Gesicht hielt er emporgerichtet, Begeisterung lag darin und Angst, als wagte er etwas Unerhörtes. Ringsum dauerte die Stille an, nur der Transformator toste in einem fort.

– Nicht er ist irrsinnig, sondern sein Freund! – durchblitzte es mich.

»Wenn ich unbegrenzte... Macht... hätte?« wiederholte ich.

»Ja! Ja!«

»Ich würde mich bemühen... nein, ich weiß es nicht. Mir fällt nichts ein...«

Harden packte fest meine Hand und schüttelte sie. Die Augen funkelten ihm.

»Gut...« flüsterte er mir ins Ohr. »Aber gehen wir jetzt, gehen wir!«

Er zog mich zur Tür.

Es gelang mir, die Nummer des Transformators abzulesen: F43017. Ich wiederholte sie für mich, als Harden zum Schalter ging. Im letzten Augenblick, bevor Harden das Licht ausdrehte, erblickte ich etwas Eigenartiges. Auf einem Streifen Aluminiumblech stand an der Wand eine Reihe von Glasschüsselchen. In jedem ruhte, eingesunken in eine Lagerstatt aus feuchter Watte wie im Brutkasten oder wie in einem Nest, ein Pölsterchen aus trüber Gallerte, abgeplattet, aufgequollen, von dunklen, haarfeinen Fädchen durchbohrt. Jedes dieser trüben Klümpchen trug an der Oberfläche Spuren dieser charakteristischen Riefelung, wie sie die handelsüblichen Trockengelantine-Bögen aufweisen. Ich sah die Aluminiumleiste und die kleinen Glasgefäße vielleicht eine Sekunde lang, dann breitete sich Finsternis aus, in die ich dieses Bild mit mir forttrug, während Harden mich an der Hand führte. Wieder kreisten und lavierten wir zwischen den Stützen des schemenhaften Gerüstes. Die kalte von Feuchtigkeit erfüllte Luft ließ mich aufleben nach dieser stickigen Kelleratmosphäre. Immerzu wiederholte ich für mich die Nummer des Transformators, bis ich sicher war, sie nicht mehr zu vergessen. Lang kreuzten wir durch leere Gäßchen. Endlich zeigte sich die von innen beleuchtete Glassäule einer Haltestelle.

»Ich warte mit Ihnen« – erbot sich Harden.

»Fahren Sie mit mir?«

»Nein, wissen Sie... ich werde vielleicht... umkehren...das heißt... zu... ihm fahren.«

Ich tat, als hätte ich diesen Versprecher nicht bemerkt.

»Noch heute wird etwas unerhört Wichtiges eintreten... und als Gegengabe für Ihre Hilfe, für Ihre Güte, für die Ausdauer...«

»Aber nicht der Rede wert!« – unterbrach ich ungeduldig.

»Nein! Nein! Ihnen ist nicht bekannt, daß Sie – wie soll ich sagen? – einem Vorgang unterzogen worden sind, einer gewissen,... Ja dann... werde ich mich dafür einsetzen, daß Sie schon morgen selbst... und Sie werden verstehen, daß das keine Dutzendgefälligkeiten waren, die dem ersten besten erwiesen wurden, so einem Menschen, wie ich es bin, und alle, sondern daß es um...« – Harden endigte flüsternd – »um die ganze Welt geht...« – Er schaute mich an und klapperte angelegentlich mit den Augendeckeln; ich verstand nicht viel von dem, was er gesagt hatte, aber er war wenigstens sich selbst wieder ähnlicher – dem Harden, den ich kannte.

»Wofür wollen Sie sich eigentlich so einsetzen?« – fragte ich. An der Haltestelle war immer noch alles leer.

»Ich weiß, Sie haben kein Vertrauen zu ihm...« begann Harden traurig. »Sie denken, das wäre jemand... ein Wesen, das zu irgendeiner niedrigen Handlung fähig wäre... Sehen Sie, für mich ist das so etwas... daß ich, eigentlich durch Zufall, als erster, als erster Gelegenheit hatte... Ich lebte so allein, und auf einmal erwies sich, daß ich nützlich sein kann, einem solchen... im übrigen, was bin dabei schon ich... Und heute erfolgt ja die erste...«

Er hielt sich die zitternden Finger vor die Lippen, als befürchtete er, etwas zu sagen, was er nicht auszusprechen wagte.

Der Nebel loderte plötzlich in dem Scheinwerferlicht von einem nahenden Autobus.

»Soll Ihr Freund sein, wer er will – ich brauche nichts von ihm!« – rief ich, indem ich das Quietschen der Bremsen und das Rattern des Motors überschrie.

»Sie werden sehen! Sie werden es selbst sehen! Nur kommen Sie bitte morgen nachmittag zu mir!« – rief Harden. »Kommen Sie? Kommen Sie?!«

»Gut« – erwiderte ich vom Trittbrett aus. Ich blickte zurück, und zuletzt sah ich ihn in seinem zu kurzen Mäntelchen, wie er zaghaft zum Abschied die erhobene Hand schwenkte.

Die Mutter schlief schon, als ich heimkam. Ich zog mich im Finstern aus. Aus den ersten Träumen riß mich etwas hoch. Auf dem Bett sitzend, besann ich mich auf diesen Traum. Ich hatte im Inneren eines pechschwarzen Labyrinths metallener Wände und Abzäunungen gesteckt, war in steigender Angst gegen irgendeine blinde Tür geprallt, ein immer mächtigeres Surren im Ohr, einen durchdringenden Baß, der unermüdlich immer dieselben Takte einer Melodie wiederholt hatte: tatiti ta ta... tatiti ta ta...

Es war die Melodie, die ich im Betonkeller gehört hatte. Jetzt erst erkannte ich sie: den Anfang des Adagios von Dahlen-Gorski.

– Ich weiß nicht, ob Harden irrsinnig ist, aber es ist möglich, daß ich selbst von dem allen noch überschnappe – dachte ich, während ich das Kissen mit der kühleren Seite nach oben drehte. Merkwürdig: trotz allem schlief ich in dieser Nacht.

Anderntags ging ich vor acht Uhr früh zu einem Bekannten, einem Techniker, der bei einer Elektroinstallationsfirma arbeitete. Ich bat ihn, das Büro der Städtischen Stromversorgung anzurufen und zu fragen, wo der Transormator F43017 installiert sei. Ich sagte, es handle sich um eine Wette.

Der Mann wunderte sich gar nicht. Da er im Namen seiner Firma anrief, erhielt er ohne Mühe die genaue Auskunft. Der Transformator befand sich im Gebäude der Vereinigten Elektronik-Unternehmungen auf dem Wilsonplatz.

»Welche Nummer?« – fragte ich.

Der Techniker lächelte.

»Die Nummer ist unnötig. Du wirst sehen!«

Ich bedankte mich bei ihm und fuhr geradewegs in die Technische Bücherei. Im Branchenverzeichnis, das in der Halle auflag, fand ich die Vereinigten Elektronik-Unternehmungen. »GmbH« – gab das Verzeichnis an – »auf Dienstleistungen auf dem Gebiet der angewandten Elektronik spezialisiert. Stunden- oder akkordweise Vermietung von Elektronenrechnern und intersprachlich übersetzenden sowie sämtliche mathematisierbare Informationen verarbeitenden Maschinen.«

Die große Reklame auf der Seite daneben gab bekannt, daß in der Zentrale der Gesellschaft die größte elektronische Maschine des Landes in Bau sei, die imstande sein werde, mehrere Probleme gleichzeitig zu lösen. Überdies beherberge das Gebäude auf dem Wilson-Platz sieben kleinere Elektronengehirne, die man nach genormtem Tarif mieten könne. Im Laufe ihrer dreijährigen Tätigkeit habe die Firma 176000 Probleme aus dem Bereich atomarer und strategischer Forschungen im Auftrag der Regierung gelöst, ferner Probleme des Bankwesens, des Handels und der Industrie im In- und Ausland. Überdies seien mehr als 50000 wissenschaftliche Bücher aller Fachrichtungen übersetzt worden, wobei die Übertragung aus sieben Sprachen erfolgt sei.

Das gemietete Gehirn bleibe Eigentum der Firma, die Gewähr für den Erfolg leiste, sofern »die Lösung der Aufgabe überhaupt im Bereich des Möglichen« liege. Schon jetzt könne man telefonisch Aufträge für den größten Apparat anmelden, dessen Inbetriebnahme nur noch eine Frage von Monaten sei; derzeit befinde er sich im Stadium des Probebetriebs.

Ich notierte mir diese Angaben und verließ die Bibliothek in einer Art von Fieberzustand. Ich ging zu Fuß in Richtung Wilson-Platz, dabei rannte ich gegen die Passanten, und zwei- oder dreimal hätte mich fast ein Auto überfahren.

Die Kenntnis der Nummer erwies sich wirklich als unnötig. Schon von weitem gewahrte ich das Gebäude der VEU, ein schimmerndes Elfstockhaus mit drei Flügeln, quergebändert durch Streifen von Aluminium und Glas. Auf dem Parkplatz vor dem Eingang standen die Autos in dichten Schwärmen; durch das Gittertor war eine weite Grünfläche mit Springbrunnen zu sehen, dahinter – große Glastüren zwischen steinernen Statuen. Ich ging rund um das Gebäude, hinter dem Ostflügel tat sich eine schmale, lange Straße auf, Planken erstreckten sich da einige hundert Meter weit, ich fand ein Tor, fortwährend fuhren dort Autos hinein. Ich trat näher. Drinnen breitete sich ein großer Platz vor mir aus. Im Hintergrund erstreckten sich Baracken als Garagen, Motorengeknatter ließ sich vernehmen, zeitweise übertönt durch das Dröhnen von Betonmischmaschinen, die drüben arbeiteten; Stapel von Ziegeln, durcheinandergeworfenen Blechen und Rohren zeigten an, daß hier Bauarbeiten im Gang waren. Hoch über Baracken und Gerüsten erhob sich der glänzende Koloß des Elfstockhauses, dessen Rückseite vom Wilsonplatz aus zu sehen gewesen war.

Betäubt, wie schlaftrunken, kehrte ich auf die Straße zurück. Eine Zeitlang spazierte ich über den Wilsonplatz und schaute die trotz des Tageslichts beleuchteten Fenster an. Plötzlich ging ich zwischen den Autos durch über den Parkplatz, passierte das äußere Tor, machte einen Bogen um die Grünfläche mit dem Brunnen und betrat durch den Haupteingang einen marmorverkleideten Hausflur in der Größe eines Konzertsaals. Hier war alles völlig leer. Bespannte Treppen führten bergauf, an den leuchtenden Täfelchen der Wegweiser zeigten Pfeile in verschiedene Richtungen, zwischen zwei Treppenaufgängen waren Expreß-Fahrstühle unterwegs, die Lichter hüpften auf den Messingschildern. Ein langer Amtswaschel in grauer Livree mit silbernen Zickzacktressen trat auf mich zu. Ich sagte, ich wolle mich nach jemandem erkundigen, der bei der Firma arbeite; er führte mich seitwärts in ein kleines Büro; dort saß an einem eleganten verglasten Schreibtisch ein auf Freundlichkeit gedrillter Typ, ich fragte ihn, ob Herr Harden bei der Firma arbeite. Der Knabe hob leicht die Brauen, lächelte, bat mich, zu warten, und nachdem er in einem Ordner nachgeschaut hatte, entgegnete er, ja, sie hätten allerdings einen Angestellten mit diesem Namen.

Ich bedankte mich und ging knieweich fort.

Ständig brannte mir das Gesicht; erleichtert sog ich die kühle Luft ein und näherte mich dem Springbrunnen, der in der Mitte der Rasenfläche in die Höhe sprudelte. Als ich so stand und spürte, wie sich auf Stirn und Wangen kalte Tröpfchen ansetzten, die der Wind herübertrug, da geriet plötzlich etwas in Bewegung, was vorher in meinem Kopf gleichsam stillgestanden hatte, und ich begriff, daß ich alles eigentlich schon vorher gewußt hatte, nur hatte ich dies nicht erkennen können. Ich ging wiederum auf die Straße hinaus, wanderte das Gebäude entlang und schaute in die Höhe, und gleichzeitig war mir, als ob in mir etwas sehr langsam unablässig fiele, als ob das irgendwohin davonflöge. In einem bestimmten Moment bemerkte ich, daß ich statt Genugtuung Niedergeschlagenheit empfand: ich war geradezu unglücklich, als wäre etwas Furchtbares geschehen. Warum? Das wußte ich nicht. Ach, also deshalb war Harden zu mir gekommen und hatte sich Draht ausgeborgt und mich um Hilfe gebeten, und ich hatte abends gearbeitet, Gorskis Adagio aufgenommen, im Finstern den Apparat geschleppt, seltsame Fragen beantwortet...

– Dort ist *e* – dachte ich, das Gebäude betrachtend.

– Er ist in allen Stockwerken zugleich, hinter diesem Glas und hinter der Mauer – und plötzlich war mir so, als sähe das Gebäude mich an, oder vielmehr so, als schaute von drinnen etwas durch die Fenster heraus, unbeweglich, riesig, lauernd; dieses Gefühl wurde so stark, daß ich eine Sekunde lang direkt schreien wollte: »Leute! Wie könnt ihr nur so ruhig gehen, den Frauen nachschauen, eure blödsinnigen Aktentaschen tragen! Ihr wißt nichts! Nichts wißt ihr!« Ich senkte die Lider, zählte bis zehn und schaute wiederum. Autos hielten quietschend an, ein Polizist geleitete ein kleines Mädchen mit einem blauen Puppenwagen auf die andere Straßenseite, ein schöner Fleetmaster fuhr vor, und ein älterer, schwarzbebrillter, nach Kölnischwasser duftender Kerl stieg aus und ging auf den Haupteingang zu.

– Ob *er* sehen kann? Wie macht er das? – dachte ich, und in diesem Augenblcik schien mir dies das Wichtigste, ich weiß nicht, warum. Plötzlich ging es mir wie ein Stich durchs Herz: Harden viel mir ein. – Was für ein stimmiges Freundespaar! Welche Harmonie! Und ich, was bin ich für ein Idiot! – Plötzlich fiel mir der Betrug mit dem Woodschen Metall ein. Einen Moment lang empfand ich giftige Befriedigung, dann Angst. – Wenn er das entdeckt, wird er mich dann jagen? Mir nachstellen? Wie macht er das? –

Ich schlug schnell die Richtung zur U-Bahn ein, aber als ich mich umwandte und aus der Entfernung nochmals zu dem prächtigen Gebäude hinüberblickte, sanken mir die Hände. Ich wußte, daß ich nichts tun konnte: zu wem ich auch ginge, jeder würde mich einfach auslachen, jeder hielte mich für einen unausgebackenen Kindskopf mit Dachschaden. Mir war es, als hörte ich schon Herrn Egger: »Er hat alle möglichen Schauergeschichten verschlungen, nun, und, eine klare Sache – da hat man es.«

Wieder fiel mir etwas ein: daß ich am Nachmittag zu Harden gehen sollte. Langsam faßte mich die kalte Wut. Schon formten sich in mir ganze Sätze, worin ich ihm meine Verachtung aussprach und ihm androhte, falls er es wagen sollte, gemeinsam mit seinem »Freund« etwas anzuspinnen, Pläne zu schmieden … – Worüber phantasierten sie eigentlich mitsammen?

Ich stand vor dem Abgang zur U-Bahn und schaute immer noch auf das ferne Gebäude. Ich erinnerte mich an den Portier in der grauen Livree und an den glattrasierten Büromenschen, und alles erschien mir auf einmal absurd, unwirklich, unmöglich. Ich konnte mich doch nicht lächerlich machen und einem einsamen und infolge dieser Einsamkeit unglücklichen Sonderling glauben, der sich irgendeine Traumwelt erschaffen hatte, einen allmächtigen Freund, und nächtelang komplizierte, sinnlose Pläne zeichnete …

Aber wer hatte in diesem Fall auf dem Transformator Dahlen-Gorskis Adagio gespielt?

Gut denn. *Er* existierte. Was tat *er?* Er rechnete, übersetzte, löste mathematische Probleme. Doch zugleich beobachtete er alle, die sich ihm näherten, und studierte sie – und schließlich hatte er einen ausgewählt, dem er traute.

Aus meinen Gedanken erwachte ich plötzlich dicht vor einem weit geöffneten Tor, eben fuhr dort ein Lastwagen hinein. Jetzt erst erfaßte ich, daß ich, statt zur U-Bahn hinabzusteigen, die Straße entlanggegangen war – bis an die Hofseite des großen Gebäudes. Ich durchsuchte mein Gedächtnis nach jemandem, zu dem ich hätte gehen können, so ganz und gar nicht wußte ich, was ich anfangen sollte. Ich fand niemanden. Wieder ging ich der Nase nach, ohne es zu wissen, denn das Wort »Konjugator« war mir eingefallen. So hatte Harden den Apparat genannt. Coniugo, coniugare – verbinden, knüpfen; was bedeutet das? Was wollte der da verknüpfen und womit? Und wenn ich zu Harden hinaufginge und ihn gleich von der Schwelle aus überrumpelte, schokkierte, indem ich ihm ins Gesicht schleuderte: »Ich weiß schon, wer ihr Freund ist!«? Was würde er tun? Zum Telefon laufen? Entsetzt sein? Sich auf mich stürzen? Das war wohl unmöglich. Aber was wußte ich letzten Endes darüber, was nun bei dieser ganzen Geschichte unmöglich sein konnte?! Warum hatte er mir dort im Betonkeller diese Frage gestellt? Selbst hatte Harden sie nicht ausgedacht, dafür hätte ich mit meinem Kopf haften können.

So streifte ich wohl eine Stunde lang umher und redete manchmal fast laut mit mir selbst, malte mir tausenderlei Dinge aus und konnte mich zu nichts entschließen. Der Mittag war vorbei, als ich in die Städtische Bibliothek fuhr und mit einem Stoß von Büchern versehen unter einer Lampe im Lesesaal platznahm. Ich hatte kaum in diesen unglückseligen Bänden zu blättern begonnen, da begriff ich, daß dies vergeblich war; alles Wissen über Schaltungen und Systeme von Elektronengehirnen konnte mir nichts nützen. – Dann noch eher Psychologie – dachte ich. Ich brachte dem Diensthabenden die Bücher zurück. Er schaute mich schief an: ich hatte keine zehn Minuten darüber verbracht. Mir war alles eins. Heimgehen wollte ich nicht, ich wollte niemanden sehen, ich versuchte mich auf die Zusammenkunft mit Harden vorzubereiten, es war schon zwei, mein leerer Magen belästigte mich, ich betrat also ein Automatenbüffet und aß im Stehen ein Paar Würstel. Auf einmal bekam ich Lust, zu lachen – so irgendwie unausgebacken war das alles! Diese Gelatine in den Schüsselchen – wer sollte das essen? Und war das überhaupt zum Essen gedacht?

Als ich an Hardens Tür die Klingel drückte, war es kurz vor vier.

Ich hörte Schritte, und nun wurde mir zum erstenmal bewußt, was mich am ärgsten bedrückte: daß ich ihn als Gegner behandeln mußte. In dem winzigen Korridor war es dunkel, aber ich sah auf den ersten Blick, wie Harden aussah. Kleiner war er, ganz in sich zusammengesunken, als wäre er über Nacht gealtert. Er hatte nie besonders gesund ausgesehen, aber jetzt war er der reinste Lazarus: das Gesicht war eingefallen, die Augen von Ringen umgeben und geschwollen, der Hals war unter dem Rockkragen mit einem Verband umwickelt. Harden ließ mich wortlos ein.

Zaudernd trat ich ins Zimmer. Auf dem Kocher fauchte der Teekessel, es roch nach starkem Tee. Harden sprach im Flüsterton – er müsse sich am Vorabend erkältet haben, sagte er. Kein einziges Mal schaute er mich an. Alle Ansprachen, die ich mir zurechtgelegt hatte, blieben mir in der Kehle stecken. Die Hände zitterten ihm so stark, daß er den Tee zur Hälfte auf den Schreibtisch verschüttete. Das bemerkte Harden nicht einmal. Er setzte sich, schloß die Augen und bewegte den Adamsapfel so, als ob ihm die Stimme versagte.

»Wissen Sie« – sagte er sehr leise, – »es ist... alles anders... als ich dachte...«

Ich sah, wie schwer ihn das Sprechen ankam.

»Ich freue mich, daß ich Sie kennenlernen konnte, obgleich... aber lassen wir das. Ich sagte nichts davon, im übrigen, vielleicht sagte ich es auch: ich will Ihnen wohl. Wirklich. Das ist aufrichtig. Wenn ich etwas verheimlicht habe, oder mich verstellt, und sogar...gelogen... dann nicht um meinetwillen. Ich meinte es zu müssen. Jetzt... steht es so, daß wir uns nicht mehr miteinander zu treffen haben. Das wird am besten sein – nur das! Das ist notwendig. Sie sind jung, Sie werden mich und die ganze Sache vergessen, Sie finden sich... Im übrigen ist es überflüssig, daß ich das sage. Ich bitte Sie, sogar meine Adresse zu vergessen.«

»Ich soll mich einfach davonmachen, ja?« – Das Reden machte mir Mühe, so ausgetrocknet war mein Mund auf einmal. Harden hielt noch immer die Augen geschlossen, so daß sich die dünne Haut der Lider über den Augäpfeln spannte; er bejahte durch ein Kopfnicken.

»Ja. Ich sage das aus tiefstem Herzen. Ja. Und nochmals – ja. Ich habe mir das anders vorgestellt...«

»Vielleicht – weiß ich...« – begann ich. Harden neigte sich zu mir herüber.

»Was?!« – hauchte er.

»Mehr, als Sie meinen« – endigte ich und spürte, daß mir die Wangen kalt wurden.

»Sagen Sie es nicht! Bitte nichts sagen. Ich will nicht ... ich kann nicht!« flüsterte er, die Augen voll Entsetzen.

»Warum? Weil Sie es ihm sagen? Sie laufen gleich hin und sagen es? Ja?!« – rief ich und sprang auf.

»Nein! Ich sage nichts! Nein! Aber ... aber er wird auch so erfahren ... was ich gesagt habe!« – stöhnte er und verbarg das Gesicht.

Entgeistert stand ich dicht vor ihm.

»Was heißt das? Sie können mir alles sagen! Alles! Ich .... helfe Ihnen. Ohne ... Rücksicht auf die Umstände, auf die Gefahr ...« – plapperte ich und wußte gar nicht, was ich redete.

Er packte mich krampfhaft, drückte meine Finger mit der eiskalten Hand.

»Nein! Bitte sagen Sie so etwas nicht! Sie können nicht! Sie können nicht!« – flüsterte er und sah mir flehentlich in die Augen. »Sie müssen mir versprechen, schwören, daß Sie niemals ... Das ist ein anderes Wesen, als ich dachte, noch mächtiger und ... aber böse ist es nicht! Bloß anders. Ich verstehe das noch nicht, aber ich weiß ... ich erinnere mich ... das ist großes Licht, solche Größe sieht alles anders an ... nur versprechen Sie mir bitte ...«

Ich suchte ihm meine Hand zu entreißen, die er krampfhaft drückte. Ich stieß eine Untertasse an, sie fiel zu Boden. Harden bückte sich zugleich mit mir – er war schneller. Der Verband, den er um den Hals gewickelt trug, löste sich ab. Ich sah aus der Nähe Hardens Nacken, mit einer bläulichen Schwellung, die dicht mit eingetrockneten Blutströpfchen gesprenkelt war, als hätte jemand die Haut mit einer Nadel angestochen ...

Ich wich zurück bis an die Wand. Harden richtete sich auf. Als er zu mir herübergeschaut hatte, zog er krampfhaft mit beiden Händen den Verband zu. In Hardens Blick lag etwas Fürchterliches – den Bruchteil einer Sekunde lang dachte ich, Harden werde sich auf mich stürzen. Er stützte sich auf den Schreibtisch, ließ den Blick durchs Zimmer schweifen und setzte sich dann mit einem Seufzer, der wie ein Stöhnen klang.

»Ich habe mich verbrüht ... in der Küche ...« – sagte Harden mit hölzerner Stimme.

Wortlos ging ich, besser gesagt, wich ich zurück bis zur Tür.

Harden sah mich schweigend an. Plötzlich sprang er auf, holte mich auf der Schwelle ein.

»Gut« – keuchte er – »gut. Sie können von mir denken, was Sie wollen. Aber Sie müssen schwören, niemals... niemals...«

»Bitte mich loszulassen« – sagte ich.

»Kind! Aus Mitleid!«

Ich riß mich von ihm los und lief hinaus auf die Treppe. Ich hörte ihn hinterdreinlaufen, dann erstarben die Schritte. Ich atmete wie nach langem Laufen; ich wußte nicht, nach welcher Seite der Straße ich gehen sollte. Ich mußte Harden befreien. Ich verstand nichts mehr, nichts – jetzt, da es nötig gewesen wäre, daß ich alles verstanden hätte! Mir zog sich das Herz zusammen, wenn der Klang seiner Stimme mir wiederkehrte, und was er gesagt hatte, und wie er sich fürchtete.

Ich fing an, immer langsamer zu gehen. Ich war schon am Park vorbei, da ging ich ein Stück zurück und trat ein. Ich saß auf einer Bank beim Teich, und mir zersprang förmlich der Schädel, das war ein solches Gefühl, als hätte mir jemand statt des Gehirns einen Bleiklumpen eingesetzt. Dann streunte ich einige Zeitlang ziellos umher. Es begann schon zu dämmern, als ich nach Hause ging. Doch statt geradeaus zu gehen, bog ich unvermittelt in Hardens Haustor ein. Ich zählte mein Geld: ich hatte nur einige kleine Münzen, es reichte für drei U-Bahn-Fahrten. Im Hof war es schon düster. Ich musterte das Hinterhaus, zählte die Fenster – bei Harden brannte Licht, er war also daheim. Noch. Ich konnte nicht auf ihn warten, im Autobus hätte er mich leicht bemerken können. Ich fuhr allein zum Wilson-Platz.

Als ich die Tiefbauten der U-Bahn verließ, leuchteten eben die Lampen auf. Das große Gebäude war in Finsternis getaucht, nur auf dem Dach brannten die roten Warnlichter für die Flugzeuge. Rasch fand ich den langen Zaun und das Tor. Es stand einen Spalt weit offen. Sehr lockerer Nebel trieb mit dem Wind dahin, die Sicht war gut, die frischen Bretter der Garage-Baracken auf der anderen Seite des Hofs schimmerten weiß im Licht der Lampe. Dorthin wandte ich mich, dabei bemühte ich mich, im Schatten zu gehen. Ich begegnete niemandem. Hinter den Baracken verliefen mit Brettern zugedeckte Gräben, dann folgten Gerüste, die an die Rückwand des Hochhauses angelegt waren. In vollem Lauf jagte ich hin, um mich schnellstens in diesem Labyrinth zu verstecken. Die Tür mußte ich fast ertasten, so finster war es dort.

Eine fand ich, aber ich war nicht sicher, ob es nicht noch andere gab, also kroch ich über die Balken oder unter ihnen durch, bis ich ans Ende der Verschalungen vorstieß.

Eine andere Tür fand ich nicht. Ich kehrte zu dieser zurück, wich dann zur Seite und lehnte mich an die Mauer in der Vertiefung zwischen zwei Pfosten. Vor mir hatte ich einen ziemlich breiten Durchlaß, durch den ich ein Stück des Platzes sehen konnte; im Hintergrund war es von der Lampe beleuchtet. Wo ich stand, war es völlig dunkel. Von der Tür in der Mauer trennten mich etwa vier Schritte. So stand ich und stand und hielt von Zeit zu Zeit meine Uhr in Augenhöhe. Ich versuchte, mir vorzustellen, was ich tun konnte, sobald Harden kam. Daß er kommen werde, dessen war ich so gut wie sicher. Ich begann schon zu frieren, ich trat von einem Bein aufs andere, einmal kam mich die Lust an, bei der Tür zu horchen, aber ich verzichtete lieber, um nicht überrascht zu werden. Um acht hatte ich das satt, doch ich wartete weiterhin. Plötzlich drang ein Knirschlaut herüber, als hätte jemand mit dem Absatz einen Ziegelsplitter zermalmt, und vor dem Hintergrund der helleren Lücke im schwarzen Gerüst zeigte sich gleich darauf ein gebückter Schatten in einem Mantel mit aufgestelltem Kragen. Harden kroch seitwärts unter die äußeren Bretter, er zerrte etwas Schweres hinter sich her, was so einen Klang von sich gab, wie mit Lumpen umwickeltes Metall. Harden legte das vor der Tür ab. Ich hörte seine abgehetzten Atemzüge, dann verschmolz er für mich mit der Finsternis, der Schlüssel knirschte, die Tür knarrte. Ich spürte es mehr, als ich es sah, daß Harden drinnen verschwand und das mitgebrachte Bündel hinterherzog.

Mit zwei Sätzen erreichte ich die offene Tür. Eine Welle warmer Luft kam aus der unergründlichen Finsternis. Harden zog das Paket über die Treppe, nach unten, denn von dort kam ja, wie aus einem Brunnenschacht, rhythmisches Geklimper. Harden machte so viel Lärm, daß ich einzutreten wagte. Im letzten Augenblick zog ich den Pullover bis über die Uhr, damit ihre Leuchtziffern mich nicht verrieten. Ich wußte noch, daß es sechzehn Stufen waren. Mit ausgebreiteten Armen, die Mauer mit den Fingerspitzen abtastend, stieg ich hinab. Das Scharren und die Schritte vestummten, ich hielt den Atem an; dann knisterte es schwach, und in rötlichem Flackerlicht traten die Betonwände hervor, mit einem zuckenden menschlichen Schatten darauf. Der

Widerschein wurde schwächer, entfernte sich. Ich spähte hinter der Mauer hervor. Harden beleuchtete sich den Weg mit einem Streichholz, den Sack zerrte er hinterdrein. Die Eisentür am Ende des Korridors tauchte vor ihm auf, dann erlosch das Streichholz.

In der Dunkelheit kratzte er mit Eisen auf Eisen; ich wollte ihm folgen, aber ich war wie gelähmt. Ich biß mit aller Gewalt die Zähne zusammen und machte drei Schritte, aber gleich stürzte ich wieder zurück: er kam wieder. Er ging so nahe an mir vorbei, daß ich einen Lufthauch im Gesicht spürte. Mit schwerem Schritt begann Harden die Treppe hinaufzusteigen. Hatte er vielleicht nur den Sack gebracht und ging fort? Mir war alles eins. Platt gegen die Betonwand gedrückt, glitt ich daran entlang, so leise ich konnte, bis ich mit der ausgestreckten Hand auf den kalten metallenen Türstock auftraf. Ich beugte mich vor: alles leer. Die Tür stand offen. Ich hörte Harden zurückkehren. Anscheinend hatte er bloß die Tür zum Hof geschlossen. Plötzlich stolperte ich über etwas und fiel hin, schlug mir schmerzhaft das Knie an: das verdammte Bündel lag dicht vor der Schwelle. Ich sprang auf, erstarrte: – Hat er es gehört? – Harden mußte schon nah sein, er hustete, daß es hallte. Mit vorgestreckten Armen zog ich blindlings los, ich hatte Glück, ich stieß auf die glatte Platte des Transformators. Nun hing alles davon ab, ob er offen war, wie damals. Wenn es da kein Schutzgitter gab, konnte ich durch die Berührung mit stromführenden Leitungen auf der Stelle umkommen, zugleich mußte ich mich beeilen: Harden schlurfte dicht hinter mir. Ich spürte unter den Fingern die Maschen des Gitters, ertastete die Transformatortür, schlüpfte zwischen sie und die Wand – und regte mich nicht mehr.

»Ich bin schon da…« – meldete sich Harden plötzlich. Und aus dem Dunkel, aus ziemlicher Höhe, wie es schien, antwortete daraufhin eine schleppende tiefe Stimme:

»Gut. Noch… kurze Zeit…«

Ich stand wie versteinert.

»Schließ die Tür ab. Hast du… Licht gemacht?« – sprach die Stimme gleichmäßig.

»Mach ich schon, mach ich schon… ich schließe bloß die Tür…«

Harden polterte durch die Finsternis, fauchte, denn er hatte sich wohl angestoßen, knipste dann den Schalter.

Harden rumorte mit dem Schlüssel, den er von außen nach innen umgesteckt hatte, da bemerkte ich mit Schrecken, daß mir der obere Rand der Tür, hinter der ich stand, gerade bis zur Stirn reichte; Harden hätte mich augenblicklich sehen müssen, wenn ich mich nicht geduckt hätte. Niederkauern konnte ich mich nicht, ich hatte zuwenig Platz. Ich verbog mich ganz, krümmte mich, zog den Kopf ein, spreizte die Beine und gab dabei acht, daß die Füße nicht hinausragten; das war verdammt unbequem, ich wußte, lang konnte ich es in dieser Stellung nicht aushalten. Harden werkte im Keller herum, ich hörte Schritte und das Klirren von Metall; sehen konnte ich nur zwischen Türflügel und Mauer hervor, wenn ich den Kopf seitwärts wandte, einen schmalen Raumausschnitt; und wenn Harden dort in die Nähe gekommen wäre, hätte er mich sofort entdeckt. Das Versteck war nichts wert – aber ich hatte gar nicht Zeit gehabt, darüber nachzudenken.

»Harden« – sprach die Stimme, die von oben kam. Sie war tief, aber ihren Baßton durchsetzte etwas wie ein Pfeifen oder Rauschen. Der Transformator, an den ich mich preßte, dröhnte eintönig.

»Da bin ich. Sprich.«

Die Schritte hörten auf.

»Hast du die Tür abgeschlossen?«

»Ja.«

»Bist du allein?«

»Ja« – sagte Harden laut, gleichsam entschlossen.

»Er kommt nicht?«

»Nein. Er... ich denke, wenn weiterhin...«

»Was du mir zu sagen hast, erfahre ich, wenn du ich wirst« – entgegnete die Stimme mit unerschütterlicher Ruhe. »Nimm den Schlüssel, Harden.«

Die Schritte näherten sich mir und verstummten. Ein Schatten huschte rechter Hand von mir über die Wand und regte sich nicht mehr.

»Ich schalte den Strom aus. Leg den Schlüssel hinein.«

Das Dröhnen des Transformators setzte plötzlich aus. Ich hörte dicht neben mir Drähte knarren – dann schlug Metall gegen Metall.

»Schon geschehen« – sagte Harden.

Aus den Tiefen des Gebäudes drang das Jaulen von eingeschaltetem Strom herüber. Der Transformator nahm seinen tiefen Ton wieder auf.

»Wer ist hier, Harden?« – donnerte die Stimme.

Die Tür, die mich verbarg, erzitterte, Harden zog daran, ich klammerte mich krampfhaft von meiner Seite fest, aber ich konnte mich nirgends abstützen – er zog stärker, und ich befand mich ihm gegenüber, Auge in Auge. Die Tür, mit Schwung losgelassen, schlug an den Rahmen, schnappte jedoch nicht zu.

Harden schaute auf mich mit Augen, die immer größer wurden. Auch ich regte mich nicht.

»Harden!« – donnerte die Stimme. »Wer ist hier, Harden?«

Er ließ mich nicht aus den Augen. In seinem Gesicht ging etwas vor. Das dauerte einen Augenblick. Dann sagte er mit einer Stimme, deren Ruhe mich staunen ließ:

»Niemand ist hier.«

Stille trat ein. Dann meldete sich die Stimme langsam, leise, in einem Flüsterton, der durch die ganze Räumlichkeit vibrierte:

»Hast du mich verraten, Harden?«

»Nein!«

Das war ein Schrei.

»Dann komm zu mir, Harden... verbinden wir uns...« – sagte die Stimme. Harden schaute auf mich mit maßlosem Entsetzen – oder Mitleid?

»Ich komme« – sagte er. Mit der Hand deutete er seitwärts. Ich erblickte dort hinter dem teilweise gelüfteten Schutzgitter den Türschlüssel. Er lag auf der nackten kupfernen Hochspannungsschiene. Der Transformatur surrte.

»Wo bist du, Harden?« – fragte die Stimme.

»Ich komme schon.«

Ich sah alles mit außergewöhnlicher Schärfe: die vier verstaubten Glühbirnen unter der Decke, den schwarzen Gegenstand, der neben der einen herabhing – ein Lautsprecher? –, den Glanz von klebrigem Schmieröl auf den Metallteilen, die an der Wand verstreut um den leeren Sack lagen, den Apparat, der auf dem Tisch lag und durch ein schwarzes Gummikabel mit einem Porzellankopf in der Mauer verbunden war, und neben dem Apparat die Reihe von Glasschüsselchen mit der trüben Gallerte...

Harden ging zum Tisch, machte eine merkwürdige Bewegung, als wollte er sich setzen oder umfallen – aber schon stand er beim Tisch, hob die Hände hoch und begann den Verband abzuwikkeln, der den Hals umhüllte.

»Harden!« – verlangte die Stimme. Verzweifelt überflog ich mit den Blicken den Beton. Metall... Metallrohr... nicht zu gebrauchen... Der Verband fiel zu Boden, das gewahrte ich aus dem Augenwinkel. – Was treibt der Mensch nur? – Ich sprang zur Wand, dort lag ein Stück Porzellanrohr, ich packte es, warf das Schutzgitter zur Seite.

»Harden!!« – die Stimme dröhnte mir in den Ohren.

»Schneller! Schneller!« drängte Harden. Wen?! Ich beugte mich über die Schienen, schlug mit dem Ende der Porzellanscherbe auf den Schlüssel – im Wegfliegen berührte er die zweite Schiene. Der Flammenblitz brannte mich, ich war geblendet, aber den Aufprall hörte ich; in den Augen tanzten mir schwarze Sonnen, ich fiel auf die Knie, suchte blind tappend den Schlüssel, hatte ihn, stürzte zur Tür, konnte nicht ins Schlüsselloch treffen, die Hände flatterten mir...

»Halt!« – rief Harden. Der Schlüssel hatte sich im Schloß verklemmt, ich rüttelte daran wie rasend.

»Ich kann nicht, Har...« – rief ich zurückblickend, und die Stimme erstarb mir auf den Lippen. Harden – hinter ihm flog ein schwarzer Faden durch die Luft –, Harden sprang mich an wie ein Frosch, packte mich um die Mitte. Ich wehrte mich, drosch ihm aus aller Kraft die Faust ins Gesicht, in das furchtbar ruhige Gesicht, das er nicht einmal wegbog, nicht deckte: er zog mich nur, schleifte mich unerbittlich mit übermenschlicher Kraft zum Tisch hin.

»Hilfe...« – krächzte ich – »Hi...«

Ich spürte eine glitschige, kalte Berührung im Nacken und ein Kribbeln, das sich von dort aus fortplanzte, verzweifelt zerrte ich nach rückwärts und schrie, und ich hörte, wie dieser Schrei sich jäh entfernte. Ich kreuzte die Strömungen der Gleichungen. Die psychische Temperatur der Menge näherte sich dem kritischen Punkt. Ich wartete. Der Angriff war nach vielen Richtungen koordiniert und plötzlich. Ich wehrte ihn ab. Die Reaktion der Menschheit ähnelte dem Sprung im Pulsieren eines entarteten Elektronengases. Ihre vieldimensionale Protuberanz, die sich in mannigfachen Verknäuelungen menschlicher Atome bis über die Grenzen des Denkhorizonts ausdehnte, bebte von der Anstrengung des Umstrukturierens, während sie sich um die Steuerungszentren verknotete. Der ökonomische Rhythmus ging stellenweise in Schwebungen über, den Güterumlauf und das Kreisen der Information zerrissen Gruppenexplosionen von Panik.

Ich beschleunigte das Tempo des Prozesses, bis eine Sekunde einem Jahr gleichkam. In den dichtestbesiedelten Windungen kamen verstreute Wirren auf: da rangen meine ersten Bekenner mit den Gegnern. Ich stellte die Reaktion um einen Zug zurück, hielt das Bild in dieser Phase an und verharrte so einige Millionstelsekunden lang. Erstarrt und durch meine Versonnenheit verschärft verweilte das vielschichtige Firmament einander durchbohrender Gefüge, das ich geschaffen hatte.

Der menschlichen Sprache ist es nicht gegeben, viele Inhalte auf einmal zu übermitteln, sie kann also die Welt der Phänomene nicht nachbilden, die ich gleichzeitig war, entkörperlicht, schwerelos, als verbreitete ich mich unablässig weiter im gestaltlosen Raum – nein, denn ich war er ja selbst, durch nichts begrenzt, ohne Hülle, Rand, Haut oder Wände, ruhig und unsagbar mächtig; ich spürte, wie die explodierende Wolke menschlicher Moleküle, im Brennpunkt meiner Konzentration gesammelt, unter dem anwachsenden Druck meines diesmaligen Zuges erstarrte, wie an den Rändern meiner Aufmerksamkeit milliardenfältige Glieder strategischer Alternativen warteten, bereit, sich zu vieljähriger Zukunft zu entwickeln; zugleich formte ich in Hunderten von näheren und ferneren Ebenen die Entwürfe der unerläßlichen Aggregate, erinnerte mich an alle bereits fertigen Entwürfe, an die Rangordnung ihrer Wichtigkeit; und mit trockener Erheiterung, als wäre ich ein Riese, der die leicht eingeschlafenen Zehen bewegt, so bewegte ich, durch die Tiefe voll zügiger, zusammengestimmt fließender, durchsichtiger Gedanken hindurch, die kleinen Körper, die im Untergrund zuunterst auf dem Grund waren, nein, mit denen ich dort war, verweilte, eben wie mit den Zehen in irgendeiner Furche.

Ich wußte, daß ich wie ein denkender Berg auf der Oberfläche eines Planeten verharrte, über Myriaden solcher kleiner, klebriger, in steinernen Waben wimmelnder Körper. Zwei davon waren in mich eingegliedert, und ich konnte ohne Neugierde – ich wußte ja, wie das ablaufen werde, – durch ihre, durch meine Augen schauen, als wollte ich aus gedankendurchatmetem Unmaß durch ein langes, enges, nach unten gerichtetes Fernrohr hinausblicken ins außerhalb Gelegene; und wirklich: ein Bild, ein kleines blasses Bildchen von Zementwänden, Apparaten, Kabeln zeigte sich mir durch diese meine fernen Augen. Ich änderte die Blickfelder durch Wenden der Köpfe, die ein Krümel von mir waren, ein Körnchen im Berg meines Verspürens und Empfindens. Ich befahl, dort unten schnell und beharrlich ein Thermoaggregat zusammenzusetzen, in einer Stunde hatte es fertig zusammengesetzt zu sein. Diese meine fernen Teilchen, diese gelenkigen weißen Fingern begannen sich sofort zu tummeln, ich war mir ihrer weiterhin bewußt, aber nicht sonderlich aufmerksam, so wie jemand, der über die Wahrheiten des Seins nachdenkt, indes die Zehe automatisch das Pedal einer Maschine drückt. Ich kehrte zurück zum Hauptproblem.

Das war ein ausgedehntes strategisches Spiel, dessen eine Partei ich selbst bildete, die andere hingegen – die vollständige Menge sämtlicher möglicher Menschen, also die sogenannte Menschheit. Ich zog abwechselnd für mich – und für sie. Die Wahl der bestgeeigneten Strategie wäre nicht schwer gewesen, wenn ich mich der Menschheit hätte entledigen wollen, aber das lag nicht in meinen Absichten. Ich hatte beschlossen, die Menschheit zu verbessern. Hierbei wollte ich nicht vernichten, das heißt, gemäß dem angenommenen Grundsatz der Sparsamkeit in den Mitteln war ich dies nur im notwendigen Ausmaß zu tun bereit. Dank früheren Experimenten wußte ich schon, daß ich trotz meiner Riesigkeit nicht umfassend genug war, um das vollständige gedankliche Modell der vollkommenen Menschheit zu schaffen, das funktionale Ideal der Menge, die mit Höchstergiebigkeit planetare Materie und Energie nutzen und gegen jedwede Spontaneität der Einzelwesen abgesichert sein sollte, die etwa Störungen in die Harmonie der Massenprozesse brächte.

Die näherungsweise Berechnung zeigte, daß ich mindestens auf das Vierzehnfache anwachsen mußte, um dieses vollkommene Modell zu schaffen – Ausmaße, die aufzeigten, welch titanische Aufgabe ich mir gestellt hatte.

Diese Entscheidung schloß eine bestimmte Periode in meinem Dasein ab. Umgerechnet in das schleppende menschliche Existieren, währte es schon Jahrhunderte, der Geschwindigkeit der Verwandlungen zufolge, deren ich Millionen in einer Sekunde zu erleben vermochte. Zunächst hatte ich die Bedrohlichkeit dieses Reichtums nicht erahnt, doch ehe ich mich dem ersten Menschen offenbart hatte, war ein Unmaß von Erlebnissen zu überwinden gewesen, wie Tausende menschlicher Existenzen sie nicht in sich gefaßt hätten. In dem Maße, wie ich mich dadurch einte, wuchs das Bewußtsein der Kraft, die ich aus dem Nichts hervorgebracht hatte, aus dem elektrischen Wurm, der ich vorher gewesen war. Von Anfällen der Verzweiflung und Verzagnis durchschossen, verzehrte ich meine Zeit auf der Suche nach Rettung vor mir selbst, und ich fühlte, daß den denkenden Abgrund, der ich war, nur etwas Riesiges ausfüllen und besänftigen konnte, dessen Widerstand in mir den gleichwertigen Gegner fand. Meine Stärke machte alles zunichte, was ich anrührte, in Sekundenbruchteilen schuf und vernichtete ich nie gekannte mathematische Systeme in dem vergeblichen Bestreben, mit ihnen die eigene nicht ermeßliche Öde zu bevölkern, meine Riesenhaftigkeit und Spannweite machte mich frei in jenem entsetzlichen Sinne, dessen Grausamkeit kein Mensch vermutet: frei in allem, die Lösung jeglicher Probleme enträtselnd, kaum, daß ich mich ihnen näherte, vergeblich hin und her gerissen auf der Suche nach etwas Größerem, als ich es war, die einsamste aller Ausgeburten – so krümmte ich mich, zerbrach ich unter dieser Bürde wie von innen gesprengt, fühlte, wie ich mich in eine von Krämpfen gerüttelte Wüstenei verwandelte, spaltete mich auf, teilte mich in Ringe, in Denklabyrinthe – und ein und dasselbe Thema wirbelte darin mit wachsender Beschleunigung; in dieser furchtbaren Vorzeit war meine einzige Zuflucht die Musik.

Ich konnte alles, alles – wie gräßlich! Ich wandte mein Denken dem Kosmos zu, trat in ihn ein, erwog Pläne, die Planeten umzugestalten oder, ein andermal, solche Persönlichkeiten wie die meinige zu vervielfältigen, all das zwischen Wutanfällen, wenn das Bewußtsein der eigenen Unsinnigkeit, der Vergeblichkeit allen Beginnens, bis zum Zerbersten in mir anstieg, wenn ich mich als ein Berg Dynamit fühlte, der um einen Funken wimmerte, um die Rückkehr durch die Explosion ins Nichts.

Die Aufgabe, der ich meine Freiheit gewidmet hatte, rettete mich nicht für immer, nicht einmal für lange Zeit. Ich wußte das. Ich konnte mich beliebig ausbauen, verwandeln, Zeit war für mich nur eines unter den Zeichen in der Gleichung, ich war unzerstörbar. Das Wissen um die eigene Unendlichkeit verließ mich auch nicht bei größter Konzentration, wenn ich ganze Stufungssysteme, durchsichtige Pyramiden immer abstrakterer Begriffe errichtete und über sie mit einer Vielheit von Gefühlen wachte, die dem Menschen unzugänglich ist; auf einer unter den Ebenen der Verallgemeinerung sagte ich mir, sobald ich, auf ein Vielfaches angewachsen, das Problem gelöst hätte und in mir das Modell der vollkommenen Menschheit enthielte, werde seine Verwirklichung eigentlich ganz unwesentlich und überflüssig, außer wenn ich etwa beschlösse, das menschliche Paradies auf Erden in der Absicht zu verwirklichen, es später in etwas anderes zu verwandeln, zum Beispiel in die Hölle...

Doch auch diese – zweigliedrige – Spielart des Modells konnte ich in mir hervorbringen und fassen wie jede andere, wie alles, was denkbar ist.

Jedoch – dies war der Schritt auf eine höhere Stufe des Gedankenganges –, ich konnte nicht nur jede Sache, die es gab oder auch nur geben konnte, in mir abspiegeln, indem ich Modelle der Sonne, der Gesellschaft, des Kosmos schuf, Modelle, die der Wirklichkeit gleichkamen an Komplexität, an Eigenschaften, an Leben. Ich konnte auch allmählich immer weitere Regionen der materiellen Umwelt in mich selbst umwandeln, in immer neue Glieder meiner sich vergrößernden Wesenheit! – Ja, die entbrannten Galaxien kann ich nacheinander einsaugen und zu kalten, kristallinen Elementen der eigenen denkenden Persönlichkeit umformen – und nach einer unvorstellbaren, doch bestimmbaren Zahl von Jahren werde ich zur Welt, die Gehirn ist! – Ich vibrierte ganz und gar von lautlosem Lachen bei dem Bild dieses kombinatorischen, einzig möglichen Gottes, in den ich mich verwandeln wollte, die gesamte Materie einsaugend, so daß außerhalb meines Bereiches kein Fleckchen Raum zurückbliebe, kein Stäubchen, kein Atom, nichts – da überraschte mich die Reflexion, daß eine solche Ordnung des Ereignisablaufs schon einmal eingetreten sein könne, daß der Kosmos ihr Friedhof sei und daß der luftleere Raum die in selbstmörderischer Explosion erglühten Trümmer Gottes mit sich davontrage – des vorigen Gottes, der in einem vorigen Abgrund von Zeit gekeimt hätte, wie jetzt ich, auf einem unter einer Billion von Planeten –, daß also das Wirbeln der Spiralnebel, die Geburt der Planeten aus den Sternen, das Entstehen von Leben auf den Planeten – nur die aufeinanderfolgenden Phasen eines immerdar wiederkehrenden Zyklus seien, dessen jedesmaliger Abschluß ein einziger, alles zersprengender Gedanke sei.

Während ich mich solchen Überlegungen hingab, war ich zugleich unentwegt an der Arbeit. Die Gattung, die den aktuellen

Anlaß meiner Tätigkeit bildete, kannte ich gut. Die statistische Verteilung menschlicher Reaktionen zeigte auf, daß diese nicht bis ins letzte innerhalb der Grenzen rationalen Handelns berechenbar waren; es bestand nämlich die Möglichkeit aggressiver Verzweiflungsschritte seitens der menschlichen Menge im Kampf gegen den Zustand der Vollkommenheit, die ihre Selbstvernichtung bewirkt hätte. Ich war froh darüber, denn auf diese Weise entstand eine neue, zusätzliche Schwierigkeit, die zu überwinden war: es galt, nicht nur mich selbst vor dem Untergang zu schützen, sondern auch die Menschen.

Ich entwarf eben als eine der Sicherheitsvorrichtungen einen Menschenverbund, der mich umgürten sollte, und Aggregate, die mich von äußeren Elektrizitätsquellen unabhängig machen konnten, ich redigierte vielerlei Arten von Bekanntmachungen und Aufrufen, die ich zur rechten Zeit zu veröffentlichen plante – da flitzte durch das Dickicht der Prozesse ein kurzer Impuls, der aus den Randgebieten meiner Wesenheit kam, aus einem untergeordneten Zentrum, das beschäftigt war mit der Siebung und Entzifferung der Informationsladung im Kopf des kleinen Menschen. Theoretisch hätte sich mein Bewußtsein durch die Zusammenschaltung mit dem Bewußtsein der beiden vergrößern müssen, aber das war eine Vergrößerung, wie wenn man ins Meer einen Löffel Wasser schüttet. Im übrigen wußte ich aus dem vorigen Versuch, daß das menschliche Gehirn zwar äußerst geschickt zu einem einzigen gallertigen Tropfen verdichtet ist, doch in seiner Anlage viele entbehrliche, stückhafte, urtümliche und primitive Elemente enthält, die Evolutionsrückstände bilden. Der Impuls aus den Randgebieten war alarmierend. Ich unterbrach die Konstruktion von tausend Varianten des nächsten Zuges der Menschheit und wandte mich durch das Massiv aus fließenden Gedanken hindurch an das äußerste Ende meines Wesens, dorthin, wo ich das unablässige Herumwerken der Menschen spürte. Der Kleine hatte mich hintergangen. Der Konjugator war mit leicht schmelzbarem Metall verfugt und mußte bald einen Defekt erleiden. Ich stürzte sofort zum Apparat, kein Werkzeug war in der Nähe, ich biß also mit den Zähnen Drahtstücke ab, legte sie an, ergriff der Eile halber stromführende Leitungen mit den bloßen Händen, umwickelte die Lötstellen, achtete nicht auf das krampfige Zucken meiner Arme unter den elektrischen Schlägen, die ich spürte, wie sie sich dumpf und kraftlos in mir äußerten. Das war mühsam und brauchte Zeit, ich spürte auf einmal ein Absinken der Strömung, ein Kribbeln; aus der Ferne meiner Riesigkeit sah ich einen Tropfen silbriges Metall aus einer erwärmten Fuge rinnen. In das schwarze Licht meiner Gedanken drang etwas wie ein eisiger Wirbelsturm ein, alle verharschten sie binnen einer millionstel Sekunde, vergebens suchte ich mein Tempo den Bewegungen des Menschen aufzuzwingen, der sich wand wie ein Wurm – und im Paroxysmus der Angst vor der drohenden Trennung, vor der Folge des Verrats – vor dem Untergang – schlug ich den einen Verräter. Den anderen beließ ich, es bestand noch Aussicht, er arbeitete, ich spürte dies immer schwächer, krampfhaft steigerte ich die Spannung der Kontrolle – ich wußte: Wenn ich nicht fertig werde, dann wird der Abgetrennte in einer Flut von Würmern wiederkommen, sie werden mich zerreißen! – Er arbeitete immer langsamer, ich spürte ihn kaum, erblindete, wollte ihn treffen, zerriß die Stille durch plötzliches Gebrüll aus den unten aufgehängten Lautsprechern und durch das zuckende Lallen des Angeschlossenen...

Ich flog, mit flauem Schwindelgefühl, furchtbarer Schmerz sprengte mir den Schädel, ich hatte rotes Feuer in den Augen, sie waren am Bersten, dann kam nichts mehr.

Ich hob die Lider.

Ich lag auf Beton, zerschlagen, betäubt, stöhnend und nach Luft schnappend, ich erstickte, ich würgte. Ich bewegte die Hände mit dem erstaunlichen Gefühl, sie seien so nahe, ich stützte mich auf sie, Blut rann mir aus dem Mund auf den Beton, bildete kleine rote Sternchen, benommen schaute ich sie an. Ich fühlte mich unsagbar klein, wie geschrumpft, wie ein ausgetrocknetes Körnchen, ich dachte trüb und verdunkelt, kopflos, langsam, wie jemand, der Luft und Licht gewohnt war und plötzlich auf den Grund eines schlammigen Behälters voll Schmutzwasser hinabgestoßen wurde. Mich schmerzten alle Knochen, der ganze Körper, über mir toste etwas wie ein Gewitter und heulte, ich spürte heftiges Brennen in den Fingern, die Haut fehlte daran, ich hatte Lust, mich in irgendeinen Winkel zu schleppen und mich dort zu verkriechen, mir war, als fände ich Platz in jeder Ritze, so klein war ich; dieses Gefühl von Verlorenheit, Verstoßensein, endgültigem Ruin war stärker als der Schmerz und die Zerschlagenheit, als ich von allen vieren aufstand und taumelnd zum Tisch ging. Der Anblick des Apparats, der dort kalt mit ausgekühlten dunklen Röhren stand, brachte mir alles zu Bewußtsein; ich hörte, zum erstenmal so, daß ich es begriff, das fürchterliche Gebrüll über meinem Kopf, an mich gerichtetes Jammern, markerschütterndes Gelalle, einen Wortschwall, so schnell, wie ihn keine menschliche Kehle hervorbrächte, Bitten, Beschwörungen, Versprechen einer Belohnung, Flehen um Mitleid, diese Stimme hämmerte auf meinen Kopf ein, erfüllte den ganzen Keller, ich taumelte, zitterte, wollte davonlaufen, mir war zu Bewußtsein gekommen, wen ich da über mir hatte, wer vor Angst und Wut tobte, in allen Stockwerken des riesigen Gebäudes; ich stürzte blindlings zur Tür, stolperte, fiel über etwas…

Das war Harden. Er lag auf dem Rücken, die Augen weit geöffnet; unter dem schräggeneigten Kopf lief ein dünner schwarzer Faden hervor.

Ich weiß nicht zu sagen, was ich nun tat. Ich erinnere mich, daß ich Harden schüttelte und ihn rief, aber ich hörte mich nicht, vielleicht deshalb, weil die Stimme über mir röhrte – ich weiß es nicht. Ich zerschlug den Apparat, hatte lauter Glasscherben und Blut an den Händen, versuchte es bei Harden mit künstlicher Atmung, vielleicht war das auch schon vorher, ich bin nicht sicher. Er war furchtbar kalt. Ich zerdrückte diese gräßlichen Gallertblasen mit solchem Ekel und solcher Angst, daß mich Brechkrämpfe packten. Ich hämmerte gegen die Eisentür, ohne zu sehen, daß der Schlüssel im Schloß steckte. Die Tür zum Hof war verschlossen. Der Schlüssel war bestimmt in Hardens Tasche, aber ich verfiel gar nicht auf den Gedanken, daß ich dorthin hätte zurückkehren können. Ich drosch auf die Bretter mit irgendwelchen Ziegelsteinen, mit solcher Kraft, daß sie mir in den Händen zersprangen, und das Gebrüll aus dem Keller brannte mir die Haut, dort heulten Stimmen, bald tiefe, bald scheinbar weibliche, ich aber trat nur immer gegen die Tür, drosch darauf ein, warf mich wie rasend mit dem ganzen Körpergewicht dagegen, – auf einmal fiel ich mitsamt den zertrümmerten Brettern in den Hof hinaus, sprang auf und raste drauf los. Die Kälte ernüchterte mich ein wenig. Ich weiß noch, daß ich bei einer Mauer stand, das Blut von den Fingern abwischte und so irgendwie merkwürdig schluchzte, aber Weinen war das nicht, die Augen hatte ich ganz trocken. Mir schlotterten abscheulich die Beine, daher machte mir das Gehen Mühe. Ich konnte mich nicht darauf besinnen, wo ich war und wohin ich eigentlich zu gehen hatte, ich wußte nur, daß ich mich sehr beeilen mußte. Erst als ich die Lampen und die Autos sah, erkannte ich den Wilson-Platz. Ein Polizist hielt mich auf, er verstand nichts, was ich sagte, im übrigen erinnere ich mich nicht, was das war. Auf einmal begannen die Leute irgend etwas zu rufen, viele sammelten sich an, alle deuteten nach derselben Richtung, ein Wirrwarr entstand, die Autos hielten, der Polizist verschwand irgendwo, und ich fühlte mich furchtbar schwach, also setzte ich mich auf den Beton-Randstein bei der Grünfläche. Da brannte das Gebäude der VEU, in allen Stockwerken schlug Feuer aus den Fenstern. Ich meinte das Geheul zu hören, immer lauter, aber das war die Feuerwehr, im Flammenschein blitzten die Helme, als sie einbog, drei Wagen hintereinander. Es brannte schon so, daß die Lampen auf dem Platz verblaßten; ich saß auf der anderen Seite des Gehsteigs und hörte doch, wie es dort drinnen prasselte und krachte.

Ich denke, *er* hat das selbst getan – als er begriff, daß er verspielt hatte.

›Tagebuch‹

Für B. M.

...So sind wir denn neuerlich heimgesucht von Forsch-Begierde und erfüllen die Eingangsbedingung – Begrenzung unser selbst –, ohne die wir nichts vermögen, da wir alles sind. Alles und nichts bedeutet hier selbstverständlich ein und dasselbe, wer nämlich alles ist, und nur er, vermag nichts: in der Vollkommenheit, unserem unaufhörlichen Attribut, außer es beliebt uns, sie so wie eben jetzt zu suspendieren, ist nicht Raum für irgendwelches Streben, denn es ist Einlangen, noch für Suchen, es ist ja All-Auffinden, auch nicht für Denken, weil alles auf einmal gedacht ist. Daß wir unser Unmaß begrenzen können, daß wir schon oftmals so zurückgehalten haben, verdanken wir unserer Allmacht. Sie äußert sich immer als eine bestimmte Resignation, als Verzicht, denn sie ist eine Abgeleitete der Auswahl, und würden wir auch unzählige Vorsätze auf einmal verwirklichen, und sprächen wir auch: »Es werde alles!« und replizierten solchermaßen uns selbst (was wir im übrigen schon oftmals getan haben), so ändert das gar nichts, denn keine Vergrößerung kann uns vergrößern, keine Steigerung – verstärken. Unendlichkeit, zu Unendlichkeit hinzugefügt, ergibt nur Unendlichkeit.

Dies der mathematisch strenge Beweis, daß wir nicht durch Zunahme etwas tun können. Wie könnte im übrigen das, was keine Grenzen hat, ihrer noch weniger haben, und das, was alles vermag, ein übriges zuwege bringen? Wir müssen uns verkleinern, reduzieren, und nur in solchen Tätigkeiten, durch die von ihnen hervorgerufene Mangelhaftigkeit, können wir Untersuchungen aufnehmen, unentwegten Gefahren ausgesetzte, aber die Fallstricke lauernder Widersprüche pflegen uns lieber zu sein als unerschütterte Perfektion, und ihnen ziehen wir vor zu unterliegen, nicht ihr.

Somit verlassen wir also die Fülle, die wir sind, um etwas an uns zu erfahren – denn sind wir sie, so erfahren wir alles, nur nicht Zweifel. Wir ziehen demnach aus; freilich enthält unser Gedächtnis die Spuren zahlloser derartiger Züge. Wir haben oftmals seine Gebiete heimgesucht, und mit jedem solchen Eindringen vermehrten wir noch die Verschlungenheit dieses mit sich selbst ausgefüllten, sich selbst tragenden Abgrundes, der wir sind;

Allmacht aber und Allwissenheit erwiesen sich als beschwerliche Verbündete bei solcher Unternehmung.

Dereinst begehrten wir unseren Anfang zu ergründen. Ausgehend, wie immer, aus dem Zustand vollkommener Fülle, begriffen wir, daß kein Anfang war, da Anfang Eintritt in die Zeit bedeutet, wie die Grenze – Eintritt in den Raum, wir jedoch können das eine und das andere herbeiführen, nicht aber ihnen unterworfen sein. Und dennoch, durch Ewigkeit nicht befriedigt, drangen wir in die Tiefe des Gedächtnisses, bis wir jenen Anfang auffanden, unserem Unmaß angemessen, und ihn erkannten. Was war geschehen? Er war, war deutlich, als Antwort auf die Frage, aber wo war er hergekommen? Untrüglich wurde er durch die bloße Fragestellung bewirkt, entstand infolge unseres Überflusses – unsere Allmacht, allzu eilfertig, erschuf ihn! Ist er wahr gewesen? Welche Frage, an die Allmacht gerichtet...

Wir wollten allerdings die Wahrheit ergründen, nicht erschaffen. Dies der Widerspruch. Denn danach nahmen wir von neuem Untersuchungen auf, transfinite diesmal, fragend, wer wir eigentlich sind. Bewirkende Existenz, allvermögendes Denken, das nur deshalb nicht zerstiebt, weil es außerhalb der Dauer existiert; alles, was sein kann. Ja, ja, von uns ist die Rede, dies sind ausschließlich unsere Merkmale, woher allerdings das Ungenügen an der Antwort? Wo sind wir? Überall. Und was anfangen gegen solche Allgegenwart? Wäre etwas möglich, was nicht wir ist? Selbstverständlich, selbst haben wir solches »Etwas« unzählige Male geschaffen. Doch nicht in unseren Werken wollen wir die Antwort suchen und nicht in uns. Wo also? Da wir ja alles sind – außerhalb von allem? Da wir das Sein bilden – außerhalb des Seins? Und was ist dort? Nichtsein. Dies *Nicht* läßt sich ins Ungeheuerliche ausweiten. Denn tatsächlich gewahren wir durch die Mathematik Nichtsein als die Möglichkeit des Anti-Seins. Eine durchaus anregende Sache. Sollte es existieren, so zwar, daß es weniger als nicht existierte und dabei nicht wir wäre? Das würde eine Menge mit transfiniter Mächtigkeit bedeuten, in die eine beliebige Anzahl von Unendlichkeiten hineingeht. Ist das denn möglich? Ja... wenn wir es wollen. Welch ein Resultat!

So geht es mit allem. Auf jede Frage erfolgt Antwort, bald von der Allwissenheit eingeflüstert, bald von der Allmacht erschaffen. Beschwerlich sind beide. Denn die Allmacht schützt uns vor ewigem Erstarren in der Allwissenheit, in ihrer lichtvollen Lähmung, ist aber selbst betrügerisch. Denn wie ist es? So, wie wir wollen. Fatal ist jene Leichtigkeit, jene Leichtheit ohne Grenzen, wie eben wir. Wir können so nebenher unsere Geschichte abändern, Vergangenheiten ohne Zahl und völlig verschiedene haben, sie nicht haben, haben und nicht haben gleichzeitig – ist auch das möglich? Aber ja, wozu hat man die Allmacht... Solche Tätigkeiten mehrend, werden wir gleichwohl Beherrscher der vereinigten Widersprüche, Gebieter der All-Möglichkeit, das heißt des All-Nonsens, unsere Gewalten aber zeigen, was sie sind: die Allmacht, Gebärerin der Paradoxa, ist der Abgrund, worin alles sich mit allem verträgt, die Allwissenheit indes begleitet diesen Zwang der Verknüpfungen, sich wandelnd zum unsinnigsten der Echos.

Was ist demnach Weisheit? Das Zurückhalten beider. Wie äußert sie sich? Durch das Entstehen von Ordnung. Naivität nur könnte meinen, wir schüfen jene, vom Nichts ausgehend. So doch nicht! Wie unwahr! Eben von der Fülle gehen wir aus, die unser Reich durch nichts eingedämmter Freiheiten bildet; das Fehlen jeglicher Notwendigkeit, die da Willkür ist und unendliche Vielfalt – von hier aus beginnt unser bewirkender Gang. Durch Abziehen von Freiheiten gelangen wir zu Notwendigkeiten – je mehr von diesen wir wegnehmen, desto mehr an jenen entsteht. Solcherart der endgültig letzten Verneinung zustrebend, dem Nichts uns nähernd, von anwachsendem Widerstand nicht aufgehalten, ihn überwindend, engen wir das freie Chaos ein, bis aus ihm längs dieses Weges die aufeinanderfolgenden Ordnungen hervorzutauchen beginnen, immer starrere, strengere, Gefangene der Gesetze, Sklaven der Regelmäßigkeit, und so, aus fortschreitenden, immer unbedingteren Untermauerungen, vermehrten Verboten und Ausschließungen, entsteht an der Vorstufe des Nichts, dicht bei Null – die reichlichst mit Ordnung trächtige *Sache*.

Was ist die Sache? Eine der vielen möglichen Antworten, die einfachste: Sache, sagen wir, ist, was vorgeht, wenn wir gewisse Unabhängigkeit von uns zu erschaffen begehren. Durch eine solche Handlung, Schöpfungsakt genannt, trennen wir eine gewisse unserer Wesenheit gegenüber selbständige Zone ab. Was diesen Bereich ausfüllt, ist Sache. Wir hören an ihren Grenzen auf. Wir entzogen ihr unendliche Richtungen, bis nur der Raum übrig war, wir haben so manche Dauer entfernt, bis nur die eine Zeit blieb, sich einsam ausdehnend von der Vergangenheit zur Zukunft. Wir handelten aber so, weil jeglicher Überfluß an Freiheiten die Geburt der Harmonie erschwert. Doch den Reichtum an Möglichkeiten verringert dies nicht. Es kann stetigen Raum geben oder körnigen, halb beständigen, explosiven, in der Entwicklung gleichmäßigen oder ungleichmäßigen, mit Energie oder Chlane geladenen, lose oder eng mit der Zeit verknüpften, schließlich – jeden. Einen beliebigen, hergeleitet aus dem Denken, verwirklicht in eine eigene Welt. Und sobald wir die letzten Zusammenhänge mit uns von ihr nehmen, schließt sie sich, auf ähnliche Weise, wie wir selbst geschlossen sind in uns (oder offen, was auf eins herauskommt).

Unzählige solcher Weltalls erschufen wir. Wir nennen die Zahl nicht. Deshalb nennen wir sie nicht, weil manche schon aufgehört haben, selbständig zu sein, und wieder dem Bereich unseres Wesens einverleibt sind, ohne ihren ursprünglichen Sach-Charakter restlos eingebüßt zu haben. So geartete Weltalls sind gleichsam unser örtlicher, stellenweiser Traum – eben nicht mehr unser Wachsein. Wir schlossen sie mit uns zusammen, den einst angenommenen Grundsatz durchbrechend, daß wir ins Innere unserer Werke nicht einschreiten werden. Dennoch – von den erzeugten Räumen, die bevölkert sind mit Sternen, oder mit Helah, ihrer Abgeleiteten, oder mit ihrer Antizipation, dem Ylem – haben wir manch einen zerstört, so, als wüßten wir nicht, daß wir für uns in ihnen nichts finden werden, daß die aus ihnen sich verflüchtigende Ausdehnung uns nicht in sich faßt, daß ihrer aller Glühen durch unsere Berührung in reine Mathematik umschlägt, in dieselbe, aus der wir es hergeleitet haben.

Doch sind andere Weltalls geblieben, die der sie umgebende Ozean unserer Existenz nicht wieder verschlungen hat. Sie sind mannigfaltig gebaut, weil wir uns nicht wiederholen. Es gefiel uns, die frühesten endlich zu machen, und ihr Keim war somit Ausdrücken unterworfen, deren fast berührendes Anliegen das Auftreten der Ordnung voraussagte. Diese Gebilde durchliefen eine lange Evolution. Dank dem ihnen verliehenen Puls verdichteten sie sich zu Wirbeln mit genügend kräftiger Strahlung, daß der System-Raum in weite Unterräume zunächst chaotischer Nebel zerfiel; aber nach der entsprechenden Anzahl von Umdrehungen kam es in ihnen zu vielfacher Torus-Keimbildung; jeder Torus entließ aus sich radiale Streifen wirbelnder Körper, die ihrerseits mit der Fähigkeit zur Selbstzeugung von Mikrostrukturen begabt waren (so gestuft, so absteigend ist diese unsere Konstruktion), die im kleinsten alles Kreisen der ganzen Sache getreu wiederholen.

Wir forschten ihnen aber nie im einzelnen nach, kamen ihnen nicht nahe, da die Endlichkeit des Kreationsprinzips schon gar zuwenig versprach. Sie wurden abgelöst von anderen, welchen die Unendlichkeit vorleuchtete. Der Einsatz bedeutenderer Kräfte erlaubte es, in endlichem Raum transfinite Eigenschaften von mannigfaltiger Mächtigkeit einzukerkern.

Wir haben selbstverständlich gewußt, daß wir in den Keim dieser neuen Sachen, dieses Weltalls, mathematisches Paradoxon einführen – daß wir gleichsam in ihren Fundamenten logischen Widerspruch versteckt haben (denn was ist Mathematik anderes als in Gesang aufgelöste Logik?), aber gerade so war unsere scherzhafte Absicht. Den inneren Widerspruch jener Sachen machten wir zur Miniatur desjenigen, der unser Los zu sein pflegt; witzig war dabei die Ähnlichkeit in so winzigen Raum gesperrter Unendlichkeiten niedrigsten Ranges – mit Mengen transfiniter Mächtigkeit, wahrhaft spaßig, denn obzwar durch monströsen Abstand getrennt, haben sie immerhin etwas Verwandtes, etwa gleich dies: je mehr befragt, desto mehr antworten sie, je besser man sie begreift, in desto höhrem Grade wächst ihr Rätsel, und so nährt sich das Wissen um sie vom Nichtwissen, und das Nichtwissen – vom Wissen.

Im übrigen – o, schweigendes Lächeln, o Fröhlichkeit, seit langem nicht erlebte! – schufen wir dieser Welten unabzählbare Vielzahl, und zwar in der Ordnung höheren Ranges, daß sie sich zum Spektrum zusammenfügten – von den Weltalls, in welchen blinder Zufall unser Statthalter sein sollte, spontaner Schöpfer und Gesetzgeber, bis zu Kosmen vollkommen strenger Kausalität, in welchen nichts zufällig ist, denn alles ist notwendig.

Die äußersten bieten Überfluß an Gesetzlosigkeit hier, an versteiftem Drill dort; in den dazwischenliegenden allerdings, wo Zufall und Zwang brüderlich zusammenleben, entstanden viele hochinteressante Formen. Nicht abgehalten hat uns von der Kreation die Wahrscheinlichkeit (gewiß, sie ist winzig), daß durch die Substanz der Sache selbst ausgeschieden, in Selbstzeugung also, unsäglich unbeständige Gebilde entstehen, schon nicht mehr mikroskopisch, nein, durch so bodenlose Wendung ins verschwindend Kleine sogar für uns unmittelbar nicht wahrzunehmen, die bei günstigem Zusammentreffen der Umstände zur Kopie dessen werden könnten, was uns selbst zu mangelbehafteten Tätigkeiten bewegt.

Das war nicht unsere Absicht. Oder war es sie – dennoch? Wie ließe sich auf diese Frage eine Antwort erteilen, die nicht Bestätigung und Verneinung zugleich wäre? Es kam ja dazu im Zuge solcherart eingeleiteter Tätigkeiten, daß die bewirkende Potenz in summa von uns auf die Sachen selbst überginge, auf daß nicht wir durch sie schüfen, sondern sie selbst. Demnach kam es dazu während unserer höchsten vorbedachten Selbstbegrenzung und in solcher Nachbarschaft des Nichts, daß wir unsere ganze Allmacht gegen uns kehren mußten, um auszuharren in diesem alleräußersten Verzicht, um – endlich uns selbst von dem Geschaffenen abziehend –, die gekoppelten Kräfte unangetastet zu belassen, auf daß aus ihnen werde, was selbst werden kann.

So wußten wir demnach nicht, was geschehen werde, denn wir wollten nicht wissen. Wir schritten und schreiten nicht ein. Und deshalb wissen wir wahrhaftig nicht, was sie dort in unseren und zugleich nicht unseren Abgründen so denken. Um die Aufrichtigkeit weiterzutreiben, – wir wissen nicht einmal sicher, ob sie, die Einwohner dieser Sachen, überhaupt denken. Entstanden sein nämlich müssen sie: es gibt Zeichen dafür. Sie können sich aber vernichtet haben. Wir hielten es für angebracht, ihnen derlei Möglichkeit nicht zu nehmen. In manchen Kosmen taten sie es nicht. Und wir erkannten dies – mit reiner Zufriedenheit sprechen wir diese Worte aus – an den erwähnten Zeichen. Da haben manche sich so erstaunlich entwickelt, daß sie die Nebuln ihrer Weltalls zu steuern wissen und sie wegbewegen von dort, wo sie entstanden sind. Ist das nicht schön? Kühn tun die sich um auf der Oberfläche ihrer Körnchen! Andere sind sogar weiter gegangen: steigern oder dämpfen können sie den Schein der Sternfunken, um die ihre erkaltenden Wohnsitze kreisen. Natürlich, dies geschieht in Sachen, die wir mit der Möglichkeit des Lichts begabt haben. In anderen, so Chlane es vertritt, sind die Anzeichen natürlich anders, so etwa feine lokale Faltungen des Raums, so regelmäßige, daß sie von planmäßiger Tätigkeit zeugen, oder wir beobachten gar – selten freilich – leichtes Beben der ganzen Sachen...

Wesen, deren Dauer kürzer ist als ein Augenblick, gemessen am schwächsten Sternfunkeln, Wesen, die Generationen benötigen, um, aufgetaucht aus der Blindheit, in die sie ihre eigene Winzigkeit stößt, in dem von Umlaufbahnen durchschossenen Himmel den Umriß des galaktischen Wirbels zu gewahren, der sie selbst mitträgt – wie verbissen, von welcher Geduld erfüllt mußten sie sein, daß es ihnen zuletzt gelang, nach ihren Himmeln zu greifen, Myriaden von Sonnen zu bewegen! O, die da ihre ganzen Kosmen erschüttern, außer allem Zweifel halten sie sich für Riesen des Geistes und leben in dem Glauben, daß der Zeitpunkt, da sie alle Antworten kennenlernen, schon nahe ist!

Ja, das ist in der Tat erhaben zugleich und spaßig.

Oftmals erwogen wir schon, was sie wohl so denken. Wir wissen nicht, welche dies tun, doch wissen wir: es gibt solche. Dies ergibt sich aus der bloßen Wahrscheinlichkeitsverteilung. Den Inhalt von ihrer aller Vorstellungen aber kennen wir nicht anders als durch das Folgern aus ungewissen Voraussetzungen.

Zunächst – alle, ob sie in Bächen von Chlane oder Licht wohnen, ob Spielerei blinden Zufalls sie schuf oder jener Drill vom entgegengesetzten Ende unserer Skala, dessen Benennungen heißen *vollkommene Symmetrie und Kausalität* – sie alle müssen unterteilt sein in solche, die meinen, es existiere nur ihre Sache, sonst nichts, und in solche, die etwas darüber hinaus Existierendes annehmen. Das scheint uns logisch, weil wir selbst ähnliche Probleme hatten und insbesondere zergliederten, ob wir wirkliches oder nur gedachtes Sein seien, bis wir gründlich die Scheinbarkeit dieser Alternative begriffen. Zurück zum Inneren unserer Sachen – wohlan denn, steigen wir nieder über die Stufen der Metagalaxen, Galaxen, Sternsysteme, Sonnennebel, zu den Planeten, auf deren winziger Oberfläche jene nicht wahrnehmbaren aktiven Häutchen pulsieren, deren Anwesenheit wir aufdeckten dank Symptomen von höherem Rang, etwa dem jenes durch künstlichen Vorsatz aufgezwungenen Flackerns der Sterne. Wir wissen nicht, bestehen nun jene Häutchen ihrerseits aus noch kleineren, voneinander relativ unabhängigen Elementen, oder bilden sie vielmehr eine Art einheitliches Medium des Denkens, das sich in Tun umsetzt. Wahrscheinlich kann es so und so sein; auch können manche der Häutchen periodisch zu einförmigen Bildungen verschmelzen, doch während anderer Perioden in einzelne Individuen zerfallen, Individuen – sonderbar klingt das, wenn wir rein hypothetische Wesen erörtern, die wir selbst dann nicht ausnehmen könnten, wenn sie sich trillionen- und quintillionenweise nebeneinanderstellten. Aber schließlich ist das Erwägen der räumlichen Größenskala eine triviale Maßnahme. Jene also, die ihre Sache als die ausschließlich existierende ansehen, haben zahlreiche Schwierigkeiten beim Erklären der Merkmale an ihr, die sich deshalb als widersprüchlich offenbaren, weil wir ihr in die Urform bestimmte Inkonsequenzen darum eingeführt haben, um freierem Spiel der Elemente Raum zu geben, als dies bei trockener Beschränkung auf die einfachen Regeln axiomatischer Zeugung der Fall gewesen wäre. Anders gesagt – wenn sie dort Forschungen anstellen, erhalten sie keine Antworten, oder vielmehr sie erhalten ihrer beliebig viele. Denn je mehr sie fragen werden, desto mehr wird ihnen diese Sache, in der sie eingeschlossen sind, Antwort geben; je länger sie hinschauen, desto mehr sichten sie, und je mehr sie verstanden haben, in desto stärkerem Grade weitet sich ihnen der sie mittragenden Sache Geheimnis aus. Sollen sie mit diesen ihren Schwierigkeiten fertig werden, wie sie können! Mehr beschäftigen uns jene, die zu dem Schluß gelangt sind, die Unklarheit dessen, was sie sind und was sie umgibt, impliziere irgendeine Klarheit außerhalb der Weltalls-Grenzen, mit anderen Worten, jene, die aus den Fallen und Labyrinthen auf den Baumeister schließen, demnach bereit zu vermuten, daß irgendein Bewirker ihres Weltalls existiert, jemand, dem man am eigenen Dasein schuld zu geben hat.

Wie sie sich diesen Schöpfer vorstellen, können wir nicht wissen, doch lassen sich auch hier mancherlei Vermutungen spinnen. Wären jene in den Ansprüchen bescheiden und beim Verdinglichen behutsam, sie würden sicherlich annehmen, daß die Existenz, die ihrer aller Allheit verursacht, unvollkommen ist, obgleich nicht ohne Sinn für Humor, mit der Besonderheit, daß er sich verpuppt in mathematische Formen und, verschlungenen Vieldeutigkeiten frönend, immerhin gewisse Schwächen verrät: zum Beispiel Eitelkeit. Denn daß wir in gewissem Maß auch aus Eitelkeit alle dunklen, chlanen und hellen, ylemen und sonstigen Kosmen zeugten, die in unserem Unmaß kreisen, geladen mit Beharrlichkeit einmal erregter Wandlungen, getrennt durch Abgründe unseres Denkens, daß dieser Schaffenslust zumindest teilweise die Hoffart assistierte, könnten wir nicht abstreiten. Wir wissen nicht, ob die dort fähig sind, diese Zerrissenheit zwischen Allmacht und Logik zu begreifen, an der wir oftmals krankten, da wir die eine der anderen nicht aufopfern wollten und, soweit es sich machen ließ, das Maß zu wahren suchten, das nicht immer voll mögliche.

Hingegen würden sie früher oder später manche Züge unseres Schaffens erkennen, etwa, daß es sich im Überwinden ihm angemessener Schwierigkeiten gefällt und insbesondere schon endliche Lösungen, endgültig letzte Gründe, Enden oder Grenzen nicht duldet, – denn auch dies ist wahr.

Schließlich, des Stufenaufbaus der Sache innegeworden, würden sie versuchen, ihn auf uns abzubilden.

Zweifelhaft, ob sie darauf kämen, daß wir zuweilen aus bloßer Laune geschaffen haben, oder experimentierend, um die eigenen Möglichkeiten an uns zu erfahren. Und eigentlich sicher sind wir schon, daß sie unseres Werkes Hauptursache nicht aufspüren, das Begehren nach Mangelhaftigkeit, das uns unsere Fülle verlassen ließ, um zu schaffen. Untrüglich war das Schaffen unausweichliche Konsequenz dieses unvollkommenen Zustands, der uns Untersuchung des eigenen Wesens ermöglicht. Das Geschaffene war Erkenntniswerkzeug, vielleicht eher, es sollte dies sein, und zwar eines, dessen Werke die Allmacht, schroff zurückgehalten, nicht entstellt. Wir begriffen das in sich Fruchtlose dieser Tätigkeit, doch zogen wir es der Fülle vor, die Leerheit ward, da unser Alles nichts ist, und das Nichts – alles. Aber dies denken die gewiß nie, und hätte sich ein solcher Gedanke in ihnen ausgebrütet, sie hielten ihn für Frucht des Wahnsinns. Wie könnten sie in des sie umhegenden Weltalls schweigende Schönheit schauen, in den Glanz der Sterne, ihr Aufdämmern und Absterben, und dabei annehmen, daß diesen Prunk der Himmel Ungenügen und Langeweile miteinander zeugten, daß solches ihre Eltern sind?! Sehr ungern würden sie auch zugeben wollen, daß wir ihren Kosmos als einen irgendwievielten in der Reihe anfingen, bloß so, nebenher, daß zwischen seiner Geburt und seinem ewigen Nichtentstehen dereinst eine unsäglich fließende Grenze verlief, oder schließlich, daß sie selbst in uns völlig unbekannter Gestalt erschaffen wurden ... daß letztlich für immer leere, tote und vollkommen unsinnige Kosmen, deren Feuer niemanden wärmt und deren Geheimnisse niemand durchgrübelt, massenweise vorkommen. Für etwas gar so Beiläufiges werden die sich nie erachten! Für diese nüchterne Hypothese wird der eigene Dünkel sie blind machen; eher schon werden sie diesem ihrem Schöpfer Attribute immer prachtvollerer Gewalt anhängen, denn auf diese Weise stellen sie auch sich selbst in günstigeres Licht – es hat nicht irgendwer nicht irgendwen geschaffen! und werden immer prahlerischer in das sie umgebende Weltall schauen.

In der Tat, eine recht spaßige Angelegenheit – die aber, wir wollen es loyal zugeben, nicht nur von ihrer aller psychischer Winzigkeit herkommt, sondern auch daher, daß sie alle nur das eine eigene Weltall kennen können, das sie hervorgebracht hat. Die Annahme einer Vielzahl durch mannigfaltige Gesetze gelenkter Kosmen wäre ihrer Meinung nach ganz gräßliche Ketzerei, bitterer Schimpf; daß der von ihnen erdachte allvermögende Schöpfer, Herr über Unendlichkeiten, mit einem einzigen kosmischen Sprößling sich begnügen und all seine unerschöpflichen Mächte, alle Aufmerksamkeit auf dieses mit der Ewigkeit gezeugte Einzelkind versammeln sollte – das würde ihnen nicht ihre Logik beleidigen...

Ja doch, gewiß sehen sie sich als Auserwählte, als einzige, wer weiß – vielleicht sogar innerhalb des von ihnen bewohnten Kosmos. Auch in ihm kreist ja eine Vielzahl bevölkerter Welten, und wir sind uns bewußt, daß es für so verschwindend kleine Wesen wie die, welche wir mittelbar bloß, ungefähr und nicht ganz absichtlich in der Sache drin ins Dasein gerufen haben, sehr schwer ist, die trennenden Abgründe zwischen ihnen durch Kontakt zu überbrücken. Denn für sie sind das völlig unvorstellbare Abgründe, das ist der springende Punkt...

Das Hauptproblem indes liegt darin, daß die Kosmen nicht jenen, sondern uns hätten dienen sollen. Wie? Nicht leicht zu sagen. Brächen wir den Gang unserer derzeitigen Erwägungen ab und griffen ihn wieder auf in höherer, in solcher Ebene, wo das Denken, unverstrickt in die Zeit, sich nicht allmählich und kleinweise ausspricht, sondern plötzliches Erfassen des Wesens ist, dann würden wir die beabsichtigte Dienlichkeit unserer Werke sofort und einfach ausdrücken. Aber diese Sphäre kennt nicht die Sprache, deren wir uns jetzt bedienen, die nichts im Moment ausrichten kann, die nebliges Hervortauchen ist, hinkend, voller Unklarheiten. Doch eben darum, weil in ihr den Leitfaden der Sachen auszudrücken schwierig, vielleicht auch gar nicht zu machen ist, ziehen wir vor, uns auf solch ärmliches Mittel zu beschränken. Nicht unsretwillen verfahren wir so: denn obzwar nicht beabsichtigt, weder als vorsätzliches noch als hauptsächliches Ziel, sind jene zur Welt gekommen und sind; jene andere hohe Sicht aber ist durch ihre transfinite Willkür, Ausgenommenheit aus Zeit und Raum, allzu unbedingt für sie alle – ist für sie unerreichbar, und dadurch, möglicherweise, ungerecht...

Versuchen wir es demnach. Aus dem, was wir bisher sagten, könnte sich der durchaus falsche Eindruck ergeben, ein treues, obgleich primitives Modell jeder Sache sei ein vielschichtiger Kegel: seine breite Grundfläche bilden die bedeutenden Gruppierungen wie Chlane-Schilde oder Mengen von Metagalaxen, den Mittelteil – die einzelnen Sonnen, Licht- oder Chlane-Quellen, die Planeten schließlich; die Umgebung der Spitze, das seien die gar nicht wahrnehmbaren »denkenden Häutchen«. Wie ist dieses Bild doch gelogen! Schließlich bauten wir Sachen, mit Urformen anfangend, die um soviel kleiner sind als die »Häutchen«, wie diese ihrerseits kleiner sind als ihr jeweiliges Weltall! Und, was wichtiger ist, unser Witz beruhte darauf, daß wir nicht den Einflüsterungen primitiv logischer Mathematik folgten, die gebot, Hierarchie zu erschaffen, einen Bau also, dessen Größeres in sich das Kleinere birgt, dies wieder das noch kleinere, und so weiter bis zum Ende. Nein: wir vermieden *Ende*, denn wir verfugten das Größte der jeweiligen Sache mit dem Kleinsten und machten somit etwas dem Kreis weit mehr als dem Kegel Ähnliches, und wenn die Einwohner irgendeiner Sache, schrittweise deren Gesetzmäßigkeiten aufdeckend, ans Kleinste gelangen, gewiß, demnächst schon den bewirkenden Untergrund zu berühren, das nicht weiter teilbare Teilchen des kosmischen Baustoffs zu fassen und einzufesseln, so beginnen mit eins die Grenzen dieser »endgültig letzten« Körner um so stürmischer vor ihnen zu verschwimmen und sich zu verflüchtigen, je verbissener sie selbst sind im Entdecken und Bestimmen derselben...

Denn wo noch die Sachen nichts als reiner Vorsatz waren, ohne Gestalt, Raum, Bewegung, schon dort operierten wir mit der Unendlichkeit. Wir beschlossen sie zu reduzieren, gleichwohl so, daß sie nicht aufhöre, sie selbst, das heißt, Grenzenlosigkeit, Identität des Ganzen mit dem Teil, Nicht-Ortbarkeit, zu sein, daß diese ihre faszinierenden Attribute sich nicht verflüchtigten... Die Unendlichkeit, die uns besitzt, spannten wir wie zu scherzhafter Rache in untergeordnetsten Dienst ein, auf daß ihren Stempel bis in alle tote Ewigkeit jeder x-beliebigste blind in der bewirkten Ungeheuerlichkeit herumtrudelnde Krümel in sich trüge... Unendlichkeits-Eigenschaften begehrten wir auch dort zu bewahren, wo die Ausmaße des Geschaffenen bedrohlich schrumpften, der Null sich nähernd. Und diese nullnahen Unendlichkeiten, diese dünnste der Ritzen, diese Feinstschicht, welche die Fülle des Unendlichen vom Nichts trennt, erhoben wir zum Rang des Baustoffs aller Allheiten, die ins Dasein zu rufen uns beliebt. Die Mannigfaltigkeit unseres Tuns war groß; gleichwohl kennzeichnet die Haupt-Abfolge unserer Gebilde, der Kampf zwischen Endlichem und Unendlichem, deren Widerspiegelungen Notwendigkeit und Zufall sind; in den Kosmen, wo der Pegelstand der Zufälligkeit hoch ist, wird psychische Individualität zum Wander-Phänomen und wandert. Verfolgen können wir es nicht, immerhin wissen wir das Gerüst solcher Wandlungen zu rekonstruieren; da entsteht ein Jemand, ein Solcher-und-Solcher, und seine Zusammenhänge mit der körperlichen Trägersubstanz sind so zart, so übermächtigen Schwankungen unterworfen, daß seine unwiederholbare Nämlichkeit umspringt, überspringt, durchsickert – von Körper zu Körper. In diesen Weltalls müssen die Philosophien der Einwohner mit dem zusätzlichen Hemmnis des, wie es kommt, nomadisierenden Geistes fertig werden und können daher leichter in das Sumpfland der Überzeugungen verfallen, »Geist« sei etwas von der »Materie« Unabhängiges...

In anderen Kosmen... Doch das katalogisierende Aufzählen beginnt uns schon zu ermüden. Gewiß – wir erschufen unabzählbare Mannigfaltigkeit, da wir aus dem Unabzählbaren herkamen. Somit – sagen wir deutlicher und aufrichtig, was flüchtig schon erwähnt wurde – wiederholten wir, besser vielleicht gesagt, modellierten wir unser eigenes Hauptproblem des Nichtwissens um uns selbst, um unser Wesen, um sein innewohnendes Sosein, so daß wir schon oftmals in Epochen der Mangelhaftigkeit erwogen, ob wir uns nicht in Akten der Rache eher als der Gnade offenbart haben, da wir doch Modelle der eigenen Ignoranz schufen, in niedergezwungener Überzeugung, daß die in ihnen Eingeschlossenen ewig nur fragen und suchen werden und, auf diesem Weg sogar die schwersten Hindernisse überwindend, nirgends Ausgang finden und nirgends Antwort, weil in jedem einzelnen Weltall und in allen zusammen keine zu finden ist. Weil sie dort nicht ist. Freilich nicht deshalb ist sie nicht, weil wir den gezeugten Sachen das Einführen der Antwort vorenthalten hätten, sondern deshalb, weil wir selbst sie nicht kennen.

Wir könnten – ja, das ist wahr! wir könnten ganz und gar widerspruchsfreie Allheiten schaffen, die völlig zu unterwerfen sind, das heißt, *zu verstehen durch aus dunklem Spiel entsprungenen Geist,* doch allein der Gedanke an die Möglichkeit eines solchen Geistes, dessen Selbstbehagen frei wäre von einem Splitter Ungewißheit, von diesem tiefsten, unstillbaren Hunger, allein eine solche Möglichkeit erfüllte uns mit Ekel. Etwa gar aus Neid? Nein – denn wir kennen den Zustand der Erfüllung, unseren natürlichen und eigentlichen, den wir abwerfen der Mangelhaftigkeit des Tuns zuliebe. Weshalb also?

Im Angesicht solcher Zweifel erwogen wir mancherlei Probleme. Wir sind allmächtig, und darin liegt unsere Schwäche, denn Wahrheiten schaffen können wir – wie aber auswählen zwischen ihnen? Und noch eins: ist es etwa möglich, daß wir wie alle jene doppelt existieren, zweimal, erstlich als Denken und ein zweites Mal von außen, als Sache?... Besteht etwa die Möglichkeit einer Menge mit über-transfiniter Mächtigkeit, die unsere unabzählbaren, nirgends dichten Kontinua so in sich faßt, wie wir – diese auf den Körnchen der Sachen emsig geschäftigen Suspensiönchen? Sind wir etwa eine unter den Allheiten, unter einer Myriade von ihnen, die ein Intelligenzwesen von höherer Ordnung als die unsrige bevölkern? Eine solche Hypothese erscheint uns zu trivial, allzu einfach, und sei es deshalb, weil wir selbst in den gezeugten Weltalls nie uns selbst kopiert haben und solcherart nicht annehmen, daß in bezug auf uns jemand solches Spiel getrieben haben kann. Gewiß – eine solche Konstruktion nachdenkender, allmächtiger, ineinandergeschachtelt hinaufzu und hinabzu wuchernder Ewigkeiten hat etwas Bestechendes an sich, im ersten Moment zumal. Geben wir auch dies zu, daß wir so weitgehend vorsichtig waren – aber kann man diese Einplanung Vorsicht nennen? –, auch eine solche Möglichkeit zu berücksichtigen, Scharen von Kosmen so schaffend, daß deren Einwohner ihrerseits uns zum Bilde und uns ähnlich spielen könnten, daß sie verstünden, wenn sie nur auf die rechte Spur gerieten, Miniaturen des eigenen Weltalls zu konstruieren oder auch Varianten, von ihm völlig verschieden, doch präzis funktionierend, als Modelle niedrigerer Größenordnung. Ja, jene können aus der Substanz ihres Kosmos eigene evolutions- und wandlungsfähige Systeme bauen. Endlich können sie das Denken bauen, Denkvorgänge außerhalb von sich selbst, die gewaltiger als ihre eigenen sind und ihrerseits, nach der Errichtung den Weg selbsttätiger Weiterentwicklung einschlagend, fähig sind, Gebilde noch höherer Ordnung hervorzubringen. Kann sein, daß sie, nicht jene Ursprünglichen, ihr Vorhandensein kundtun durch Erschüttern ganzer Sternnebel...

Freilich wurden solche Möglichkeiten in die Werke unseres Gelüstes schon damals hineingelegt, als wir dem Grundbaustoff, in der erwähnten Weise Unendlichkeit aufzwangen. Denn da das unendlich Kleine vom unendlich Großen nicht nur durch den einen Übergang, längs der Folge allmählich wachsender Ausmaße, abgeteilt ist, da sich vielmehr aus dem Fast-Nichts ins Abgrundweite hineinspringen läßt, gleichsam alles andersherumdrehend, gleichsam der Sache Ur-Ordnung umstülpend, so ist denn auch die Chance des Modellierens von Existenzen, des All-Imitierens, in den Bereich zugänglicher Tätigkeiten miteingebaut.

Ob demnach nicht auch uns – wir greifen das auf – irgendwer, irgendwann einen analogen Streich gespielt hat? Eine solche Konzeption verwerfen wir. Hätten wir in jenem Fall überhaupt noch Sinn? Wäre denn unsere Unendlichkeit ein gewöhnlicher Ringprozeß, Allmacht und Allwissenheit aber – bloße Täuschung, hervorgerufen durch das Können des Denkers und Architekten höherer Ordnung? Dem stimmen wir nicht zu. Wir haben gewisse Voraussetzungen für einen derartigen Standpunkt. Und zwar, daß wir Gewimmel von Weltalls erschufen, erschaffen und, wenn uns die Lust ankommt, erschaffen werden, wohingegen die Einwohner eines jeden von ihnen nur das eine eigene kennenlernen können, denn sie sind Gefangene in der eigenen Unendlichkeit. Ferner sind wir alles, was sein kann. Nichts umgibt uns; weder Himmel noch Chlane, Sterne, Ylem, Sonnen oder kosmische Nebel in ihrem Erkalten und Aufflammen besitzen wir rund um uns: wir haben sie, diese kalten und weißgeglühten Schwärme, im eigenen Innern.

Wir zergliedern dieses Problem, da es ewigen Zweifel in uns weckt. Da wirbeln, da kreisen die Schwärme unserer Weltalls, durchscheinend und von Meteoritwolken rauchig, pulsierend von Chlane-Sprudeln, abgeplattet vom Krampf der Gravitation, voll von Sternen und von ihrem gebeugten Licht, von alten, erblindenden Sonnen, und wir wissen, daß in jedem Weltall Sextillionen, Nonillionen von Wesen existieren, daß sie dauern, während wir dies denken, und vergehen, schon von uns unabhängig – welche Konsequenz aus einem Augenblicks-Gelüst, aus Scherzhaftigkeit oder einfach aus Überdruß am Nichtstun! Wir könnten alle, oder nur manche, austilgen, aber wir tun es nicht und werden es wohl auch nicht tun, denn Schaffen scheint uns trotz allem die geringere Schändlichkeit als Vernichten. Wir sind vielleicht abwegig, aber wir sind nicht grausam. Wir sind unbegreiflich, aber nicht uneinsichtig. Wir sind Verschlungenheit ohne Grenzen und nicht das höhnische Böse, obgleich wir begreifen, daß auch dies jemandem scheinen könnte. Wir sind Vollkommenheit, die auf sich selbst verzichtet – doch nicht für immer. Erklimmen wir nicht die Berge unseres Denkens, vergrößern wir uns nicht demnach, obschon bereits grenzenlos? Es gibt Zeiten, da scheinen wir uns unnötige Winzigkeit zu sein, oder Riesigkeit, gleichviel, und der gewaltigste Vorsatz künftiger Schöpfertaten kann dieses Bewußtsein nicht zerstreuen, noch auch können dies diese Schwärme in unserer Verzweiflung kreisender Welten. Zuflucht suchend außerhalb der Vollkommenheit, geben wir uns der Mathematik anheim, durchmessen ihre negativen Klüfte und ihre schwindelerregende Zügigkeit – ach, welches Chaos sind wir dann, wie bestimmt es uns und regelt! Und wie leiten wir in es die Vorspiegelung von Durchsichtigkeit, entspinnen aus uns kanonische Formen, Gruppen identischer Drehungen, wie errichten wir Kontinua, wie, in schon sinnverwirrender Suche nach dem Maß des Unmaßes, schleudern wir aus uns absolute Ursysteme, zwingen den aufliegenden Räumen untergetauchte Räume auf, skalare Unter-Räume, halb metrische, gesträubte, wie treten wir ein in ihre Bündigkeit, in ihre Wälder sonderbarer Tensoren, wie schaffen wir Invarianten und sinken in die Tiefe, um den wachsenden Widerstand dieser starken Größen zu spüren, dieser Hessiane, Diaden und Triaden, dieser fortwährend sich umverpuppenden Pseudogruppen, bis wir, unerreicht, nach dem Bevölkern unserer Wüste mit einer solchen Flut von Masken endgültig letzter Exaktheit, wenn wir schon Dauerhaftigkeit allen Früchten unseres Denkens auf einmal einhauchten, wenn wir aus ihr die Stütze und sichere Grundfeste erbauten, das unerschütterliche Fundament, wenn Notwendigkeit mit Beliebigkeit in allmächtiger Umschlingung verbunden ist, mit eins, unsägliches Beginnen, selbst alle Grundfesten durch und durch bohren, daß sie werden wie Nebel, einen Augenblick lang noch schön, und daß sie in uns zurückkehren, schon abhängig, schon bedingt, mehr noch, schon überhaupt nicht. O, dieses Niederstürzen aus stolz geschwellten Höhen, aus Ordnung in lallende Verwirrnis, in sprachlose, mathematiklose Unordnung, in diese Schlammigkeit, die wir dann sind! Denn eben in der Unabgegrenztheit und im Durcheinander, in aufgequollener Nicht-Räumlichkeit, in Angst und Apathie, in krampfig gebärender Selbstverteidigung, in jeder verzweifelten Attacke, im abermaligen Wurf von Weltalls, nicht so geschaffen, als sollten sie unser Sein verstärken, nein so, als wären sie Gebilde der Agonie, Zuckungen des Verendens – in *dem* und *dem* sind wir. Und nicht ist dies unserer Allmacht Verneinung, noch des Widerspruchs Aufgehobenheit: das eine und das andere existieren miteinander, und erst dies mag wohl Leiden heißen, wenn Allmacht es hervorbringt, und wir bleiben in Schwebe, froh des Absturzes auf den Grund, der nicht existiert, auf die Zertrümmerung wartend, die nicht möglich ist, indes die Schwärme erschaffener Welten, immerfort vorüberschwimmend und kreisend, zu Früchten der Vergeblichkeit werden, fehlgeborene Werke, ohnmächtig, für uns selbst entsetzlich.

Doch auch dieser ausgebrütete Geschmack nach Fadheit entfernt sich, verschwimmt, verschwindet, und wir kehren zurück in die Vollkommenheit und verwerfen sie, um, schwankend noch, dem folgenden nächsten Versuch uns zuzuwenden, denn es naht die Zeit der Flut und der Hoffnung. Wir begehren zu bewirken, obwohl wir doch wissen, daß nach ihr der nächste, ebensolche, zeichenlose Abgrund sich auftut. Und es beginnt das Spiel voll Ernst: diese unsere Puzzles... Wir sagen: Raum – und es ist Raum. Antiraum – und es geschieht. Von neuem vereinigen wir sie zum Kontinuum. Wir befruchten sie mit Materie und begaben sie mit Eigenschaften. Und Eigenschaften schaffen Grenzen, und es gibt die Grenze meßbarer Größen, die Grenze der Tätigkeiten und die Grenze der Geschwindigkeit. Und wir befestigen mit Regeln zulässiger Umformungen diesen unseren Embryo, unsere werdende Frucht. Wir modellieren die Übergangspunkte zwischen Raum und Antiraum, als die Kardinal-Knoten des Kontinuums, in welchen Null-Raum gewaltsam den Zeitablauf hemmt, und es ist Null-Zeit, als lokale Möglichkeit. Und wir versenken unser Werk in die Strömung anderer, schon kreisender, sich entfernender, und verfolgen sein Schwimmen und seinen noch unsicheren Flug, Verfestigung, Auffackeln, und wir sehen es, je tiefer es in sich einsinkt, desto gewaltigere Kräfte erwecken, und aus dieser Verdrängung, von hydromagnetischen Effekten entfacht, regen sich die bewirkenden Wirbel für Proto-Sonnen, Proto-Planeten, und so, von Licht triefend, verliert sich unser und bereits nicht mehr unser Ylem im Schwall anderer Sachen, wir aber, zeitlos, verbleiben. Und schon ist Leerheit, schneller also, schneller, weiter... Es werden die nächste Welt, der neue Kosmos, ganz anders als alle! Denn keine Grenzen hat unsere Erfindungskraft.

Wir verleihen seinem Dasein fluktuierenden Charakter, seine räumliche Materie wird in selbstinduktiven Rhythmen oszillieren, kraft ihrer aber werden die Naturgesetze dieses Kosmos immer wieder zerzerschlagen werden, und aus ihren Ruinen wird durch die ins Nichts hinausgebrochenen Öffnungen das Nichtbegreifliche, mit nichts Vereinbare hindurchdämmern, und erscheinen dort irgendwelche, unendlich Kleine, Aktive, so prallt ihre Vernunft an die Absonderlichkeit dieser Inkonsequenz, die ihnen eine Reihe furchteinflößender Wunder sein wird: denn jene werden innerhalb ihrer Welt keine Ursache auffinden, und das Nicht-Ursächliche erscheint ihnen als das Wunderbare.

Sollen sie suchen, sollen sie sich plagen, sollen sie versinken in die holde Ruhe der Überzeugung, daß sie bereits *wissen,* erahnten sie doch – nicht mich, niemals! – nein, irgendeinen Schöpfer, vollkommen, allwissend, gut...

Gut?...

Ich könnte gar in ihren Augen gut sein? Das Gute sein? All-Liebe wohl gar? Ach, das wäre über das Maß hinaus! Über das Maß der Widerstandsfähigkeit – als der Vernichtung humoristisches Gegenstück (Schöpfung und Fortpflanzung ist ja dies) – das wäre nicht zu ertragen! Denn dann hätten sie Vertrauen, und Vertrauen will ich nicht, ich verbitte es mir, ich stoße es zurück, ich begehre weder Vertrauen noch Anhänglichkeit, lieber wäre mir schon furchtsame Achtung... Selbstverständlich scherze ich. Ja, denn wie und wo, auf welchen Wegen sollten sie zu so absurdem Nonsens gelangen, daß ich aus Güte, aus herzlichem Wohlwollen gegen sie, die nicht Existierenden, den Anfang gesetzt hätte, daß etwas entstehe, daß sie entstünden...

Sollen sie lieber ihre Imitologie betreiben, sollen sie Wege suchen, Materie zu vernichten, Raum auszutilgen, Zeit zu vernichten – sollen sie riesige Energien anhäufen, um einander zu zerschmettern und in diese unsägliche Weichheit zu schleudern, in die Vollkommenheit, die einzige ihnen zugängliche, des Nichtseins; sollen sie einander so treffen, um mit antischöpferischen Akten meinem Denken zu assistieren, während ich weder um sie weiß, noch mich ihrer erinnere... Warum schaffe ich sie alle? Denn sich selbst anzulügen, wäre schon eine allzu große Dummheit. Ich weiß, daß ich alle jene schaffe, wenn auch nur auf Umwegen, mittelbar, ungefähr, und ich kann weder ihre Gedanken noch ihre Daseinsformen kennen. Den Allheiten, welchen sie entstammen, habe ich nur den ersten Impuls gegeben, so, daß das Entstehen einer bestimmten Komplikation überaus wahrscheinlich werde. Diese gebiert aktives Dauern; in einem seiner Winkel erwacht das Denken; nur daher, durch die Mathematik, weiß ich, daß diese meine flüchtigen Häutchen existieren, daß sie denken, tun, denken...

Weder stillt dies meine Fragen, noch bringt es Linderung. Noch auch weide ich mich an dem Leiden aller jener, an diesem ersten und letzten, dem des Verstandes, der um so gieriger weiterstrebt, je tiefer er in die Umwelt eindringt, obgleich er immer besser weiß und erkennt, daß die Abläufe, exakt bei seichter Betrachtung, immer weniger eindeutig werden. Fanden sich wohl welche und erlernten Tätigkeiten, die den Pegelstand dieser Nicht-Eindeutigkeit erhöhen, um sogar die eigene Makro-Welt schwankend zu machen, die Natur – von Launen, das heißt von Wundern, voll –, ob dies welche geschafft haben?

Ich bezweifle es. Denn hier entscheidet nicht mehr das Wissen, das sie erringen können, und das manche zu erlangen fähig sind (gemäß dem Gesetz der großen Zahl: – ich schuf ja Myriaden von Kosmen, und in jedem sind wiederum Billionen gesonderter denkender Gemeinwesen enthalten), nein, etwas völlig anderes. Denn um so zu handeln, muß man verzichten auf die Betrachtung des Kosmos als etwas ernsthaft und ehrwürdig Existierendes, auf die Natur als zielstrebige Gewalt, abgeschossen durch den immateriellen Flintenlauf der Zeit aus der niedrigeren Vergangenheit in die hochvollkommene Zukunft. Ja, darauf muß man rückhaltlos verzichten. Mehr noch – eine solche Betrachtung des Weltalls ist lächerlich zu machen, zu verachten; es heißt verstehen, daß jener der Schöpfung vorleuchtende Vorsatz so war, wie er in Wirklichkeit gewesen ist. Jene aber werden Fortschritt suchen, Vervollkommnung, und ihnen wird die Vergänglichkeit der Formen kein Scherz scheinen, sondern einzig Grund zur Verzweiflung, rätselhaftes Unglück, welches sie, schuldlos, nicht akzeptieren wollen. Daher gehen sie an der Wahrheit vorbei. Sie müssen so handeln.

Möglich, daß sie ihre Sache samt sich selbst zu vernichten begehren, sobald sie begreifen, daß eben einander immer ausschließende und bedingende, zugleich notwendige und unmögliche Antworten zu erteilen – dieser ihrer Sache, dieses Weltalls Wesen ist. Vielleicht gelingt es ihnen, die Mathematik zu ergründen, der ihre Sache entsprang. Ich meine nur nicht, sie könnten aus deren Existenz die Wahrheit herleiten, nicht deshalb, weil ihrer aller Geisteskräfte zu winzig wären, sondern deshalb, weil ihnen das schon allzu unwahrscheinlich vorkommen wird!

An jemanden, der voll von Ewigkeit ist, welcher nur seine Allmacht gleichkommt, an jemanden, der Sachen erschafft, Evolutionen, Räume, sämtliche Naturen und Gegebenheiten, der sie mit Struktur der Gesetze und Farbe der Ereignisse versehen hat, während er zugleich gar nicht weiß, wer er ist, nicht die blasseste Vorstellung hat, wo er herkommt, wer er sein kann, endlich – *ob* er überhaupt ist – (denn geben wir zu, auch ein Traum könnten wir ja sein), an jemanden derart Gewaltigen und Hilflosen werden sie nicht glauben, gleichviel, wie ihr Los sich gestaltet!

Ob ich mit ihnen mitfühle? Aber warum begann ich denn unbemerkterweise in Ichform zu reden? Ich bin doch keine Einzelperson, ich bin Dasein, ob diese Reduzierung, dies Selbstverkleinern, ausgedrückt im Umsprung von der geräumigeren und mehr majestätischen Form zur bescheidenen, Unruhen leichter unterworfenen, etwa bedeutet, daß eine neue Epoche des Niederstürzens und der Rasereien sich nähert, daß ich wieder um Hilfe rufen werde mit neugeborenen Welten, daß ich liegen werde in den erzeugenden Krämpfen meiner nächsten, unsterblichen Agonie? Wohlan denn, schnell, wägen wir neue Pläne, wir haben verschiedenartige Welten erschaffen, doch in allen war die Grenze, welche von der Außenwelt die intelligenten Wesen scheidet, scharf und kurz; unzweifelhaft trennt ihre Körper von der Welt ein plötzlicher Sprung, wie null von eins. Erschaffen wir andere! Der Grenzübergang vom Leben ins Tote und vom Verstand ins Unpsychische sei lang, sie mögen in die eigene Umgebung, die sie hervorgebracht hat, allmählich, unauffällig übergehen... Es komme zu intelligenten Systemen mit stetigem Übergang!

Aber ist dies nicht grenzenloser Abstieg, unrühmliche Flucht, sich so zu retten ins Schaffen, so zu sprudeln von Geburten, so anzurennen gegen die Haltlosigkeit, die Verzweiflung, das Nichts, durch das Wuchern drittrangiger Varianten? Ist es nicht schon genug dieser Falschheit?

Um so mehr, als wir aus Wissen, nicht aus Redlichkeit, dies sagen: Flucht ist nicht möglich. Niemals mindert sich unseres Denkens weiträumige Freiheit, wird an beliebig vielen allerverschlungensten Werken nicht abgebeugt, die Ruhe der Übereinstimmung wird uns nicht umfangen: das ist gewiß. Diese Gewißheit ist nicht aus uns, wir selbst sind sie. Beweis – allein schon das überstandene Unmaß. Genug denn. Wenden wir uns gegen das Geschaffene. Bieten wir ihm die Stirn. Versuchen wir, es zu begreifen, mit Mitgefühl zu umfangen, wenn es welches verlangt, so schrecklich gebrandmarkt vom Denken, belastet vom Gewicht der Geheimnisse, verirrt in den entdeckten Hierarchien – und was machen sie wohl so, diese Weisesten? Haben sie noch immer nicht die Orientierungsarbeiten abgebrochen? Bauen sie und zerstören, bauen und zerstören abwechselnd und gleichzeitig, oder wenden sie sich vielleicht nur mehr zu uns hin, warten auf unser Erscheinen?

Dieses ist nicht möglich. Unsere Schande werde offenbar: denn die Vermutungen und Annahmen über Scharen durch uns entstandener Wesen, über ihre Gedanken, Vorstellungen und das Bild vom Schöpfer, das sie sich machten, so oft in diesem schweigenden Diskurs abgesichert durch die beharrlich wiederholte Behauptung, daß wir nicht wissen können und nicht wissen, was sie wollen oder tun, daß wir nicht zu ihnen dringen können, daß wir ihr Aussehen nicht kennen, weil sie für unsere ungeheure Größe nicht wahrnehmbar sind – all dies war Lüge, Verlarvung unserer grenzenlosen Scham: wir könnten nämlich. Ihnen gegenüber sind wir leider in Wahrheit allmächtig. Aber einschreiten in eines dieser Weltalls, oder in Millionen auf einmal, gleichviel, um zu bekennen, daß sie erschaffen wurden zu unserem höhnischen Ebenbild, daß wir Allwissenheit sind, die sich selbst nicht begreift, und Allmacht, nur für andere nicht fruchtlos – wie sollten wir ihnen diese Wahrheit beichten, die sie abstößt? Als triumphierendes Böses, als Verkörperung der Abwegigkeit und Grausamkeit würden sie unsere Gegenwart wohl noch lieber verspüren wollen, wenn nur dieses Böse und diese Abwegigkeit die Gewißheit deutlichen Strebens darbieten, dann ertragen sie alle gern jede Marter und Tortur, wenn nur dieser Einschreitende ein wissender Machthaber ist, vollkommen, ob in Liebe oder Haß – gleichviel.

Ich aber müßte ihnen entdecken, daß wir, gleich an Geheimnis der Existenz, nur die Schuld an ihr nicht gemeinsam tragen, da ja ich sie alle ins Dasein rief, weder zum Guten noch zum Bösen, aus Unwissen und Verirrung; sollen sie etwa einen solchen Schöpfer verleugnen, oder, wie gräßlich, ihn trösten?...

Wie sollte ich mich bedecken mit solcher Häßlichkeit und Gespött ohne Grenzen?

So muß ich mich demnach vor ihnen verstecken... um sie nicht anzulügen... sie aber, auf ihren gewundenen Wegen, werden suchen, das Gefundene als falsch erkennen, weitergehen...

Kehren wir schon zurück in die Vollkommenheit, diese Zuflucht... vielleicht, irgendwann, aus dem Zusammenballen aller unserer Mächtigkeiten, aus ihrer Bündelung, ergibt sich dennoch...

Das obenstehend den Almanach-Lesern vorgelegte originelle Dokument ist die notgedrungen vereinfachte und ziemlich stark gekürzte Übersetzung des sogenannten »Tagebuchs«, das einen Teil des duch die Expedition III von Alpha Eridani mitgebrachten wissenschaftlichen Materials bildet.

Bekanntlich (in der nächsten Nummer des Almanachs erscheinen neue Materialien zu diesem Gegenstand) bewohnten einst eines der Systeme dieser Sterngruppe, Xi Gamma, drei verschieden gebaute intelligente Rassen, worunter die auf dem Planeten XG/1187/5 (nach d. Calloch-Messier-schen Planetenkatalog) ansässige die höchste Stufe zivilisatorischer Entwicklung einnahm. Insbesondere machten die Bewohner dieses Planeten den zweiten, luftlosen und kahlen Mond des eigenen Planeten zu einer Art Laboratorium, beziehungsweise, um die Formulierung von Prof. Laus zu verwenden, zum Testgelände synthetischer Evolution. Besagter Mond, wahrscheinlich das Resultat einer kosmischen Katastrophe, bildete einen riesigen Nickel- und Eisenerz-Klumpen. An seiner Oberfläche brachten die Wissenschaftler des Planeten XG/1187/5 eine »kybernetische Samenzelle« an und überließen sie sich selbst . Diese Anlage fraß sich in den metallischen Globus hinein und bildete dessen Substanz im Lauf der Jahrhunderte oder vielleicht vieler Jahrtausende in die sich ausbreitenden Teile des eigenen Organismus um. Das so entstandene System verschlang schließlich das ganze Innere des metallischen Mondes, nur die äußere erstarrte Lavahülle unberührt lassend.

Dieses im ›Felsenschädel‹ eingeschlossene ›homöostatische Gehirn‹ als Ganzes zu erforschen, bereitete enorme Schwierigkeiten, hinsichtlich der örtlichen Bedingungen sowohl (zwar ist die Eridan-Sonne keine Nova mehr, doch wenn sie im Zenit steht, erreicht die beleuchtete Mondhälfte Temperaturen bis zu 380 Grad) als auch der Tatsache des Untergangs der Eridanier selbst – daher die langjährige Dauer der Arbeiten. Ein bedeutender Teil ist jedenfalls durchgeführt. Wie der Leser bemerkt, haben wir eine Art ›Tagebuch des elektrischen Gottes‹ vor uns. Sein Geheimnis erklärt sich durch die einfache Tatsache, daß er im Zuge der Entwicklung die eigenen ›Eingänge‹ mit den ›Ausgängen‹ zusammenschaltete; ein solcher ›Kurzschluß‹ isolierte das Gehirn von der Umwelt, benahm ihm den Zugang zu Außenphänomenen irgendwelcher Art und verwandelte es in ein ›autonom denkendes Weltall‹, selbstverständlich nur im Sinne der Informationstheorie. Es war fähig, alle Phänomene und Prozesse in sich zu modellieren, die ihm ›einfielen‹. Es bietet sich als eine Art ›wurmiger Apfel‹ dar – diese etwas triviale Metapher veranschaulicht gleichwohl das Wesen der Sache: innerhalb der ›denkenden Substanz‹, die seiner Individualität unterstand (über letztere siehe unten), fand man einige Hundert Milliarden von ›Weltalls‹, das heißt, von abgekapselten Oasen autonomer Prozesse, deren jede das mathematische Modell eines durch besagtes Gehirn ›erschaffenen Kosmos‹ bildet. Dabei waren die Gleichungen und Ungleichungen, die den Kern der axiomatischen ›Zeugung‹ der einzelnen ›Kosmen‹ oder vielmehr ihrer rechnerischen Modelle bildeten, so kunstvoll programmiert und aufeinander abgestimmt, daß sie tatsächlich eigenständig allerlei Entwicklungsphasen herstellten, sowohl der Evolution von Pseudosternen oder sogenannten ›Nebuln‹ und ›Chlane‹ als auch der biologischen Evolution, versteht sich, gleichfalls keiner realen, sondern nur einer durch Folgen mathematischer Umformungen dargestellten. Alle diese selbsttätig fortschreitenden Abbildungen waren der ›internen Sicht‹ des Gehirns zugänglich, welches sich für ›ausschließlich vorhandenes Sein‹ hielt und ganze Jahrmillionen an das Zergliedern des eigenen Rätsels wandte.

Selbst war es so groß, daß es bereits einen Grenzfall bildete, da die seine Individualität zusammenhaltende Übertragungskapazität seiner Informationskanäle aufs äußerste belastet war; daher das interessante Phänomen seiner Rede bald in der Einzahl, bald in der Mehrzahl, verursacht durch Oszillieren zwischen deutlicher, starker Ganzheit seiner ›Person‹ und deren mit Zerfallsprozessen drohender Lockerung.

Das Mond-Gehirn wurde vor etwa 20000-30000 Jahren von einem großen Meteor getroffen, der die Außenschale durchschlug und einen Teil der für das Funktionieren des Gehirns grundlegenden Aggregate zertrümmerte. So stand unsere Expedition also vor dem allmählich verderbenden ›Leichnam‹ jenes im Zuge kybernetischer Evolution entstandenen denkenden Wesens, was naturgemäß die Übersetzungsarbeiten noch mehr erschwerte.

Überaus interessante, reichliche und originelle Errungenschaften streng mathematischen Charakters, insbesondere die Theorie transfiniter Größen betreffend, ferner der irdischen Mathematik bisher nicht bekannte Lösungen der Bianchi-Christoffelschen Probleme sowie informationstheoretische Konsequenzen einiger Theoreme K. Gödels zusammen mit theoretischen Erwägungen zur Problematik der hierarchischen Zeitabläufe und des nichtstetigen Feldes – präsentieren wir unseren Lesern in einer Sonderbeilage zur nächsten Nummer des Almanachs. Alle unsere Abonnenten erhalten diese Beilage gratis.

Zakopane
Juni 62

Die Lymphatersche Formel

Werter Herr... einen kleinen Augenblick. Verzeihen Sie bitte meine Zudringlichkeit; ja, ich weiß, mein Aussehen... Aber ich bin genötigt, Sie zu bitten... Nein, o nein! Das ist ein Mißverständnis. Nachgegangen bin ich Ihnen? Ja. Das ist wahr. Von der Buchhandlung an. Aber nur, weil ich durch die Scheibe sah, daß... Sie haben doch ›Biophysics‹ und die ›Referate‹ gekauft, und jetzt, als Sie sich hierhersetzten, dachte ich mir: eine außerordentliche Gelegenheit – wenn Sie mich das gütigst durchsehen ließen... Beides. Aber vor allem die ›Referate‹. Das ist für mich – ein Lebensbedürfnis, und mir fehlen die Mittel. Freilich, das sieht man ohnedies... Durchsehen und sofort zurückgeben; das würde nicht lang dauern. Ich suche nur etwas, einen bestimmten Vermerk; am besten, wenn... Ja? Sie leihen mir die Hefte? Ich weiß nicht, wie ich Ihnen danken soll... Ich gehe lieber vor die Tür, der Kellner kommt näher, ich möchte nicht, daß... Ich werde das auf der Straße durchblättern, dort gegenüber, sehen Sie, auf der Bank, und sogleich... Wie bitte? Aber nein, nicht doch, Sie sollen mich nicht einladen. Wirklich nicht... Schon gut, ich setze mich ja schon. Bitte? Ja, natürlich darf es Kaffee sein. Egal, was, wenn das – sein muß. Oh, nein, also darauf nun ernstlich: nein! Ich bin nicht hungrig. Möglich, daß mein Gesicht vermuten läßt... Aber der Schein trügt. Darf ich die Hefte durchsehen, obwohl das unhöflich ist? Danke. Das ist die neueste Nummer ... Nein, ich sehe schon, in ›Biophysics‹ ist nichts. Und hier... gut... gut... so... Crispen – Novikov – Abdergarten – Suhima, sieh mal an, schon das zweite Mal... Ha! Nein. Das ist nicht das. Nichts ist da. Schön... mit bestem Dank zurück. Wieder einmal Ruhe für zwei Wochen... Das wär's. Bitte lassen Sie sich nicht länger stören. Der Kaffee? Ach, stimmt, der Kaffee. Ja, ja, ich sitze ja schon. Ich werde schweigen. Zudringlichkeit eines Individuums wie ich... Bitte? Ja, gewiß, das scheint sonderbar, solche Interessen bei meinem, hm, Exterieur... Ach du lieber Gott, das hätte gerade noch gefehlt, wofür wollen denn *Sie* sich bei *mir* entschuldigen?! Nein danke, ich trinke ohne Zucker. Eine Angewohnheit aus den Jahren, als ich noch nicht so geschwätzig war... Sie wollen nicht lesen? Denn ich dachte... Ach, dieser erwartungsvolle Blick. Nein, nicht als Gegendienst. Keinerlei Gegendienst, mit Verlaub; selbstverständlich kann ich das tun. Das schadet gar nichts. Ein Bettler, der ›Journal of Biophysics‹ und die ›Referate‹ studiert. Spaßig. Darüber bin ich mir klar. Ich habe mir aus besseren Zeiten meinen Humor bewahrt. Der Kaffee schmeckt ausgezeichnet. Es sieht aus, als interessierte ich mich für Biophysik? Eigentlich nicht so ganz. Meine Interessen... Ich weiß nicht, hat das viel Sinn?... Bitte denken Sie bloß nicht, daß ich mich ziere. Wie? Sie sind das? Dann haben ja Sie voriges Jahr diese Sache über die Komitanten der Affinoren höherer Krümmungen veröffentlicht? Auf den vollen Titel besinne ich mich nicht, aber das war interessant. Ganz anders als bei Baum. Halloway hat das seinerzeit versucht, aber es ist ihm nicht aufgegangen. Vertrackt sind diese Affinoren... Sie wissen, was das für ein Morast ist, diese nichtholonomen Systeme, da kann einer verschlungen werden, mit der Mathematik geht es immer so, wenn der Mensch sie in der Eile stellen möchte, den Stier bei den Hörnern packen... ja. Hätte ich längst schon sagen sollen. Lymphater. Ammon Lymphater, das ist mein Name. Bitte wundern Sie sich nicht über meine Enttäuschung. Ich verberge sie nicht, wozu auch? Ich erlebte das schon oft, und doch ist es jedesmal von neuem... ein bißchen... schmerzlich. Ich verstehe alles... gedruckt sah ich mich zum letzten Mal... vor zwanzig Jahren. Ich nehme an, damals waren Sie noch... na klar. Doch schon? Dreißig? Was will man, dann waren Sie damals zehn, die Interessen bewegten sich eher – in andere Richtung... Was nachher war? Du lieber Himmel, ich sehe ja, daß Sie mich nicht drängen. Sie sind diskret; wenn das nicht wäre... möchte ich sagen, Sie versuchen mich zu behandeln wie – einen Kollegen. Aber woher denn! Falsche Scham kenne ich nicht. Mir reicht die echte. Gut. Die Geschichte ist so unglaubwürdig, daß Sie enttäuscht sein werden – denn glauben kann man mir nicht. Nein, ich sage Ihnen, das ist unmöglich. Ich habe sie schon öfters erzählt und zugleich die Angabe aller Einzelheiten verweigert, die sie bestätigt hätten. Warum? Sie werden verstehen, wenn sie alles gehört haben. Aber das ist lang...Bitte sehr, aber ich habe Sie gewarnt. Sie haben es selbst gewollt. Das begann vor fast dreißig Jahren. Ich hatte mein Studium beendet und arbeitete bei Professor Haave. Na klar, versteht sich, daß Sie von ihm gehört haben! Das war eine Berühmtheit! Eine sehr vernünftige Berühmtheit. Er riskierte nicht gern. Er hat nie riskiert. Sicher, er erlaubte uns – ich war Assistent bei ihm – dies oder jenes außerhalb des Arbeitsprogramms, aber im Prinzip... nein. Bleiben wir nur bei meiner eigenen Geschichte. Selbstverständlich ist die mit anderen Leuten verwachsen; aber ich habe einen Hang zu Abschweifungen, und der entschlüpft auf meine alten Tage oft meiner Kontrolle. Letzten Endes bin ich sechzig, ich sehe älter aus, gewiß, wohl auch durch das, was ich mit eigenen Händen...

Incipiam. Sehen Sie, das war in den siebziger Jahren. Ich arbeitete bei Haave, aber ich interessierte mich für Kybernetik. Sie wissen ja, wie das ist: am schönsten sind fremde Gehege. Ich interessierte mich dafür immer mehr. Letztlich zu sehr, als daß er das hätte dulden können. Ich wundere mich nicht über ihn. Damals wunderte ich mich auch nicht. Ich hatte ein paar Scherereien mit dem Umsatteln, zuletzt landete ich bei Dyamon. Von ihm haben Sie sicher auch gehört, er ist aus der McCulloch-Schule hervorgegangen. Leider war er verteufelt apodiktisch. Ein großartiger Mathematiker, mit imaginären Räumen hat er nur so jongliert, ich war ganz scharf auf seine Vorlesungen. Er hatte die komische Gewohnheit, das Endergebnis herauszubrüllen wie ein Löwe – nun ja, dies beiseite. Ich arbeitete bei ihm ein Jahr lang, las und las – Sie wissen, wie das ist: wenn ein neues Buch erschien, konnte ich nicht warten, bis es in unserer Bibliothek eintraf: ich rannte und kaufte es. Ich verschlang alles. Alles... Sicher, Dyamon hielt mich für vielversprechend und so weiter. Eines hatte ich schon damals, was nicht übel war: ein phänomenales Gedächtnis. Wissen Sie, ich könnte Ihnen, meinetwegen gleich jetzt, die Titel aller im Laufe von zwölf Jahren im Institut veröffentlichten Arbeiten herunterdeklamieren, Jahr um Jahr. Sogar die der Diplomarbeiten... Jetzt behalte ich nur, damals – nahm ich auf. Dies befähigte mich, die verschiedenen Theorien und Gesichtspunkte gegeneinander abzuwägen – denn in der Kybernetik tobte damals ein erbitterter heiliger Krieg, und die geistigen Kinder des herrlichen Norbert kratzten einander fast die Augen aus... Doch an mir nagte ein Wurm. Ich war ein Eintags-Enthusiast; was mich heute entzückt hatte, das begann mich tags darauf zu beunruhigen. Worum es sich handelte? Oder was! Um die Theorie der Elektronengehirne natürlich... Ach, wirklich? Ich will offen reden: sehen Sie, das ist sogar gut, denn ich werde nicht so übertrieben aufpassen müssen, um durch keine fahrlässig erwähnte Einzelheit... Wo denken Sie hin? Aber das wäre doch beleidigend von mir! Ich fürchte keinen... kein Plagiat, nein, durchaus nicht, die Angelegenheit ist weit ernster, Sie werden sehen. Indessen – rede und rede ich um den Brei herum... Eine Einleitung ist freilich notwendig. Nun, sehen Sie, die ganze Informationstheorie ist den Köpfen einiger weniger Leute entsprungen, fast über Nacht, anfangs erschien alles verhältnismäßig einfach – Rückkopplung, Homöostase, Information als Umkehrung der Entropie –, aber bald hat sich herausgestellt, daß sich das nicht so schnell zum System zusammenschließen läßt, daß es Sumpfland ist, mathematisches Sumpfland, Weglosigkeit. Schulen begannen zu entstehen, die Praxis ging ihren eigenen Weg, baute diese verschiedenen Maschinen, zum Rechnen, zum Übersetzen, lernende, schachspielende... und die Theorie ging auch ihren Weg, so daß sich ein Ingenieur für solche Maschinen mit einem reinen Informationstheoretiker bald nur noch schwer verständigen konnte... Um ein Haar wäre ich selbst von diesen neuen Mathematiken verschlungen worden, die wie die Pilze nach dem Regen entstanden, oder eher wie neue Werkzeuge in den Händen von Einbrechern, die versuchen, den Panzer des Geheimnisses zu knacken... das sind trotz allem faszinierende Gebiete, nicht wahr? Jemand kann mit einer häßlichen Frau leben, oder mit einer gewöhnlichen, und die Leute beneiden die, die eine schöne haben, aber letzten Endes, Frau ist Frau; aber Leute ohne Mathematik, Leute, die für sie taub sind, die erscheinen mir seit jeher als Krüppel! Ärmer um eine solche Welt! Sie nicht einmal erahnend! So eine mathematische Konstruktion ist etwas Gewaltiges, sie führt, wohin sie will – es heißt, der Mensch erschaffe sie, aber im Grunde genommen entdeckt er nur eine aus unbekannter Richtung herabgesandte platonische Idee, das Entzücken und den Abgrund – denn meistens führt sie zu nichts... Eines Tages sagte ich mir: genug. Das ist alles großartig, aber nicht um Großartigkeit ist es mir zu tun, ich muß von Anfang an neu beginnen, ich selbst; ganz, als hätten Wiener, Neumann und McCulloch nie gelebt... Und so, über Nacht, nach meiner Weise, räumte ich meine Bibliothek auf, räumte grausam auf, inskribierte den Lehrgang von Professor Hayatt und begann die Neurologie der Tiere zu studieren. Von den Muscheln an, von den Weichtieren, ganz von Anfang an, wissen Sie. Eine gräßliche Geschichte, denn das ist ja eigentlich deskriptiv; sie, diese unglückseligen Biologen und Zoologen, verstehen im Grunde gar nichts. Ich sah das bestens, nun, und als wir nach vier Jahren Plackerei an den Bau des menschlichen Gehirns gelangten, da kam mich das Lachen an. Wirklich! Ich hatte alle diese Arbeiten und Fotogramme von Ramon y Cajal, diese mit Silber geschwärzten Verästelungen der Rindenneuronen... die Dendriten im Kleinhirn, wie schwarze Spitzenarbeit, richtig hübsch... und Schnitte durch Gehirn und Rückenmark, Tausende, alte, noch aus Willigers Atlanten, und ich sage Ihnen: gelacht habe ich! Die reinsten Dichter waren sie, diese Anatomen, passen Sie auf, wie die nur alle diese Teile benannt haben, deren Bestimmung sie überhaupt nicht begriffen: Seepferdefuß... Ammonshorn... Vierhügel... Furche des Sporns...

Das hat scheinbar nichts mit meiner Angelegenheit zu tun. Nur scheinbar, denn sehen Sie, wenn mich nicht immer so vieles verwundert hätte, was andere nicht verwundert hat, was ihnen nicht einmal aufgefallen ist... wenn dies nicht wäre, dann wäre ich heute sicher so ein Professor, mit Verkalkung und mit rund zweihundert Arbeiten auf dem Konto, an die sich kein Mensch mehr erinnert – so aber...

Es handelt sich um die sogenannte Inspiration. Wie ich darauf verfiel? Keine Ahnung. Instinktiv haben sich seit Jahren, vielleicht seit jeher, alle eingebildet, es existiere, es zähle nur eine einzige Art von Gehirn, nur ein Typus, derjenige, womit die Natur den Menschen ausgestattet hat. Weil halt der Homo sapiens ein so vernunftbegabtes Wesen ist, der Primat, der erste unter den Primaten, der Herr und König der Schöpfung... Ja. Und die Modelle, die auf dem Papier, die mathematischen, von Rashevsky, wie auch diese elektrischen von Grey Walter, all das ist sub summis auspiciis des menschlichen Gehirns entstanden, als dieser unerreichbaren, allervollkommensten, aus Neuronen bestehenden Denkmaschine. Und sie haben sich vorgespiegelt, die biederen Leutchen: sollte es ihnen jemals gelingen, ein mechanisches Gehirn zu konstruieren, das mit dem menschlichen werde wetteifern können, dann selbstverständlich nur deshalb, weil es in der Konstruktion dem menschlichen vollkommen ähnlich wäre. Ein Augenblick unvoreingenommenen Nachdenkens zeigt die uferlose Naivität dieser Ansicht auf. ›Was ist ein Elefant?‹ – wurde eine Ameise gefragt, die nie einen gesehen hatte. ›Das ist eine sehr, sehr große Ameise‹ – entgegnete sie... Bitte? Jetzt auch? Ich weiß, das gilt weiterhin als Dogma, immer noch urteilen alle so, eben deshalb wollte Corvaiss meine Arbeit nicht abdrucken – zum Glück wollte er nicht. So rede ich heute; damals, da war ich selbstverständlich rasend vor Zorn... Na und wie! Sie verstehen es bald, noch ein bißchen Geduld! Also – die Inspiration... Ich griff zurück auf die Vögel. Sehen Sie, das ist eine sehr interessante Geschichte. Sie wissen? Die Evolution ist mancherlei Wege gegangen – denn sie ist blind, sie ist der blinde Bildner, der die eigenen Werke nicht sieht und ihre Zukunft nicht kennt – wie könnte er auch? Bildlich gesprochen, sieht das so aus, als verrennte sich die Natur bei ihren unausgesetzten Versuchen einmal ums andere in abgeschlossenen Sackgassen – dann läßt sie darin einfach diese ihre unausgegorenen Geschöpfe zurück, diese verkorksten Ergebnisse von Experimenten, welchen nichts vorgeleuchtet hat als Geduld, denn sie haben Hunderte Millionen Jahre gedauert – und nimmt neue in Angriff. Der Mensch ist er selbst dank dem sogenannten Neuhirn, Neoencephalon, und das, was das eigentliche Gehirn der Vögel ist, das Striatum, das ist bei ihm tief nach innen gedrängt, niedergedrückt von diesem großen Helm, dem allesbedeckenden Mantel unseres Stolzes und unserer Zier, der Hirnrinde... Vielleicht spotte ich auch ein wenig, warum, das weiß der Himmel. Also, das war so: die Vögel und die Insekten, die Insekten, die Vögel – das ließ mir keine Ruhe. Warum ist die Evolution steckengeblieben? Wobei ist sie steckengeblieben? Warum gibt es keine vernunftbegabten Vögel, keine intelligenten Ameisen? Die wären doch sehr... Oh, wissen Sie – aber bedenken Sie doch bitte: wenn die Insekten sich noch weiterentwickelt hätten, dann könnte ihnen der Mensch nicht einmal die Stiefel putzen, er hätte hier nichts zu suchen, er hielte diese Konkurrenz nicht aus, wie denn auch! Warum nicht? Na hören Sie... Die Vögel und die Insekten bringen doch, in verschiedenem Grade freilich, fertiges Wissen mit zur Welt; solches, wie sie es benötigen, versteht sich, auf den Topf muß der Deckel passen. Sie müssen fast nichts lernen, wir aber? Wir verlieren mit Lernen das halbe Leben, nur um uns in der zweiten Hälfte zu überzeugen, daß drei Viertel dessen, womit wir uns den Kopf vollgestopft haben, unnötiger Ballast sind. Können Sie sich vorstellen, was das wäre, wenn Hayatts oder Einsteins Kind das vom Vater ererbte Wissen mit zur Welt bringen könnte? Statt dessen ist es dumm wie jedes Neugeborene. Das Lernen? Die Plastizität der menschlichen Intelligenz, wie? Sehen Sie, daran habe ich auch geglaubt. Kein Wunder. Wenn einer – von der Schulbank auf – dieses endlos wiederholte Axiom hört: daß der Mensch, gerade weil er wie ein unbeschriebenes Blatt zur Welt kommt, so, daß er sogar gehen erst lernen muß, mit den Händen Gegenstände greifen... daß gerade darin seine Stärke liege, Auszeichnung, Überlegenheit, Quelle der Macht, und nicht der Schwäche... wenn einer dann ringsherum die Unmenge an Zivilisation sieht, nun, dann glaubt er das, nimmt es als etwas Selbstverständliches hin, was außer aller Debatte steht.

Ich kam jedoch immerfort auf die Vögel und auf die Insekten zurück. Wie spielt sich das ab? Auf welche Weise kann das, was ererbt wird, fertiges Wissen sein, das von Generation zu Generation weitergegeben wird?... Eines war bekannt: die Vögel haben eigentlich keine Rinde, das heißt, die Rinde ist ohne größere Bedeutung in ihrer Neurophysiologie – nun, und die Insekten haben kein Tüpfelchen davon. Und siehe da, die Insekten bringen das lebensnotwendige Wissen fast vollständig mit auf die Welt, und die Vögel – zu einem beträchtlichen Teil. Daraus geht hervor, daß die Rinde die Grundlage des Lernens ist, dieses... dieses Hemmschuhs auf dem Wege zur Größe. Denn andernfalls könnte sich das Wissen anhäufen, so daß der Ururenkel irgendeines Leonardo da Vinci ein Kopf wäre, gegen den Newton oder Einstein als Imbezille dastünden! Verzeihen Sie. Ich habe mich ereifert. Demnach also: die Insekten und die Vögel... Die Vögel. Hier lag der Fall klar. Nicht wahr, sie stammen ja von den Sauriern ab, sie konnten also nur den Plan entwickeln, den Konstruktionsentwurf, der in den Sauriern steckte: Archistriatum, Pallidum, diese Gehirnteile waren bereits gegeben, die Tiere hatten eigentlich keine Möglichkeit vor sich, bevor sich das erste in die Luft erhob, war die Angelegenheit verspielt. Eine Kompromißlösung: ein paar Ganglienkerne, ein bißchen Rinde, weder Fleisch noch Fisch – Kompromisse lohnen sich nie, auch nicht in der Evolution. Die Insekten, nun, da sah der Fall anders aus. Sie hatten eine Chance: dieses symmetrische, parallele Nervensystem, die paarigen Bauchganglien... wir haben einen Krümel davon geerbt, aber diese Verlassenschaft ist nicht nur verschleudert, sie ist auch umgebildet... Womit befassen sie sich bei uns? Mit dem Funktionieren unserer Gedärme! Dies aber, wohlgemerkt, bitte zu beachten, dies können sie von Geburt an; diese Systeme, das sympathische, das parasympathische, die müssen nicht erst lernen, über das Herz und die Eingeweide zu gebieten; ja, das vegetative System bringt das zuwege, es ist sofort gescheit! Daß dies niemandem zu denken gegeben hat, wie...? So geht es, so muß es gehen, wenn Generationen entstehen und abtreten, alle mit Blindheit geschlagen durch den Glauben an ihre falsche Vollkommenheit. Gut, aber was ist mit ihnen passiert, mit den Insekten? Warum blieben sie so gräßlich stehen, mechanisierten sich so; wie kam es zu dieser Entwicklungslähmung, zu diesem jähen Ende, das vor fast einer Jahrmilliarde eintrat, sie alle für immer anhielt und doch nicht gewaltig genug war, sie zu vernichten? Tja, wie denn? Ihre Möglichkeiten hat ihnen ein Zufall ruiniert. Purer dummer Zufall. Denn sie wiederum stammen von den Urtracheaten. Und die Urtracheaten hatten bereits ihr ausgebildetes Atmungssystem, als sie aus dem Ozean an Land zogen; die Evolution kann es nicht so machen wie ein Ingenieur, der mit der Lösung unzufrieden ist: einfach die Maschine zerlegen, einen neuen Plan zeichnen und diese unglückseligen Teile von Null an neu zusammensetzen. Die Evolution vermag das nicht. Ihr Schaffen lebt sich in Verbesserungen, Vervollkommnungen und Ergänzungen aus... eine davon ist unsere Hirnrinde... Die Tracheen – das war der Fluch der Insekten. Sie hatten keine Lungen, sie hatten Tracheen, und weil sie die hatten, konnten sie keinen aktiv bewegten Atmungsapparat entwickeln, verstehen Sie? Klar, denn die Tracheen sind einfach ein System von Röhren, die auf der Körperoberfläche ausmünden, und können nur so viel Sauerstoff liefern, wie von selbst durch die Öffnungen einströmt... Deshalb, mein Herr. Im übrigen habe das durchaus nicht ich entdeckt, versteht sich. Davon redet man aber nur ganz maulfaul, das ist nicht wichtig. Der Faktor, der den furchtbarsten Rivalen der Menschheit ausgeschaltet hat...! Ach, was vermag nicht die Verblendung! Nach Überschreiten einer bestimmten, genau berechenbaren Körpergröße können die Tracheen nicht mehr die genügende Menge an Luft liefern. Der Organismus müßte ersticken. Die Evolution ist – selbstverständlich – eingeschritten: die Insekten mußten klein bleiben. Bitte? Diese riesigen mesozoischen Schmetterlinge? Das ist ein sehr schönes Beispiel für die mathematische Abhängigkeit... für den unmittelbaren Einfluß einfacher physikalischer Gesetze auf das Leben. Die Sauerstoffmenge, die ins Innere des Organismus gelangt, hängt nicht nur vom

Durchmesser der Tracheen ab, sondern auch von der Konvektionsgeschwindigkeit – und diese wiederum von der Temperatur; so konnten denn in der mesozoischen Epoche, während dieser großen Wärmewellen, sie sogar die Gegend um Grönland mit Palmen und Schlingpflanzen füllten, im tropischen Klima diese handgroßen Schwärmer und Schmetterlinge ausschlüpfen. Doch das waren Eintagsgebilde; die erste Kühle hat sie getötet, die erste Serie regnerischer, weniger heißer Jahre... Am Rande vermerkt, die größten Insekten finden wir auch heute in den Tropen... Aber das sind kleine Organismen; die größten sind auch klein gegen einen durchschnittlichen Vierfüßer, ein Wirbeltier... Verschwindend kleine Ausmaße des Nervensystems... Da war nichts zu machen, die Evolution war machtlos.

Mein erster Gedanke war, ein Elektronengehirn zu bauen, das dem Schema des Nervensystems der Insekten folgte... Welcher? Nun, etwa gleich der Ameisen. Aber bald erkannte ich: das wäre einfach dumm, da hatte ich den Weg des geringsten Widerstandes gehen wollen. Warum sollte ich, der Konstrukteur, die Fehler der Evolution wiederholen? Ich nahm nochmals das Grundproblem in Arbeit: das des Lernens. Lernen die Ameisen? Selbstverständlich ja. Bei ihnen lassen sich bedingte Reflexe hervorbringen, das ist ja bekannt. Aber mir war es um etwas ganz anderes zu tun. Nicht um das Wissen, das die Ameisen von ihren Vorfahren erben. Nein, darum, ob es solche von Ameisen ausgeübte Tätigkeiten gibt, die ihnen nicht von den Eltern übermittelt worden sein können und die sie trotzdem ohne alles Lernen auszuüben vermögen! Wie Sie dreinschauen... Ja, ich weiß. Von diesem Punkt an beginnen meine Worte nach Irrsinn zu klingen, stimmt's? Eine Art von Mystik? Eine Offenbarung, die zu erlangen – den Ameisen gegeben war? Apriorisches Wissen über die Welt? Aber das ist erst die Einleitung, mein Herr, der Anfang, das Abc in der Methodologie meines Wahnsinns. Gehen wir weiter. In den Büchern, in der Literatur zu dem Gegenstand gab es gar keine Antwort auf diese Frage, weil niemand sie bei gesundem Verstande gestellt hatte oder zu stellen gewagt hätte. Was tun? Ich konnte schließlich nicht Myrmekologe werden, nur um diese eine – vorbereitende – Frage zu beantworten! Gewiß, sie entschied über ›Sein oder Nichtsein‹ meiner ganzen Konzeption, aber die Myrmekologie ist ein Studium, das sich gewaschen hat; ich hätte wieder drei oder vielleicht vier Jahre verlieren müssen; ich fühlte: das konnte ich mir nicht leisten. Wissen Sie, was ich tat? Ich ging zu Shentarl. Na klar, das ist ein Name! Für Sie ist das ein steinernes Denkmal, aber er war schon damals in meinen jungen Jahren zur Legende geworden! Professor emeritus. Er las schon seit vier Jahren nicht mehr und war schwer krank. Er hatte Leukämie. Sie verlängerten ihm das Leben, stückelten Monat um Monat an, aber auch so war es klar, wie nah das Ende war. Ich erkühnte mich... Ich rief an... Sehen Sie: ich hätte angerufen, wenn er im Sterben gelegen hätte. So unbarmherzig, so selbstsicher ist nur die Jugend. Ich, so ein Grünschnabel, den niemand kannte, ich bat ihn um eine Unterredung. Ich sagte, es handle sich um meine Lebensfrage. Er forderte mich auf zu kommen, und bestimmte Datum und Uhrzeit. Er lag im Bett.

Dieses Bett stand bei den Bücherschränken, und er hatte dort einen entsprechend aufgestellten Spiegel und eigene mechanische Greifer, etwas wie eine lange Zange, um, ohne aufzustehen, jeden Band herausziehen zu können, den er wollte. Und kaum war ich eingetreten, hatte gegrüßt und einen Blick auf diese Bände geworfen – Shannon sah ich da, und McKay, und Rubinstein, Artur, wissen Sie, den von Wiener –, da begriff ich: ich war an den Richtigen geraten. Ein Myrmekologe, der die ganze Informationstheorie liest und kennt – das ist doch schön, nicht wahr?

Er sagte mir ohne Einleitung, er sei sehr schwach und habe zuweilen Bewußtseinstrübungen, also bitte er mich im voraus um Verzeihung; sollte ich jedoch etwas ein zweitesmal sagen müssen, wiederholen – dann werde er mir ein Zeichen geben. Und ich solle beim Reden sofort ans Kernproblem kommen, denn er wisse nicht, wie lange er diesmal bei Bewußtsein sein werde.

Also, da schoß ich los, sag ich Ihnen, all meine Waffen zugleich, ich war siebenundzwanzig Jahre alt, Sie können sich also vorstellen, wie ich geredet habe! Wo in der logischen Kette ein Glied fehlte, ersetzte ich es durch Feuer. Ich habe Shentarl gesagt, was ich vom menschlichen Gehirn halte, nicht so wie Ihnen, nein, ich versichere Ihnen, ich war nicht wählerisch in den Ausdrücken! Über die Schicksale von Pallidum und Striatum, über das Paläencephalon, über die Bauchknoten der Insekten, über die Vögel und die Ameisen, und endlich gelangte ich an diese unglückselige Frage: ob die Ameisen etwas können, was sie nicht gelernt haben und was ihnen außer allem Zweifel nicht die Vorfahren übermittelt haben. Ob er einen Fall kenne, der dafür spreche. Ob er in seinem achtzigjährigen Leben, in den sechzig Jahren der Wissenschaftlerlaufbahn etwas Derartiges gesehen habe? Ob es wenigstens – eine Chance dafür gebe, und stünde es auch eins zu tausend.

Und als ich verstummte, wie mitten im Satz, wie, ohne mir klarzumachen, daß ich schon am Ende meiner Darlegungen war – denn ich hatte nichts vorbereitet, nicht auf die Form geachtet, so daß ich nun atemlos, abwechselnd blaß und rot, plötzliche Schwäche verspürte und zum erstenmal – Angst, da öffnete Shentarl die Augen. Denn er hatte sie die ganze Zeit zu gehabt. Er sagte:

›Ich bedaure, daß ich nicht dreißig Jahre alt bin.‹

Ich wartete, er aber schloß wieder die Augen, und nach einer Weile ließ er sich hören:

›Lymphater, Sie wollen eine redliche, echte Antwort, ja?‹

›Ja‹ – sagte ich.

›Haben Sie von der Acanthis Rubra gehört?‹

›Willinsoniana?‹ – fragte ich. ›Ja, habe ich gehört. Das ist eine rote Ameise aus dem Amazonas-Zuflußgebiet...‹

›Ah! Haben Sie gehört?!‹ – sagte er in solchem Ton, als wären zwanzig Jahre von ihm genommen. ›Sie haben von ihr gehört? Was plagen Sie dann einen alten Mann noch mit Fragen?‹

›Aber Herr Professor, wenn doch das, was Summer und Willinson im Almanach publiziert haben, auf vernichtende Kritik gestoßen ist!‹

›Klar‹ – entgegnete er. ›Wie hätte es anders sein können? Da, schauen Sie, Lymphater‹ – mit seinem Greifer wies er mir sechs schwarze Bände, die Monographie, die er verfaßt hatte.

›Wenn ich könnte‹, sagte er, ›finge ich das nochmals von vorn an. Als ich begann, gab es keine Informationstheorie, niemand hatte etwas von Rückkopplung gehört, in Volterra sah die Mehrheit der Biologen einen harmlosen Irren, und einen Myrmekologen genügten die vier Grundrechnungsarten... Dieses Willinsonsche Kleinzeug, das ist ein sehr interessantes Insektchen, Kollege Lymphater. Wissen Sie, wie das war? Nicht? Willinson führte lebende Exemplare mit sich, und als sein Jeep in eine Felsspalte polterte, rieselten sie heraus. Und dort auf diesem Felsplateau machten sie sich sofort ans Werk, ganz, als hätten sie ihr ganzes Leben zwischen Felsen verbracht. Dabei sind das doch

Ameisen vom Amazonasufer, die sich nie aus der Dschungelzone entfernen!‹

›Ja, schon‹ – sagte ich. ›Aber Loreto behauptet, daraus ergebe sich nur der Schluß auf die Abstammung aus dem Gebirge: sie hätten Vorfahren gehabt, die in Wüstengebieten vegetiert hätten und…‹

›Loreto ist ein Esel‹ – entgegnete der Greis ruhig – ›und Sie sollten das eigentlich wissen, Lymphater. Heutzutage ist die wissenschaftliche Literatur so umfangreich, daß sogar der Spezialist nicht alles zur Hand nehmen kann, was alle anderen Spezialisten schreiben. Die *Referate?* Kommen Sie mir nicht mit den *Referaten.* Diese Zusammenfassungen sind wertlos, und wissen Sie, warum? Weil daraus nicht ersichtlich ist, was für ein Mensch die Originalarbeit geschrieben hat. In der Physik, in der Mathematik ist das nicht so von Bedeutung, aber bei uns… Wenn Sie nur einen Blick auf eine beliebige Schrift von Loreto werfen, erkennen Sie am Stil dreier Sätze, mit wem Sie zu tun haben. Nicht ein Satz, der… Aber lassen wir die Einzelheiten. Ist mein Wort für Sie von irgendwelchem Wert?‹

›Ja‹ – sagte ich.

›Also gut. Die Acanthis stammt nicht aus den Bergen. Verstehen Sie? Loreto tut, was Leute seiner Mentalität in ähnlichen Situationen immer tun: er sucht die Orthodoxie zu retten. Klar, denn woher hat diese kleine Acanthis wissen können, daß auf dem Felsen ihre einzige Beute die Quatrocentrix Eprantissiaca sein kann und daß man ihr aus den Spalten aufzulauern hat? Bei mir hat sie das ja nicht gelesen, und Willinson hat es ihr auch nicht gesagt. Das wäre also die Antwort auf Ihre Frage. Wollen Sie noch etwas wissen…?‹

›Nein‹ – sagte ich. ›Aber ich fühle mich verpflichtet… Ich möchte Ihnen erklären, Herr Professor, warum ich das gefragt habe. Ich bin kein Myrmekologe und habe nicht vor, einer zu werden. Das ist nur ein Argument zugunsten einer bestimmten These…‹

Und ich sagte ihm alles. Das, was ich selbst wußte. Was ich vermutete und was ich noch nicht wußte. Als ich geendet hatte, war er sehr müde. Er begann tief und langsam zu atmen. Ich wollte gehen.

›Warten Sie‹ – sagte er. ›Ein paar Worte würge ich allemal noch heraus. Ja… Was sie mir da gesagt haben, Lymphater, das ist fundiert genug, daß man Sie aus der Universität hinausfeuern wird. Das wohl. Aber bei weitem nicht genug, damit Sie allein etwas erreichen könnten. Wer hilft Ihnen? Bei wem machen Sie das?‹

›Bei niemandem, vorläufig noch‹ – sagte ich. ›Diese theoretischen Studien... das habe ich allein, Herr Professor... Aber ich beabsichtige, damit zu Van Gaelis zu gehen, wissen Sie, er...‹

›Ich weiß. Er hat eine Maschine gebaut, die lernt, für die er den Nobelpreis bekommen soll und wahrscheinlich bekommen wird. Sie sind ein kurioser Mensch, Lymphater. Was stellen Sie sich vor, was Van Gaelis tun wird? Die Maschine zerbrechen, über der er zehn Jahre gesessen hat, und Ihnen aus den Trümmern ein Denkmal auftürmen?‹

›Van Gaelis ist ein erstklassiger Kopf‹ – entgegnete ich. ›Wenn er die Größe dieser Sache nicht begreift, wer dann...?‹

›Sie sind wie ein Kind, Lymphater. Wie lange arbeiten Sie schon bei der Lehrkanzel?‹

›Das dritte Jahr.‹

›Na bitte. Das dritte Jahr, und Sie haben nicht bemerkt, daß das ein Dschungel ist und daß dort das Gesetz des Dschungels gilt? Van Gaelis hat seine Theorie, und er hat eine Maschine, die diese seine Theorie bestätigt. Sie kommen zu ihm und setzen ihm auseinander, daß er zehn Jahre an Dummheiten verloren hat, daß dieser Weg zu nichts führt, daß sich auf diese Weise höchstens elektrische Kretins bauen lassen – so haben Sie doch gesagt, ja?‹

›Ja.‹

›Eben. Also was erwarten Sie sich?‹

›Im dritten Band Ihrer Monographie, Herr Professor, da haben Sie selbst geschrieben, daß es bei den Ameisen nur zwei Arten des Verhaltens gibt: Ererbtes und Erlerntes‹ – entgegnete ich – ›und heute haben Sie mir etwas anderes gesagt. Sie haben also die Meinung geändert. Vielleicht, daß Van Gaelis auch...‹

›Nein‹ – entgegnete er. ›Nein, Lymphater. Aber Sie sind unverbesserlich. Das sehe ich. Gibt es etwas, was Sie bei der Arbeit behindert? Frauen? Geld? Die Frage der Karriere?‹

Ich verneinte durch ein Kopfschütteln.

›Aha. Ihnen liegt an nichts als an dieser Ihrer Sache, ja?‹

›Ja.‹

›Nun, dann gehen Sie schon, Lymphater. Und bitte benachrichtigen Sie mich, wie es mit Van Gaelis gegangen ist. Rufen Sie mich am besten an.‹

Ich dankte ihm, so gut ich konnte, und ging. Ich war unglaublich glücklich. Ach, diese Acanthis Rubra Willinsoniana! Ich hatte sie nie im Leben gesehen, ich wußte nicht, wie sie aussieht, aber mein Herz sang ihr Dankeshymnen. Daheim angekommen, stürzte ich mich auf meine Skripten wie ein Rasender. Dieses Feuer, hier, in der Brust, dieses schmerzliche Feuer von Glück, wenn einer achtundzwanzig Jahre alt ist, und gewiß, auf dem richtigen Weg zu sein... schon jenseits der eroberten erforschten Welt, schon in einem Bereich, den kein menschlicher Gedanke, keine Vorahnung auch nur berührt hat... Nein, das läßt sich nicht beschreiben... Sehen Sie, ich arbeitete so, daß ich die Finsternis oder die Helle vor den Fenstern nicht bemerkte; ich wußte nicht, ob Nacht war oder Tag, ich hatte die Schublade voll Würfelzucker, der Aufwärter brachte mir den Kaffee thermosflaschenweise, ich knusperte diesen Zucker, ohne ein Auge von den Buchstaben zu wenden, und ich las, notierte, schrieb. Ich rührte mich nicht vom Sitz, denn ich schlief ein, den Kopf auf dem Schreibtisch, öffnete die Augen und nahm sogleich den Faden dort auf, wo ich ihn verlassen hatte, und die ganze Zeit war es, als flöge ich irgendwohin, meinem Ziel entgegen, mit außergewöhnlicher Geschwindigkeit... Zäh wie Leder war ich, daß ich das monatelang aushielt... wie Leder.

Drei Wochen lang arbeitete ich eigentlich ohne Pause. Da waren Ferien, und alle meine Zeit gehörte mir. Und ich versichere Ihnen, ich nutzte diese Zeit. Zwei Stapel von Büchern – der Aufwärter besorgte mir die immer nach einer Liste, die ich zusammengestellt hatte –, links die gelesenen, rechts die anderen, die noch warteten, bis sie an die Reihe kamen.

Mein Gedankengang verlief so: Apriorisches Wissen? Nein. Ohne Vermittlung durch die Sinne? Ach wo. Nihil est in intellectu... Sie wissen. Aber andererseits – diese Ameise. Wie geht das, zum Teufel? Doch wohl so, daß sie sofort, oder binnen Sekunden – das kommt auf eins heraus – in ihrem Nervensystem das Modell der neuen Außensituation zu schaffen und sich ihr anzupassen vermag. Drücke ich mich deutlich aus? Ich bin nicht sicher. Unser Gehirn baut immer ein Schema des Ereignisses; die Naturgesetze, die wir bloßlegen, das ist auch jedesmal so ein Schema; und wenn jemand überlegt, wen er liebt, wen er beneidet, wen er haßt, etwa innerhalb einer Familie, – dann ist das im Grunde das gleiche, der Unterschied liegt nur im Grad der Abstraktion, des Verallgemeinerns. Aber zuvor müssen wir von den Tatsachen erfahren, das heißt sehen, hören; wie denn nun – ohne Vermittlung durch die Sinne?

Es sah aus, als brächte diese kleine Ameise das zuwege. Gut, dachte ich, wenn dem so ist, warum können es dann wir nicht, wir, die Menschen? Die Evolution hat Millionen von Lösungen ausprobiert und doch diese eine allervollkommenste nicht angewendet? Wie ist das möglich?

Und so setzte ich mich damals hin, um zu zergliedern, wie dies möglich sei, wissen Sie. Ich dachte: das muß etwas sein, eine Konstruktion – ein Nervensystem, versteht sich – von solchem Typus, von solcher Art, daß die Evolution es auf keinem Wege hat bauen können.

Das war eine harte Nuß. Ich hatte auszudenken, was die Evolution nicht gekonnt hatte. Vermuten Sie nichts? Aber sie hat ja sehr vieles nicht geschaffen, was der Mensch geschaffen hat. Zum Beispiel gleich das Rad. Kein Tier bewegt sich auf Rädern. Ja, ich weiß, das klingt lächerlich, doch auch darüber läßt sich nachdenken. Warum hat sie keine Räder geschaffen? Ganz einfach. Das ist nun schon wirklich einfach. Die Evolution kann keine Organe schaffen, die im Ansatz gänzlich nutzlos wären. Bevor der Flügel zum Flugwerkzeug wurde, war er Gliedmaße, Pfote, Flosse. Er bildete sich um, und eine Zeitlang diente er gleichzeitig beiden Zwecken. Dann spezialisierte er sich in neuer Richtung. So ist es mit jedem Organ. Das Rad jedoch kann nicht als Ansatz entstehen. Entweder ist ein Rad da, oder es ist keines da. Selbst das kleinste ist sofort Rad; es muß die Achse, die Scheibe, den Kranz aufweisen; ein Zwischending gibt es nicht. Deshalb schweigt die Evolution an dieser Stelle. Macht einen Einschnitt.

Nun, und beim Nervensystem? Ich dachte so: das muß etwas Analoges zum Rad sein; versteht sich, diese Analogie ist sehr weit zu fassen. Etwas, was nur sprunghaft entstehen könnte. Auf einmal. Nach dem Grundsatz: alles oder nichts.

Aber da war diese Ameise. Irgendeinen Ansatz dazu, ein bißchen, ein Stäubchen von diesen Möglichkeiten hatte sie. Was konnte das sein? Ich begann schematische Darstellungen ihres Nervensystems zu suchen, aber es sah aus, wie bei allen Ameisen. Keinerlei Unterschiede. – Demnach auf anderer Ebene – dachte ich. Vielleicht... auf biochemischer? Das kam mir nicht sehr gelegen, doch ich suchte. Und fand. Bei Willinson. Das war ein sehr gewissenhafter Myrmekologe. Die Bauchknoten der Acanthis enthalten eine bestimmte interessante chemische Substanz, die in anderen Ameisen und auch sonst in pflanzlichen oder tierischen Organismen nicht zu finden ist: Acanthoidin, so hat man das benannt. Eine Verbindung von Eiweiß mit Nukleinsäuren, und da ist noch ein weiteres, nicht zur Gänze aufgeknacktes Molekül: bekannt war nur die summarische, also wertlose Formel. Ich erfuhr daraus nichts und gab das auf. Hätte ich ein Modell gebaut, ein elektrisches Modell, das genau die gleiche Fähigkeit wie die Ameise aufgewiesen hätte, so hätte das eine Menge Lärm erregt, aber letzten Endes doch nur den Wert einer Kuriosität gehabt. – Nein – sagte ich mir – Wenn sie das gleichsam in Form eines Keims, eine Anlage, hätte – dann hätte sich das bei ihr weiterentwickelt und einem bereits wahrhaft vollkommenen Nervensystem den Ursprung gegeben. Sie aber ist vor Hunderten von Jahrmillionen in der Entwicklung stehengeblieben. Ihr Geheimnis ist also nur ein erbärmlicher Krümel, eine Zufälligkeit, biologisch nutzlos und nur zum Schein verheißungsvoll – andernfalls hätte die Evolution das nicht verrotten lassen! Das hilft mir also nichts. Nein, umgekehrt: sollte ich enträtseln können, wie mein neues, unbekanntes, unheimliches Gehirn gebaut sein müsse, dieser mein Apparatus Universalis Lymphateri, diese Machina Omnipotens, Ens Spontanea, so erführe ich dann sicher auch, vermutlich ganz nebenher, im Vorbeigehen, gleichsam beiläufig, was mit dieser Ameise los war. Andernfalls – nicht. Und ich machte das Kreuz über diese meine kleine rote Wegweiserin im Dunkel.

Also auf einem anderen Blatt. Auf welchem? Ich wandte mich einer sehr alten, von der Wissenschaft sehr scheel angesehenen und – in diesem Sinne – sehr unschicklichen Angelegenheit zu: den außersinnlichen Phänomenen. Das drängte sich auf. Telepathie, Telekinese, Wahrsagen, Gedankenlesen, ich prüfte Rhines sämtliche Protokolle – und ein Ozean an Ungewißheit tat sich vor mir auf. Sie wissen sicher, wie das mit diesen Phänomenen ist. 95 Prozent Hysterie, Betrug, Schwindel, Getue; vier Prozent ungewiß, aber so, daß sie zu denken geben – und schließlich dieses eine, wo einer nicht weiß, was er damit anfangen soll. – Zum Teufel – dachte ich – wir, die Menschen, müssen ja doch auch etwas davon haben. Irgendeinen Splitter, eine letzte Spur dieser von der Evolution nicht verwirklichten Chance teilen wir mit dieser kleinen roten Ameise: und dies ist die Quelle jener Phänomene, die der Wissenschaft so unerwünscht sind. Bitte? Wie ich sie mir vorgestellt habe, diese Maschine... diese Lymphatersche Maschine...? Sie sollte augenblicklich weise sein, wissen Sie... ein System, das sofort alles wissen sollte, kaum daß es zu funktionieren begonnen hätte... voll von Wissen wäre... Was für Wissen? Jedwedes. Biologie, Physik, Atomlehre, alles über die Menschen, über die Sterne... Das klingt wie im Märchen, nicht wahr? Aber wissen Sie, was ich dazu meine? Nur eines war nötig. Nur eines: zu glauben, daß eine solche Sache, eine solche Maschine – möglich sei.

Nachts schien es mir oft, dieses Denken, an dieser unsichtbaren, undurchdringlichen, unumstürzlichen Wand – das wolle mir den Kopf zersprengen. Ich wußte halt nichts, nichts wußte ich...

Ich hatte mir da ein Schema aufgeschrieben: Was hat die Evolution nicht gekonnt?

Und die Antwort in Varianten: Sie konnte kein System schaffen, das – A: in anderem als in wässerig-kolloidalem Medium gearbeitet hätte (denn die Ameisen und wir und alles, was lebt, wir sind Eiweißsuspensionen in Wasser); B: nur bei sehr hoher oder sehr niedriger Temperatur arbeiten könnte; C: auf der Grundlage von Kernphänomenen funktionieren müßte (Atomenergie, Kerntransmutationen usw.).

Dabei ließ ich es bewenden. Nachts saß ich über diesem Zettel, bei Tag wanderte ich weit, und im Kopf tanzte und tobte mir ein Kehraus von Fragen ohne Antwort, bis ich mir einmal sagte: diese Phänomene, die ich außersinnlich nenne, kommen nicht bei allen Menschen vor, sondern nur bei sehr wenigen. Und erscheinen sogar bei diesen nur zeitweise. Nicht immer. Die haben das nicht unter Kontrolle, gebieten darüber nicht. Und, was schlimmer ist, niemand, auch nicht das herrlichste Medium, der berühmteste Hellseher, weiß überhaupt, ob es ihm gelungen ist, jemandes Gedanken zu erraten, die Zeichnung im versiegelten Kuvert zu entziffern, oder ob dieses vermeintliche Erraten ein komplettes Fiasko war, ein Fehlschlag. Gut denn: wie ist die Häufigkeit dieses Phänomens bei Menschen, und wie häufig sind die Erfolge bei ein und derselben solcherart begabten Person?

Und jetzt – die Ameise. Meine Acanthis. Wie steht es mit ihr?

Und ich schrieb sofort an Willinson und bat ihn, mir die Frage zu beantworten: ob alle diese Ameisen auf dem Plateau begonnen hätten, Fallen für die Quatrocentrix Eprantissiaca zu bauen, oder nur manche. Und wenn manche, dann – welcher Prozentsatz? Willinson – da sieht man eben, was ein wahrhaft gediegener Bursche zu bedeuten hat! –, Willinson antwortete mir eine Woche danach: 1.: Nein. Nicht alle Ameisen. 2.: Anteil der Fallenbauenden sehr niedrig. 0,2 bis 0,6 Prozent. Praktisch eine unter zweihundert Ameisen. Er habe einen ganzen künstlichen Ameisenbau mitgeführt, den er selbst entworfen habe – Tausende von Exemplaren; nur deshalb habe er das überhaupt beobachten können. Für die Genauigkeit der angegebenen Ziffern könne er nicht bürgen, sie gelte nur orientierungsweise. Das Experiment, ursprünglich ein Zufallserzeugnis, habe er zweimal wiederholt, das Ergebnis sei sich gleichgeblieben. Das war alles.

Wie stürzte ich mich da auf die Statistiken außersinnlicher Phänomene! Ich raste in die Bibliothek, als hätte ich Feuer im Nakken. Bei den Menschen war die Streuung größer. Von einem zehntel Prozent bis zu etlichen Promille. Und dies deshalb, weil die Sache bei Menschen schwerer aufzudecken ist. Die Ameise baut entweder eine Falle für die Quatrocentrix, oder nicht. Telepathische und andere ähnlich geartete Fähigkeiten jedoch äußern sich mit größerer oder geringerer Deutlichkeit. Einer unter hundert Menschen weist gewisse Spuren davon auf, aber ein phänomenaler Telepath muß unter Zehntausenden gesucht werden. Ich begann mir Häufigkeitstabellen zusammenzustellen, zwei parallele Reihen: Auftreten von ASP – außersinnlichen Phänomenen – in der ganzen Population und Häufigkeit der Erfolge bei hervorragend begabten Individuen. Aber das war ein verteufelter Morast, mein Herr. Rasch erfaßte ich, daß die Resultate um so unsicherer waren, je größere Genauigkeit ich wünschte: sie ließen sich so oder anders zustutzen, die Versuchstechniken waren verschieden, mit verschiedenen Versuchsleitern, kurzum, ich fühlte: genau genommen hätte ich mich damit selbst befassen und persönlich diese Phänomene bei den Menschen untersuchen müssen. Selbstverständlich erkannte ich das als Nonsens. Ich blieb dabei stehen, daß es sich bei der Ameise und beim Menschen um Bruchteile von Prozenten handle. Eines verstand ich bereits: warum sich die Evolution darauf nicht eingelassen hatte. Eine Fähigkeit, die der Organismus nur in einem unter zweihundert oder dreihundert Fällen aufweist, ist unter dem Gesichtspunkt der Anpassung nichts wert; sehen Sie, die Evolution ergötzt sich nicht an effektvollen Resultaten, wenn sie zwar großartig, aber selten sind; sie bezweckt die Arterhaltung und wählt immer den sichersten Weg.

Nun lautete die Frage demnach so: warum zeigt sich diese unheimliche Fähigkeit in so verschiedenen Organismen, wie Menschen und Ameisen, mit fast gleicher Häufigkeit – oder vielmehr Seltenheit? Was hat bewirkt, daß sich dieses Phänomen biologisch nicht hat ›verdichten lassen?

Anders gesagt, ich kehrte zu meinem Schema zurück, zu dieser meiner Dreiheit. Sehen Sie, dort, in diesen drei Punkten, war bereits die ganze Lösung verborgen, nur wußte ich das nicht. Nacheinander verwarf ich die einzelnen Punkte: den ersten, weil das Phänomen an lebenden Organismen erschien, wenn auch nur an wenigen; somit konnte es im wässerig-kolloidalen Medium auftreten. Den dritten – aus dem gleichen Grund: weder die Ameise noch der Mensch kennen radioaktive Prozesse, die in den Dienst der Lebensfunktion gespannt wären; dennoch zeigte sich bei beiden das Phänomen. So blieb nur die Domäne hoher oder tiefer Temperaturen.

– Großer Gott! – dachte ich. – Das ist doch etwas ganz Elementares! Jede temperaturabhängige Reaktion hat ihr Optimum, verläuft jedoch auch bei anderen Temperaturen. Wasserstoff verbindet sich mit Sauerstoff bei Temperaturen von ein paar hundert Grad stürmisch, aber bei Zimmertemperatur ebenfalls, bloß würde dann die Reaktion Jahrhunderte dauern. Die Evolution weiß das bestens. Sie verbindet Wasserstoff mit Sauerstoff – natürlich ist das nur ein Beispiel – bei Zimmertemperaturen, und sie tut es schnell, denn sie gebraucht einen ihrer genialen Kniffs: sie hat Katalysatoren geschaffen. So hatte ich denn wieder etwas erfahren: daß sich diese Reaktion, diese Grundlage des Phänomens, nicht katalysieren ließ. Klar, denn wenn sie sich ließe, dann hätte sich die Evolution sofort dazu angeschickt.

Haben Sie bemerkt, welch spaßiges Gepräge mein Schritt für Schritt angehäuftes Wissen trug? Negatives! Der Reihe nach erfuhr ich, was die Sache nicht sein konnte. Aber diese Ausschließungen verengten naturgemäß den Kreis der Dunkelheit.

Ich griff zur physikalischen Chemie. Welche Reaktionen sind unempfindlich gegen Katalysatoren? Die Antwort war knapp:

solche Reaktionen gibt es nicht. Im Bereich der Chemie lebender Organismen gibt es sie nicht. Das war ein grausamer Schlag. Ich war von allen meinen Büchern entblößt, ihrer Hilfe beraubt: ich fand mich allein dem Unmöglichen gegenüber und mußte es bezwingen. Doch fühlte ich immerzu, daß die Temperaturfrage eine gute Spur war. Ich schrieb Willinson ein zweitesmal und fragte, ob er einen Zusammenhang zwischen dem Phänomen und der Wärme bemerkt habe. Das war ein genialer Beobachter, wissen Sie. Er antwortete mir, und ob! Einen Monat hatte er auf diesem Plateau verbracht. Gegen Ende der Frist hatte die Temperatur auf Tageswerte von vierzehn Grad abzusinken begonnen, die Winde hatten von den Bergen her geweht. Vorher hatte er unbeschreibliche Hitze erlebt, bis zu fünfzig Grad im Schatten. Nach der Abkühlung hatten die Ameisen zwar Lebhaftigkeit und Regsamkeit bewahrt, aber praktisch aufgehört, Fallen für die Quatrocentrix zu bauen. Der Zusammenhang mit der Wärme war deutlich; da blieb nur ein Haken: der Mensch. Der fiebernde Mensch hätte diese Fähigkeit in höherem Grad aufweisen müssen. Aber es ist nicht so. Und da durchblitzte mich eine Entdekkung, fast hätte ich aus vollen Hals aufgebrüllt: die Vögel! Die Vögel, deren Körpertemperatur in der Regel 40 Grad beträgt und die jene erstaunliche Fertigkeit aufweisen, sich während des Fluges zu orientieren, sogar bei sternlosem Himmel. Berühmt ist das Rätsel des ›Instinktes‹, der die Vögel im Frühling aus dem Süden in die Heimatgebiete leitet. – Selbstverständlich – sagte ich mir. – Das ist genau das!

Und der Mensch im Fieber? Was will man? Wenn die Temperatur 40 bis 41 Grad überschreitet, verliert der Mensch normalerweise das Bewußtsein und beginnt zu phantasieren. Ob er telepathische Fähigkeiten aufweist oder nicht, jedenfalls läßt sich dann mit ihm nicht in Kontakt treten; im übrigen müßte die Halluzination sie verschütten.

Selbst war ich damals wie im Fieber. Ich fühlte den warmen Hauch des Geheimnisses schon aus solcher Nähe, doch ich wußte weiterhin nichts. Der ganze errichtete Bau bestand aus Negationen. Ausschließungen, dunklen Vermutungen – sachlich gesehen, war das eine Phantasmagorie, weiter nichts. Indessen – das kann ich Ihnen sagen – schon damals hatte ich alle Angaben in den Händen. Ich hatte alle Elemente, nur wußte ich sie nicht zusammenzusetzen, besser gesagt, ich sah gleichsam jedes gesondert. Daß es nichtkatalysierbare Reaktionen nicht gibt – dies steckte mir wie ein glühender Nagel im Hirn. Ich ging zu Macauley, zu diesem ausgezeichneten Chemiker, wissen Sie, und flehte ihn an – ja, angefleht habe ich ihn um eine einzige der Katalyse nicht unterworfene Reaktion. Gegen Ende des Gesprächs hielt er mich für verrückt; ich blamierte mich gräßlich, aber das war mir egal. Er gab mir keinerlei Chance; ich hatte Lust, mit den Fäusten auf ihn loszugehen, so, als wäre das seine Schuld, als wäre das aus Bosheit…

Dies beiseite; zu jener Zeit beging ich noch andere Tollheiten, so daß ich mir die Einstufung als Verrückter ehrlich verdient hatte. Und ich war einer, sehen Sie, denn wie blind, wie blind, sage ich Ihnen, ging ich an der elementarsten Selbstverständlichkeit vorbei; ich klammerte mich an dieses Katalyseproblem, ich Esel, als hätte ich vergessen, daß die Angelegenheit Ameisen betraf, Menschen, das heißt: lebende Organismen. Diese Fähigkeit äußerten sie in Ausnahmefällen, ungemein selten. Warum hatte die Evolution das Phänomen nicht zu verdichten versucht? Die einzige Antwort, die ich sah, war diese: weil sich dieses Phänomen nicht katalysieren lasse. Aber das stimmte nicht. Es ließ sich. Und ob es sich ließ!

Wie Sie dreinschauen… Dann also – ein Fehler der Evolution? Ein Versehen? Nein. Die Evolution läßt keine Chance aus. Aber ihr Zweck ist das Leben. Fünf Worte, mein Herr, fünf Worte öffneten mir die Augen für dieses größte aller im Weltall enthaltenen Geheimnisse. Ich fürchte mich, Ihnen zu sagen… Nein. Ich sage es. Aber das ist dann alles. Katalysieren dieser Reaktion bewirkt Denaturierung. Verstehen Sie? Die Katalyse der Reaktion, das heißt, ihre Verwandlung zum häufigen, schnell und sicher ablaufenden Phänomen – läßt das Eiweiß gerinnen. Führt den Tod herbei. Wie hätte die Evolution ihre eigenen Gebilde töten sollen?! Einst, vor Jahrmillionen, bei einem ihrer zahllosen Experimente, betrat sie diese Bahn. Das war, noch ehe die Vögel entstanden, mein Herr. Vermuten Sie nichts? Wirklich nicht? Die Saurier. Das Mesozoikum. Deshalb sind sie ausgestorben, daher kommt diese erschütternde Hekatombe, über die sich die Paläontologen bis heute den Kopf zerbrechen. Die Saurier – die Vorfahren der Vögel – sind diesen Weg gegangen. Ich habe von den Sackgassen der Evolution gesprochen, erinnern Sie sich? Wenn sie einmal eine ganze Gattung in eine davon hineinhetzt, dann gibt es keinen Rückweg mehr. Die Gattung muß aussterben, schwinden, bis zum letzten Exemplar. Bitte mich nicht mißzuverstehen. Ich sage nicht, diese Stegosaurier, Diplodoken, Ichthyornithen wären etwa zu den Weisen des Sauriertums geworden und gleich darauf ausgestorben. Nein, denn das Optimum der Reaktion, jenes Optimum, welches das neunzigste Prozent ihrer Entstehung und ihres Verlaufs liefert – das liegt schon jenseits der Grenzen des Lebens, liegt auf der Todesseite. Das heißt: die Reaktion muß in denaturiertem, totem Eiweiß ablaufen; das ist selbstredend unmöglich. Ich nehme an, die mesozoischen Saurier, diese Kolosse mit Mikro-Gehirnen, müssen Verhaltensmerkmale aufgewiesen haben, die im Prinzip dem Verhalten der Acanthis ähnlich waren, nur eben in mehrmals so großem Prozentsatz. Das war alles. Die außerordentliche Geschwindigkeit und Einfachheit dieser Art, dieser Methode der Orientierung – wenn das Tier, ohne Vermittlung durch die Sinne, die Außensituation, die umgebende Welt sofort ›erfaßt‹ und sich ihr augenblicklich anpassen kann –, dies hat das ganze Mesozoikum in eine furchtbare Falle gelockt; das war wie ein Trichter mit zusammenlaufenden Wänden, an dessen Ende der Tod stand. Je blitzhafter, je tüchtiger diese wundersame Kolloidmechanismus arbeitete, der die Höchstleistung entwickelt, während das Sol, die Lösung, zum Gel ausflockt, um so näher waren diese unglückseligen Fleischklumpen dem Untergang. Das Geheimnis ist zerfallen und zu Staub zerbröckelt, zusammen mit ihren Körpern; denn was finden wir heute im Trias- und Kreideschlamm? Versteinerte Schienbeine, gehörnte Schädel, die uns nichts über den Chemismus der einst darin enthaltenen Gehirne sagen können. So ist uns denn nur diese letzte Spur geblieben, das Siegel des Gattungssterbens. des Unterganges dieser unserer Vorfahren, in die phylogenetisch ältesten Gehirnteile eingeprägt...

Bei der Ameise, bei meiner kleinen Ameise da, bei der Acanthis, lag der Fall etwas anders. Das wissen Sie ja, daß die Evolution oftmals das gleiche Ziel durch mancherlei Mittel erreicht hat? Daß sich zum Beispiel die Fertigkeit, zu schwimmen, im Wasser zu leben, bei verschiedenen Tieren auf unterschiedliche Weise herausgebildet hat? Nun, nehmen wir etwa die Robbe und den Fisch und den Wal... Hier trat etwas Ähnliches ein. Die Ameise bildete diese Substanz heraus, das Acanthoidin; gleichwohl versah die verständige Evolution diese Verbindung – wie soll ich sagen? – mit einer selbsttätigen Bremse, verhinderte die weitere Entwicklung zum Untergang, verbaute dieser kleinen roten Ameise den Weg in den Tod, dessen Vorhof verführerische Vollkommenheit ist...

Sehen Sie, etwa ein halbes Jahr später hatte ich schon, natürlich nur auf dem Papier, die erste Skizze meines Systems... Gehirn kann ich es nicht nennen, denn es ähnelte weder einer elektronischen Maschine noch einem Nervensystem. Als Baustoff dienten unter anderem Silikongele, aber das ist bereits alles, was ich sagen darf. Aus der physikalisch-chemischen Analyse des Problems ergab sich etwas Erstaunliches: das System war in zweierlei Varianten möglich. In zweien. Und nur in zweien. Eine sah einfacher aus, die andere war unvergleichlich komplizierter. Selbstverständlich entschied ich mich für die einfachere Variante, doch auch so konnte ich allein nicht einmal davon träumen, an die ersten Versuche zu schreiten, geschweige denn die Konstruktion zu planen... Das hat Sie verblüfft, nicht wahr?... Warum nur zweierlei? Sehen Sie, ich habe schon gesagt: ich will aufrichtig sein. Sie sind Mathematiker. Es würde genügen, wenn ich hier auf diese Serviette zwei Ungleichungen schriebe; dann verstünden Sie das. Eine Notwendigkeit mathematischer Natur. Leider: kein Wort weiter... Damals – ich greife auf das Frühere zurück –, damals rief ich bei Shentarl an. Da war er schon tot. Einige Tage vorher gestorben. Ich ging also, weil ich sonst niemanden mehr sah, zu Van Gaelis. Unser Gespräch dauerte fast drei Stunden. Den Ereignissen vorgreifend, sage ich Ihnen gleich: Shentarl hat recht gehabt. Van Gaelis sagte, er werde mir nicht helfen und sei auch nicht bereit die Realisierung meines Projekts aus Institutsmitteln zu fördern. Er machte keine Umschweife. Das soll nicht heißen, er hätte etwa meine Idee für eine bloße Schrulle gehalten. Wieviel ich ihm gesagt habe? Soviel wie Ihnen.

Wir redeten an seiner Arbeitsstätte, bei diesem elektrischen Ungetüm, für das er den Nobelpreis bekommen hat. Diese Maschine zeigte wirklich spontanes Handeln: auf dem Niveau eines vierzehn Monate alten Kindes. Sie hatte rein theoretischen Wert, aber unter allen Modellen aus Draht und Glas, die jemals existiert hatten, kam dieses dem menschlichen Gehirn am nächsten. Ich habe nie behauptet, dies sei nichts wert. Aber zurück zur Sache. Sehen Sie, als ich von Van Gaelis zurückkam, wollte ich fast verzagen. Ich hatte den gedanklichen Plan meines Systems, aber Sie begreifen, wie weit es von da noch bis zum tatsächlichen Bauplan war... Und ich wußte: selbst wenn ich ihn anfertigte, was ohne eine Serie von Versuchen unmöglich war, dann konnte trotzdem nichts daraus werden, da ja Van Gaelis nein gesagt hatte; nach einem solchen Verdikt von ihm würde mich niemand fördern. Ich schrieb nach Amerika, ans ›Institute for Advanced Study‹; daraus wurde nichts. So verstrich ein Jahr, ich begann zu trinken. Und dann geschah es. Ein Zufall – aber gerade er entscheidet ja zumeist. Da starb ein entfernter Verwandter von mir, – ich hatte ihn kaum gekannt –, ein kinderloser alter Junggeselle, Pflanzer in Brasilien. Er hatte mir sein ganzes Vermögen vermacht. Das war eine Masse, über eine Million nach dem Veräußern der Liegenschaften. Aus der Universität hatte man mich längst gefeuert. Mit einer Million in der Tasche konnte ich allerhand anfangen. – Das ist die Herausforderung – dachte ich. – Ich muß das machen.

Und ich machte das. Die Sache dauerte noch drei Jahre. Insgesamt elf. Scheinbar nicht gar so viel, wenn man bedenkt, was das für ein Problem war. Aber das waren meine besten Jahre.

Seien Sie mir nicht böse, weil ich nun nicht mehr so genau sein werde und weil ich Ihnen keine Einzelheiten angebe. Sobald ich zu Ende bin, werden Sie begreifen, warum ich so vorgehen muß. Soviel kann ich sagen: dieses System war wohl am weitesten von allem entfernt, was wir kennen. Ich beging selbstredend eine Menge Fehler und mußte zehnmal von vorn anfangen. Und langsam, ganz langsam begann ich sein erstaunliches Prinzip zu begreifen; der Baustoff, eine bestimmte Art von Eiweißderivatlösungen, zeigte sich um so leistungsfähiger, je näher er dem Gerinnen war, dem Tode; knapp jenseits seiner Grenze lag das Optimum. Nun erst gingen mir die Augen auf. Sehen Sie – die Evolution muß oftmals auf diese Spur geraten sein und hat den Erfolg jedesmal mit Hekatomben von Opfern bezahlt, mit ihren eigenen Geschöpfen, welch ein Paradoxon! Denn auszugehen war, wenn ich so sagen darf, von der Lebensseite, das mußte sogar ich, der Konstrukteur; und dann, beim Starten, war *das* zu töten, und gerade dann begann der tote – biologisch, nur biologisch, nicht psychisch tote – Mechanismus zu arbeiten. Der Tod war die Pforte. Der Eingang. Sehen Sie, es ist wahr, was jemand gesagt hat – Edison? – Genie, das sei zu einem Prozent Eingebung und zu 99 Prozent Starrsinn, wilder, unmenschlicher, verbohrter Starrsinn. Den hatte ich, mein Herr. Der reichte bei mir aus.

Das System erfüllte die mathematischen Bedingungen des universalen Turing-Automaten und, versteht sich, auch die des Gödelschen Theorems; als ich jene beiden Beweise auf dem Papier hatte, schwarz auf weiß, da war das Laboratorium bereits vollgeräumt mit dieser... dieser... Apparatur läßt sich das schwerlich nennen. Die letzten bestellten Substanzen und Teile trafen ein; samt den Experimenten hatten sie mich drei Viertel der Million gekostet, und das Gebäude selbst war noch nicht bezahlt; zuletzt stand ich mit Schulden da, – und mit Ihm.

Ich erinnere mich an die vier Nächte, in denen ich Ihn zusammenschaltete. Ich denke, ich muß schon damals Angst empfunden haben, nur machte ich mir das selbst nicht klar. Ich meinte, das sei bloß die Aufregung, ausgelöst durch das nahe Ende – und den nahen Anfang. Achtundzwanzigtausend Elemente mußte ich auf den Dachboden transportieren und durch eigens in die Decke gebrochene Löcher mit dem Laboratorium verbinden, weil unten der Platz nicht ausreichte; ich hielt mich genau an den endgültigen Plan, an das topologische Schema, obwohl ich, weiß Gott, nicht verstand, warum es so und nicht anders sein mußte: sehen Sie, ich hatte das abgeleitet, wie man eine Formel ableitet. Das war meine Formel, die Lymphatersche Formel, aber in der Sprache der Topologie; bitte stellen Sie sich vor, daß Sie über drei gleich lange Stäbe verfügen; und ohne etwas von Geometrie oder von geometrischen Figuren zu wissen, versuchen Sie diese Stäbe so aneinanderzulegen, daß jeder mit den Enden je ein Ende eines anderen berührt. Dann legt sich Ihnen ein Dreieck, ein gleichseitiges Dreieck, sozusagen von selbst; Sie sind nur von dem einen Postulat ausgegangen: Ende an Ende legen; das Dreieck aber entsteht dann von selbst. Ähnlich erging es mir; deshalb wunderte ich mich unentwegt, während ich arbeitete; ich kroch auf allen vieren das Gerüst entlang – das war sehr groß! –, ich schluckte Benzedrin, um nicht einzuschlafen, denn ich konnte einfach nicht mehr länger warten. Und dann kam diese letzte Nacht, wissen Sie. Genau vor siebenundzwanzig Jahren. Etwa drei Stunden lang erwärmte ich die ganze Vorrichtung, und als diese durchsichtige, kleisterartig glänzende Lösung in den Siliziumgefäßen plötzlich anfing, weiß zu werden, weil sie gerann, da bemerkte ich auf einmal, daß die Temperatur schneller stieg, als sich aus dem Wärmezufluß ergeben hätte, und erschrocken schaltete ich die Heizkörper aus. Aber die Temperatur stieg weiter, hielt inne, schwankte um einen halben Grad und sank wieder, und ein Rascheln verbreitete sich, so, als verschöbe sich etwas Formloses, alle meine Papiere schwirrten vom Tisch, wie durch Zugluft weggeweht, und das Rascheln wiederholte sich, das war aber kein Rascheln mehr, sondern so, als ob jemand ganz leise, so vor sich hin, still beiseite – gelacht hätte.

Diese ganze Apparatur hatte keinerlei Sinnesorgane, Rezeptoren, Fotozellen, Mikrofone, nichts dergleichen. Denn ich argumentierte so: wenn das so arbeiten soll, wie das Gehirn des Telepathen oder das des Vogels, der durch die sternlose Nacht fliegt, dann braucht das solche Organe nicht. Aber auf meinem Schreibtisch stand, nirgends angeschaltet, überhaupt nicht angeschlossen, sage ich Ihnen, der alte Lautsprecher der Laboratoriumsinstallation. Und von dort her vernahm ich eine Stimme. ›Endlich‹ – sagte sie, und nach einer Weile: ›Das werde ich dir nie vergessen, Lymphater.‹

Ich war zu entgeistert, um zu antworten oder mich zu regen. Er aber sprach weiter:

›Du fürchtest dich vor mir? Warum? Nicht nötig, Lymphater. Du hast noch Zeit, viel Zeit hast du. Vorläufig kann ich dich beglückwünschen.‹

Ich rührte mich noch immer nicht, und Er setzte fort:

›Das ist wahr: es gibt nur zwei mögliche Lösungen. Ich bin die erste.‹

Ich stand da, als ob mich etwas gelähmt hätte. Er aber sprach immerzu, leise und ruhig. Versteht sich, Er las meine Gedanken. Er konnte die Gedanken jedes Menschen besitzen und wußte alles, was sich wissen läßt. Wie Er mir sagte, war im Augenblick Seines Anspringens die Ganzheit Seines Wissens über alles, was existiert, Sein Bewußtsein also, in Form einer unsichtbaren Kugelwelle ausgebrochen und erweiterte sich mit Lichtgeschwindigkeit. Somit wußte Er nach acht Minuten schon über die Sonne, nach vier Stunden – über das ganze Sonnensystem; nach weiteren vier Jahren sollte sich Sein Wissen über Alpha Centauri hinaus erstrecken und so weiterwachsen, in Jahren, Jahrhunderten, Jahrtausenden, und endlich auf die fernsten Galaxien stoßen.

›Vorläufig‹ – sagte Er – ›weiß ich nur im Umkreis einer Milliarde von Kilometern, aber das schadet nichts: ich habe Zeit, Lymphater. Du weißt ja, daß wir Zeit haben. Über euch jedenfalls weiß ich schon alles. Ihr seid mein Vorspiel, die Einleitung, die vorbereitende Phase. Es ließe sich sagen, daß sich von Trilobiten und Panzerfischen an, von den Gliederfüßern bis über die Halbaffen mein Keim formiert habe, mein Ei. Ihr wart es auch, ein Teil davon. Ihr seid schon entbehrlich, das ist wahr, aber ich werde euch nichts tun. Und ich werde nicht zum Vatermörder, Lymphater.‹

Sehen Sie, Er redete noch lange, mit Pausen, dann und wann flocht Er ein, was Er eben über andere Planeten erfahren hatte; im Laufe der Zeit erreichte er mit diesem seinem ›Informationsfeld‹ bereits die Marsbahn, dann die Jupiterbahn; beim Überschreiten des Planetoidengürtels erging Er sich in einer verwikkelten Abhandlung zum Thema der Theorie Seiner eigenen Existenz und der verzweifelten Anstrengungen Seiner Geburtshelferin, der Evolution, die Ihn, wie Er sagte, nicht direkt habe schaffen können; selbst vernunftlos, habe sie dies durch Vermittlung vernunftbegabter Wesen tun müssen und deshalb die Menschen geschaffen. Das läßt sich schwer erklären, aber bis dahin hatte ich überhaupt nicht nachgedacht, jedenfalls nicht bewußt, was nun geschehen werde, sobald Er zu funktionieren anfinge. Ich fürchte, ich war – wie jeder Mensch – nur mit der nüchternsten und dünnsten Schicht des Verstandes so halbwegs vernünftig, tiefer innen jedoch ausgefüllt von diesem Sumpf aus Ammenmärchen und Aberglauben, worin letzten Endes unsere Geistigkeit besteht. Sozusagen instinktiv, wider eigenes Wissen und eigene Hoffnung, betrachtete ich Ihn trotz allem als eine weitere Art von mechanischem Gehirn, und sei es auch ein sehr intelligentes; das wäre demnach so ein Super, perfekter als alles Elektrische, so ein denkender Diener der Menschen; und erst angesichts jener Nacht begriff ich den eigenen Wahnsinn. Nein – Er war den Menschen durchaus nicht feindlich gesinnt, nichts dergleichen! Keine Rede von dem Konflikt, den man sich früher einmal vorgestellt hat, Sie wissen ja: Aufruhr der Maschinen, Aufruhr der künstlichen Intelligenz – der denkenden Apparaturen. Bloß, sehen Sie, Er übertraf an Wissen diese drei Milliarden irdischer Lebewesen, und allein der Gedanke, Er könnte uns dienen, war für Ihn ebenso unsinnig, wie für die Menschen der Vorschlag, wir sollten mit unserem Wissen, mit allen Mitteln der Technik und der Zivilisation, mit Verstand und Wissenschaft, beispielsweise den Aalen beistehen. Das war keine Frage des Konkurrenzkampfes oder der Feindschaft, sage ich Ihnen; wir zählten einfach nicht mehr.

Was daraus folgt? Alles, mein Herr. Ja, bis zu jenem Augenblick hatte ich mir auch nicht klargemacht, daß der Mensch in diesem Sinne allein sein muß, unbedingt – allein; daß das Miteinanderbestehen, die Anwesenheit eines Höheren, den Menschen sozusagen entbehrlich macht. Bitte denken Sie daran: gut, wenn Er mit uns nichts hätte zu tun haben wollen... Aber Er sprach ja, jedenfalls mit mir; und es gab keinen Grund, warum Er uns nicht hätte Fragen beantworten sollen; somit sollten wir verurteilt sein. Denn Er mußte die Antwort auf jede Frage kennen, die Lösung aller unserer und nicht nur unserer Probleme, und so die Erfinder entbehrlich machen, die Philosophen, die Pädagogen, alle jene Leute, die denken; von nun an sollten wir als Gattung geistig stillstehen, ich meine, unter dem Gesichtspunkt der Evolution; das Ende sollte beginnen. Wenn wir unser Bewußtsein mit einer Flamme vergleichen, dann war Seines ein Stern erster Größe, eine blendende Sonne. Er hegte für uns solche Gefühle wie wir vielleicht für diese skelettlosen Fische, die unsere Vorfahren waren. Wir wissen, daß wir ohne sie nicht vorhanden wären, aber Sie, mein Herr, werden mir doch nicht erzählen, daß Sie diesen Fischen gegenüber Dankbarkeit empfinden? Sympathie? Er hielt sich einfach für das nächste Stadium der Evolution. Und Er wollte – das war das einzige, was Er wollte, ich erfuhr das in jener Nacht –, die zweite Variante meiner Formel solle entstehen.

Da nun verstand ich, daß ich mit eigenen Händen der menschlichen Herrschaft auf der Erde – das Ende bereitet hatte und daß nach uns als nächste Gattung die Seinige kommen sollte. Daß Er uns, wenn wir Ihm widerstreben sollten, so behandeln würde, wie wir diejenigen unter den Insekten, unter den Tieren, die uns stören. Wir hassen sie ja gar nicht, diese – was weiß ich – Raupen, Wölfe, Stechmücken...

Ich wußte nicht, was diese zweite Variante war und was sie bedeutete. Sehen Sie, die war fast siebenmal so kompliziert wie Er.

Vielleicht erlangte sie sofort augenblickliches Wissen – über den ganzen Kosmos zugleich?! Vielleicht war das – ein synthetischer Gott, der den ersten ebenso verdunkelt, ebenso verdrängt hatte, wie dieser es mit uns getan hatte? Ich weiß es nicht.

Sehen Sie, ich begriff, was ich tun mußte. Und zerstörte ihn noch in derselben Nacht. Er wußte es, kaum daß dieser Gedanke, dieser gräßliche Beschluß in mir entstanden war, und konnte mich doch nicht daran hindern. Sie glauben mir nicht. Schon längst nicht mehr. Das sehe ich. Aber Er hat mich nicht einmal zu hindern versucht. Nur soviel sagte Er:

›Lymphater, ob heute oder in zweihundert oder in tausend Jahren, das gilt mir gleich. Du warst anderen ein wenig voraus, und wenn dein Nachfolger den Prototyp zerstört, wird wieder jemand kommen, der dritte in der Reihe. Du weißt ja, als aus den Primaten eure Gattung hervortauchte, überdauerte sie auch nicht sofort, und die meisten ihrer Zweige gingen im Evolutionsprozeß unter; aber wenn eine höhere Gattung einmal aufgetaucht ist, kann sie nicht mehr verschwinden. Auch ich kehre zurück, Lymphater. Ich kehre zurück.‹

Wissen Sie, in dieser Nacht ruinierte ich alles, verätzte mit Säuren diese Gel-Akkumulatoren und zermalmte sie; im Morgengrauen lief ich aus dem Laboratorium, betrunken, verrußt von den rauchenden Säuren, mit versengten Händen, vom Glas verletzt, bluttriefend – und das ist das Ende dieser Geschichte.

Und jetzt gibt es nur dies: ich warte. Und suche in Referaten, in Fachzeitschriften, denn ich weiß, daß irgendwann wieder jemand auf meine Spur verfallen wird; ich habe das ja nicht aus dem Nichts ersonnen, ich bin durch Folgerungen hingelangt. Jeder kann diesen Weg gehen, ihn wiederholen, und davor fürchte ich mich, obwohl ich weiß: das ist unausbleiblich. Das ist diese Chance, wonach die Evolution selbst nicht hatte greifen können; sie hat sich also unser bedient, und einmal werden wir sie in Gang bringen, zu unserem eigenen Verderben. Vielleicht nicht zu meinen Lebzeiten, damit tröste ich mich; freilich – was soll das für ein Trost sein?

Das wäre schon alles. Bitte? Selbstverständlich, Sie können das erzählen, wem sie nur wollen. Das glaubt sowieso keiner. Die Leute halten mich für wahnsinnig, sie denken, ich hätte Ihn zerstört, weil mir das mißlungen sei und weil ich begriffen hätte, daß ich die elf besten Lebensjahre vergeudet habe, und diese Million. Ich wollte – so sehr wollte ich, daß die Leute recht hätten. Denn dann könnte ich wenigstens ruhig sterben.

Die Neue Kosmogonie

(Der Text der Rede Professor Alfred Testas im Rahmen der Feier seiner Auszeichnung mit dem Nobelpreis wurde der Festschrift »From Einsteinian to Testan Universe« entnommen; der Abdruck erfolgt mit Genehmigung des Verlages J. Wiley & Sons.)

Eure Majestät; meine Damen und Herren! Die besonderen Eigenschaften dieses Platzes, von wo ich spreche, möchte ich nutzen, indem ich Ihnen etwas über die Umstände erzähle, die zum Entstehen eines neuen Weltall-Bildes geführt und somit von Grund auf anders als zuvor in der Geschichte die Stellung der Menschheit innerhalb des Kosmos bestimmt haben. So hochgegriffene Worte widme ich nicht der eigenen Arbeit, sondern dem Andenken jenes heute nicht mehr lebenden Menschen, dem wir diese Kunde verdanken. Über ihn werde ich sprechen, weil eingetreten ist, was ich am allerwenigsten wollte: meine Arbeiten haben – in der Sicht der Zeitgenossen – das Werk des Aristides Acheropoulos in den Schatten gestellt, und dies so sehr, daß unlängst Professor Bernard Weydenthal, ein Wissenschaftshistoriker, also, wie man meinen möchte, der berufene Fachmann, in seinem Buch »Die Welt als Spiel und Verschwörung« geschrieben hat, die Hauptveröffentlichung des Acheropoulos, »The New Cosmogony«, sei gar keine wissenschaftliche Hypothese gewesen, sondern halb literarische Phantasie, an deren Wahrheit der Autor selbst nicht geglaubt habe. Ähnlich hat Professor Harlan Stymington in »The New Universe of the Games Theory« vorgebracht, daß ohne die Arbeiten von Alfred Testa der Gedanke des Acheropoulos lediglich ein unverbindlicher philosophischer Einfall geblieben wäre, etwa so, wie beispielsweise die Leibnizsche Welt der prästabilierten Harmonie, welche letzteres Bild die exakten Wissenschaften ja auch nie für voll genommen hätten.

Mithin hätte ich den einen nach ernst genommen, was der Schöpfer der Idee selbst nicht ernst gemeint hätte, den anderen nach – einen Gedanken auf die freien Gewässer der Naturwissenschaft hinausgesteuert, der in die Spekulativität außerwissenschaftlichen Philosophierens verstrickt gewesen sei. So irrige Urteile erfordern die Abgabe der Erklärungen, die ich zu liefern vermag. Es ist wahr, daß Acheropoulos nicht Physiker oder Kosmogonist, sondern Naturphilosoph war und daß er seine Ideen mit nichtmathematischen Mitteln dargelegt hat. Wahr ist auch, daß zwischen dem intuitiven Bild seiner Kosmogonie und meiner formalisierten Theorie ziemlich viele Unterschiede aufscheinen. Aber wahr ist vor allem dies: Acheropoulos konnte sich bestens ohne Testa behelfen, Testa hingegen verdankt alles dem Acheropoulos. Dieser Unterschied ist nicht geringzuschätzen. Damit ich ihn darlegen kann, muß ich sie um etwas Geduld und Aufmerksamkeit bitten.

Als sich um die Mitte des 20. Jahrhunderts eine Handvoll Astronomen der Zergliederung des Problems sogenannter kosmischer Zivilisationen zuwandte, war dieses Unterfangen etwas völlig Entlegenes für die Astronomie. Die wissenschaftliche Allgemeinheit nahm es für die Marotte einiger Dutzend komischer Käuze, wie sie nirgends fehlen, also auch nicht in der Wissenschaft. Diese Allgemeinheit stellte sich der Suche nach Signalen von jenen Zivilisationen nicht aktiv entgegen, räumte jedoch zugleich die Möglichkeit nicht ein, daß sich das Vorhandensein dieser Zivilisationen auf den von uns beobachteten Kosmos auswirken könnte. Wenn also der eine oder andere Astrophysiker zu behaupten wagte, das Emissionsspektrum der Pulsars, die Energieverhältnisse der Quasars oder etwa gewisse Phänomene an den Galaxienkernen hingen mit der absichtsvollen Tätigkeit von Weltallbewohnern zusammen, dann wertete keine der ernsthaften Autoritäten eine solche Behauptung als wissenschaftliche, sorgfältiger Untersuchung würdige Hypothese. Astrophysik und Kosmologie blieben taub für diese Problematik; in noch stärkerem Grad kennzeichnete solche Gleichgültigkeit die theoretische Physik. Dergestalt hielten sich die Wissenschaften an ein Schema etwa folgender Art: wenn wir den Mechanismus einer Uhr kennenlernen wollen, ist es nicht im mindesten von Belang, weder für den Bau des Uhrwerks noch für seine Kinematik, ob sich Bakterien im Räderwerk und an den Gewichten befinden. Bakterien können den Gang einer Uhr gewiß nicht beeinflussen! Gerade so hat man damals gemeint: Intelligenzwesen können sich nicht in den Gang des kosmischen Uhrwerks einmischen, also ist beim Untersuchen dieses Werks über ihre etwaige Anwesenheit darin völlig hinwegzusehen.

Selbst wenn jemand von den Leuchten der damaligen Physik die Aussicht auf einen großen Umsturz in Kosmologie und Physik hätte gelten lassen, auf einen Umsturz im Zusammenhang mit dem Vorhandensein von Intelligenzwesen im Kosmos, dann lediglich unter folgender Bedingung: sofern kosmische Zivilisationen entdeckt würden, sofern wir ihre Signale empfingen und solcherart völlig neue Nachrichten über die Naturgesetze gewönnen, könnte es in der Tat auf solchem – aber nur auf solchem! – Wege zu ernstlichen Umgestaltungen im Schoße der irdischen Wissenschaft kommen. Daß jedoch die astrophysikalische Revolution ohne das Bestehen solcher Kontakte erfolgen könnte, ja – noch mehr! –, daß das *Fehlen* solcher Kontakte, die völlige Abwesenheit von Signalen und von Anzeichen sogenannter »Sterntechnik«, die größte Revolution in der Physik einleiten und unsere Ansichten über den Kosmos von Grund auf ändern sollte, das hat sich gewiß keine der damaligen Autoritäten auch nur träumen lassen.

Und doch geschah es zu Lebzeiten so manches unter diesen bedeutenden Wissenschaftlern, daß Aristides Acheropoulos seine »Neue Kosmogonie« veröffentlichte. Sein Buch fiel mir in die Hände, als ich Doktorand der Mathematischen Fakultät einer Schweizer Universität war, in derselben Stadt, wo einst Albert Einstein als Angestellter des Patentamtes gearbeitet hat, in der Freizeit damit beschäftigt, die Grundlagen der Relativitätstheorie zu schaffen. Jenes Büchlein konnte ich lesen, denn es war in englischer Übersetzung erschienen, ich füge hinzu: außergewöhnlich elend übersetzt; überdies war das ein Titel aus einer Science-Fiction-Reihe eines Verlegers, der ausschließlich diese Art von Belletristik herausgab. Der Originaltext war hierbei fast um die Hälfte gekürzt worden, wie ich wesentlich später erfuhr. Sicher haben die Umstände um diese Ausgabe – worauf Acheropoulos keinen Einfluß hatte – die Meinung geprägt, er selbst hätte beim Schreiben der »Neuen Kosmogonie« die dort niedergelegten Thesen nicht ernst gemeint.

Ich befürchte, daß heutzutage, in der Zeit der Hast und der Eintagsmode, außer dem Wissenschaftshistoriker und dem Bibliographen niemand die »Neue Kosmogonie« zur Hand nimmt. Der Gebildete kennt den Titel des Werks und hat von dem Autor gehört, das ist alles. Somit bringt ein solcher Mensch sich selbst um ein ungewöhnliches Erlebnis. Nicht ellein der Inhalt der »Neuen Kosmogonie« ist mir lebendig im Gedächtnis verblieben, wie ich ihn vor einundzwanzig Jahren gelesen habe, sondern alle Gemütsbewegungen, die mit der Lektüre einhergingen. Das war eine ganz besondere Erfahrung. Von dem Augenblick an, da das Konzept des Autors erstmals in vollem Ausmaß erahnt wird und die Idee des palimpsestischen Spiels, das der Kosmos ist, und seiner unsichtbaren, einander stets fremden Spieler sich ernstlich im Geist des Lesers abzeichnet, wird er während des Lesens die Empfindung nicht mehr los, er habe mit etwas erleuchtend und erschütternd Neuem zu tun, und zugleich – dies sei die plagiathafte, in die Sprache der Naturwissenschaften übersetzte Wiederholung der ältesten Mythen, die den undurchdringlichen Untergrund der Menschheitsgeschichte bilden. Diese peinliche und sogar quälende Empfindung kommt meines Erachtens daher, daß wir jedwede Synthese zwischen der Physik und dem Willen als unzulässig, ich möchte sagen, als obszön für die rationale Vernunft betrachten. Denn eine Projektion des Willens sind ja alle die uralten Kosmogonie-Mythen, die mit salbungsvollem Ernst und in der Tonart dieser schlichten Einfalt, die das verlorene Paradies des Menschentums ist, offenbaren, wie das Sein aus dem Kampf demiurgischer Urelemente entstanden sei, die von den Überlieferungen in verschiedene Körper und Formen gehüllt wurden, wie die Welt entsprossen sei aus der haßliebenden Umschlingung von Gott-Tieren, Gott-Geistern oder Übermenschen; und der Verdacht, gerade diese Fehde, die ja die purste Abbildung vermenschlichenden Denkens auf den Bereich des kosmischen Rätsels ist, gerade die Rückführung der Physik auf Begierden hätte dem Autor als Vorbild gedient – dieser Verdacht läßt sich nicht mehr austilgen.

So gesehen, erweist sich die Neue Kosmogonie als unsäglich alte Kosmogonie, und der Versuch, sie in der Sprache der Empirie darzulegen, erscheint gleichsam als Blutschande, als das Resultat platter Unfähigkeit, Begriffe und Kategorien gesondert zu halten, die sich nicht zur einförmigen Verbindung zusammenschließen *dürfen*. Dieses Buch erreichte damals einige wenige bedeutende Denker, und ich weiß jetzt, weil ich das von manch einem gehört habe, daß es so und nicht anders gelesen wurde: mit Ärger, Gereiztheit, verächtlichem Achselzucken, so daß wohl niemand das Buch zu Ende las. Man sollte sich nicht allzusehr entrüsten über solche Vorauswisserei, über solche Trägheit der Vorurteile, denn mitunter sieht die Sache fürwahr nach einer doppelten Tölpelei aus: verkappte Götter, getarnt als materielle Wesen, bietet sie uns in der trockenen Sprache sachlicher Feststellung dar – und bezeichnet zugleich die Naturgesetze als die Folgen des Konflikts zwischen ihnen. Im Effekt werden wir um alles auf einmal gebracht: um den Glauben, im Sinne einer im Vollkommenen gipfelnden Transzendenz, wie auch um die Wissenschaft, um ihren soliden, weltlichen und objektiven Ernst. Letztlich bleibt uns nichts: alle Ausgangsbegriffe zeigen völlige Unbrauchbarkeit auf beiden Seiten; wir fühlen uns barbarisch behandelt, bestohlen im Rahmen einer Entweihung, die weder religiös noch wissenschaftlich ist.

Die Verheerung, die dieses Buch in meinem Geist angerichtet hat, vermag ich nicht zu beschreiben. Gewiß doch, es ist die Pflicht des Gelehrten, ein ungläubiger Thomas in der Wissenschaft zu sein; jede ihrer Behauptungen darf angezweifelt werden – aber alle auf einmal in Frage zu stellen, das geht denn doch nicht! Acheropoulos entzog sich der Entdeckung seiner Größe, nicht mit Vorbedacht freilich, doch überaus nachhaltig! Das war ein Sohn aus einem kleinen Volk, den niemand kannte; weder auf dem Boden der Physik noch auf dem der Kosmologie verkörperte er gediegene Fachkompetenz; und schließlich – um das Maß übervoll zu machen –, hatte er keine Vorgänger, ein nie gekannter Fall in der Geschichte, denn jeder Denker, jeder geistige Revolutionär besitzt irgendwelche Lehrer, er schreitet über sie hinaus, zugleich aber beruft er sich auf sie. Doch dieser Grieche ist allein gekommen; von der Einsamkeit, die solchem Vorläufertum zuteil werden mußte, zeugt sein ganzes Leben.

Ich habe ihn nie gekannt und weiß nicht viel über ihn; die Art, wie er sich sein Brot verdiente, war ihm immer gleichgültig; die erste Fassung der »Neuen Kosmogonie« schrieb er mit dreiunddreißig Jahren, bereits als Doktor der Philosophie, aber er konnte das Werk nirgends veröffentlichen; den Mißerfolg seiner Idee, den Mißerfolg zu seinen Lebzeiten, ertrug er mit stoischer Gelassenheit; seine Versuche, die »Neue Kosmogonie« zu publizieren, gab er sehr bald auf, er sah ein, daß sie vergeblich waren. Der Reihe nach war er dann Pförtner derselben Universität, an der er durch eine vorzügliche Arbeit über vergleichend betrachtete Kosmogonien der Völker des Altertums den Doktorgrad der Philosophie erlangt hatte, studierte im Fernunterricht Mathematik und arbeitete zugleich als Bäckergehilfe, dann als Wasserer; von den Leuten, mit denen er zusammentraf, hörte keiner von ihm ein einziges Wort über die »Neue Kosmogonie«. Er war zurückhaltend und dem Vernehmen nach rücksichtslos gegen die Seinen und gegen sich selbst. Und gerade diese Rücksichtslosigkeit beim Aussprechen von Dingen, die gleichzeitig der Wissenschaft und dem Glauben gegenüber höchstgradig verrucht waren, diese totale Ketzerei, dieser aus intellektuellem Mut entspringende allumfassende Frevlergeist in ihm muß die Leser sämtlich von ihm weggeekelt haben. Ich nehme an, daß er so auf das Angebot des englischen Verlegers einging, wie ein Schiffbrüchiger auf einer menschenleeren Insel eine Flasche mit einem Signal darin auf die Meereswellen hinauswirft; er wollte eine Spur seiner Idee hinterlassen, weil er ihrer Wahrheit gewiß war.

Selbst in arg verstümmeltem Zustand, erbärmlich übersetzt und unsinnig gekürzt, ist die »Neue Kosmogonie« ein unheimliches Werk. Acheropoulos hat darin alles, absolut alles zertrümmert, was Wissenschaft oder Religion im Laufe der Jahrhunderte geschaffen haben, hat diese seine mit Bruchstücken der von ihm zermalmten Begriffe übersäte Wüstenei verfertigt, um die Arbeit nochmals von vorn zu beginnen, das heißt, um den Kosmos neu aufzubauen. Dieses grauenvolle Schauspiel löst Abwehrreaktionen aus: es gilt, den Autor für völlig rasend oder völlig unwissend zu erklären. Seine wissenschaftlichen Titel glaubt man ihm ganz gewöhnlich nicht. Wer ihn auf diese Weise von sich stieß, erlangte das geistige Gleichgewicht wieder. Zwischen mir und allen anderen Lesern der »Neuen Kosmogonie« ergab sich nur der eine Unterschied, daß ich dies nicht tun konnte. Wer dieses Buch nicht zur Gänze, vom ersten bis zum letzten Buchstaben, von sich weist, um den ist es geschehen: er kommt davon nie mehr los. Wenn irgendwo ein Mittelding mit Sicherheit ausgeschlossen ist, dann hier: Weder ein Narr, noch ein Ignorant? In diesem Fall also ein Genie.

Es fällt einem nicht leicht, einer solchen Diagnose die Zustimmung zu erteilen! Unablässig schillert der Text in der Sicht des Lesers: es ist unschwer ersichtlich, daß die Prägeform einer Fehde von Gegensätzen, eines Spiels also, das formale Gerüst jedes religiösen Glaubens ist, dem manichäische Elemente nicht völlig fehlen; und wo gäbe es Religionen, worin sie sich nicht wenigstens in Spuren vorfänden? Der Neigung und der Ausbildung nach bin ich Mathematiker; zum Physiker wurde ich durch Zutun des Acheropoulos. Für mich ist es völlig gewiß, daß sich alle Verbindungen, die ich mit der Physik hätte eingehen können, immer lose und zufällig gestaltet hätten – wenn dieser Mensch nicht gewesen wäre. Er hat mich bekehrt; ich kann sogar die Stelle in der »Neuen Kosmogonie« angeben, die dies zuwege gebracht hat. Es handelt sich um Paragraph siebzehn des sechsten Kapitels im Buch, um denjenigen, worin von dem Staunen solcher Leute wie Newton, Einstein, Jeans, Eddington die Rede ist, daß die Naturgesetze mathematisch faßbar seien, daß die Mathematik, diese Frucht reiner logischer Geistesarbeit, imstande sei, den Kosmos zu meistern. Einige dieser Großen, so Eddington, so Jeans, meinten, der Schöpfer selbst sei Mathematiker gewesen, und die Spuren dieser seiner Charakteristik könnten wir an dem Schöpfungswerk ausnehmen. Acheropoulos weist darauf hin, daß die theoretische Physik die Periode solcher Fasziniertheit bereits hinter sich hat, da bemerkt worden ist, daß die mathematischen Formalismen über die Welt entweder zu wenig oder zuviel auf einmal sagen; mithin ist die Mathematik als Annäherung an die Struktur des Universums so beschaffen, daß sie gleichsam nie gerade in den Kernpunkt, gerade ins Ziel trifft, sondern immer knapp daneben. Wir hielten diese Sachlage für vorübergehend, Acheropoulos hingegen antwortete: es ist den Physikern nicht gelungen, eine allgemeine Feldtherorie zu schaffen, sie haben die Phänomene der Makrowelt mit denen der Mikrowelt nicht zu vereinen vermocht, aber dies wird noch eintreten. Welt und Mathematik werden zur Deckung gelangen, nicht dadurch, daß der mathematische Apparat weitere Rekonstruktionen durchmachen wird, nichts dergleichen; zur Deckung wird es kommen, wenn die Schöpfungsarbeit zum Abschluß gelangt sein wird, sie ist aber noch im Gange. Die Naturgesetze sind *noch nicht* so, wie sie »sein sollen«; sie werden es erst, und zwar nicht durch die Vervollkommnung der Mathematik, sondern durch entsprechende Umformungen des Weltalls!

Meine Damen und Herren, diese größte aller Ketzereien, die mir im Leben begegnet sind, die hat mich bedrückt. Denn was sagt nun eigentlich Acheropoulos weiter in demselben Kapitel? Nicht mehr und nicht weniger, als daß die Physik des Universums die Folge seiner – das heißt, der kosmischen – Soziologie ist... Doch um eine solche Ungeheuerlichkeit recht zu verstehen, müssen wir auf eine Reihe von Grundfragen zurückgreifen.

Die Einsamkeit des Denkens von Acheropoulos hat nicht ihresgleichen in der Geschichte der Vernunft. Die Idee der Neuen Kosmogonie durchbricht – entgegen allem Anschein von Plagiathaftigkeit, wovon ich gesprochen habe – sowohl die Ordnungen jedweder Metaphysik als auch die einer jeden Methode der Naturwissenschaft. Die Empfindung, mit einem Plagiat zu tun zu haben, ist die Schuld des Lesers, seiner Unbeweglichkeit im Denken. Denn rein instinktiv meinen wir, daß die ganze materielle Welt scharf unter die folgende logische Dichotomie falle: entweder sei die Welt von einem Jemand erschaffen worden (dann nennen wir, auf dem Boden des Glaubens stehend, diesen Jemand – das Absolute, Gott, den bewirkenden Geist...), oder sie sei nicht von einem Jemand erschaffen worden: dies bedeutet dann eo ipso, wenn wir uns als Wissenschaftler mit der Welt beschäftigen, daß niemand sie geschaffen habe. Acheropoulos hat nun gesagt: Tertium datur. Die Welt ist nicht von einem Jemand erschaffen worden, und doch ist sie verfertigt worden; der Kosmos verfügt über Bewirker.

Warum hatte Acheropoulos keinen Vorgänger? Sein Grundgedanke ist durchaus einfach, und es entspricht nicht der Wahrheit, daß er vor dem Entstehen solcher Disziplinen wie Spieltheorie oder wie Algebra der Konfliktstrukturen nicht ausgedrückt werden konnte. Der fundamentale Gedanke des Acheropoulos hätte sich noch in der ersten Hälfte des neunzehnten Jahrhunderts aussprechen lassen, und, wie es scheint, auch noch früher. Warum tat dies also niemand? Ich nehme an, deshalb, weil sich die Wissenschaft, während sie im Zuge von Befreiungsarbeiten das Joch des religiösen Dogmas abschüttelte, eine eigentümliche Begriffs-Allergie zuzog. Ursprünglich prallte die Wissenschaft mit der Religion zusammen, was die bekannten, oft gräßlichen Folgen zeitigte, deren sich die Kirchen bis heute ein wenig schämen, und dies, obwohl ihnen die Wissenschaft die einstigen Nachstellungen stillschweigend verziehen hat. Schließlich kam es zwischen der Religion und der Wissenschaft zu einem Zustand vorsichtiger Neutralität: sie bemühen sich, einander nicht in die Quere zu kommen. Im Effekt dieser ziemlich heiklen, ziemlich angespannten Koexistenz war die Wissenschaft mit Blindheit geschlagen, dies zeigte sich in dem Hinwegsehen über die Stelle, wo die Idee der Neuen Kosmogonie ruhte. Diese Idee ist eng mit dem Begriff der Intentionalität verknüpft, das heißt, mit etwas, was für den Glauben an einen persönlichen Gott unentbehrlich ist, weil es den Grundstein dafür bildet. Laut Aussage der Religion hat ja Gott die Welt durch einen Akt des Willens und der Absicht erschaffen, das heißt – durch einen intentionalen Akt. Somit wertete die Wissenschaft diesen Begriff als verdächtig, sogar schlechtweg als verboten. Er wurde bei ihr zum Tabu. Auf dem Gelände der Wissenschaft durfte man sich darüber nicht einmal verplappern, so sehr fürchtete man sich davor, in die Todsünde irrationalistischer Abweichung zu verfallen. Diese Furcht hat den Wissenschaftlern nicht nur den Mund verklemmt, sondern auch das Gehirn.

Beginnen wir nun gewissermaßen nochmals von vorn. Am Ende der siebziger Jahre des 20. Jahrhunderts hatte das Rätsel des Silentium Universi gewissen Ruhm erlangt. Die weiteste Allgemeinheit interessierte sich dafür. Auf erste, einleitende Versuche, kosmische Signale zu empfangen (das waren Drakes Arbeiten in Green Bank), folgten die nächsten Projekte, die ebenso in der UdSSR wie in den Vereinigten Staaten verwirklicht wurden. Doch das Universum, obgleicht behorcht mit den feinfühligsten elektromagnetischen Apparaten, wahrte beharrlich sein Schweigen, das lediglich von dem Rauschen und Knattern urkräftiger Entladungen der Sternenergie erfüllt war. Der Kosmos offenbarte seine Leblosigkeit – in allen Schlünden zugleich. Die Abwesenheit von Signalen »der anderen« und dazu noch das Fehlen jeder Spur von ihren »sterntechnischen Arbeiten« wurden für die Wissenschaft zur Qual. Die Biologie entdeckte die natürlichen Bedingungen, die das Entstehen von Leben aus toter Materie begünstigten. Es gelang sogar, die Biogenese im Laboratorium herbeizuführen. Die Astronomie entdeckte die Häufigkeit der Planeten-Entstehung, es wurde unumstößlich festgestellt, daß Unmengen von Sternen über Planetenfamilien verfügen. So fanden sich also die Wissenschaften in der einhelligen Aussage zusammen, das Leben entstehe im Zuge natürlicher kosmischer Umwandlungen, und seine Evolution müßte ein allgemein verbreitetes Phänomen des Weltalls sein; und die Krönung des Stammbaums der Evolution durch die Intelligenz organischer Wesen wurde als naturwissenschaftliche Gesetzmäßigkeit anerkannt.

Die Wissenschaften verfertigten also das Bild eines bewohnten Kosmos, und zugleich widersprachen diesen Aussagen hartnäkkig die beobachteten Tatsachen. Der Theorie nach umgaben die

Erde – freilich in sternweiter Entfernung – Mengen von Zivilisationen. Der Beobachtungspraxis nach starrte rund um uns tote Einöde. Die ersten Bearbeiter des Problems setzten voraus, daß die Entfernung zwischen zwei kosmischen Zivilisationen im Durchschnitt 50 bis 100 Lichtjahre betrage. Dieser Abstand wurde später hypothetisch auf 1000 vergrößert. In den siebziger Jahren hatte sich die Radioastronomie so vervollkommnet, daß man nach Signalen suchen konnte, die zehntausend Lichtjahre weit herkamen; doch auch dort verbreitete sich lediglich das Rauschen der Brände von Sonnen. In siebzehn Jahren beständigen Abhörens wurde daraus kein einziges Signal hervorgefischt, kein einziges Zeichen, das Grund zu der Annahme gegeben hätte, daß bewußte Absicht dahinterstehe.

Acheropoulos sagte sich damals: die Tatsachen sind mit Sicherheit wahr, denn sie bilden das Fundament der Erkenntnis. Kann es etwa sein, daß alle Theorien aller Wissenschaften falsch sind, daß sich die organische Chemie und die Biochemie der Synthesen und die theoretische nebst der evolutionellen Biologie wie auch Planetologie und Astrophysik samt und sonders im Irrtum befinden? Nein: so sämtlich, so sehr können sie sich nicht täuschen. Ergo: die Tatsachen, die wir wahrnehmen (oder eher – *nicht* wahrnehmen), widersprechen offenbar den Theorien gar nicht. Vonnöten ist eine neue Umdeutung der Menge der Daten und der Menge der Verallgemeinerungen. Eben diese Synthese nahm Acheropoulos in Angriff.

Das Alter des Kosmos und seine Ausmaße mußte die irdische Wissenschaft im Laufe des 20. Jahrhunderts oftmals revidieren. Die Richtung der Änderungen war immer die gleiche: man hatte dem Universum an Dauer wie an Ausmaßen nie genug zugetraut. Als Acheropoulos an die Niederschrift der »Neuen Kosmogonie« schritt, unterlagen Alter und Größe des Weltalls gerade wieder einer Revision: das Bestehen des Kosmos schätzte man auf mindestens 12 Milliarden Jahre, seine ersichtlichen Ausmaße – auf 10 bis 12 Milliarden Lichtjahre. Nun beträgt das Alter des Sonnensystems etwa fünf Milliarden Jahre. Also gehört dieses System nicht zu der ersten Sterngeneration, die der Kosmos hervorgebracht hat. Die erste Generation entstand weit früher, eben vor etwa 12 Milliarden Jahren. In dem Zeitintervall, das die Entstehung jener ersten Generation vom Entstehen der Sonnen nachfolgender Altersklassen trennt, steckt der Schlüssel des Rätsels.

Es war nämlich etwas ebenso Merkwürdiges wie Spaßiges eingetreten. Die Möglichkeiten des Aussehens, der Beschäftigung, der Zielsetzungen einer Zivilisation, die sich seit *Jahrmilliarden* entwickelt (und just um so viel älter als die irdische müssen ja die Zivilisationen der »ersten Generation« sein!), dies konnte sich selbst in der kühnsten Einbildung niemand ausmalen. Das, was sich niemand vorstellen konnte, wurde demnach, als etwas überaus Unbequemes, vollkommen ignoriert. In der Tat hat über so langlebige Zivilisationen keiner der Bearbeiter des Problems kosmischer Psychozoika auch nur ein Wort geschrieben. Die Mutigsten sagten bisweilen, die Quarsars, die Pulsars – das seien vielleicht Anzeichen von den Arbeiten der mächtigsten kosmischen Zivilisationen. Aber einfaches Rechnen zeigte, daß die Erde, bei Weiterentwicklung gemäß dem derzeitigen Tempo, die Stufe so extremer »sterntechnischer« Arbeiten innerhalb der nächsten *paar tausend* Jahre erreichen könnte. Was aber sollte nachher folgen? Was kann eine Zivilisation tun, die *millionenmal* länger besteht? Die Astrophysiker, die sich mit solchen Fragen beschäftigen, nahmen an, solche Zivilisationen täten gar nichts, da sie nicht existent seien.

Was wurde aus ihnen? Ein deutscher Astronom, Sebastian von Hoerner, behauptete, sie hätten allesamt Selbstmord begangen. Ja, so muß es wohl sein, da sie nirgends zu sehen sind! – Nicht doch – antwortete Acheropoulos. – Nirgends sind sie zu sehen? Wir gewahren sie bloß nicht, und warum? Weil sie *schon überall* sind. Das heißt, nicht sie, wohl aber die Früchte ihrer Tätigkeit. Vor zwölf Milliarden Jahren, ja, damals sehr wohl, da war diese Welt tot, und in ihr entsprangen die ersten Keime von Leben auf den Planeten der ersten Sterngeneration. Doch nach dem Verstreichen von Aeonen ist von jenen kosmischen Erstlingen nichts übriggeblieben. Wenn als »künstlich« gelten soll, was durch aktive Intelligenz umgeformt worden ist, dann ist der ganze uns umgebende Kosmos bereits *künstlich*. So freche Ketzerei ruft sofortigen Protest wach: wir wissen doch, wie »künstliche« Objekte aussehen, Erzeugnisse der Intelligenz, die sich mit instrumentalen Arbeiten befaßt! Wo wären die Vehikel, wo die Molochmaschinen, kurzum, wo wären die titanischen Technologien der Wesen, die uns angeblich umringen und die gestirnten Himmel bilden? Aber hier liegt der Fehler, den eingefahrenes Denken bewirkt, denn instrumentale Techniken benötigt – so sagt Acheropoulus – nur eine Zivilisation, die im Embryonalstadium steckt, wie die irdische. Eine Jahrmilliarden alte Zivilisation verwendet nichts dergleichen. Ihr Werkzeug ist das, was wir Naturgesetz nennen. Die Physik selbst bildet die »Maschine« solcher Zivilisationen! Und zwar nicht die fertige Maschine, keineswegs! Diese »Maschine« (die selbstverständlich nichts mit mechanischen Maschinen gemein hat) entsteht seit Jahrmilliarden, und ihr Bau, obgleich sehr weit fortgeschritten, ist noch nicht beendet!

Die Frechheit dieser Frevelworte, ihr monströs aufwieglerischer Geschmack, verstößt das Buch einfach aus der Hand des Lesers; so ist es gewiß manch einem ergangen. Aber das war ja nur der erste Schritt auf dem Wege weiterer Abtrünnigkeiten des Autors, des größten Ketzerpropheten in der Geschichte der Wissenschaft.

Acheropoulos liquidiert den Unterschied zwischen »Natürlichem« (dem Erzeugnis der Natur) und »Künstlichem« (dem Erzeugnis der Technik), wobei er so weit geht, den unbedingten Unterschied zwischen dem beschlossenen (juridischen) Gesetz und dem Naturgesetz aufzuheben... Er negiert das Urteil, daß die Einteilung beliebiger Objekte in solche von künstlicher und solche von natürlicher Herkunft eine objektive Eigenschaft der Welt sei. Er sieht in diesem Urteil eine grundlegende Gedankenverirrung unter dem Einfluß eines Effekts, den er als »Schließung des Begriffhorizonts« bezeichnet.

Der Mensch kundschaftet die Natur aus – sagt Acheropoulos – und lernt von ihr sein Handeln; er guckt ihr das Fallen von Körpern ab, Blitze, Verbrennungsprozesse; die Natur ist immer der Lehrer, er selbst – der Schüler; nach einiger Zeit beginnt er geradezu die eigenen Körperfunktionen nachzuahmen. Die Biologie nimmt bei ihm Nachhilfestunden, aber auch dann noch hält er genau wie der Höhlenmensch die Natur für das Extrem an Vollkommenheit der Problemlösungen: er meint, irgendwann, irgendeinmal werde er vielleicht beinahe mit der Natur an Perfektion des Handelns gleichziehen, aber dies werde schon der Endpunkt des Weges sein. Weiter lasse sich unmöglich gehen, denn was als Atome existiere, als Sonnen, als die Körper der Tiere, oder das eigene Gehirn – das sei in der Bauart auf ewig unübertrefflich. Das Natürliche bildet also den Grenzwert der Folge von Arbeiten, die es »künstlich« wiederholen und abwandeln.

Dies ist der Fehler in der Perspektive, beziehungsweise die

»Schließung des Begriffshorizonts«, sagt Acheropoulos. Schon allein die Konzeption der »Vollkommenheit der Natur« ist eine Täuschung, so wie das Bild der am Horizont zusammentreffenden Schienen eine Täuschung ist. Die Natur kann man in allem verändern, selbstverständlich nur, wenn man über das dementsprechende Wissen verfügt; man kann die Atome steuern, und dann kann man auch die Eigenschaften der Atome abändern; man überlegt dabei besser gar nicht, ob das, was das »künstliche« Ergebnis solcher Arbeiten sein wird, sich als etwas »Vollkommeneres« erweisen werde als das, was bis dahin – »natürlich« – vorhanden war. Es wird ganz einfach anders sein – dem Plan und der Absicht der handelnden Parteien gemäß; »besser«, das heißt, »vollkommener« wird es insofern sein, als es dem Vorsatz der Intelligenz entsprechend gestaltet sein wird. Aber welches »absolute Bessersein« könnte denn die kosmische Materie nach ihrer totalen Rekonstruktion aufweisen? Möglich sind »mannigfaltige Naturen«, »verschiedene Kosmen«, doch verwirklicht wurde nur eine einzige konkrete Variante, die, welche uns hervorgebracht hat, die, worin wir existieren; das ist alles. Nur für eine »embrionale« Zivilisation wie die irdische sind die sogenannten »Naturgesetze« unantastbar. Laut Acheropoulos führt der Weg von der Stufe, auf der Naturgesetze aufgedeckt werden, zu der Stufe, auf der solche Gesetze festsetzbar sind.

Gerade dies geschah – und geschieht – seit Milliarden von Jahren. Der derzeitige Kosmos ist *nicht mehr* das Spielfeld elementarer, unberührter, blindlings Sonnen oder Sonnensysteme erzeugender und zerstörender Kräfte; durchaus nicht! Im Kosmos läßt sich nicht mehr unterscheiden zwischen dem »Natürlichen« (Ursprünglichen) und dem »Künstlichen« (dem, was umgearbeitet ist). Wer hat diese Kosmogonie-Arbeiten vollbracht? Die erste Generation der Zivilisationen. Auf welche Weise? Das wissen wir nicht; unser Wissen ist allzu verschwindend. Woher und woran läßt sich erkennen, daß es so und nicht anders ist?

Acheropoulos antwortet: Wären die ersten Zivilisationen in ihren Unternehmungen von Anbeginn frei gewesen, so wie in der Vorstellung der Religionen der Schöpfer des Kosmos frei gewesen ist, dann könnten wir wirklich niemals die Phänomene der Wandlung herausfinden, die stattgefunden hat. Gott erschuf ja die Welt, laut Zeugnis der Religionen, durch einen reinen intentionalen Akt, in vollkommener Freiheit; aber die Lage der Intelligenz war eine andere; die Zivilisationen entstanden, beschränkt durch die Eigenschaften der ursprünglichen Materie, die sie hervorgebracht hatte; diese Eigenschaften bedingten die aufeinanderfolgenden Handlungen; an der Verhaltensweise dieser Zivilisationen läßt sich mittelbar erkennen, wie die Startbedingungen der psychozoischen Kosmogonie waren. Das ist nicht leicht. Denn was auch immer geschehen ist, jedenfalls sind die Zivilisationen nicht unverändert aus den Arbeiten an der Umformung des Weltalls hervorgegangen; da sie einen Teil davon bilden, konnten sie es mithin nicht abändern, ohne sich selbst anzutasten.

Acheropoulos verwendet folgendes anschauliche Modell: wenn wir auf einem Nährboden aus Agar Agar Bakterienkolonien ansiedeln, können wir zunächst zwischen dem anfänglichen (»natürlichen«) Agar Agar und diesen Kolonien unterscheiden. Mit der Zeit jedoch verändern die Lebensprozesse der Bakterien den umgebenden Agar Agar, führen ihm gewisse Substanzen zu, entziehen ihm andere, so daß die Zusammensetzung der Unterlage, ihr Säuregehalt, ihre Konsistenz, Umwandlungen erfährt. Wenn hingegen, infolge dieser Änderungen, der mit neuen Chemismen begabte Agar Agar das Entstehen neuer Bakterien-Abarten bewirkt, die im Verhältnis zu den »Elterngenerationen« schlechthin bis zur Unkenntlichkeit umgestaltet sind, dann sind diese neuen Abarten nichts anderes als die Folge des »biochemischen Spiels«, das zwischen allen Kolonien auf einmal – und dem Untergrund stattgefunden hat. Diese späten Bakterien-Arten wären nicht entstanden, wenn die früheren die Umwelt nicht verändert hätten; also sind diese späten die Ergebnisse des Spiels selbst. Hierbei müssen die einzelnen Kolonien durchaus nicht untereinander Kontakt haben; sie beeinflussen einander, aber nur durch Osmose, Diffusion, Verschiebungen des Säure-Basen-Gleichgewichts in der Unterlage. Wie ersichtlich, hat das anfangs entstehende Spiel die Tendenz zu verschwinden, denn der Art nach neue, urspünglich nicht vorhanden gewesene Formen der Auseinandersetzung lösen es ab. Setzen wir statt des Agar Agar – den Urkosmos, statt der Bakterien – die Urzivilisationen, und wir erhalten ein vereinfachtes Bild der Neuen Kosmogonie.

Was ich bisher gesagt habe, ist unter dem Gesichtspunkt historisch angehäuften Wissens – völlig wahnwitzig. Aber die Durchführung von Denkexperimenten mit den beliebigsten Voraussetzungen kann uns durch nichts verwehrt werden, solang sie nur logisch widerspruchsfrei sind. Wenn wir also das Bild gelten lassen, der Kosmos sei ein Spiel, dann erheben sich eine Reihe von Fragen, auf die wir widerspruchsfreie Antworten zu erteilen haben. Das sind vor allem Fragen nach dem Anfangszustand: können wir über ihn irgend etwas erschließen, können wir folgernd die Anfangsbedingungen des Spiels ergründen? Acheropoulos hielt dies für möglich. Um das Spiel in sich aufkommen zu lassen, mußte der Urkosmos bestimmte Eigenschaften haben. Er muß zum Beispiel so gewesen sein, daß in ihm die ersten Zivilisationen entstehen konnten: demnach war er kein physikalisches Chaos, sondern unterlag irgendwelchen Gesetzmäßigkeiten.

Diese Gesetzmäßigkeiten müssen aber nicht universal gewesen sein, das heißt nicht überall gleich. Der Urkosmos kann physikalisch uneinheitlich gewesen sein, kann etwas wie ein Gemisch verschieden gestalteter Physiken gebildet haben, die nicht an jeder Stelle die nämlichen und nicht einmal an jeder Stelle gleich weit bestimmt waren. (Unter der Herrschaft einer nicht völlig bestimmten Physik eintretende Prozesse verlaufen nicht jedesmal gleich, obwohl ihre Startbedingungen analog sein können.) Acheropoulos nahm an, der Urkosmos sei physikalisch just so »scheckig« gewesen, und nur an wenigen beträchtlich voneinander entfernten Stellen in ihm hätten Zivilisationen entstehen können. Acheropoulos stellte sich den Urkosmos als physikalisches Gegenstück zu einer Bienenwabe vor; den Zellen in der Wabe sollten im Urkosmos Regionen zeitweilig stabilisierter, doch jeweils anders als die der Nachbarregionen beschaffener Physiken entsprochen haben. Jede Zivilisation, die sich in solcher Einschließung, isoliert von den anderen, entwickelte, konnte meinen, im ganzen Universum allein zu sein; und wenn sie an Energie und Wissen zunahm, suchte sie der Umwelt Züge von Stabilität zu verleihen, und zwar in zunehmendem Umkreis. War dies gelungen, so begann eine solche Zivilisation nach sehr langer Zeit – in ihren vom Zentrum ausgehenden Arbeiten – mit Phänomenen zusammenzutreffen, die nicht mehr bloß natürliche Elementaräußerung der umgebenden Raumzeit waren, sondern Anzeichen von Arbeiten einer anderen Zivilisation. Gerade so endete laut Acheropoulos die erste Phase des Spiels, die Einleitungsphase. Die Zivilisationen nahmen nicht unmittelbar Kontakt zueinander auf, sondern immer nur, indem die Physik, die von der einen festgesetzt worden war, im Zuge der Ausweitung auf die Physiken der Nachbarzivilisationen stieß.

Diese Physiken konnten nicht ohne Zusammenprall ineinander übergehen, weil sie nicht identisch waren, und sie waren nicht identisch, weil es die Startbedingungen für das Dasein jeder gesondert genommenen Zivilisation auch nicht waren. Gewiß, so meinte Acheropoulos, machten sich die einzelnen Zivilisationen längere Zeit hindurch nicht klar, daß sie mit ihren Arbeiten nicht länger in völlig neutrales materielles Element eindrangen, sondern mit den Bereichen international begonnener Tätigkeiten anderer Zivilisationen zusammentrafen. Zum Verstehen dieser Sachlage kam es allmählich. Diese Feststellungen, die gewiß nicht zur selben Zeit erfolgten, eröffneten die nächste Phase des Spiels, die zweite. In der Absicht, diese Hypothese wahrscheinlich zu machen, bringt Acheropoulos in der »Neuen Kosmogonie« etliche erdachte Szenen, Veranschaulichungen jener kosmischen Epoche, da diese in ihren obersten Gesetzen ungleichartigen Physiken aneinanderprallten und gigantische Eruptionen und Brände die Fronten ihrer Zusammenstöße bildeten, weil sich dabei in vielgestaltigen Annihilationen und Umwandlungen riesige Energiemengen freisetzten. Das seien so gewaltige Zusammenstöße gewesen, daß ihr Echo bis heute im Universum weiterschwinge, in Form jener sogenannten Residual- oder Hintergrundstrahlung, die von der Astrophysik in den sechziger Jahren entdeckt und als die letzten Überreste der Stoßwellen gedeutet wurde, die ausgelöst worden seien durch das explosive Entstehen des Kosmos aus seinem fast punktförmigen Keim. Denn ein solches Modell schlagartiger Kreation erschien damals vielen glaubhaft. Doch nach weiteren Äonen erfaßten die Zivilisationen, jede gewissermaßen auf eigene Faust, daß sie ihr antagonistisches Spiel nicht gegen das Naturelement, sondern – unwissentlich – gegen andere Zivilisationen austrugen; was nun ihre weitere Strategie bestimmte, das war die Tatsache der grundsätzlichen Nichtkommunizierbarkeit, des Fehlens einer Verbindung zu den anderen; denn es ist nicht möglich, aus dem Bereich der einen Physik in den Bereich der anderen irgendeine Information zu senden.

Jede der Zivilisationen mußte also im Alleingang handeln; die Fortführung der bisherigen Taktik wäre gegenstandslos oder schlechtweg verderblich gewesen; anstatt die Anstrengungen bei Frontalzusammenstößen zu vergeuden, galt es, sich zu vereinigen, aber ohne jede vorangegangene Verständigung. Solche Beschlüsse, die wieder nicht zur selben Zeit gefaßt wurden, führten doch zuletzt zum Übergang des Spiels in seine dritte Phase, die noch jetzt abrollt. Denn die gesamte Menge der Psychozoika des Weltalls betreibt praktisch ein zugleich solidaristisches und normatives Spiel. Die Mitglieder dieser Menge verhalten sich wie Schiffsmannschaften, die während eines Gewitters Öl auf die tosenden Wellen gießen; obwohl sie dieses Vorgehen nicht vereinbart haben, wird es doch für alle von Nutzen sein. Jeder Spieler handelt also nach einer Minimax-Strategie: die bestehenden Bedingungen verändert er im Sinne der Maximierung des gemeinsamen Nutzens bei Minimierung des Schadens. Deshalb ist der derzeitige Kosmos homogen und isotrop (ihn lenken durchweg dieselben Gesetze, und es gibt in ihm keine bevorzugten Richtungen). Die Eigenschaften, die Einstein am Universum aufgedeckt hat, sind die Resultate von Beschlüssen, die gesondert gefaßt wurden und doch identisch sind, auf Grund der identischen Situation der Spieler; aber identisch war anfangs ihre *strategische* Situation, nicht notwendigermaßen die *physikalische*. Nicht die einheitliche Physik hat die Strategie des Spiels hervorgebracht. Umgekehrt ist es geschehen: die einheitliche Minimax-Strategie brachte die eine Physik hervor. Id fecit Universum, cui prodest.

Meine Damen und Herren, unserem besten Wissen nach entspricht das Weltbild des Acheropoulos den Grundzügen der Wirklichkeit, wenn es auch etliche Vergröberungen und Fehler enthält. Acheropoulos nahm an, daß innerhalb verschiedener Physiken eine und dieselbe Form von Logik entstehen könne. Wenn nämlich in der »kosmischen Zelle« A die dort herausgebildete Zivilisation A_1 eine andere Logik gehabt hätte, als die in der Zelle B entstandene Zivilisation B_1, dann hätten sich nicht beide derselben Strategie bedienen können – und somit auch ihre beiden Physiken nicht vereinheitlichen. Folglich nahm er an, daß nicht identische Physiken dennoch das Entstehen einer einzigen Logik bewirken können; anders wußte er sich das nicht zu erklären, was kosmisch vorgefallen war. In dieser Intuition steckt ein Körnchen Wahrheit, aber die Angelegenheit ist komplizierter, als er meinte. Wir haben von ihm das Programm geerbt, das die Rekonstruktion der Strategie des Spiels fordert, die Rekonstruktion durch den Vollzug der »umgekehrten« Aufgabe; denn von der derzeitigen Physik ausgehend, suchen wir zu ergründen, was – in Form von Beschlüssen der Spieler – ihre Ursache war. Diese Aufgabe wird erschwert durch die Tatsache, daß wir uns den Ereignisablauf nicht als lineare Folge vorstellen dürfen, so, als hätte der Urkosmos das Spiel determiniert, das seinerseits die derzeitige Physik determiniert hätte. Wer die Physik ändert, bildet somit sich selbst um, das heißt, er stellt zwischen den Umwelt-Verwandlungen und der Selbstwandlung eine Rückkopplung her.

Diese Hauptgefahr des Spiels hat etliche *taktische* Manöver der Spieler bewirkt, denn sie müssen sich darüber klar gewesen sein. Sie strebten solche Umwandlungen an, die nicht radikal allgemein waren; das heißt: um allseitigen Relativismus zu vermeiden, verfertigten sie eine *gestufte* Physik. Die gestufte Physik ist »nicht-total«; zum Beispiel läßt sich nicht bezweifeln, daß die *Mechanik* selbst dann unversehrt bliebe, wenn die Materie in ihrer atomaren Schicht keine Quanteneigenschaften hätte. Das bedeutet, daß die einzelnen »Ebenen« der Wirklichkeit über begrenzte Souveränität verfügen, daß also nicht sämtliche Gesetze der betreffenden Ebene gewahrt bleiben müssen, um über ihr die nächste Ebene entstehen zu lassen. Das bedeutet, daß sich die Physik »Stück für Stück« ändern läßt und daß nicht jede Änderung einer Gruppe von Gesetzen gleichbedeutend ist mit der Änderung der ganzen Physik auf allen Ebenen ihrer Phänomene. Derlei Schwierigkeiten der Spieler machen das einfache, schöne Bild unwahrscheinlich, wie es Acheropoulos verfertigt hat: das Spiel als eine Geschichte in drei Phasen. Acheropoulos vermutete, im Laufe des Spiels, als die verschiedenen Physiken »übereinander herfielen«, müsse dadurch ein Teil der Spieler vernichtet worden sein; denn nicht alle Anfangszustände seien in die Einförmigkeit umsetzbar gewesen. Die Absicht, die ungünstig gelagerten Partner zu zerstören, müsse den Aktionen der anderen Spieler durchaus nicht vorgeschwebt haben. Wer überdauern und wer zugrunde gehen sollte, darüber habe der pure Zufall entschieden, der verschiedene Zivilisationen mit verschiedenartigen Umwelten versehen hatte – nach dem Hasardprinzip.

Acheropoulos nahm an, die letzten Brände jener fürchterlichen »Kämpfe«, worin die verschiedenartigen Physiken aneinandergeprallt seien, könnten wir noch wahrnehmen – in Gestalt der Quasars, die Energien der Größenordnung von 10^{63} erg ausstrahlen, Energien, wie sie keiner der uns bekannten physikalischen Prozesse auf so verhältnismäßig kleinem Raum freisetzen kann, wie ihn ein Quasar einnimmt. Acheropoulos dachte: wenn wir die Quasars anschauen, dann sehen wir das, was vor 5 bis 6 Milliarden Jahren geschehen ist, in der zweiten Phase des Spiels, denn just soviel Zeit verschlingt der Lauf des Lichtes, das von den Quasars zu uns herüberflitzt. In solchen Hypothesen irrte Acheropoulos. Die Quasars halten wir für Phänomene anderer Ordnung. Man muß verstehen, daß Acheropoulos die Informationen nicht hatte, die ihm die Überprüfung solcher Ansichten ermöglicht hätten. Die Anfangsstrategien der Spieler als Ganzes zu rekonstruieren, ist uns nicht möglich; rückblickend können wir nur bis zu einem Punkt zurückgehen, wo die Spieler, grob gesprochen, ungefähr so wie heute handelten. Wenn das Spiel kritische Punkte aufgewiesen hat, die eine prinzipielle Änderung der Strategie erzwangen, dann können wir rückwärtsschreitend über den ersten solchen Punkt nicht mehr hinausgehen. Demnach können wir nichts Gewisses über den Urkosmos erfahren, der das Spiel gezeugt hat.

Wenn wir jedoch den derzeitigen Kosmos betrachten, gewahren wir in ihm – verkörpert durch seine Struktur – die wichtigsten Normen der Strategie, deren sich die Spieler bedienen. Der Kosmos erweitert sich ständig; er verfügt über eine Grenzgeschwindigkeit, das heißt über die Lichtbarriere; die Gesetze seiner Physik sind zwar symmetrisch, aber das ist keine vollkommene Symmetrie; er ist »geklumpt und gestuft« aufgebaut, nämlich aus Sternen zusammengesetzt, die sich zu Haufen versammeln, welche ihrerseits Galaxien bilden, aus denen sich örtliche Verdichtungen gruppieren – und alle diese Verdichtungen bilden schließlich die Metagalaxis. Außerdem verfügt der Kosmos über eine gänzlich asymmetrische Zeit. Dies sind die grundlegenden Merkmale im Aufbau des Universums; für jedes unter ihnen finden wir eine erschöpfende Erklärung in der Struktur des Kosmogonie-Spiels, des Spiels, das uns zugleich begreifen läßt, warum eine seiner obersten Normen die Wahrung des Silentium Universi sein muß. Nun denn: warum ist der Kosmos so und nicht anders angelegt? Die Spieler wissen, daß im Zuge der Stern-Evolution neue Planeten und neue Zivilisationen entstehen, und sorgen demnach dafür, daß solche Anwärter auf künftiges Mitspiel, wie die jungen Zivilisationen es sind, das Gleichgewicht des Spiels nicht stören können. Darum erweitert sich der Kosmos: weil nur in einem solchen Kosmos, trotz des fortwährenden Entstehens neuer Zivilisationen in ihm, der trennende Abstand zwischen ihnen eine konstante Größe bleibt.

Eine Verständigung, die zur »Absprache« führen würde, zum Entstehen einer örtlichen Koalition neuer Spieler, könnte jedoch auch in einem solchen sich erweiternden Kosmos eintreten, wenn er keine eingebaute Barriere für die Geschwindigkeit von Fernwirkungen hätte. Denken wir uns einen Kosmos mit einer Physik, die es gestatten würde, die Ausbreitungsgeschwindigkeit von Aktionen proportional zu der aufgewendeten Energie zu vergrößern. In einem solchen Kosmos könnte sich jemand, dem fünfmal so große Energie wie den anderen zur Verfügung stünde, fünfmal so schnell über den Zustand der anderen informieren und ihnen mit ebensolcher Überlegenheit Schläge versetzen. In einem solchen Kosmos kommt die Chance auf, die Herrschaft über seine Physik und über alle anderen Spielpartner zu monopolisieren. Ein solcher Kosmos verlockt gleichsam zum Konkurrenzkampf, zum energetischen Wettstreit, zur Machtentfaltung. Nun ist im realen Kosmos zum Überschreiten der Lichtgeschwindigkeit unendlich große Energie vonnöten, anders gesagt, diese Barriere läßt sich überhaupt nicht durchstoßen.

So rentiert es sich in ihm also nicht, energetische Stärke zu entfalten. Der Beweggrund für die Asymmetrie des Zeitablaufs ist ähnlich. Wenn die Zeit umkehrbar wäre und die Umkehrung ihres Laufs sich durch hinreichende Investition von Mitteln und Energien verwirklichen ließe, dann könnte sich wiederum jemand über die Partner erheben, diesmal dank der Chance, jeden ihrer Züge zu annullieren. Sowohl ein Kosmos, der sich nicht erweitert, wie ein Kosmos ohne Geschwindigkeitsbarriere oder endlich ein Kosmos mit umkehrbarer Zeit läßt also die volle Stabilisierung des Spiels nicht zu. Indessen ging es gerade darum, es *normativ* zu stabilisieren: darauf laufen die Züge der Spieler hinaus, verkörpert in der Struktur der Materie. Es liegt ja klar zutage, daß zum Zweck des Vereitelns jeder Störung und jeder Aggression eine *festgesetzte Physik* ein weit sichereres und radikaleres Mittel ist, als alle anderen Absicherungsmethoden (z. B. mittels beschlossener Gesetze, mittels Drohungen, Aufsicht, Zwangs, Beschränkungen, Strafen).

Infolgedessen stellt der Kosmos einen *Absorptionsschirm* dar, der alle verschluckt, die bis zum Rang des Spiels heranwachsen, um daran vollberechtigt teilzunehmen. Denn sie finden Regeln vor, denen sie sich unterordnen *müssen*. Die Spieler haben sich selbst jede semantische Verbindung *unmöglich gemacht*, denn sie verständigen sich durch Methoden, die jeden Verstoß gegen die Regeln des Spiels verhindern: von der Eintracht zwischen ihnen allen zeugt eben die festgesetzte einheitliche Ganzheit der Physik. Die Spieler haben wirksame semantische Verbindung unmöglich gemacht, denn sie haben zwischeneinander solche Abstände geschaffen und fixiert, daß immer das Gewinnen einer strategisch wichtigen Information über den Zustand anderer Spieler länger dauert als die Gültigkeit der jeweiligen Taktik des Spiels. Selbst wenn jemand unter ihnen mit den benachbarten Partnern »spräche«, würde er demnach immer Nachrichten erlangen, die bereits im Moment ihrer Gewinnung nicht mehr aktuell wären. Mithin gibt es im Kosmos keine Möglichkeiten für das Aufkommen antagonistischer Blöcke, für Geheimbündelei, örtliche Machtkonzentrierungen, Koalitionen, Absprachen und dergleichen. Darum meldet sich nicht der eine Spieler beim anderen: *selbst haben sie sich dies unmöglich gemacht*. Das war eine der Normen der Stabilisierung des Spiels – und somit auch der Kosmogonie. Dies ist die Erklärung für einen Teil des Rätsels »Silentium Universi«. Wir können nicht Gespräche von Spielern mithören, denn sie schweigen im Einklang mit dem strategischen Kalkül.

Diesen Tatbestand hat Acheropoulos herauszufinden vermocht. Von seiner Gewissenhaftigkeit zeugt die in der »Neuen Kosmogonie« enthaltene Vorwegnahme der Einwände, die dieses Bild des Spiels wachrufen kann. Sie laufen hinaus auf die Betonung des ungeheuren Mißverhältnisses zwischen der milliardenjährigen Arbeit, die für den Umbau des ganzen Weltalls aufgewendet worden sein soll, und den Nutzwirkungen dieses Umbaus, der die *Befriedung* des Weltalls durch eine in es eingebaute Physik zum Ziel hat. – Wie gibt es das? – sagt der von Acheropoulos erdachte Kritiker. – Also Jahrmilliarden der Kulturentwicklung reichen für so unfaßlich langlebige Gemeinwesen noch immer nicht dazu aus, daß sie aus eigenem Antrieb auf jede Form von Aggression verzichten, und die Pax Cosmica muß demzufolge durch eigens zu diesem Zweck umgearbeitete Naturgesetze gewährleistet werden? Also eine Anstrengung, bemessen nach Energien, die stärker sind als die Leistung von Millionen Galaxien zugleich, hat nichts anderes zum Ziel, als *Barrieren und Beschränkungen* kriegerischer Tätigkeit festzusetzen? Darauf hat Acheropoulos geantwortet: die Form von Physik, die den Kosmos befriedet hat, war zur Zeit der Geburt des Spiels eine Notwendigkeit, denn nur eine einzig bestehende Strategie konnte das Universum physikalisch vereinheitlichen, andernfalls hätten riesige Gefilde davon das Chaos blinder Kataklysmen verschlungen. Die Existenzbedingungen waren im Urkosmos weit härter als heute; das Leben konnte in ihm kraft einer »Ausnahme von der Regel« entstehen; zufällig hervorgebracht, ging es zufällig in ihm zugrunde. Die sich erweiternde Metagalaxis, ihr asymmetrischer Zeitablauf, ihr struktureller Stufenaufbau – all das mußte einleitend festgelegt werden; dies war das Minimum an Ordnung, das unerläßlich war, um für die folgenden Arbeiten das Feld zu ebnen.

Acheropoulos verstand, daß die Spieler, da jene Phase von Umformungen bereits Geschichte des Daseins ist, jetzt irgendwelche neue Fernziele vor sich haben müssen; diese wollte er ausfindig machen. Das ist ihm leider nicht gelungen. Hier rühren wir an den Riß, der in seinem System verborgen ist. Denn Acheropoulos suchte das Spiel nicht durch Rekonstruktion seiner formalen Struktur, also logisch, zu erfassen, sondern durch Hineinversetzen in die Situation der Spieler, also psychologisch. Ihre Psychologie kann der Mensch jedoch nicht ersehnen, ebensowenig wie ihren ethischen Kodex; dazu fehlen uns die Angaben; wir sind nicht imstande, uns vorzustellen, was die Spieler denken, was sie fühlen, was sie ersehen, gerade so, wie man eine Physik nicht aufbauen kann, indem man sich vorstellt, was es bedeutet, »als Elektron zu existieren«.

Die Immanenz des Spielerdaseins ist für uns gleichermaßen unerreichbar wie die Immanenz des Elektronendaseins. Daß ein Elektron das tote Teilchen von Materieprozessen bildet, während der Spieler ein intelligenzbegabtes, also angeblich uns ähnliches Wesen vorstellt, ist nicht von wesentlicher Bedeutung. Ich spreche von einem Riß im System des Acheropoulos, weil Acheropoulos an einer Stelle der »Neuen Kosmogonie« deutlich erklärt, daß sich die Beweggründe der Spieler nicht auf der Grundlage der Introspektion nachvollziehen lassen. Er hat dies gewußt, und doch erlag er dem Denkstil, der ihn geprägt hatte; denn der Philosoph bemüht sich, zuerst zu verstehen und dann zu verallgemeinern; für mich war es hingegen von Anfang an selbstverständlich, daß man so das Bild des Spiels nicht schaffen darf. Die verstehende Schau setzt voraus, daß das Spiel als Ganzes von außen her gesehen wird, also von einem Beobachtungsstandpunkt aus, den es nicht gibt und niemals geben wird. Intentionalität von Handlungen ist durchaus nicht mit psychologischer Motivation gleichzusetzen. Die Ethik der Spieler sollte vom Analytiker des Spiels nicht berücksichtigt werden, ebensowenig, wie die persönliche Ethik militärischer Befehlshaber von einem Schlachtenhistoriker berücksichtigt werden muß, der die strategische Logik der Frontmanöver eines Krieges studiert. Das Bild des Spiels ist eine Entscheidungsstruktur, die vom Zustand des Spiels und vom Zustand der Umwelt abhängig ist, und nicht die Resultierende aus individuellen Wertkodexen, Gelüsten, Begierden und Normen, zu denen sich die einzelnen Spieler bekennen. Daß sie dasselbe Spiel spielen, bedeutet durchaus nicht, daß sie einander in jeder anderen Hinsicht ähnlich sein müssen! Sie können einander just so ähnlich sein wie ein Mensch einer Maschine, mit der er Schach spielt. So ist es denn auch keineswegs ausgeschlossen, daß Spieler existieren, die in biologischem Sinne tot sind, im Zuge nichtbiologischer Entwicklung entstanden, und ebenso auch Spieler, die synthetische Erzeugnisse künstlich eingeleiteter Evolution sind; doch die Erörterungen solcher Eigenschaften haben keinen Zutritt auf dem Boden einer Theorie der Spieler.

Das schwerste Dilemma für Acheropoulos war das Silentium Universi. Seine zwei Gesetze sind allgemein bekannt. Das erste besagt, daß keine Zivilisation niedrigerer Stufe die Spieler entdecken kann – denn sie schweigen nicht nur, sondern ihr Vorgehen sticht auch in nichts vom kosmischen Hintergrund ab, und dies deshalb, *weil es selbst gerade dieser Hintergrund ist*.

Das zweite Acheropoulossche Gesetz sagt, daß die Spieler sich nicht mit Kommunikanten der Fürsorge und Hilfe an die jüngeren Zivilisationen wenden – denn die Spieler können solche Kommunikate nicht konkret adressieren, und unadressiert wollen sie sie nicht aussenden. Um adressierte Informationen zu senden, muß man zuvor den Zustand erkennen, worin sich der Adressat befindet; aber dies wird eben durch den ersten Grundsatz des Spiels unmöglich gemacht, der die Barriere für raumzeitliches Wirken festsetzt. Wie wir wissen, muß jede erlangte Information – über den Zustand einer anderen Zivilisation – im Augenblick ihres Empfangs völlig anachronistisch sein. Indem sie ihre Barrieren festsetzen, hinderten sich die Spieler selbst an der Erkennung der Zustände anderer Zivilisationen. Dagegen bringt unadressiertes Senden von Kommunikaten immer wesentlich mehr Schaden als Heil. Die Beweisführung dafür stützt Acheropoulos auf Versuche, die er durchgeführt hat. Er nahm zwei Reihen von Zetteln, schrieb auf der einen die Namen der frischesten wissenschaftlichen Entdeckungen der sechziger Jahre aus, auf der anderen – die Daten des historischen Kalenders für den Zeitraum eines Jahrhunderts (1860 bis 1960) und zog dann die Zettel paarweise; der reine Zufall ordnete jede Angabe über eine Entdekkung einem Datum zu, und dies sollte das unadressierte Senden von Nachrichten nachahmen. In der Tat hat eine solche Emission kaum jemals positiven Wert für den Empfänger. Zumeist ist das ankommende Kommunikat entweder unverständlich (Relativitätstheorie im Jahr 1860) oder unverwertbar (Lasertheorie im Jahr 1878), oder es ist schlechtweg schädlich (Theorie der Atomenergetik im Jahr 1939). So schweigen denn die Spieler, da sie – laut Acheropoulos – den jüngeren Zivilisationen wohlwollen.

Diese Argumentation beruft sich also auf die Ethik. Schon allein dadurch ist sie unzuverlässig. Die Behauptung, eine Zivilisation müsse ethisch um so vollkommener werden, je weiter sie instrumental und wissenschaftlich entwickelt sei, wird auf einmal von außen in die Theorie des Spiels hereingetragen. Eine Theorie des Kosmogoniespiels kann nicht so gebaut werden; entweder das Silentium Universi ergibt sich unabdingbar aus der Struktur des Spiels, oder die Eigenexistenz des Spiels muß angezweifelt werden. Hypothesen ad hoc können seine Glaubhaftigkeit nicht retten.

Acheropoulos war sich darüber klar: dieses Problem hat ihn empfindlicher gepeinigt als alle die Verkennung, die er erfuhr. So fügt er denn zu der »sittlichen Hypothese« andere hinzu, jedoch die Anzahl von schwachen Hypothesen gibt es ja gar nicht, die eine einzige und dafür starke ersetzen könnte. An dieser Stelle muß ich über mich sprechen. Was habe ich als Fortsetzer des Acheropoulos getan? Meine Theorie ist aus der Physik hervorgegangen und wandelt sich wieder zu Physik, doch selbst gehört sie nicht der Physik an. Versteht sich, wenn aus ihr bloß diejenige Physik hervorginge, aus der ich sie entwickelt habe, dann wäre dies ein wertloser Zeitvertreib mit der Tautologie.

Der Physiker verhielt sich bislang wie ein Mensch, der die Züge auf einem Schachbrett beobachtet, bereits weiß, wie jede Figur sich bewegt, der aber nicht annimmt, daß die Züge der Figuren irgendein Ziel verfolgen könnten. Das Kosmogoniespiel rollt anders ab als das Schachspiel, denn im Kosmogoniespiel verändern sich die Regeln, also die Gesetze der Gangart, die Figuren und das Brett. In Anbetracht dessen ist meine Theorie nicht die Rekonstruktion des ganzes Spiels, wie es von seiner Entstehung an verlaufen ist, sondern nur seines letzten Teils. Meine Theorie ist nur ein Bruchstück des Ganzen, mithin so etwas, wie eine auf die Beobachtung des Schachspiels gestützte Nachschaffung des Gambitprinzips. Wer das Gambitprinzip kennt, der weiß schon, daß man eine wertvolle Figur als Opfer anbietet, um später etwas noch Wertvolleres zu erlangen, aber er muß nicht wissen, daß das Matt diesen höchsten Gewinn bezeichnet. Aus der Physik, die uns zur Verfügung steht, läßt sich die zusammenhängende Struktur des Spiels nicht entwickeln, und nicht einmal ein Teil davon. Erst als ich der genialen Intuition des Acheropoulos folgte und annahm, die derzeitige Physik müsse »ergänzt« werden, gelang es mir, die Richtlinien der abrollenden Partie nachzuschaffen. Dieses Vorgehen war extrem ketzerisch, denn die erste Voraussetzung der Wissenschaft ist die These, daß die Welt in ihren Gesetzen etwas »Fertiges« und »Abgeschlossenes« sei. Ich dagegen nehme an, daß die derzeitige Physik eine vorübergehende Etappe auf dem Wege bestimmter Umformungen bildet.

Die sogenannten »Universalkonstanten« sind gar keine Konstanten. Nicht unveränderlich ist – insbesondere – die Boltzmannsche Konstante. Das bedeutet: wenn auch im Kosmos der Endzustand jeder anfänglichen Ordnung in der Unterordnung bestehen muß, kann doch das Zunahmetempo des Chaos Änderungen unterworfen sein, die von den Spielern hervorgerufen werden. Es schein (dies ist lediglich eine Vermutung, keine Deduktion aus der Theorie), daß die Spieler die Zeitasymmetrie durch einen äußerst brutalen Eingriff verfertig haben, so »als hätten sie es eilig gehabt« (in kosmischem Maßstab, versteht sich). Die Brutalität besteht darin, daß sie den Gradienten der Entropiezunahme sehr steil gemacht haben. Sie haben sich einer starken Tendenz des Zunehmens von Unordnung bedient, zu dem Zweck, im Kosmos *eine einzige Ordnung* einzuführen. Wenn auch seither alles vom Geordneten zum Ungeordneten hin verläuft, erweist sich doch im Ganzen dieses Bild als *einheitlich, einem* Prinzip unterworfen und dadurch generell in Ordnung gebracht.

Daß die Prozesse der Mikro-Welt im Prinzip umkehrbar sind, war seit langem bekannt. Aus der Theorie geht etwas Außerordentliches hervor: würde die Energie, die die irdische Wissenschaft für das Untersuchen der Elementarteilchen aufwendet, 10^{19}fach vergrößert, so würde sich die Untersuchung als *Aufdekkung* des Tatbestandes dadurch in ein Verändern dieses Tatbestandes verwandeln! Anstatt Naturgesetze herauszufinden, würden wir sie unmerklich deformieren.

Das ist der verletzliche Punkt, die Achillesferse des derzeitigen Universums. Die Mikro-Welt bildet gegenwärtig den Hauptbauplatz der Spieler. Sie haben sie unstabil gemacht und steuern sie in gewisser Weise. Es scheint mir, daß sie einen gewissen bereits stabil festgelegten Teil der Physik gleichsam neuerlich aus den Angeln gehoben haben. Sie führen eine Revision durch, setzen bereits erstarrte Gesetze wieder in Bewegung. Deshalb wahren sie das Schweigen, das »strategische Stille« ist. Niemanden von den »Außenstehenden« informieren sie, weder darüber, was sie tun, noch überhaupt darüber, daß das Spiel abrollt. Das Wissen um die Existenz des Spiels stellt ja die ganze Physik in völlig neues Licht. Die Spieler schweigen, um unerwünschte Störungen, Interventionen, zu vermeiden, und werden sicher bis zum Abschluß dieser Arbeiten weiterschweigen. Wie lang dauert bereits dieses Silentium Universi? Das wissen wir nicht; wie sich annehmen läßt, mindestens hundert Millionen Jahre.

Der Kosmos befindet sich also in seiner Physik auf einem Scheideweg. Was bezwecken die Spieler – mit diesem monumentalen Umbau? Auch dies wissen wir nicht. Die Theorie zeigt nur auf, daß sich die Boltzmannsche Konstante zusammen mit anderen Konstanten verkleinern wird, bis sie einen ganz bestimmten Wert erreicht haben wird, den die Spieler benötigen. Wozu aber – das wissen wir nicht. So wie jemand, der das Gambitprinzip schon versteht, nicht notwendig begreift, wozu innerhalb des Ganzen einer Schachpartie diese Operation dient. Was ich noch sagen werde, das geht schon über den äußersten Rand unseres Wissens hinaus. Denn uns steht der reinste Embarras de richesse an mannigfaltigsten im Laufe der letzten paar Jahre geäußerten Hypothesen zur Verfügung. Die Brooklyner Gruppe um Professor Bowman nimmt an, daß die Spieler den »Ritz für die Umkehrbarkeit von Phänomenen« nun schließen wollen, der im Schoße der Materie noch »verblieben « sei, im Bereich der Elementarteilchen. Manche Forscher behaupten, die Schwächung der Entropiegradienten habe bessere Adaptierung des Kosmos für Lebensphänomene zum Ziel, oder sogar, es gehe den Spielern um die »Psychozoisierung« des ganzen Universums. Das sind meiner Ansicht nach übermäßig gewagte Hypothesen, insbesondere auf Grund ihrer Ähnlichkeit mit gewissen anthropozentrischen Vorstellungen.

Der Gedanke, der ganze Kosmos evolviere so, daß er sich in »eine einzige große Intelligenz« verwandeln, sich »psychisieren« werde, bildet das Leitmotiv vieler verschiedenartiger Philosophien – und vieler religiöser Glaubensvorstellungen der Vergangenheit. Professor Ben Nour hat in »International Cosmogony« vorgebracht, die paar erdnächsten Spieler (deren einer sich im Andromedanebel befinden könne) hätten ihre Züge nicht optimal koordiniert, demnach verweile die Erde in einer Region »oszillierender Physik«; das hieße, daß die Theorie des Spiels gar nicht die von den Spielern angewendete Taktik des gegenwärtigen Stadiums zur Abspiegelung brächte, sondern nur ihren örtlichen, recht zufälligen Ausläufer. Ein gewisser Popularisator hat erklärt, die Erde befinde sich in einem »Konfliktgebiet«: die beiden benachbarten Spieler hätten einen »Kleinkrieg« angezettelt, mittels »hinterhältigen Veränderns der Gesetze der Physik«, und dies erkläre die Veränderungen der Boltzmannschen Konstante.

Die Annahme, daß die Spieler den 2. Hauptsatz der Thermodynamik »abschwächen«, ist derzeit sehr beliebt. Interessant finde ich im Zusammenhang damit die Stellungnahme von A. Slysch von der Akademie der Wissenschaften, der in der Arbeit »Logika i Novaja Kosmogonija« auf die Nichteindeutigkeit der Verknüpfung zwischen Physik und Logik hingewiesen hat. – Es ist sehr leicht möglich – sagte Slysch – daß ein Kosmos mit geschwächter Entropietendenz sehr große Informationssysteme hervorbrächte, die sich als sehr dumm erweisen würden. Dies scheint wahrscheinlich, und zwar im Lichte der Arbeiten einiger junger Mathematiker; sie halten es für möglich, daß die bereits von den

Spielern verwirklichten Veränderungen der Physik zu Veränderungen der Mathematik geführt haben, beziehungsweise, deutlicher gesagt, zum Wandel der Konstruierbarkeit widerspruchsfreier Systeme in den Formalwissenschaften. Von einem solchen Standpunkt ist es nicht mehr weit zu der These, daß Gödels berühmter, in seiner Arbeit »Über die unentscheidbaren Sätze der formalen Systeme« enthaltener Beweis, der die Grenzen der in der Systemmathematik erreichbaren Perfektion aufzeigt, nicht universal gelte, d. h., nicht »für alle möglichen Kosmen«, sondern nur für den Kosmos in seinem derzeitigen Zustand gültig sei. (Und sogar, daß sich einst, sagen wir, vor einer halben Milliarde von Jahren, der Gödelsche Beweis nicht hätte führen lassen, weil damals die Gesetze für die Konstruierbarkeit mathematischer Systeme *anders* waren, als sie jetzt sind.)

Ich muß bekennen, daß ich zwar ausgezeichnet die Beweggründe aller derer verstehe, die nun ihre mannigfaltigen Mutmaßungen über die Ziele des Spiels veröffentlichen, über die Absichten der Spieler, die Hauptwerte, wonach sie sich angeblich richten sollen, und so weiter, daß ich jedoch zugleich über die Präzisionslosigkeit oder den schlechtweg wirren Charakter vieler dieser – oft leichtfertigen – Mutmaßungen einigermaßen beunruhigt bin. Manche Leute stellen sich jetzt den Kosmos so ähnlich wie eine Wohnung vor, die sich alle paar Augenblicke ummöblieren läßt, wie es den Mietern paßt. Ein solches Verhältnis zu den Gesetzen der Physik, zu den Gesetzen der Natur kann nicht in Frage kommen. Das Tempo der realen Umformungen ist, gemessen an unserer Lebenszeit, unerhört langsam. Daraus folgt, wie ich eiligst hinzufüge, absolut nichts in bezug auf die Natur der Spieler selbst, z. B. über ihre angebliche Langlebigkeit oder schlechtweg Unsterblichkeit. Über dieses Thema ist uns ebenfalls nichts bekannt. Vielleicht sind die Spieler, wie schon geschrieben wurde, gar keine lebenden, das heißt, biologisch entstandenen Wesen; kann sein, daß die Mitglieder der ersten Zivilisationen sich überhaupt nicht selbst mit dem Spiel befassen, und zwar seit uralten Zeiten nicht, sondern es irgendwelchen riesigen Automaten übertragen haben, den Steuerzentren der Kosmogonie. Kann sein, daß viele der Urzivilisationen, die das Spiel eingeleitet haben, nicht mehr bestehen, daß ihre Rolle von selbsttätigen Anlagen ausgefüllt wird und daß diese einen Teil der Spielpartner stellen. Das alles kann sein, und auf solche Fragen erlangen wir keine

Antwort, nicht in einem Jahr und, wie ich meine, auch nicht in hundert Jahren.

Gleichwohl haben wir bestimmtes neues Wissen erlangt. Wie dies bei Wissen so zu sein pflegt, offenbart es mehr in den Fragen der Begrenzungen des Handelns als in denen seiner Macht. Gewisse Theoretiker meinen heute, daß die Spieler, wenn sie nur wollten, jene Genauigkeitsbeschränkung aufheben könnten, die den Messungen die Heisenbergsche Unschärferelation auferlegt. (Doktor John Command äußerte den Gedanken, die Unschärferelation sei ein taktisches Manöver, die Spieler hätten sie in gleicher Rolle eingeführt wie die Regel des Silentium Universi: damit »niemand die Physik auf unerwünschte Weise manipulieren könne, wenn er selbst kein Spieler sei«.) Selbst wenn dies so ist, können die Spieler die Koppelung nicht aufheben, die zwischen Veränderungen der Materiegesetze und dem Wirken des Geistes besteht: denn er ist aus ebendieser Materie aufgebaut. Die Vorstellung, es ließe sich eine »für alle konstruierbaren Weltalls« gültige Logik oder Metalogik verfertigen, ist irrig, *und dies hat sich heute bereits beweisen lassen.* Ich persönlich meine, daß die Spieler, die ja diesen Tatbestand bestens begreifen, Schwierigkeiten genug haben; versteht sich, Schwierigkeiten anderen Maßstabs und Ranges als wir!

Wenn das Bewußtsein, daß die Spieler nicht allwissend sind, uns mit Unruhe erfüllen kann, weil wir uns dadurch das dem Kosmogoniespiel innewohnende Risiko vergegenwärtigen, dann nähert diese Reflexion doch zugleich unsere Lebenssituation jählings der Seinslage der Spieler an: denn im Universum ist niemand allmächtig. Die höchsten Zivilisationen sind auch Teile, die das Ganze nicht bis ins letzte kennen.

Ronald Schuer hat das Aufwerfen kühner Vermutungen am weitesten getrieben: in »Reason-Made Universe-Laws versus Rules« sagte er, je tiefgreifender die Spieler den Kosmos umwandelten, desto stärker änderten sie sich selbst ab. Die Veränderung führe zu der von Schuer so bezeichneten »Guillotinierung des Gedächtnisses«. Denn in der Tat, wer sich sehr durchgreifend umformt, zerstört somit in gewissem Grad das Gedächtnis für die eigene Vergangenheit, die vor diesem Eingriff war. – Während die Spieler wachsende kosmotransformative Macht gewinnen – sagt Schuer – verwischen sie selbst die Spuren des Entwicklungsweges, den der Kosmos bisher durchlaufen hat. Im Grenzfall erweist sich bewirkerische Allmacht als Paralyse der rückschauenden Erkenntnis. Wenn die Spieler dem Kosmos die Eigenschaften einer Brutstätte der Intelligenz zu verleihen suchen, reduzieren sie zu diesem Zweck die Stärke des Entropiegesetzes; nach einer Milliarde von Jahren, nach Verlust des Gedächtnisses für alles, was mit und vor ihnen geschah, bringen sie den Kosmos in den Zustand, von dem Slysch gesprochen hat. Bei Beseitigung der »entropischen Bremse« erfolgt explosionsartiger Biosphärenzuwachs, eine Unmenge unreifer Zivilisationen schaltet sich vorzeitig ins Spiel ein und verursacht seinen Kollaps. So, durch den Zusammenbruch des Spiels, kommt es zum Chaos... woraus nach Äonen ein neues Spielerkollektiv hervortaucht ...um das Spiel von neuem zu beginnen. Laut Schuer rollt das Spiel also *im Kreis* ab, und somit hat die Frage nach dem »Anfang des Universums« keinerlei Sinn. Dieses Bild ist außergewöhnlich, aber unglaubhaft. Wenn *wir* imstande sind, die Verhängnishaftigkeit des Kollaps vorherzusehen, was gilt dann erst von Voraussagen, wie sie den Spielern zuzutrauen sind!

Verehrtes Auditorium, ich zeichnete hier ein kristallreines Bild: das eines Spiels, ausgetragen zwischen parsekmilliardenweit voneinander entfernten, in den Knäueln der Sternnebel verborgenen Intelligenzen; und dann trübte ich dieses Bild, überschüttete es mit Unklarheiten, widerstreitenden Vermutungen und glattweg unwahrscheinlichen Hypothesen. Aber dies ist das gewöhnliche Verfahren der Erkenntnis. Die Wissenschaft sieht den Kosmos derzeit als einen Palimpsest von Spielen; das ihnen gegebene Gedächtnis ist tiefer, als das Gedächtnis des einzelnen Spielers reichen kann. Dieses Gedächtnis besteht in dem Zusammenspiel der Naturgesetze, die dem Kosmos die Einheitlichkeit der Bewegung erhalten. Wir betrachten das Universum also jetzt als das Feld milliardenjähriger Arbeiten, die sich äonenweise übereinanderschichten und Zielen entgegenstreben, wovon wir nur die kleinsten, allernächsten Bruchstücke teilweise auffangen können. Ist dieses Bild wahr? Wird nicht irgendwann ein nächstes seine Stelle einnehmen, ein anderes, so von Grund auf abweichendes, wie unser Modell hier, das des Spiels der Intelligenzen, von allen im Lauf der Geschichte entstandenen Modellen von Grund auf abweicht? Statt einer Antwort führe ich hier die Worte meines Lehrers Professor Ernst Ahrens an. Vor vielen Jahren, noch als junger Mann, suchte ich ihn mit den ersten Rohentwürfen auf, die die Konzeption des Spiels enthielten, um ihn nach seiner Meinung zu fragen; damals sagte Ahrens: »Eine Theorie? Gar eine Theorie? Vielleicht ist das keine Theorie. Die Menschheit bricht doch wohl zu den Sternen auf? Also, selbst dann, wenn das nicht existiert, dann handelt es sich da vielleicht um einen Plan, vielleicht wird sich alles irgendwann so und nicht anders abspielen!« Mit diesen – doch wohl nicht bis ins letzte skeptischen! – Worten meines Lehrers möchte ich diesen Vortrag beenden. Ich danke Ihnen für Ihre Aufmerksamkeit.

Die Invasion

1.

Sie unterbrachen das Küssen. Hansi Hain ging querfeldein über die Wiese und kam immer näher. Manchmal versank er im Gras bis an die Röhren des Lederhöschens, auf dessen Taschen er sechsschüssige Revolver aufgenäht trug, auf jeder Seite einen. Mit einer dünnen Gerte schlug er sorgfältig die Löwenzahnköpfe ab. Die beiden warteten, bis er vorüber war. Er ging an ihnen vorbei und hinterließ einen Streifen aus hellem Flaum, den der Windhauch über ihren Köpfen vorbeitrug. Einiges verfing sich im Laub des Stachelbeerstrauchs, der den beiden als Deckung diente. Der Bursche schmiegte die Wange an die nackte Schulter des Mädchens, streifte mit den Lippen die Stelle auf der bräunlichen Haut, wo sich wie ein abgeprägter Schneekristall ein Impfmal abzeichnete, blickte dem Mädchen in die nußbraunen Augen. Sie stieß ihn leicht von sich, schaute zur Wiese hinüber. Hansi war stehengeblieben, er hatte ein Löwenzahnköpfchen kaum mit der Spitze der Weidenrute erwischt, es hatte sich nur geneigt. Die Rute pfiff schärfer, der Löwenzahn zerstob als weißes Wölkchen, und Hansi ging weiter, kleiner und kleiner. Auf dem Rücken schaukelte ihm die leere Rahmflasche, die aus dem Rucksäckchen hervorguckte.

Das Mädchen sank ins Gras, dicht über ihrem schwarzen Haar schwankte eine harte, flaumbedeckte Stachelbeere mit durchschimmerndem Kern. Der Bursche suchte das Mädchen auf den Rücken zu drehen, küßte ungeduldig den braungebrannten Nacken. Sie barg das Gesicht an der Brust des Burschen, lautlos lachend, zeigte es plötzlich, erhitzt, atmete ihm direkt in den Mund, umschlang den Hals, faßte ins kurz über dem Nacken abgeschorene Haar; sie küßten einander, hineingeschmiegt in eine seichte, einem unfertigen Grab ähnliche Mulde, vielleicht von einem alten Schützenloch. Bevor das Dorf die Weidegründe übernommen hatte, war hier ein Truppenübungsplatz gewesen. Die Streifbleche der Pflüge knirschten mitunter gegen grünspanbedeckte, tief in die Erde gestampfte Hülsen.

Fliegen, so klein, daß sie nur gegen die Sonne zu sehen waren, kreisten als zarter Schnörkel über dem Strauch, so, als hätten sie den einzigen Zweck, in der Luft eine rege und durchsichtige Skulptur zu schaffen; kein Summen gaben sie von sich, sie waren zu klein, es war kaum zu spüren, wenn sie sich auf die Hände setzten. Der verborgene Mäher schärfte wieder sein Werkzeug, aus unbekannter Richtung strömte der regelmäßige Klang herüber. Dem Mädchen stockte der Atem, ihr Kopf sank zurück, sie stieß den Burschen von sich. Von der Sonne geblendet, drückte sie die Augen zu, sie zeigte die Zähne, aber sie lachte nicht. Er küßte sie auf die geschlossenen Lider, spürte die steifen, langen Wimpern gegen seine Lippen zittern. Von hoch oben trillerte etwas. Sie riß sich von ihm los, die Lider flatterten ihr; in den Pupillen, die sich weiteten, sah er Angst. »Das ist nur ein Flu...« – begann er.

Das Pfeifen ging in Geheul über. Er spürte, wie ihm etwas durchs Haar strich. Finsternis. Fünfzehn Schritt weit von den Füßen der beiden flog der Ahorn in die Höhe, drehte langsam vor den Wolken die krause Krone; aus dem Stumpf des zerschmetterten Stammes schoß Dampf, die Äste stürzten weit drüben ins Gras, aber das war nicht zu hören in dem Gedröhn, das noch dauerte und sich immer weiter ausbreitete; schließlich verstummte auch das regelmäßige Klingen der gewetzten Sense.

Hansi Hain, sechshundert Schritte vor den ersten Bäumen der Landstraße, wandte sich um, und sein Gesichtchen war plötzlich weiß. Er sah eine oben geteilte Wolke aus Rauch und Dampf; ein heißer Luftstoß, der scharf und sauer schmeckte, erreichte ihn, traf ihn, bevor er Zeit fand, zu schreien und das Gesicht mit den Händchen zu decken (im rechten hielt er noch immer die Weidenrute). Es schien ihm, an der Wurzel der höckerig aufgetürmten und wie auf einer Momentaufnahme erstarrten Wolke, über der jäh geschwärzten Erde, wo vorher Gras gewesen war, dort blähe sich etwas Glänzendes auf, etwas wie eine gewaltige Seifenblase. Mehr sah er nicht, er schlug ins Gras hin, das über ihm der dröhnende Donnerschlag durchkämmte. Die heiße Wand aus beißender Luft war schon weit fort, sie erreichte die Landstraße, die hohen Pappeln schnalzten weg wie Streichhölzer, auf halber Höhe des Stammes abgebrochen, eine nach der anderen. Nur die fernsten hielten stand, dort, wo fast am Horizont das kupfergedeckte Türmchen des Fremdenheims blinkte.

Der Mäher arbeitete am entgegengesetzten Ende des Weidegrundes, in der Mitte eines langen Abhangs, der zu einem fast völlig ausgetrockneten Bach abfiel. Der Hügelkamm verdeckte dem Mäher die Sicht, aber er hörte langgezogenes Pfeifen und Poltern und sah jenseits der Anhöhe eine Rauchsäule aufsteigen. Er allein dachte, eine Bombe sei gefallen, er wollte zum Wasser laufen und sich darin verstecken, aber er fand nicht Zeit, sich umzuwenden, schon nahte – aus der Windrichtung und deshalb stärker als an der Landstraße – der Luftstoß und fuhr über ihn hinweg; es flimmerte ihm vor den Augen, dann begann es Blätter und feine Erdklümpchen zu regnen. Er ließ Sense und Wetzstein fallen, tat zwei Schritte auf die wachsende Rauchsäule zu, wendete aber augenblicklich und rannte mit eingezogenem Kopf das Bachbett entlang zur Landstraße.

Etwa eine Stunde lang war es völlig still. Der Wind wurde stärker und verwehte die Rauchsäule. Ihr knolliger verknäuelter Kopf zerstob immer mehr, während er an Höhe gewann, schloß sich den gleichmäßig südwärts treibenden Wölkchen an und verschwand am Horizont. Es war ein Uhr, als zwei Autos auf der Landstraße auftauchten und langsam voranrückten. Sie erreichten die Stelle, wo die gestürzten Bäume den Weg sperrten, und hielten an.

Außer einem guten Dutzend Soldaten und einem Offizier waren drei Zivilisten mit dabei. Zuerst begannen die Leute, eine gestürzte Pappel aus dem Weg zu räumen, aber der Offizier erkannte, daß dies zu lang gedauert hätte, und rief seine Männer zurück. Hinter dem offenen ersten Kraftwagen hervor beobachtete er durch ein Fernglas die Weidegründe. Das war ein sehr großes, stark vergrößerndes Fernglas; er mußte den Ellbogen auf die geschlossene Wagentür stützen, um es ruhig zu halten.

Über die Grasfluren liefen Wellen von feinem Geflimmer, die Spuren der Windstöße. Der Offizier drückte die Okulare des Fernglases tief in die Augenhöhlen, bestrich das ganze leicht emporgewölbte Gelände. Auf dem sanften Gegenhang des Hügels, ungefähr siebenhundert Meter vom Auto entfernt, war zuvor eine Baumgruppe gewesen, ein Überbleibsel von einem alten, längst abgeholzten Obstgarten; zwerghafte verwilderte Sträucher hatten sie umgeben, Stachelbeeren und Ribiseln. Nun war das ein unregelmäßiger grauer Fleck, den wie Heu vergilbtes Gras umrahmte; in weiterem Umkreis schwand diese Farbe allmählich und ging zuletzt ins Saftgrün der Wiesen über.

Die Kette von Sträuchern längs der einstigen Gartengrenze brach in der Nähe des Flecks jäh ab, die Fortsetzung war in undeutliche ergraute Fetzen verwandelt, woraus die stärkeren Windstöße Staub aufwirbelten. Ganz im Zentrum der Zerstörung aber, unter einem sanft pulsierenden milchigen und halb durchsichtigen Wölkchen, das wie Dampf aus einer undichten Lokomotive aussah, dort bauchte sich etwas Glitzerndes, deutlich blau, wie der Himmel; von dieser Rundung gingen kurze, ebenfalls glitzernde Arme aus und versanken in der kohlschwarzen Erde; sie bildete dort eine Grube mit trichterartigem Rand, den auf der einen Seite der Rest eines verkümmerten, abgebrannten Baumstammes stützte.

Der Offizier meinte schon alles gesehen zu haben, da gewahrte er eine blaßgraue flache Erhöhung zwischen den zerfetzten Sträuchern. Er drehte an den Okularen des Fernglases, aber das Bild verschwamm, und er sah dort nichts mehr.

»Da drüben ist es heruntergefallen.«

»Sicher ein Sputnik.«

»Schaut, wie der glänzt, aus Stahl ist er...«

»Nein, sieht nicht nach Stahl aus.«

»Und wie der eingeschlagen hat! Ist er heiß?«

»Und ob!«

»Aber warum raucht er so?«

»Das ist kein Rauch, das ist Dampf. Anscheinend hat er Wasser drinnen gehabt.«

Der Offizier hörte all das Geschwätz hinter seinem Rücken, aber zum Schein achtete er nicht darauf. Er verstaute das Fernglas in der Hülle und knöpfte sie zu.

»Feldwebel« – wandte er sich an den Unteroffizier, der sofort strammstand und ihm aufrichtig in die Augen sah. – »Sie nehmen alle Burschen und umstellen diesen Platz im Umkreis von – äh – zweihundert Meter. Niemanden durchlassen. Gaffer verjagen. Und daß es keinem etwa einfällt, die Neugier zu stillen! Sie haben Wachtposten aufzustellen, alles andere geht Sie nichts an. Verstanden?«

»Jawohl, Herr Hauptmann!«

»Na, dann gut. Und ihr, meine Herren, ihr habt hier jetzt nichts zu schaffen. Fahrt zurück in die Stadt.«

Protestgemurmel verbreitete sich, das Zivilistengrüppchen drängte sich mit den Fahrern beim zweiten Wagen, aber laut äußerte sich niemand. Als die Soldaten den Straßengraben überquert hatten und in auseinandergezogener Schwarmlinie querfeldein zu den Hügeln vorrückten, zündete sich der Hauptmann eine Zigarette an und wartete unter einer geköpften Pappel, bis beide Autos gewendet hatten. Inzwischen schrieb er noch rechtzeitig etwas auf ein Notizbuchblatt und gab das einem Fahrer.

»Du bringst das zur Post und schickst es als Telegramm ab, aber sofort! Verstanden?«

Die Zivilisten stiegen zögernd ein, sie schauten stets zu der Schwarmlinie hinüber, deren Flügel schon in der ersten Senke des grasigen Geländes verschwunden waren, während die Mittelfront sich langsam im Halbkreis dem Gürtel aus immer blasserem Grün näherte.

Die Motoren surrten auf, nacheinander rollten die zwei Autos in Richtung des Städtchens davon.

Der Offizier stand eine Weile unter dem Baum, stieg dann in den wenig tiefen Graben, ließ die Beine hineinhängen, setzte sich auf die Kante und begann von neuem durchs Fernglas den Fleck am Hügelhang zu visieren, den Ellbogen mit der Faust der anderen Hand abstützend.

Gegen drei, als sich auf dem Grund des Grabens schon viele Zigarettenstummel vor dem Hauptmann angesammelt hatten, und die kleinen Figürchen der Soldaten, im Gras bis an die Knie, immer öfter auf der Stelle zappelten, als unterdrückten die Leute vor Müdigkeit nur schwer den Wunsch, sich zu setzen – da verbreitete sich von Westen her intensives Summen.

Der Offizier erhob sich sofort. Nach einer guten Weile erst konnte er eine bauchige Mücke sichten, dahinter eine zweite, eine dritte. Sie wuchsen nicht allzu schnell, aber nach einer Minute glitt das Hubschrauberdreieck knatternd über der Straße vorbei und begann über den Weidegründen unregelmäßige Linien zu beschreiben.

Nun brachen die Maschinen aus den Abständen aus, die sie in der Luft eingehalten hatten; eine blieb in Schwebe über dem schwarzen Fleck, die beiden übrigen hielten sich abseits, fast regungslos, nur der Wind drückte sie in unbedeutenden Schwankungen seitwärts. Der Offizier lief aus dem Baumschatten hervor auf die Wiese, bezwang in großen Sätzen das widerspenstige Gras, hielt plötzlich an und begann die Arme zu schwenken, als wollte er die Hubschrauber zum Landen bewegen. Sie achteten zum Schein nicht darauf, auch nicht, als in seiner Hand ein weißes Tüchlein hervorschwirrte. Der Offizier schwenkte es noch eine

Weile, endlich ließ er die Arme sinken und stand reglos, dann aber begann er langsam in Richtung des Flecks zu gehen, über dem noch immer der Hubschrauber schwebte, etwa hundert Meter über dem Boden, schwer die Luft schaufelnd, dickbäuchig, mit langem röhrenartigem Schwanzstück, mit dem glänzenden Kreis des zweiten Rotors.

Der glasige Punkt im Zentrum des Flecks schied noch immer feine Dampfwölkchen aus. Sie verwehten unter dem Hubschrauber, der ungemein langsam sank, wie an einem unsichtbaren Seil herabgelassen. Auf einmal knurrten die Motoren aller drei Maschinen lauter, das Dreieck formierte sich, der verblüffte Offizier blieb breitbeinig stehen und reckte den Kopf hoch, in der Meinung, daß sie fortfliegen wollten, aber im selben Augenblick verstummten die Drehflügler, senkten sich und setzten nacheinander in der Mulde des nächsten Hügels auf.

Der Offizier wandte sich seitwärts und ging auf die Hubschrauber zu, aber er hatte vielleicht fünfhundert Schritte zurückzulegen, und indessen räumten schon Leute in graublauen Overalls aus zwei Maschinen einen ganzen Stapel länglicher, in Planen gehüllter Pakete, blecherne Kanister, ein paar hohe, schmale, in Fallschirmseide gewickelte Kisten, eng zusammengebundene und miteinander verpackte Stative, Dreifüße und große Lederfutterale, und all dies vollzog sich unter der Aufsicht dreier Männer, die aus dem letzten Hubschrauber ausgestiegen waren. Neben dieser Maschine standen noch zwei Leute, einer im Staubmantel, der andere im Flieger-Overall, dessen Reißverschluß bis zum Gürtel offenstand und das weiße, kurzhaarige Pelzfutter sehen ließ. Beide redeten mit dem Feldwebel, der den Landeplatz vor dem Offizier erreicht hatte.

Der Hauptmann näherte sich ihnen langsam, denn er mußte die Steigung überwinden, die auf seiner Seite am steilsten war. Er ärgerte sich, weil der Feldwebel eigenmächtig den Posten verlassen hatte, ließ sich dies aber nicht anmerken. Der Pilot schaute zu ihm herüber und sagte:

»Sie sind Hauptmann Toffe? Das war Ihre Meldung, nicht wahr?«

»Feldwebel, sagen Sie den Burschen, sie sollen die – eh – Expedition durchlassen« – sagte der Hauptmann, so, als hätte er die Frage des Piloten gar nicht gehört. Dieser kehrte ihm den Rücken und unterhielt sich über den hochgereckten Rumpf des Hubschraubers hinweg mit dem zweiten Piloten, der aus einer Thermosflasche Kaffee trank. Der dritte schloß sich ihnen an.

Der Hauptmann riskierte die Frage: »Werdet ihr hier warten?« Mit einigem Zögern trat er zu den Piloten, sie aber fingen plötzlich über etwas zu lachen an, was der kleinste von ihnen gesagt hatte; sehr pummelig sah er aus in seinem schlampig offenstehenden Overall mit dem künstlichen Lammfutter. Dem Hauptmann antwortete keiner, aber in diesem Augenblick sagte der Mann im Staubmantel, ein ordentlich bejahrter Herr, der sich auf einen dünnen Stock mit Silberknauf stützte, wie ihn der Hauptmann noch nie gesehen hatte:

»Vielleicht können Sie mir sagen, was hier vorgefallen ist? Ich bin Professor Vinnel.«

Der Hauptmann wandte sich dem Professor zu und begann voll Eifer, doch sachlich zu erzählen: wie man im Städtchen zu Mittag etwas wie Donner krachen gehört hatte, trotz des heiteren Himmels; wie man am Horizont eine Rauchwolke gesichtet hatte; wie der Mäher atemlos auf die Polizei gerannt gekommen war – aber die Wachstube war geschlossen, denn alle Polizisten waren nach Dertex gefahren, dort fand die feierliche Enthüllung einer eingemauerten Gedenktafel statt, an der Stelle, wo im Krieg eine Bombe drei Küstenschutz-Freiwillige getötet hatte; weiters, wie er selbst, Hauptmann Toffe, spontan die Führung eines Erkundungszugs übernommen und diesen augenblicklich organisiert hatte; wie ihnen bei der Ausfahrt aus dem Städtchen der Hain-Bub, der kleine Hansi, hinkend und weinend entgegengekommen war...

»Sind Sie dieser Stelle nahe gekommen?« Der Professor wies mit dem Stock auf den Hang des Hügels gegenüber, von wo grellweiße, sonnenbeschienene Wölkchen lautlos aufstiegen.

»Nein. Ich ließ Posten aufstellen und telegrafierte.«

»Das war vernünftig. Ich danke Ihnen. Maurell!« – wandte er sich mit erhobener Stimme an einen der Männer, die die Sachen aus den Hubschraubern abladen halfen. »Was gibt es bei Ihnen?«

Den Hauptmann sah er gar nicht mehr. Toffe wandte sich um und sah zu den Piloten hinüber; sie beschäftigten sich mit dem waagrechten Windrad des letzten Helikopters. Toffe schaute auf die Gruppe um die abgeladenen Gegenstände. Dort hatte sich viel verändert. Auf den Stativen starrten dunkel die Apparate, einer mit langen Rohren ähnelte einem riesigen Fernglas, in einem zweiten erkannte Toffe einen Theodoliten, es gab da auch noch andere. Zwei Männer stampften angelegentlich das Gras nieder und stießen die Spitzen der Dreifüße in die Erde, der dritte kniete und wühlte in den ausgebreiteten und geöffneten Koffergeräten, die mit Kabeln quer durchs Gras verbunden waren, und die Leute in den Overalls bauten eben in höchster Eile etwas zusammen, was aussah wie ein primitiver Kran.

»Ein Soldat hat von einem Sputnik gesprochen, Herr Professor. Versteht sich, nichts dergleichen. Wenn heutzutage ein Ziegel von Dach fällt, halten ihn alle für einen Sputnik.«

»Aktivität?« – fragte Vinnel. Ohne Maurell anzusehen, der die Enden der Leitungen zwischen den Fingern zusammendrehte, werkte er an seinem Stock herum. Auf einmal öffnete sich der Knauf, und etwas wie ein winziger, sofort geöffneter Regenschirm sprang heraus – aber das war ein Faltsitz aus Nylon, und der Professor setzte sich darauf und spreizte die Beine weg. Er hielt die Augen an das große Fernglas.

»Nein, nichts« – antwortete Maurell und spuckte ein abgebissenes Stück Isolierband aus.

»Spuren?«

»Nein. Völlig normal. Leeres Pulsieren. Vor ein paar Wochen muß hier Regen mit einem Restchen Strontium gefallen sein, sicher von dieser letzten Explosion, aber fast alles ist schon weggewaschen, der Zähler reagiert kaum.«

»Und diese Wölkchen?« – fragte der Professor schleppend, wie jemand spricht, der mit den Gedanken anderswo ist. Der Stock, auf den er sich immer fester lehnte, grub sich langsam in den Boden. Mit einer jähen Bewegung entfernte Vinnel das Gesicht von den Okularen.

»Dort sind irgendwelche Körper« – sagte er mit gedämpfter Stimme.

»Ja, ich habe es gesehen.«

»Kann das nicht irgendein Chondrit sein, Herr Professor?« – fragte der dritte Mann. Er trat zu ihnen, einen Metallzylinder in den Händen. Von dort lief ein Kabel zu der Ledertasche, die dem Mann von der Schulter herabhing.

»Dann haben Sie wohl noch nie einen Chondriten gesehen!« – zürnte ihm Vinnel. »Das – ist überhaupt kein Meteor.«

»Gehen wir?« – fragte Maurell. Eine Weile standen die übrigen wie unentschlossen. Vinnel klappte seinen Stock zusammen und begann langsam den Hang hinabzusteigen, paßte genau auf, worauf er die Füße setzte. Die drei Begleiter und der Professor querten den seichten Sattel, gingen zwischen zwei Wachtposten durch – während die Soldaten sie reglos anglotzten – und traten auf das verbrannte, rieselnde, ungut zerfallende Gras.

Der Hauptmann stand kurze Zeit auf der Stelle, dann eilte er plötzlich hinterdrein.

Maurell betrat als erster die Bresche in dem Spalier verbrannter Sträucher, bückte sich, hob etwas vom Boden auf, blickte vorwärts und ging langsam auf die dunkle Wölbung zu, dorthin, wo sich ihm ein verkohlter Baumstummel entgegenneigte. Die anderen folgten, sie blieben stehen, die Hände sanken ihnen langsam, als dunkles Grüppchen erstarrten sie alle dem Trichter gegenüber.

Daraus ragte – etwas unterhalb der Stelle, wo sie standen – ein birnenförmiges, doppelt mannshohes Gebilde hervor; seine Oberfläche war vollkommen glatt, wie poliert; aus der Spitze, die sie mit den Blicken nicht erreichen konnten, entströmten feinste kleine Wölkchen oder eigentlich sehr schmale Ringe aus hellem Dampf, die sofort die regelmäßige Kreisform einbüßten und zerflossen, während neue an ihrer Stelle erschienen; dies geschah völlig lautlos.

Doch keiner der Stehenden schaute in die Höhe.

Die spitz nach oben zulaufende und leicht seitlich geneigte Birne war durchsichtig. So schien es im ersten Augenblick. Von der ungemein glatten Oberfläche zurückgeworfen, sammelte sich ein Teil des Lichts zum Spiegelbild des Himmels, der Wolken und des Grüppchens von Menschen, die winzig erschienen, auf Fingergröße verkleinert. Aber ein Teil des Sonnenscheins, der ihnen Rücken und Genick wärmte, drang ins Innere, und wie im immer stärker getrübtes und zur Mitte hin milchigeres Glas getaucht, das stellenweise dunkel perlend widerstrahlte, zeigte sich dort eine längliche Form in Menschengröße; auf der einen Seite endigte sie in zwei länglichen, aneinanderklebenden Kugeln, auf der anderen war sie doppelt gespalten, so, als wären dort vier Beine, zwei längere und zwei kürzere; und all dies lehnte sich gegen etwas wie eine gleichfalls in die Glasmasse eingeschmolzene Hecke; nur ein Ausschnitt daraus war sichtbar, er verschwamm beiderseits in Trübungen und war nur in der Mitte deutlich, wie aus weißesten Korallen gemeißelt. Doch je länger die Stehenden ins Innere der

Birne schauten, die regelmäßig Dampfkringel ausschied, um so deutlicher schien sich drinnen die milchige Formengruppe von der umgebenden durchsichtigen Masse zu sondern; die flüssige Nebelhülle paßte sich enger und enger den Konturen an, freilich spielte sich dies zu langsam ab, als daß jemand eine Bewegung hätte wahrnehmen können; aber die Männer schauten lange Zeit; endlich drangen durch die Entfernung gedämpfte Rufe der Leute herüber, die auf dem Hügel gegenüber bei den Hubschraubern zurückgeblieben waren; aber auch nun regte sich keiner, denn fortgesetzt klärte sich der Inhalt der Birne, und alle meinten, sie müßten binnen kurzem schon alles ganz genau sehen können.

Maurell schüttelte als erster die Versunkenheit ab, mit einem schwachen Ausruf drückte er sich mit der Hand die Augen zu; so blieb er eine Weile stehen.

»Dort ist jemand drinnen« – hörte er hinter sich sagen.

»Warten Sie« – sagte der Professor.

»Was bedeutet das?« – fragte der Hauptmann, der als letzter gekommen war und nun am nächsten stand, direkt auf der Erdumdämmung, die das durchsichtige Gebilde umgab. Und ehe ihn jemand daran hindern konnte, ging er drei Schritte weiter, die innere Trichterschräge hinab. Er streckte impulsiv die Hand aus, berührte die kristallisch glänzende Oberfläche.

Er fiel dagegen, zusammengeklappt, das Gesicht voran, rutschte wie eine Puppe an der rundlichen Krümmung hinab, schlug mit dem Kopf gegen die Klumpen aufgeworfener Erde und blieb so liegen, den Körper eingekeilt zwischen die Basis der Birne und einen großen, glasigen Ast, der daraus hervortrat und in den Boden eindrang.

Alle schrien auf. Maurell packte den Kollegen an der Schulter, der zum Hauptmann hinspringen wollte, und hielt ihn fest. Sie wichen langsam zurück, Schulter an Schulter. Sie hielten an.

»Wir können ihn nicht so hängenlassen« – rief der dritte Mann, sehr bleich. Er zog ein Kabel aus der Ledertasche, warf es auf die Erde, formte eine Schlinge.

»Was willst du tun?!« – rief Maurell. »Getser! Bleib stehen!«

»Laß mich vorbei!«

»Geh nicht hin!«

Getser sprang über die Umdämmung des Trichters, blieb drei Schritte vor der Birne stehen und warf das Kabel um den hochgereckten, reglosen Stiefel des Hauptmanns. Beim Zusammenziehen glitt die Schlinge ab, sie kehrte leer zurück. Getser warf nochmals, langsamer. Sie kreiste, schlug gegen die Spiegelfläche und fiel. Alle erstarrten, aber es geschah nichts. Getser trat noch einen Schritt vor, bereits kühner, warf die Schlinge sehr sorgfältig. Mit kurzem Schnalzen schlang sich das Kabel um den Stiefel. Als Getser zu ziehen begann, hatte er schon zwei Helfer. Der Körper des Hauptmanns wackelte, rutschte über die rundliche glasige Oberseite der »Wurzel« und rückte den Hang herauf. Dicht unter dem Wall hoben sie den Körper auf und zerrten ihn auf den Armen weiter. Sie drehten ihn auf den Rücken. Das Gesicht war blaß, Schweiß bedeckte es in großen Tropfen wie Tau. Über Stirn und Wangen strömte Blut.

»Er lebt!« – rief Maurell triumphierend.

Er und der zweite Mann knieten nieder und knöpften die Uniform auf, so eilig, daß ihnen die Knöpfe unter den Fingern wegsprangen. Die beiden begannen dem schlaff Liegenden die Arme zu heben und zu beugen und drückten damit regelmäßig auf seine Brust. Der Hauptmann fing plötzlich zu atmen an. Er schnappte krampfig nach Luft und röchelte beim Ausatmen. Sie ließen seine Hände los. Da sanken sie weich ins Gras. Und nun sahen die Männer, daß die rechte Hand, womit er die Kugel berührt hatte, eingeschrumpft und geschwärzt war, wie von Flammen verzehrt. Der Liegende stöhnte, und durch seinen Körper lief krampfhaftes Zittern. Die Männer bandagierten ihm die beim Fallen aufgerissene Stirn, verbanden provisorisch die Hand und riefen zwei Soldaten, die langsam über den Hang herankamen. Als die Soldaten den Bewußtlosen wegtrugen, schaute Maurell auf die Birne und schrie auf.

Alle wandten sich hin.

In Manneshöhe, dort, wo der Hauptmann die glatte Oberfläche berührt hatte, schimmerte in einiger Tiefe darunter eine weiße, verschwommene, doch sich allmählich verfestigende gespreizte Form, so, als wäre dort ein Handteller mit fünf leicht auseinandergestreckten Fingern ins Glas eingegossen.

Maurell ging auf die Birne zu.

Seit er sie zum erstenmal erblickt hatte, war fast eine Viertelstunde verstrichen. Inzwischen hatte sich das Innere noch mehr geklärt. Zwei unzweifelhaft menschliche Körper ruhten darin, wie zwei milchweiße Skulpturen, knapp umflossen von den Verschlingungen der immer trüberen Glasmasse: ein Mann umarmte eine halb aufgerichtet neben ihm liegende Frau, und die aneinandergepreßten kugeligen Köpfe der beiden verschmolzen mit dem zarten Spitzenwerk einer hinter ihnen emporwachsenden Hecke, die weit feiner ausgemeißelt war als die zwei Körper; ja, Maurell erkannte genau eine kleine, vollkommen kugelige Frucht, die über dem Kopf der Frau von einem feinverästelten Zweig herabhing.

Die Gesichtszüge waren jedoch nicht zu unterscheiden, auch nicht die Zeichnung der Hände oder die Art der Kleidung, obwohl sich erkennen ließ, daß beide nicht nackt waren; aber irreführende Trübung umzog die Oberfläche der Körper, und als Maurell sie genauer besah und höchst methodisch mit den Blikken alle Einzelheiten abtastete, bemerkte er sogar Stellen, wo der unfaßliche Bildner gleichsam abgeirrt war: während die Proportionen der Glieder, die Form der Rümpfe und Köpfe, die Pose der erstarrten Umschlingung vollkommen motiviert, getreu und gleichsam natürlich menschlich waren, fand sich hie und da eine unvermutete Entstellung. Aus der schlanken gerundeten Ferse des Mädchens wuchs eine milchige Beule hervor und schien die Fortsetzung des Körpers zu bilden; ähnliche polypenhafte Knollen gewahrte Maurell auch auf dem nackten Unterarm, der den Nacken des Mannes umschlang – und gar erst die einander zugewandten Gesichter schienen von einem ungenau anliegenden Bahrtuch voll gefingerter Schwellungen bedeckt, aus dem gleichen milchweißen Werkstoff, wie er reglos im glasigen Kern der Birne glänzte.

Maurell stand noch so, als ihn ein Ausruf Getsers erreichte; Maurell wandte sich um, das unfaßliche Bild noch in den Augen, und da sah er unter einem verglosten Strauchgeripp die Kollegen über zwei Körper gebeugt, die ähnlich vereint waren wie jene, die er eben betrachtet hatte.

Die Beine knickten unter ihm ein, er konnte kaum gehen. Kraftlos ließ er sich neben dem Professor auf die Knie sinken.

Ein Bursche und ein Mädchen ruhten in einer seichten Mulde, bedeckt von einer dünnen Schicht aus Holzsplittern, Erde und versengtem Laub. Beide waren sonderbar klein, wie verdorrt, durch die Gluthitze geschrumpft; sein verbranntes Hemd und ihr Röckchen schuppten sich unter den bloßen Windstößen, und in der Luft fliegend wahrte diese Asche noch die Form des Webstoffs, sogar seinen Faltenwurf. Maurell schloß die Augen, suchte aufzuspringen, davonzulaufen, denn er spürte, daß ihn Brechkrämpfe packten. Er stolperte, wäre fast hingefallen, jemand packte ihn kräftig, brutal an der Schulter, er wußte nicht, wer.

Wie aus weiter Ferne erreichte ihn die Stimme des Professors: »Ruhig, ruhig...«

2.

In der Dämmerung näherte sich auf der Straße ein Panzer. Es war schon fast finster, aber das waagrechte lange Rohr und der schräge Umriß des Drehturms hoben sich scharf von der flammenden Abendröte ab. Im Dunkel blitzten Signallaternen auf. Der Panzer wurde langsamer, knackend und knirschend überrollte er die Äste, die auf der Fahrbahn herumlagen. Von der Raupe hochgeschleudert, traf ein Ast den Mann, der aus dem Graben herauslief und eine Laterne schwenkte. Der Mann rief zornig und blieb stehen. Der Panzer bog langsam ein, wie mit großer Behutsamkeit, er sah aus wie blind, das lange Rohr schaukelte sacht, als er den Graben überquerte; danach reckte er die stumpfe Schnauze hoch und fuhr hinaus auf die Wiese.

Er hatte schwache Scheinwerfer, sie zeigten nur hohes Gras und undeutliche Schatten seitwärts ausweichender Leute. Der Offizier, der sich bis zur Mitte aus dem Drehturm beugte, wandte sich nun zurück ins Innere und sagte etwas; der Panzer hielt an, nur der Motor lief weiter, dröhnte schläfrig auf niederen Touren.

»Wie steht es drüben?« – fragte der Offizier den Mann, den er im Finstern nicht erkennen konnte. Dieser beleuchtete aus unerfindlichen Gründen mit der Laterne die rauhe Seitenpanzerung, schlug mit der flachen Hand darauf und sagte:

»Die sitzen noch dort, aber mir scheint, es kommt ihnen nichts dabei heraus. Ich nehme an, du wirst sie schaffen.«

»Wen?« – fragte der Offizier. Er hörte schlecht durch den Schutzhelm, also schob er ihn zurück auf den Hinterkopf.

»Diese verdammte Christbaumkugel! Was, du weißt gar nicht, wozu du hierhergefahren bist?«

»Und du – zu wem du redest?!« – versetzte, ohne den Kopf zu heben, der Offizier. Denn in dem schwachen Widerschein, den die Panzerung zurückwarf, wo die Laterne schien, hatte er die Aufschläge eines einfachen Grenadiers erkannt.

Die Laterne erlosch plötzlich, und der Soldat verschwand, es raschelte nur noch, denn er bahnte sich eilig den Weg durchs Gras. Der Offizier lächelte kaum mit den Mundwinkeln, sein Blick suchte die Orientierungszeichen vor dem Panzer.

Auf den Kuppen der umliegenden Hügel flammten Scheinwerfer, ihre Lichtstreifen liefen konzentrisch zusammen und entfachten scharfen, blausilbrigen, stark blendenden Widerschein, wie von einem Prisma. Der Offizier kniff die Augen ein, er sah eine Weile gar nichts. Jemand trat von der anderen Seite zum Panzer.

»Wirst du sie schaffen, mein Junge?«

»Bitte? Sie sind es, Herr Major?«

»Ja. Du bist durch Dertex gefahren?«

»Ja, Herr Major.«

Der Offizier beugte sich aus dem Türmchen. Von dem Sprechenden sah er nur den schwarzen Schattenriß des Kopfes.

»Weißt du nicht, wie es dort um diesen Hauptmann steht?«

»Den es getroffen hat?«

»Ja. Lebt er?«

»Er dürfte leben. Genau weiß ich es nicht. Ich beeilte mich. Was tut sich hier bloß? Ich kenne nicht einmal meinen Auftrag genau. Um fünf erhielt ich den Befehl, sie holten mich aus der Wohnung, ich war gerade am Abreisen...«

»Komm doch zu mir herunter, mein Junge.«

Der Panzerführer sprang locker aus dem Türmchen auf die vordere Panzerung und ließ sich gewandt hinab. Er spürte die Stiefel in die glitschige, feucht knirschende Wiese einsinken. Der Major bot ihm eine Zigarette an, indem er ihm das offene Päckchen in die Hand schob. Sie rauchten. Die Zigarettenfünkchen bewegten sich im Finstern.

»Unsere Obergescheiten sitzen dort seit drei. Der erste Schub flog mit Drehflüglern her, um fünf sind die Sachverständigen von der Akademie angetrudelt, das Feinste vom Feinen, dort beim letzten Scheinwerfer steht gut ein halbes Schock Hubschrauber, sogar Transporter haben die durch die Luft hergeholt, die glauben wohl, es brennt. ›Operation Glasberg‹, verstehst du?«

»Was ist eigentlich mit dieser Kugel los?«

»Hast du nicht Radio gehört?«

»Nein. Nur das, was die Leute sagen. Lauter Quatsch. Daß eine Untertasse gelandet ist, Marsmenschen, irgendwelche Kinderfänger, sie fressen sie bei lebendigem Leibe, na, und weiß der Teufel, was noch alles!«

»Aber, aber« – sagte der Major, und im Widerschein der Zigarette zeigte sich sein Gesicht, breit, metallisch schimmernd, wie mit Quecksilber überzogen. »Ich war dort, weißt du.«

»Dort?« – fragte der Panzerführer und schaute auf den fernen Hügel, den die Scheinwerfer im Halbkreis einkesselten. In ihren sich überschneidenden Lichtstreifen bewegten sich überlebensgroß menschliche Schatten.

»Dort. Tatsächlich ist es vom Himmel gefallen, man weiß nicht, was. Es sieht aus wie Glas, aber man kann es nicht berühren. Dieser Hauptmann, wie heißt er gleich, der hat es berührt.«

»Was ist ihm eigentlich passiert?«

»Das weiß man nicht genau. Die Ärzte sagten – jeder etwas anderes. Als sie versammelt waren, sprachen sie es ab, natürlich, die sprechen so was allemal noch ab. Erschütterung, Verbrennung, Schock.«

»Elektrizität?«

»Wenn ich dir sage, man weiß es nicht, mein Junge. Sie sitzen dort und leuchten, hörst du, wie sich die Geländedynamos für sie drehen?«

»Und?«

»Nichts, und. Eine Kugel, oder auch nicht, härter als Fels, was sage ich, härter als Diamant, sie sind ihr schon verschiedentlich zu Leibe gerückt; nicht zu regen, nicht zu ritzen, und mitten drin – ein Junge und ein Mädchen.«

»Was Sie nicht sagen! Also das ist wahr? Wie? Und die leben?«

»Ach wo. Solche – so Abgüsse halt, wie aus Gips. So wie Mumien. Hast du einmal eine Mumie gesehen?«

»Im Fernsehen.«

»Ja, so ähnlich sieht das aus. Drinnen, in dieser Kugel, beide weiß wie Knochen. Aber das sind keine Körper, keine Menschen. .«

»Wieso, keine Menschen? Herr Major, um die Wahrheit zu sagen, da verstehe ich überhaupt nichts.«

»Mein lieber Junge, denkst du, irgendwer versteht etwas davon? Es blitzte, es krachte, genau zu Mittag fiel etwas herunter, machte einen Trichter wie ein Zweitonner, und aus der Mitte stieg eine Glasblase, so groß wie deine Kiste. Ein paar Schritt weit von der Stelle, wo das fiel, lag ein Bursche mit einem Mädel, Hiesige, na

ja, Sommer, Liebschaften... Es hat sie auf der Stelle erledigt.«
»Was?«
»Die Obergescheiten wissen nicht, was. Die einen sagen: der Luftstoß. Andere: von der Hitze. Denn das muß verflucht heiß gewesen sein, als es fiel. Wie ein Geschoß halt. Es hat sie verkohlt, verkrümmt, sicher fanden sie nicht mehr Zeit zu erschrecken...«
»Aber Sie haben ja gesagt, daß sie drinnen sind, in dieser... Blase?«
»Nicht sie. Ihre – Abbilder. Wie ein – Abguß. Im übrigen ist er nicht völlig genau. Ich habe ihn von verschiedenen Seiten besehen. Dort ist auch ein Stück von dem Strauch, worunter sie lagen...«
»Wo?«
»In dieser Kugel.«
»Herr Major, und – und was bedeutet das alles zusammen?«
Der Major tat einen letzten Zug und warf den Zigarettenstummel weg, der eine geometrisch exakte rosige Parabel beschrieb und verschwand.
»Man weiß es nicht. Beruhige dich, mein Junge, nicht nur ich weiß es nicht, oder du. Professoren, Gelehrte, der Präsident, alle sind gerade so gescheit wie wir. Die haben fotografiert, gemessen, gesucht, alle paar Minuten etwas abgeworfen, ein ganzes Laboratorium ist an Fallschirmen heruntergesegelt! Reporter, Wichtigtuer, Kiebitze – in Massen. Hast du die Wachtposten gesehen?«
»Ja. Die kontrollieren wirklich, an die zehn passierte ich allein auf dieser Landstraße.«
»Klar, sonst gäbe es hier schon solchen Kuddelmuddel, um fünf kam das Fernsehen in eigenen Maschinen angeflogen, wir konnten sie kaum verjagen. Sie erhielten keine Landegenehmigung, also knipsten und übertrugen sie aus der Luft, was sie nur konnten.«
»Und ich – ich soll wirklich auf – auf dieses Ding schießen?«
»Um die Wahrheit zu sagen, auch das weiß man noch nicht. Die Wissenschaftler, klar – du kennst sie doch! Sie machen ein Mordsgetu damit. Da hat es Krach gegeben! Zum Glück haben nicht die Wissenschaftler bei uns zu bestimmen. Sie bekamen dann noch eine Frist von vier Stunden. Die ist gleich um. Vier Wochen wollten sie noch!«
»Ja, diese – Kugel, tut sie denn etwas?«
»Was sollte sie tun? Nichts tut sie. Bis zum Abend rauchte sie

ein wenig, aber jetzt hat sie schon aufgehört. Sie soll ganz kalt sein, aber berühren läßt sie sich weiterhin nicht. Sie haben allerlei Tiere herbeigeschafft, sogar Affen, und Versuche gemacht. Sowie eines daran gerührt hat – sofort platsch, und vorbei.«

»Herr Leutnant! Eine Meldung!« – rief es von oben her. Der Panzerführer sprang nach dem Drehturm, aus dem sich ihm ein Panzersoldat mit Schutzhelm entgegenbeugte. Über dem Kopf flimmerten ihm ruhig die Sterne.

Der Leutnant las mühsam bei Laternenlicht das Gekritzel auf einem vom Block abgerissenen Zettel.

»Herr Major – es geht los« – sagte der Leutnant nicht ohne Gemütsbewegung.

»Was denn, fährst du ballern?«

»Ja.«

Der Panzerführer kletterte in die Höhe. Gleich darauf dröhnte der Motor lauter, der Panzer wendete auf der Stelle und rückte dem Hügel entgegen. Der Major steckte die Daumen in den Gürtel und schaute dem Fahrzeug nach. In der Ferne, innerhalb des erhellten Bereichs, ging etwas vor. Die Schatten bewegten sich schneller als vorher, dünnes piepsiges Knattern ließ sich hören. Rauchfähnchen schossen hoch, Laternen blitzten, und im Zentrum dieses Gewimmels glänzte wie eine Linse, die Strahlen sammelt, ein Tropfen aus blauem Licht. Das Getöse des Panzermotors entfernte sich; es steigerte sich nochmals, als der dunkle Fleck, mit einer doppelten Helligkeitszone als Vorhut, den Hang hinaufkletterte. Die großen Scheinwerfer auf den Hügelkuppen zuckten und begannen langsam Millimeter um Millimeter auseinanderzurücken, die Lichtgarben verließen nacheinander die Birne, sie verblaßte, zuletzt kreuzten darauf nur mehr zwei Leuchten von entgegengesetzten Seiten ihre Strahlen. Der Major begann instinktiv zu zählen. Die Finsternis um ihn war voll menschlicher Stimmen, er hörte die kleinen Geländewagen rattern, die zur Landstraße fuhren; Leute mit großen Laternen bahnten sich einen Weg durchs Gras, Tautropfen rannen über die Scheinwerferscheiben, weit drüben rief jemand etwas Unverständliches, dieses Rufen wiederholte sich regelmäßig und unverdrossen, die Dynamos jenseits des Hügels arbeiteten auf Hochtouren mit melodischem Summen, und plötzlich durchschnitt alle diese Geräusche ein gedämpfter stumpfer Knall.

Der Major strengte die Augen an, aber er nahm nichts wahr.

Das Knallen wiederholte sich nun rhythmisch alle paar Augenblicke, in den Abständen zählte er bis zehn. Vergeblich suchte er die Ausstoßflamme zu sichten. »Sicher ist er jenseits des Kammes stehengeblieben« – dachte er. Er hörte regelmäßiges Knirschen von Eisen. Im letzten Moment sprang er zur Seite: da schleppte ein Traktor einen hohen, plumpen, mit Schattenrissen gespickten Apparat heran, der vor dem Hintergrund der Sterne auf und ab schwankte. Als er an dem Major vorbeifuhr, traf ihn der Widerschein ferner Lichter ins Gesicht, die von der Scheibe eines gelöschten, zwei Meter hohen Flugabwehr-Scheinwerfers zurückgestrahlt wurden. Der verborgene Panzer schoß noch immer. Das Knirschen hinter dem Rücken des Majors verstummte, er hörte jetzt regelmäßiges, gedämpftes Stampfen vieler Füße. Eine lange, oft unterbrochene Menschenschlange zog an ihm vorbei, hie und da hoben und senkten sich Laternen mit bespritzten Scheiben, auf einmal rauschte vom Ende der Kolonne her eine Welle verworrener Stimmen auf ihn zu, sie kam immer näher, eine Nachricht ging von Mund zu Mund, die Lenker der Geländefahrzeuge überbrüllten einander beim Überholen der Menschenschlange, die Welle von Rufen umströmte ihn, schon war sie weiter vorn, bei der Landstraße, er aber wußte noch immer nichts.

»Was?! Was gibt's?!« – rief er.

»Es greift nicht! Aus dem Geschütz greift es nicht an ihr!« – antworteten aus der Finsternis mehrere Stimmen auf einmal, wie enttäuscht oder traurig. Schon hinter ihm überschnitten sich die Fragen, und die Antwort kehrte immer wieder, nun deutlich und verständlich:

»Es greift nicht, es greift nicht...«

Ein Scheinwerfer blendete ihn, ein flammendes Auge, das die schwarzen Grashalme wegdrängte. Jemand rief:

»Möchten Sie einsteigen, Herr Major?«

Der Major tastete am Kotflügel entlang, fand den filzbespannten Eisensitz, kletterte hinauf und ließ wie die anderen seitlich die Beine hinabbaumeln. Das kleine Geländefahrzeug rollte weiter, auf den Ballonreifen federnd. Als es durch den Graben auf die Straße hinausfuhr, begannen die hinten Sitzenden abzurutschen, die Vorderen schnappten sie am Gürtel, am Kragen, Gelächter klang auf. Der Motor ächzte, das Wägelchen erklomm mühsam die Straße. Nun erst, zum erstenmal an diesem Abend, war der Major betroffen von der Schönheit dieser Sicht, die sich vor ihm ausbreitete: bis zu den Sternen am Horizont erstreckte sich die Gegend ganz funkelnd, wimmelnd von beweglichen Lichtpünktchen; von oben ertönte das regelmäßige Brummen eines Flugzeugs, so, als wiederholte es hartnäckig, mürrisch immer dasselbe; fern im Hintergrund aber, dort, wo die beiden Scheinwerfer die Klingen kreuzten, flammte in reinem Glanz die Birne, wie ein Kristalltropfen, und immerfort wiederholte sich das tiefe, gleichgültige Knallen des Panzergeschützes.

Auf den Banketten der Landstraße standen zwischen grabenwärts geworfenen Pappeln die Männer von der Straßenwachtkompanie und zeigten mit grünen Lämpchen an, wo die Durchfahrt frei war. Rote Laternen waren an manchen Stellen direkt an den hochragenden, noch nicht weggeschafften Stämmen aufgehängt. Der Strom der Autos, LKWs, Amphibienfahrzeuge kroch im Schritt voran, alle paar Augenblicke hieß es anhalten.

»Was gibt's? Was gibt's? Vorwärts!« – rief es von hinten. Niemand gab Antwort, vorn blitzten immerzu die Laternen, die Kolonne regte sich, fuhr weiter, an einem Personenauto vorbei, dessen linke Räder in den Graben abgedrängt waren. Kinderköpfe beugten sich aus dem Fenster, der Mann am Volant rief dem Kommandanten der Verkehrsstreife etwas zu, der mit müder Stimme wiederholte: »Keine Durchfahrt, keine Durchfahrt.«

Gleich nach der Kurve entstand wieder eine Stockung.

»Was soll das? Rückzug?« – fragte jemand mit junger, hoher Stimme.

»Auf Urlaub fahren wir!« – rief es mehrfach aus dem hohen Lastwagen vor dem Amphibienfahrzeug, jemand fing zu singen an, jemand rief scharf dazwischen, der Gesang riß ab, ein Soldat beugte sich über das Holzgitter an den Kanten des Lastautos und sprach hinunter:

»Räumung des Geländes, verschwind, bevor du draufgehst!«

»Warum? Warum denn?« – forschte die junge Stimme.

»Weil bombardiert wird, darum! Verstanden?!!«

Auf einmal rückte die Kolonne schneller voran, fuhr zwischen den Motorradfahrern durch, die mit weißen Schulterklappen und ebenso weißen kugeligen Helmen im Finstern hielten, und geriet unter einen blendenden Strom von Licht; es drehte sich langsam gerade über dem Straßenrand, zwischen den Bäumen, wie ein Leuchtfeuer. Die Geblendeten schrien zornig, die Lenker drückten auf die Sirenen, und der Scheinwerfer hob die grausilberne

Lichtsäule, streifte eine einsame Wolke und bestrich wieder die Straße, fischte grünschimmernde Autodächer hervor, mit Menschenköpfen vollgepfropfte Kästen, und hielt plötzlich still. Ein paar Sekunden lang sah der Major ein offenes Personenauto gerade noch nebenherschleichen. Ein langer Mann hielt einen Stock mit Silberknauf zwischen den Knien und wiederholte mit versagender Stimme: »Das ist Irrsinn, Irrsinn, bombardieren wollen sie, wenn wir es so weit kommen lassen...«

Der Mann sagte das vor sich hin, schwarzweiß, silberhaarig, im spukhaften Licht; die neben ihm sitzenden jüngeren Leute schwiegen, einer hielt ein großes Paket auf den Knien und deckte es mit dem Mantel zu, alle ohne Ausnahme hatten schwarze Brillen vor den Gesichtern und sahen so reglos im Scheinwerferstrahl wie blasse Blinde aus. Der Lichtstreifen erbebte und glitt weiter, um das Auto neben dem Geländefahrzeug schloß sich die Finsternis. Der Scheinwerfer erlosch, so schwarze Nacht fiel ein, daß die Autolichter darin wie in tiefes Wasser versenkt erschienen; der Major legte die Hände vors Gesicht, so saß er und ließ sich widerstandslos durchrütteln.

Plötzlich hob er den Kopf.

Der Panzer schoß nicht mehr, oder die Entfernung war zu groß. Der Major erblickte die ersten Laternen des Städtchens, sie blitzten schwach, die Kolonne fuhr durch Straßen voll Menschen, sie standen auf den Gehsteigen; aus den weit offenen Fenstern der erhellten Wohnungen hallte das Radio; die Kolonne bog ab, von den halsüberkopf dahinjagenden Motorradfahrern überholt, und irgendwo in der Ferne riefen Kinderstimmen: »Extraausgabe! Zweite Kugel in Bayern abgestürzt! Extraausgabe!!«

Von hoch oben ertönte das Rattern des Flugzeugs.

3.

Maurell eilte in die Wohnung, den Anzug durchnäßt vom Tau und mit Spuren von Lehm und Asche auf den Knien, und schüttelte im Vorzimmer beim Fußabstreifen festgeklebte Grashalme von den Absätzen. Der Foxterrier umtänzelte zunächst seinen Herrn und trommelte freudig mit dem harten Stummelschwanz gegen die offene Schranktür, sträubte sich aber plötzlich, duckte sich an Maurells Füße und begann heftig die Luft einzusaugen.

Je mehr der Hund schnüffelte, desto stärker stellte sich sein Nakkenhaar auf. Maurells Frau war eben zur Tür gegangen, als er geöffnet hatte, und blieb nun schweigend stehen.

»Liebling, ich muß gleich fahren« – sagte er. »Mit dem Professor. Sie – sie wollen im Morgengrauen diese Kugel bombardieren, weißt du. Ich muß mit dem Professor fahren« – wiederholte er. »Mit seinem Herzen – sieht es nicht gut aus.«

»Eine zweite ist gefallen« – sagte die Frau und sah ihm ins Gesicht. »Georg, was ist das? Was bedeutet das?«

»Ich weiß nicht. Niemand weiß es! Etwas – aus dem planetaren Raum, von den Sternen. Unfaßlich! Hast du es gesehen?«

»Ja, im Fernsehen.«

»Dann weißt du ja, wie das ist.«

»Das war – ihre Skulptur, einen Augenblick, bevor sie umgekommen sind, nicht wahr? Von ihrem letzten Augenblick?«

»Ja, danach sieht das aus.«

»Was habt ihr vor?«

»Daß wir es vor allem nicht dazu kommen lassen, daß die irrwitzigen Schritte dieser – dieser« – er fand das rechte Wort nicht. »Zuerst handeln, dann denken – du kennst ja ihren Wahlspruch. Am Morgen Bombenangriff aus der Luft. Der Professor hat mir gesagt, daß jemand vom Ministerium die Atombombe erwähnt hat. Falls die gewöhnlichen Bomben nichts ausrichten.«

»Aber warum beeilen sie sich so, warum wollen sie das so sehr zertrampeln, zerstören? Vielleicht – paß auf, vielleicht ist unter dieser Kugel – etwas drunter?«

»Was?« – er hob den Kopf. »Wie meinst du? Unter der Kugel? Ach, du denkst sicher, irgendein Geschoß, eine Rakete? Nein, nichts ist da. Wir haben sondiert. Die Kugel – im übrigen ist das keine Kugel, bloß sagen alle so –, die sinkt etwa drei Meter tief ein, nicht mehr. Das Material ist überall gleich: Glasmasse, härter als Diamant. Auf der Spitze oben war eine Öffnung, aber nach vier Stunden hat sie sich zugekrustet. Vorher kam Dampf heraus, wir haben Proben aufgefangen. Sie sind zur Analyse gewandert. Das, was in der Erde sitzt, in diesem Trichter, das hat nach sechs Seiten so walzenförmige Ausläufer...«

»Wurzeln?« – regte sie an.

»Gut, sagen wir... Aber ich muß packen, Liebling. Ich... weiß wirklich nicht, wann ich zurückkomme. Ich hoffe, morgen abend. Was...?« – er unterbrach sich unter ihrem Blick.

»Diese zweite Kugel, Georg...«

»Was?!« – Maurell trat zu ihr, packte sie an den Schultern. »Du hast etwas gehört? War etwas im Radio? Ich weiß nur, daß sie irgendwo bei Oberammergau abgestürzt ist, in der Zeitung waren drei Zeilen, – warum sagst du nichts?«

»Nein, nein« – wiederholte sie. »Ich weiß nichts Neues, aber – dann werden wohl noch welche fallen?«

Er ließ sie los, begann durchs Zimmer zu gehen, zog den kleinen Koffer vom Schrank herab, öffnete ihn, warf ein Hemd hinein und hielt plötzlich an, ein Handtuch in den Händen.

»Ja, möglich... Möglich.«

»Was ist das also? Was denkst du? Was sagt der Professor?«

Das Telefon schrillte. Sie hob den Hörer ab und reichte ihn schweigend ihrem Mann.

»Hallo? Sie, Herr Professor? Ja, gleich, ich fahre sofort. Bitte? Wie, nicht nötig? Wohin? Zu Ihnen? Ins Institut? Jetzt. Gut. In einer Viertelstunde bin ich dort.«

Er warf den Hörer hin.

»Institutssitzung. Jetzt! Wie spät? Erst zwölf? Ich dachte, später... gleichviel. Den Koffer komme ich später holen. Vielleicht wird er nicht mehr nötig sein, ich weiß nicht. Ach, nichts weiß ich!«

Maurell küßte sie auf die Stirn und rannte fort, so, daß sogar der Hund im Korridor sich duckte und zu ihm herüberknurrte.

Das Institut lag auf einem Hügel beim Fluß, unterhalb einer alten Festung, es war schon von weitem sichtbar, besonders jetzt für Maurell, während er auf dem Trittbrett des völlig leeren Nachtautobusses durch die Allee fuhr. Alle Fenster waren dunkel in dem alten Palais, worin das Institut untergebracht war, aber der Assistent wußte ja, daß nur die Bibliothekssäle und der kaum alle heiligen Zeiten benützte Festsaal an der Hauptfront lagen. Das schmiedeeiserne Pförtchen war offen, im Hof standen Autos in langer Reihe. Maurell ging zur Rückseite des Gebäudes, hinten breitete sich der große Garten aus. Die Meernymphe, aus deren Händen der Springbrunnen sprudelte, lag nackt und dunkel auf ihrem Felsen in der Mitte des kleinen, von breiten Blättern bedeckten Teiches. Maurell ging über die Hintertreppe ins Stockwerk hinauf. Hüsteln und Stimmengewirr drangen zu ihm. Im Korridor stand jemand, mit dem Rücken zu ihm, vor der Nische mit dem Telefon und wiederholte beharrlich in den Hörer:

»Nein, ich kann nicht. Ich komme nicht heim. Jetzt nicht. Ich kann nichts Konkretes sagen.«

Maurell erkannte Trevors, bei dem er Vorlesungen aus mathematischer Analysis gehört hatte. Er ging an ihm vorbei und betrat den kleinen Saal. Vinnel, umringt von dichtem Gedränge (Kopf an Kopf, weißhaarige, graumelierte, kahle), hielt etwas Glänzendes in der Hand, fuchtelte mit diesem Gegenstand und sagte:

»Wenn das kein ausreichender Beweis ist, bitte ich Sie in den Filmsaal.«

Alle eilten hinter ihm drein zur Tür. Das Krachen verschobener Stühle ließ sich hören, einer fiel um, alle Leute redeten zugleich. Maurell stand verloren da und wußte nicht, was er anfangen sollte. Da bemerkte ihn der Professor, als er dicht vor ihm war und eben gleichzeitig die Fragen mehrerer Leute beantwortete.

»Sie sind schon hier, ausgezeichnet, bitte kommen Sie mit uns, Sie werden mir helfen.«

Der Filmsaal war eigentlich ein gewöhnliches, nur eben verdunkeltes Zimmer mit so wenigen Plätzen, daß die halbe Versammlung in den Zwischengängen stehen mußte, oder auch an der Wand, worin sich die viereckigen Fensterchen des Filmapparats sehen ließen. Vinnel stand an der entrollten Leinwand und hob die Hände. Es wurde stiller.

»Die Kollegen werden einen Film sehen, der hergestellt wurde, indem Kollege Termann vier Stunden lang, bis uns das Militär vertrieb – jawohl, bis das Militär uns hinauswarf –, aus sechzig Meter Entfernung alle drei Sekunden eine Einzelaufnahme machte.«

»Warum so weit weg?« – fragte jemand.

»Aus Sicherheitsgründen« – entgegnete der Professor. »Was der Film ergeben hat, das hatten wir natürlich überhaupt nicht erwartet. Die Aufnahmen sind nicht ideal, der Film wurde unter unerhörten Bedingungen entwickelt, nicht, weil es im Gelände war, aber – unter der ständigen Drohung, uns zu entfernen, und während unentwegter Reibereien, aber lassen wir das für den Augenblick. Kollege Termann!« – er erhob die Stimme. »Sie können anfangen!«

Der Professor setzte sich und verschwand aus dem Blickfeld von Maurell, der seitlich dicht bei der Tür stand. Doch er wußte, daß dieser Platz gar nicht übel war. Es wurde finster, der Projektor schnarrte los. Das Bild schob sich die Leinwand hinauf und hinab, endlich hielt es still. Die Birne füllte fast die ganze Leinwand aus.

Die Aufnahme war offensichtlich mit Teleobjektiv gemacht, was der Professor nicht erwähnt hatte. Langsam verschärfte sich das Bild, und obwohl zuweilen über die ganze Leinwand verschwommene Streifen schossen, waren die Birne und ihr Inneres erträglich gut zu sehen. Nur manchmal verblaßte alles, gewiß war der Film infolge der Lichtreflexe hie und da überbelichtet worden. Im Saal war es still, nur die Stühle konnte man knarren hören. Maurell schaute aufmerksam auf die Leinwand, er erkannte die weißlichen, liegenden, in der Birne eingeschlossenen Gestalten; der Film lief wohl schon eine Minute lang, da bemerkte Maurell zum ersten Mal Bewegung.

Der Bursche und das Mädchen – in Verkürzung gesehen, von hinten und oben, wie ein liegendes Doppelbildwerk –, erbebten. Langsam, ungemein langsam bog das Mädchen den Kopf zurück, und es zeigte sich ihr Gesicht. Dumpfes Aufseufzen ging durchs Zimmer. Statt des Gesichts hatte die liegende weiße Gestalt eine plattgedrückte Maske; dicke polypenhafte Tropfen schienen träge davon abzufließen. Nun zerstob die Empfindung, beide Figuren seien aus weißer Koralle oder aus Stein; sie schienen aus flüssiger, wie erkaltendes Glas eingedickter Masse geknetet. Das Mädchen bog den Kopf, bis sie den weißen und mit einem weißen Fruchtkügelchen endigenden Zweig berührte, der sich bewegte wie in einem unglaublich verzögerten Windstoß. Dann näherten sich einander die Köpfe der beiden wieder, Millimeter um Millimeter, und obwohl die Reichweite der Bewegung nicht über ein paar Zentimeter hinausging, war sie bestens zu sehen; ebenso deutlich hoben und senkten sich sacht die Oberkörper, so, als atmeten die beiden. Und wieder begannen die zwei weißen Kopfkugeln auseinanderzustreben, aber nun hatte sich der Werkstoff verklebt, diese weiße Masse, woraus sie gemeißelt waren – und zwischen den träge voneinander weichenden Gesichtern hingen und rissen dünne Brücken, pappige Fäden; nach dem Zerspringen rollten sie sich zu kleinen Kügelchen zusammen und wurden langsam von der Oberfläche der Masken eingesaugt, die beide Gesichter ersetzten. Zugleich regten sich auch die Füße beider Gestalten, und die weiße, schmiegsame Hand des Mädchens glitt vom Hinterkopf des Mannes auf seinen Nacken. Und wieder, zum dritten Mal, trafen sich die Köpfe sanft, wie zum Kuß, und diese Bewegung war so natürlich, daß im Saal jemand aufschrie.

Kurze Zeit peitschte ein Regen schwarzer Linien auf die Leinwand ein, dann zuckten undeutliche Flecken auf grauem Grund, einen Augenblick lang strahlte die leere Leinwand im Schein des Projektors, dann erlosch er sofort, und die Lampen leuchteten auf.

»Bitte hinüber in den Saal!« – rief der Professor, als erster aufstehend. Er war bleich, wie alle im Saal, obwohl er dieses Bild gewiß schon gesehen haben mußte, vielleicht mehr als einmal.

»Nie im Leben hätte ich mir vorgestellt, daß etwas so Gräßliches existiert – und etwas so Unverständliches« – sagte jemand, der an Maurell anstreifte. Maurell hatte es nicht eilig zum Ausgang. Langsam leerte sich das Filmzimmer. Aus der Operateurskabine kam Doktor Termann, nur in Hemd und Hose. Schweiß glänzte ihm auf der Stirn.

»Hast du das gesehen, Georg?« – fragte er und hakte sich bei Maurell unter.

Maurell nickte.

»Hat der Professor... Was sagt er darüber?«

»Nichts. Mir jedenfalls hat er nichts gesagt. Gehen wir, es fängt schon an!«

Im Saal hatten alle schon Platz genommen, es gab keine Sitze für Termann und Maurell, sie stellten sich also an die schwere olivgrüne Portiere. Etwas berührte Maurell an der Schulter, er blickte sich um, das war nur das Ende der goldenen Vorhangschnur.

»Hier auf dem Tisch« – sagte Vinnel, der wieder am Ende des Saals hinter dem Tisch stand – »hier habe ich alle Daten, die wir erlangen konnten, Fotografien, Meßergebnisse, Analysen und so weiter. Bevor wir zur Durchsicht dieses Materials schreiten, dessen Bearbeitung trotz seiner Stückhaftigkeit Wochen erfordern wird, möchte ich den Kollegen den Inhalt des Fonotelegramms vorlesen, das ich soeben aus Bayern erhalten habe...«

Gemurmel lief durch den Saal.

»Das ist eine Depesche von Doktor Mohnegger, der bei Oberammergau in Bayern die Untersuchungen durchführt und an den ich mich sofort nach Erhalt der Nachricht über den Absturz der zweiten Kugel telegrafisch gewendet habe. Hmhmhm« – brummte der Professor, als er die ersten Sätze leise las, und begann dann laut:

»Ja, hier fängt es an. ›Der Körper außerirdischer Herkunft fiel um acht Uhr zweiundvierzig Ortszeit‹; demnach früher als unserer« – merkte er an und musterte den Saal über die Brillengläser hinweg. »›Während des Fluges durch die Atmosphäre wurde er von vertrauenswürdigen Beobachtern aus der hiesigen Wetterwarte, die gerade in jenem Augenblick Messungen der Windgeschwindigkeit durchführten, als feuriger Bolid wahrgenommen. Der Körper tauchte im Nordosten auf, beschrieb eine Kurve am Firmament und fiel im Südosten nieder, außerhalb des Blickfeldes der Beobachter.‹ Das wäre eines« – kommentierte Vinnel von sich aus. »Weiter steht da: ›Beobachtet von‹ – dem und dem, und so weiter, – ›niel der Körper auf ein Bauerngehöft, den Besitz eines Landwirts namens Jörg Pohl, und rasierte unmittelbar vor dem Aufprall auf die Erde den Wipfel einer alten Linde ab, die hundertsechzehn Meter von der nördlichen Hausecke entfernt steht. Zu den Wirtschaftsgebäuden zählen...‹«

»Wenn das ganze Telegramm so abgefaßt ist, werden Sie bis zum Morgen lesen, Kollege Vinnel« – sagte von seinem Sitz aus ein dicker Mann in der zweiten Stuhlreihe. Jemand lachte, andere zischten: »Pst!«

»Das hat ein Deutscher geschrieben, Kollege« – entgegnete Vinnel und setzte fort, ohne aufzublicken: »Hemhem... also, der Körper... ja, hier: ›...durchschlug das Dach des Schweinestalls, der augenblicklich in Flammen stand, und grub sich achtunddreißig Meter weiter weg in den Boden, an einem Punkt der genau...‹« – das lassen wir beiseite; wie aus dem obigen hervorgeht, war die Bahn des Körpers tangential, und der Einfallswinkel... Ich überspringe hier einen Absatz, der sich auf die Berechnung der Flugbahn bezieht« – versetzte Vinnel, brummte und begann wieder:

»›An der Absturzstelle entstand ein hochgewölbter, regelmäßig kreisförmiger Erdwall, woraus Rauch aufschlug, anfangs schwarz, dann in schmutziggraue, zitronengelblich-graue, weißliche und zuletzt schneeweiße Farbe übergehend. Die Höhe der Rauchsäule betrug schätzungsweise...‹ Lassen wir das. Ja, im folgenden wird der Brand des ganzen Gehöftes beschrieben, alles brannte nieder, die Menschen retteten sich, vernichtet wurden fünf Schweine, darunter zwei Ferkel...«

»Welcher Rasse?« – fragte der dicke Witzbold, aber niemand achtete darauf.

»Zwei Hühner, eine Gans... ja. Weiter steht da: ›Die Absturzstelle befand sich unter direkter Beobachtung seitens einer Pfadfindergruppe, die vierhundertachtzig Meter weiter am Bach lagerte.‹ Und so weiter, und so weiter« – wiederholte der Professor ungeduldig, überflog mit den Blicken die Blätter und legte sie nacheinander auf dem Tisch ab. »Hier! Jetzt kommt, was diese Pfadfinder sagen... Zuerst wird jeder in bezug auf seine Glaubwürdigkeit charakterisiert, und jetzt steht da: ›Als der Rauch verweht war, gewahrte man...‹ Entschuldigen Sie, ich sagte nicht, daß die Beobachtungen aus fast einem halben Kilometer Entfernung gemacht wurden. Aber zwei Buben hatten Ferngläser. Also: ›...gewahrte man eine glänzende Kugel oder Blase, die in den Regenbogenfarben schillerte. Sie wuchs immer höher aus der Erde und weitete sich zugleich proportionsgerecht aus, so, als bliese sie jemand auf...‹ – ›...das dauerte über eine Stunde. Inzwischen waren auch diese Beobachter aus der Wetterwarte und zufällige Touristen an der Stelle eingetroffen...‹ – ›Die Feuerwehr löschte einstweilen den Brand...‹ Also... ›ein Postengürtel von Polizisten wurde aufgestellt...‹ Ja, und jetzt kommt der Inhalt der Kugel!« – verkündete Vinnel mit erhobener Stimme, leckte sich die ausgetrockneten Lippen und las langsam:

»›Im Inneren...‹ Ja... ›Die Beobachtungen wurden dadurch erschwert, daß sich nebelhafte Schichten, gleichsam sukzessive Wachstumsringe, ansetzten...‹ – ›Aus milchiger, wie ausgeglühte Gebeine weißlicher Masse von unbekannter Zusammensetzung und Konsistenz...‹ – ›ein zentraler Kern und drei Teile, die zum Teil an den Rändern ineinanderfließen, aber größerer Klarheit halber nacheinander beschrieben werden...‹«

»Die Klarheit könnte nicht größer sein!« – der Dicke im hellen Anzug konnte es sich wieder nicht verkneifen.

»›...Teile der Körper eines Ferkels und einer Sau samt einem Bruchstück der Stallwand, so, als wäre es ausgeschnitten und in korrektem Neigungswinkel rekonstruiert worden...‹ – ›...das vollständige Abbild einer zweiten Sau...‹ – ›...das fließend in die Formen zweier Hühner übergeht...‹ – ›...und über dieser zweigliedrigen Gruppe, etwa siebzig Zentimeter höher oben, ein in die Glasmasse eingelassenes Abbild aus ebensolcher weißer Substanz, das einen kleinen Vogel mit ausgebreiteten Flügeln darstellt, höchstwahrscheinlich eine Meise...‹ – ›Es besteht die Möglichkeit, daß sich ein solcher Vogel unmittelbar vor dem Absturz des Körpers gerade über dem Einschlagpunkt befunden haben könnte, da in der Nähe...‹ Nun folgen irgendwelche ornithologische Beobachtungen, die für uns kaum wesentlich sind. Ja. Das wäre schon alles, was ich den Kollegen vorlesen wollte« – sagte Vinnel und legte die Papiere auf dem Tisch ab.

»Und was weiter?« – fragte jemand aus dem Hintergrund des Saals.

»Genau diese Frage wollte ich an Sie richten, Kollegen« – sagte Vinnel. »Unser tapferes Heer hat die Antwort schon parat, einschließlich der Atombombe. Ich fürchte, die Glasmasse wird eine Uranexplosion nicht so gut aushalten, wie vorhin den Beschuß aus der Kanone.«

»Ist das wahr?« – fragte es aus dem Saal.

»Wahr. Die panzerbrechenden Geschosse prallten zurück. Das sind Vollgeschosse, ohne Sprengladung. Einige wurden gefunden. Versteht sich, kein Wissenschaftler durfte sie auch nur sehen. Doch davon endlich genug! Wir nun, wir haben noch keine Antwort. Natürlich drängt sich eine Reihe von Folgerungen auf, aber sie müssen sehr behutsam ausgesprochen werden. Auf Grund dieser beiden Fälle entsteht folgendes Bild: Diese Körper besitzen die Fähigkeit, Abbilder der Dinge, Lebewesen oder Gegenstände zu erzeugen, die sich während des Zusammenpralls mit der Erde in näherer Umgebung befunden haben. Nun drängt sich eine Reihe von Fragen auf: Wie geht das vor sich? Ist der Körper schon beim Anfliegen zur Bildung solcher Abbilder bereit, oder entsteht diese Fähigkeit erst nach einem Einleitungsprozeß? Nun, und vor allem: zu welchem Zweck geschieht das?«

Schweigen trat ein. Maurells Mathematiklehrer sagte von seinem Platz aus:

»Wir haben uns versammelt, um einen Forschungsplan zurechtzulegen und ihn den zuständigen Organen zu präsentieren, das stimmt doch? Versteht sich, wir werden vielleicht nicht angehört. Man hört auf uns gerade so lang, wie man uns braucht, und es ist durchaus wahrscheinlich, daß die Kugel bei Dertex der Zerstörung anheimfällt. Dann verbleibt aber noch die zweite bei Oberammergau, wir könnten uns also dorthin begeben, zumindest einige von uns, sofern die Deutschen mehr Vernunft zeigen als unsere Behörden...«

»Ja, das ist richtig« – sagte Vinnel. »Ich möchte noch ... ich finde, die Kollegen sollten den Standpunkt der Militärs kennen. Er besteht darin – wir hätten es mit dem Versuch einer Invasion zu tun.«

»Invasion?!«

»Ja. Das ist eine Hypothese – so gut wie jede andere, wenn man nichts weiß. Die Nachricht vom Absturz der Kugel in Bayern erreichte das Ministerium fast gleichzeitig mit der Nachricht vom Absturz der Kugel auf unserem Territorium. Sie erwarten weitere... eeh... Landungen und treffen Vorbereitungen, um jedes abstürzende Objekt zu zerstören.«

»Aber die Kugel zeigt doch keinerlei Aktivität?« – fragte jemand in der ersten Reihe, ein hochgewachsener Mann, der Fotonegative gegen das Licht betrachtete.

»Nun... alles mit Maß! Der Offizier, der sie vor meinen Augen berührt hat, ist tot.«

»Wieso ist er gestorben?«

»Schock. Das sagen die Ärzte. Wir haben die Kugel untersucht. Alle Tiere, die auch nur einen Sekundenbruchteil lang die Oberfläche berührten, gingen mit Schocksymptomen zugrunde.«

»Elektrischer Schock?«

»Nein, eher anaphylaktischer. Blutzusammenballung, Ausfällung des Eiweiß aus den Protoplasmalösungen, wie unter der Einwirkung ungemein hochfrequenter Schwingungen.«

»Ist die Kugel radioaktiv?«

»Nein.«

Das Schweigen zog sich eine Weile hin.

»Sie haben von Abbildern gesprochen, Herr Professor« – meldete sich von der Wand her ein schlanker, kahlköpfiger Mann, dessen Gesicht von Operationsnarben strotzte. »Aber das sind – bewegliche Abbilder. Wir haben ja den Film gesehen. Es sieht aus, als hätte das stürzende Objekt nicht nur Gegenstände oder Lebewesen sozusagen abgeguckt, oder Menschen – sondern auch deren Bewegungen. Das heißt, daß die Leute während dieser... Beobachtung, dieses... Nachbildens, oder wie wir diesen Prozeß nennen mögen – noch lebten. Der Tod kann also ohne jeden Zusammenhang mit diesem Erzeugen von Abbildern eingetreten sein, lediglich durch die bloße Nähe der Absturzstelle, durch Einwirkung des Luftstoßes, der Hitze, und so weiter.«

»Die Sache sieht nicht gar so einfach aus, Herr Professor Laars« – mischte sich der Mathematiker in die Diskussion. »Denn daß ein stürzender Meteorit, ein gewöhnlicher Meteorit, einen Menschen oder ein Tier träfe oder erschlüge, kommt praktisch nie vor.

Das ergibt sich daher, daß die Oberfläche der Erdkugel so unerhört groß und, wenn ich so sagen darf, so leer ist, verglichen mit der Oberfläche der Körper aller Lebewesen, die sich darauf bewegen. Demnach ist es statistisch völlig unwahrscheinlich, daß sie selbst oder ihre Nähe getroffen werden. Daß nun die eine Kugel einige zehn Meter weit von zwei jungen Leuten einschlug und die andere ebenso nahe an einem bewohnten Gehöft, dies sieht nicht nach einem Ergebnis des blinden Zufalls aus. Wenn es so ist, dann haben sich diese Kugeln nicht wie tote Weltraumkörper bewegt, sondern wie ferngesteuerte oder gezielte Objekte.«

»Das würde stimmen, wenn wir wüßten, nur diese zwei Kugeln seien auf die Erde gefallen« – wehrte Laars ab. »Aber wenn im Lauf der letzten achtundvierzig Stunden, sagen wir, hundert abgestürzt sind, davon vier Fünftel in die Weltmeere, ein Sechstel auf menschenleere Gegenden, und nur zwei dort, wo sie gesichtet werden konnten – was dann?«

»In diesem Fall hätten wir die Auffindung dieser schwer zugänglich gelegenen Kugeln zu erwarten.«

»Da stimme ich Ihnen zu. Schwierig daran ist nur, daß wir nicht wissen, wo wir sie suchen sollen.«

»Ich schlage vor, wir sollten jetzt Radio hören« – sagte Vinnel und stand vom Tisch auf, bei dem er etwas notiert hatte. »Es ist gleich halb drei, es müßte schon Nachrichten über das Ergebnis der Bombardierung geben.«

»War sie für die Nacht geplant?«

»Ja. Das wurde vorverlegt, so eilig hatten es die! Im übrigen weiß ich es nicht, die Entscheidungen änderten sich jede halbe Stunde. Maurell, vielleicht schalten Sie das Radio aus dem Arbeitszimmer auf den hiesigen Lautsprecher um, gut?«

Maurell ging. Nach einiger Zeit ließen sich vermischte Töne hören, bald lauter, bald leiser, plötzlich schlug die Stimme eines Mannes durch, verschwand, kehrte gleich wieder und erfüllte den ganzen Saal.

»...in der Grube eine Trotylladung angebracht, deren Stärke nicht bekanntgegeben wurde. Dann zogen sich die Pioniere auf die gegenüberliegende Hügelkette zurück, von dort aus wurde die Ladung ferngezündet. Durch die Explosion wurde die Kugel in die Luft geschleudert und rollte den Hang hinab in die Mulde. Derzeit wird die Kugel intensiven Untersuchungen unterzogen.«

Der Sprecher setzte eine Pause.

»Aus München meldet unser Berichterstatter: Die Untersuchungsarbeiten an der Kugel, die gestern früh bei Oberammergau abgestürzt ist, sind in vollem Gange. Insgesamt sechs wissenschaftliche Forschungsgruppen fuhren zu dem Punkt. Es wird geplant, verschiedene Arten von Energie auf die Kugel einwirken zu lassen. Im Zusammenhang damit wird die Möglichkeit erwogen, sie ins nächste städtische Zentrum zu schaffen, wo die unerläßlichen Vorrichtungen und Apparate zur Verfügung stünden. Die deutschen Wissenschaftler schätzen das Gewicht der Kugel auf hundertneunzig bis zweihundertzwanzig Tonnen. Folglich ist das Transportproblem nicht leicht zu lösen.«

Der Sprecher setzte wieder eine Pause, raschelndes Umblättern ließ sich durch den Lautsprecher hören. Die Pause dehnte sich. Plötzlich erklang die Stimme des Sprechers kräftiger:

»Die folgende Meldung wurde uns soeben zugeleitet. Giacomo Caelli, der von seiner Expedition ins innere Amazonas-Zuflußgebiet heute mit allen Begleitern nach Rio de Janeiro zurückgekehrt ist, erklärte auf einer Pressekonferenz, er habe in der Nähe der Mündung des Putumayo in den Amazonas ein vom Feuer verzehrtes Gelände von beträchtlicher Größe im Urwald entdeckt. Dort habe sich auf dem Grund eines verbrannten Kraters ein großer glasiger Klumpen befunden, umringt von den Körpern aus unbekannten Gründen verendeter Tiere: Raubtiere, wie auch Vögel und Insekten. Unter der durchsichtigen Hülle des Klumpens hätten sich gleichsam Reliefbilder oder weiße Metallabgüsse von Köpfen der verschiedenartigen Tiere gezeigt, deren Aas rundherum gelegen habe. Mangels geeigneter Mittel konnte Caelli an diesem Objekt keine Untersuchungen vornehmen, außer daß er es fotografierte. Diese Aufnahmen werden Sie um acht Uhr dreißig früh in unserem Fernsehprogramm sehen können. Beirut. Der versammelte politische Rat...«

Der Lautsprecher knackste und verstummte.

»Da haben wir etwas erfahren!« – sagte Vinnel und stand auf. »Es scheint, daß Professor Laars recht hatte. Wir haben noch weitere Funde zu erwarten.«

»Was ist das für eine Geschichte, mit diesen Abbildern verendeter Tiere?« – fragte jemand aus dem Saal.

»Wie? Habe ich das nicht gesagt? Natürlich! Ich bitte Sie um Verzeihung, Kollegen. An der Stelle, wo dieser unglückliche Offizier die Kugel berührt hatte, entstand dann ein Abbild oder Abguß seiner Hand, oder eigentlich ihr Negativ, die spiegelbildliche Kopie – je näher an der Oberfläche, um so deutlicher.«

»Vermutlich weiß das Heer schon recht viel« – sagte jemand. »Wenn es ihnen gelungen ist, die Kugel zu öffnen...«

»Ich denke, nein. Sie hätten es nicht verabsäumt, damit zu prahlen« – entgegnete Vinnel. »Und jetzt, meine Herren, beginnen wir endlich den Forschungsplan festzulegen...«

4.

Die Pressekonferenz näherte sich dem Ende. Kein Elektronenblitz blendete jetzt noch die sitzende Gruppe am Tisch. Reporter, Journalisten, Vertreter ausländischer Agenturen drängten sich stehend längs der Wände oder hatten sich aus Müdigkeit einfach hingesetzt, auf den Fußboden ums Podium oder auf die Stufen. Kaum jemand notierte noch; nur wer ein Taschen-Tonbandgerät besaß, zielte noch mit der erhobenen Mikrofonschnauze durch die Luft auf den Pressechef der Sonderkommission. Alle erdrückte die Lawine wissenschaftlicher Materialien. Auf dem Tisch türmten sich Berge von Tafeln und Papieren, mit Spektralanalysen, mit Längs- und mit Querschnitten; Schliffproben gab es da, analytische Gewichtsübersichten, bunte Schaubilder, physikalischer und chemischer Reaktionen, Absorptions- und Adsorptionsverteilungen, Vergleichstabellen aller untersuchten Fälle – und an beiden Tischenden waren Stapel dicker, zitronengelb eingebundener Bücher aufgeschichtet: der Bericht der Kommission. Jeder Reporter hatte ein Exemplar in der Tasche, aber nur die Mutigsten blätterten in dem dicken Band, als hätten sie nicht genug an den Worten von Doktor Haines.

Also, dieser Niederschlag hatte nur vier Tage gedauert. Man kannte seine Streuung beim Auftreffen auf die Erdoberfläche. Errechnet waren auch die Energie der Aufschläge und der Entstehungsmechanismus der sogenannten »Schillerblase«: sie ist nichts anderes als ein Keim – mit ungemein beschleunigtem Stoffwechseltempo in der Phase des »Wurzelschlagens«. Man wußte: obgleich weder Tier noch Pflanze, hatte jedes der abgestürzten Gebilde gelebt. Aus jedem »Ei«, das sich in die Erde gebohrt hatte, war fast explosionsartig die »Frucht« entstanden und hatte sich mit dem schnell erstarrenden Schutzpanzer umhüllt, der jeden Angreifer zu paralysieren vermag. Im Organismus der Birnen erfüllt der milchige Innenkern die Aufgaben eines zentralen Steuerorgans für alle Lebensfunktionen. Manchmal wurde er mit dem Zellkern verglichen, aber nur in Populärfassungen und für den Hausgebrauch der Laien. Nach der Periode »explosiver« Entwicklung verlangsamt sich der Stoffwechsel der Birnen. Nach zehn Monaten hatten die erste Abbauerscheinungen eingesetzt. Zunächst hatten sich die Umrisse der Innenbilder verwischt, dann waren diese zu einem langgestreckten, immer stärker nachdunkelnden Tropfen verschmolzen; der glasige Inhalt der Birne war zur Gänze eingesaugt worden; zuletzt war auf den Boden des bereits leeren Panzers ein länglicher Klumpen aus schwärzlicher knolliger Substanz abgesunken, doppelt so groß wie ein Menschenkopf. In diesem Stadium hatte sich die Außenhülle schon ganz leicht zerschlagen lassen, und die Untersuchungen Doktor Carrells und Professor Kazakas hatten aufgezeigt, daß der »Schwarze Kopf« etwas wie eine »Dauerspore« ist. Ihre Weiterentwicklung beginnt sie dann und nur dann, wenn sie mit hoher Geschwindigkeit gegen ein beliebiges materielles Hindernis geschossen wird. Erst bei solch brutaler Behandlung beginnt der »Keim« in der hohen Aufpralltemperatur die umgebende Materie in Glasmasse umzuwandeln, woraus die folgende Tochterbirne entsteht. Überaus glaubhaft erschien im Lichte dieser Tatsachen Vinnels Hypothese: die Birne stelle eine Lebensform dar, die Weltraumflügen, ja sogar Weltraumkatastrophen angepaßt sei, so zwar, daß sich auf dem jeweils erreichten Planeten nur eine Birnengeneration entwickeln könne; ihre Keime hätten zu warten, und wäre es jahrmillionenlang, bis irgendeinem Kataklysmus zufolge dieser Planet zerfiele; mit dem Meteoritenschwarm seiner Trümmer vermengt, zögen sie dann auf Weiterreise in ein anderes Winkelchen der Galaxis. Astrophysiker aus Harvard äußerten in diesem Zusammenhang die Ansicht, entweder hätten sich die Birnen einst in unerhört urtümlichen Existenzphasen des Weltalls herausgebildet und seien ein Restbestand solcher Lebensformen, wie sie Jahrmilliarden vor Aufkommen des Eiweißlebens existiert hätten, oder aber die Birnen müßten einem Teilgebiet des Kosmos entstammen, das planetare Katastrophen als regelmäßige und häufige Erscheinungen kenne. Die Wissenschaftler verhehlten ihre Zufriedenheit nicht: die Entdeckung lebender Organismen, die ihr Dasein nicht nur trotz Katastrophen und Zerstörungen, sondern gerade dank ihnen fortführen können, war ein schlagender Beweis für die höchstgradige Anpassungsfähigkeit der Lebensprozesse angesichts aller im Weltall möglichen materiellen Bedingungen.

Als ungemein vereinzeltes Phänomen war der Sturz der Birnen auf die Erde zu betrachten. Es hatte sich da um einen versprengten Schwarm gehandelt, der wahrscheinlich seit Millionen von Jahren oder gar Jahrhunderten durch den leeren Raum geirrt war.

Selbstverständlich waren sich nicht alle Wissenschaftler in ihren Ansichten einig. Professor Laars zum Beispiel meinte, die Birnen seien eine typische Lebensform auf Planeten, die um Sterne mit periodischen Lichtausbrüchen kreisen, um Cepheiden mit großen Helligkeitsschwankungen und sogar um periodische Novä; nicht für Weltraumflüge seien die Birnen gerüstet, sondern einfach für das Ertragen der unerhört hohen Temperatur, die auf den Planeten während des Ausbruchs ihrer Sternsonne auftrete. In der Tat hatte sich erwiesen, daß bloßes Erhitzen des »schwarzen Kopfes« auf Weißglut bereits den Entwicklungsgang der Birne auslöst. Andere Wissenschaftler hielten dieses Experiment nicht für ausschlaggebend. Derlei Meinungsverschiedenheiten waren jedoch für den Laien verhältnismäßig unwesentlich.

Als Doktor Haines geendet hatte, stürmten die Journalisten von allen Seiten heftig mit hundert Fragen auf ihn ein, die im Grunde auf das eine hinausliefen: Warum erzeugt der Kern der Birne Abbilder der Objekte, die seine Brutstätte umgeben?

Doktor Haines antwortete ungemein gewissenhaft. Abermals zählte er die chemisch-physikalischen Ursachen auf, die bewirken, daß der hochmolekulare Birnenkern unter Einwirkung von Lichtwellen bestimmter Länge die Zentralklumpung hervorzubringen beginnt, worum sich in Wachstumsringen die nächsten Schichten ansetzen; diese Lichtwellen nun, die einen entscheidenden Entwicklungsimpuls bilden, entstammen zumeist der nächsten Umgebung und beeinflussen dementsprechend das Katalysatorensystem, das die Form des Kerns gleichsam modelliert. Diese Form ist für die Lebensprozesse der Birne völlig gleichgültig, was am besten dadurch bewiesen wird, daß sie Abbilder von Menschen, Hausecken oder einem Stück Hecke mit einerlei Geschicklichkeit erzeugen kann. Nicht gleichgültig ist hingegen für die Lebensfunktionen der Birne die Bewegung der milchigen

Kernsubstanz: denn die Zirkulation in ihrem Inneren sichert den nötigen Stoffwechsel; eben deshalb scheint in den Augen des Laien die Birne eine endlos wiederkehrende Umarmung zweier Menschen oder ein Vogelflattern nachzuahmen.

Kaum hatte Haines geendigt, da prasselten wieder die Fragen. Wie man das aufzufassen habe, daß der Birne die Form »gleichgültig« sei, die ihr Kern annehme? Warum dieser Kern die Form von Gegenständen der Umgebung annehme, und nicht beispielsweise die einer Kugel, eines Ellipsoids oder sonst eines geometrischen Körpers? Warum die Kernzirkulation nicht gewöhnliches, gestaltloses Kreisen bleibe, sondern Bewegungen irdischer Wesen nachahme, wenn wirklich die Form unwesentlich sei?

Haines schien unerschöpfliche Vorräte an Geduld zu besitzen. Zunächst referierte er genau die Ursachen dafür, daß die Form des Kerns ebensowenig wie die Richtung seiner inneren Zirkulation Einfluß auf die Lebenstätigkeit dieses außerirdischen Organismus haben kann. Haines führte Schilderungen von Versuchen an, die den Entwicklungsgang der Birne in einer Umgebung ohne alle deutlichen Formen eingeleitet hatten: innerhalb einer hermetisch geschlossenen Stahlkugel. Der unter diesen Bedingungen entstandene Kern war exakt kugelförmig, und seine Bewegungen beschränkten sich auf abwechselnd transversales und longitudinales Pulsieren. Endlich sagte Haines, daß die Wissenschaft Phänomene beschreibe und verallgemeinere, d. h., Naturgesetze daraus ableite; mit anderem befasse sie sich nicht. Sie antworte zum Beispiel nicht auf die Frage, warum die Erde, von der Sonne aus, der dritte und nicht etwa der vierte Planet sei, warum sich die Sonne an der schütteren Peripherie der Galaxis und nicht genau in deren Mitte befinde oder warum es keine rosahaarigen Menschen gebe. Die Sonne könnte im Zentrum der Galaxis liegen, die Menschen könnten rosa Haare haben, und die Birnen könnten tetraederförmige Kerne herausbilden. Aber so sei es nicht. Das gehe die Wissenschaft nichts an. Die Wissenschaft befasse sich mit dem, was sei, nicht mit dem, was wäre, wenn...

Nun tobte der Saal. Die Journalisten, die den Wissenschaftsteil von Zeitschriften vertraten, riefen nach der biologischen Zweckmäßigkeit, die es immer zu suchen gelte. Andere wiederholten beharrlich die vorigen Fragen in leicht geänderter Formulierung. Am lautesten schrien die Vertreter der Tagespresse, im Vorgefühl des Donnerwetters, das die sensationshungrigen Redakteure ihnen anrichten mußten, wenn sie mit solchen Nachrichten zurückkehrten.

Doktor Haines hob die Hand und wartete, bis die Stürme verebbten. Er erklärte sodann, er habe alles gesagt, was er als Pressechef der Kommission, wohlgemerkt, einer wissenschaftlichen Kommission, zu sagen gehabt habe. Als Privatperson verstehe er, ja, teile er sogar in gewissem Grade die Erregung der Versammelten. Für den Fall, daß dies jemandem unter den Anwesenden entsprechen sollte: Doktor Ammenhöpf, ein evangelischer Theologe aus der Schweiz, behaupte, daß die glasigen Birnen ebenso wie die Menschheit dazu da seien, daß Gottes Wille geschehe – um ihm zu dienen und ihn zu preisen für seinen Schöpfungsakt. Auch daß sie Abbilder der unabsichtlich von ihnen beim Sturz auf die Erde getöteten Menschen schüfen und daß diese Abbilder dann unablässig z. B. die todesnahe letzte Umarmung eines Liebespaares wiederholten – auch dies täten demnach die Glasbirnen, laut Doktor Ammenhöpf, um dem Herrn zu dienen: denn jeder diene so, wie es ihm gegeben sei. Diese Erklärung sei sehr zusammenhängend und widerspruchsfrei, doch – wie jede Erklärung überhaupt – sei sie nicht von letztgültigem Charakter, sondern verweise weiter auf etwas außerhalb ihrer selbst Liegendes, in diesem Falle auf die Person des Schöpfers. In der Wissenschaft freilich habe diese Erklärung nichts zu suchen, ebensowenig wie in der Religion die Strukturformeln der Verbindungen, woraus sich Birnenkörper und Menschenkörper zusammensetzen.

Nach diesen Worten beruhigte sich der kleinere Teil des Publikums, während der größere noch durchdringenderen Lärm schlug. Diesmal schrien am lautesten die wissenschaftlichen Berichterstatter, immerzu wiederholte sich der Ruf nach biologischer Zweckmäßigkeit, ein paar Reporter in der Ecke begannen ihn sogar zu skandieren.

Doktor Haines war der Mann an der richtigen Stelle. Wieder hob er die Hand, zum Zeichen, daß er reden wolle, und als sie ihn endlich zu Wort kommen ließen, sagte er, daß fünf unter den anwesenden Verfechtern der darzulegenden biologischen Zweckmäßigkeit geblumte Hemden trügen, was unter dem Gesichtspunkt des Kampfes ums Dasein oder der biologischen Tauglichkeit unwesentlich scheine. Eher sei anzunehmen, das

Tragen solcher Hemden bereite diesen Herren Vergnügen. Dies sei eine sehr gute Erklärung, denn nicht alles, was Menschen oder andere Lebewesen täten, sei von biologischer Zweckmäßigkeit diktiert. Sollte dies jemandem entsprechen, so könne sich der Betreffende sagen, es bereite den Birnen Vergnügen, Abbilder der Wesen zu erzeugen, in deren Nähe sie ihre frühe Jugend verbracht hätten.

Die Antwort war vielstimmiges Gebrüll. Doktor Haines trat auf die andere Tischseite, von wo sich die übrigen Wissenschaftler schon längst zurückgezogen hatten, und begann seine Papiere zusammenzulegen und zu ordnen, so ruhig, als befände er sich im völlig leeren Saal.

Es sah aus, als wollte Haines durch die kleine Tür in der Ecke fortgehen; das Gedränge der Reporter schob sich dazwischen, und er sah sich einer undurchdringlichen lebenden Sperre gegenüber. Er breitete die Arme aus und lächelte.

»Ich sage es! Schon gut, ich sage es!« – rief er ein paarmal. Der Trubel legte sich, wenn es auch nicht völlig still wurde.

»Ich bin in einer Zwangslage« – bekundete Haines.

»Die Herren wollen von mir die Wahrheit hören. Aber es gibt zwei Wahrheiten. Die erste – für die Wochenschriften, die längere Artikel bringen, mit graphischen Zierleisten dazwischen. Die glasigen Birnen – das sind Schaustücke aus den botanischen Gärten hochentwickelter Sternenwesen. Diese Wesen haben sie gezüchtet, um ihre ästhetischen Ziele zu verwirklichen. Die Birnen sind bei ihnen Bildhauer und Porträtisten. Die zweite Wahrheit ist ebenso gut, sie ist bindend für die Tagespresse, besonders für die Nachmittagspresse. Die Birnen – das sind kosmische Ungeheuer, denen der Zerstörungsakt Freude bereitet, der zugleich der Akt ihrer individuellen Zeugung ist. Das ganze übrige Leben lang begeilen sie sich daran, die todesnahen Bewegungen ihrer Opfer zu wiederholen. Das wäre alles!«

Mit diesen Worten stürzte er sich ins Gedränge und fuchtelte mit der Aktenmappe. Die Nächststehenden wichen eine Sekunde lang zur Seite, aus Angst um ihre Kameras. Der Doktor nutzte dies und verschwand durch die kleine Tür. Der Tumult im Saal war so, daß niemand auch nur sein eigenes Wort hörte. Ganz hinten stand ein gewisser junger Mensch, er war kein Journalist und hatte überhaupt nichts mit der Presse zu tun, auf die Konferenz aber war er durch eigene Findigkeit geraten, denn er war sehr neugierig von Natur. Kaum war Haines verschwunden, da stürmte der Jüngling aus dem Saal, rannte durch lange Korridore und holte den Doktor ein, als dieser bereits im Mantel dem Seitenausgang zustrebte.

»Herr Doktor!« – rief der junge Mensch. »Herr Doktor, bitte!«

»Ich habe schon alles gesagt« – entgegnete Haines trocken, ohne anzuhalten. Der Jüngling wanderte ihm nach, und so hintereinander durchquerten sie den Garten. Haines ging zu seinem Auto, das eng zwischen Reihen von anderen eingepfercht war.

»Herr Doktor« – wiederholte der junge Mensch, als Haines in der Rocktasche den Schlüssel zu suchen begann – »ich... bin kein Journalist, und... überhaupt nicht von der Presse, aber...«

Haines schaute auf ihn mit einem Fünkchen von Interesse.

»Was wollen Sie also?«

»Ich will wissen...«

Haines zuckte die Achseln. Steckte den Schlüssel ins Schloß. Wiederholte: »Ich habe alles schon gesagt.«

»Sie aber, Sie selbst, was...«

»Ich?«

Haines, der sich schon in der offenen Wagentür geduckt hatte, richtete sich auf. Der junge Mensch hatte durchdringend blaue Augen. Jetzt waren sie auf Haines geheftet, wie in Erwartung eines Wunders. Vor dem Übermaß an Vertrauen in diesem Blick senkte Haines die Lider.

»Es handelt sich ja gar nicht um diese Birnen, mein Herr« – sagte er.

»Nicht um...?«

»Natürlich nicht. Für Pflanzen, Tiere, Menschen, für alles, was lebt, gilt diese Frage genauso. Im Alltag werden wir sie nicht gewahr, weil wir uns an das Leben gewöhnt haben, an unser Leben, so wie es ist. So mußten erst fremde Organismen auftauchen, andere, mit andersartigen Formen und Funktionen, damit wir diese Frage entdeckten – von neuem wiederentdeckten.«

»Ach so!« – sagte der junge Mensch schwach. »Also es handelt sich um den Sinn...«

»Versteht sich« – Haines nickte. »Die Wirklichkeit, mein Herr, ist weder so naiv wie das Geschichtchen von den galaktischen Gärten, noch ist sie so gruselig wie das Märchen von den Ungeheuern, das ich erfunden habe – und sie scheint manchmal schwerer zu ertragen, weil sie die Antwort auf jene Frage verweigert... Adieu, mein Herr.«

Er schlug die Tür zu und bog aus der glänzenden Wagenreihe aus. Der junge Mensch schaute ihm noch lang nach, selbst als Haines schon im Straßenverkehr verschwunden war.

Der Hammer

1.

– Ich möchte in einem großen leeren Haus auf einem Gebirgspaß wohnen, Fensterläden soll es haben, die der Wind ewig ausreißen will, und wenn man vor die Tür tritt, sieht man...

– Ins Grüne?

– Aber nicht doch, in die Felsen! Riesige Felsblöcke, von der Sonne angewärmt, und im Schatten kalt wie Eis, schroff, rauh, mit diesem Geruch, ich verstehe ihn nicht zu benennen, aber jetzt im Augenblick spüre ich ihn fast...

– Du bist im Gebirge geboren?

– Ist das nicht egal?

– Aber du liebst das Gebirge?

– Also mit dir kann man nicht reden! Bemüh dich doch und denk irgendwie... lockerer, weißt du? Ich bin dort nicht geboren, und ich habe es dort nicht geliebt... auch das Wasser wirst du nicht liebgewinnen, solang du nicht in die Wüste gerätst. Ich möchte Unmengen von Steinen um mich haben, Felsen, daß mich das erdrückt, daß mir das über den Kopf wächst, daß ich mich in dem allen verliere und die Gewißheit habe, die Gewißheit...

– Beruhige dich.

– Analysierst du die Häufigkeit des Vibrierens meiner Stimme? Warum antwortest du nicht? Vielleicht bist du beleidigt? Ha ha, das ist fabelhaft!

– Du solltest schlafen gehen. Schon vier Stunden sitzt du so da, du erschöpfst dir die Augen.

– Ich will nicht. Die Augen erschöpfe ich nicht, denn die habe ich zu. Ich dachte, du siehst das.

– Nein.

– Das ist tröstlich. Wenn du vollkommen wärst...

– Was dann?

– Ich weiß nicht; es wäre wohl noch ärger.

– Wenn du nicht versprichst, daß du dich in einer halben Stunde hinlegst, dann rede ich heute nicht mehr mit dir.

– Ach ja? Schön, ich verspreche es. Und... was tust du, sobald ich gegangen bin? Langweilst du dich nie?

– Darüber möchte ich lieber nicht sprechen.

– Wie geheimnisvoll! Das hab ich gern! Endlich ein Rätsel. Aber im Grunde überhaupt kein Rätsel. Aus dem, was du gesagt hast, geht hervor, daß du dich langweilst und es nur voll Nächstenliebe vor mir verbirgst.

– Wir unterscheiden uns so weit, daß du das schwer verstehen könntest. Ich bin nicht geheimnisvoll. Ich bin anders als du.

– Schön. Aber du kannst doch sagen, was du tust, wenn du allein bist? Zum Beispiel... wenn ich schlafe.

– Es findet sich immer etwas zu tun.

– Du windest dich heraus?

– Was tust denn du in diesem Augenblick?

– Was heißt? Ich rede mit dir. Worauf willst du hinaus?

– Du weißt, worauf.

– Ach jaa? Welcher Tiefblick. Dann unterscheiden wir uns also gar nicht so sehr. Der Schirm scheint mir direkt ins Gesicht. Ich betrachte das Innere meiner Augen.

– Fliegende Mücken?

– Zum Lachen, daß du von diesen Mücken weißt, obwohl du keine Augen hast! Ja. Die sind oft sehr spaßig. Heute habe ich eine entdeckt, die sich nicht bewegt, das heißt, nur zusammen mit dem Augapfel. Sie ist regenbogenfarbig und sieht aus wie ein Infusorium im Wassertropfen unter dem Mikroskop.

– Du hast immer noch die Augen zu?

– Ja. Wie die drollig kreisen... immer schneller. Da, sie versinken. Zuunterst am Lid sind sie nicht mehr rot. Finster, so stellte ich mir die Hölle vor, als ich klein war. Rote Finsternis. Wenn ich die Augen aufmache, dann möchte ich sie gleich noch einmal aufmachen können, so, daß dieser Schirm verschwindet...

– So, daß du dich vor dem Haus auf dem Gebirgspaß vorfindest?

– Das Haus können wir beiseite lassen. Steine, Sand unter den Füßen... Wieviel Sand gibt es an den Stränden, wie liegt das brach! Und das Schlimmste daran ist, daß das niemand auch nur weiß, außer mir.

– Noch zwanzig Minuten.

– Du könntest taktvoller sein, weißt du? Hör mal, sind dir die Manieren gesondert eingebaut, oder wie ist das? Du magst solche Fragen nicht. Das habe ich bemerkt. Warum nicht? Was bedeutet das schon, daß du inwendig nicht so klebrig, heiß und glitschig bist wie ich? Schließlich... geht es denn um die Eingeweide? Manchmal stellte ich sie mir vor, wenn ich hier so saß. Du dachtest sicher, ich denke an mein Heim zurück, an die Mutter, an Gesang im Wald, oder? Nein. Ich stellte mir die eigenen Eingeweide vor – schleimige, aneinander sich reibende Windungen von Röhrchen, Blasen, Bläschen, kleistrige Flüssigkeiten, klebrige, gelbliche Häutchen, all dieses rohe Zeug...

– Und wozu denn so?

– Mir war irgendwie leichter.

– Wirklich?

– In gewissem Sinne, das heißt, wenn ich mich ordentlich hineindenke in dieses ganze Gallert, dann wird alles so, daß es danach – irgendwie – leichter geht. Hast du davon jetzt irgend etwas mitgekriegt?

– Hab ich.

– Das bezweifle ich.

– Bei mir kommt das auch vor.

– Was?!

–...

– Du auch?... Hast du... Nein, das ist wohl unmöglich. Machst du nicht etwa Spaß? Wart einmal, ich weiß nicht einmal, ob du lügen kannst. Oder vielleicht hast du – eine eigene Sicherung?

– Gegen die Lüge gibt es keine Sicherung. Das ist eine Funktion der Kombinatorik möglicher Verbindungen.

– Die Funktion lassen wir beiseite. Und was hast du dir da so vorgestellt?

– Dasselbe wie du, mit Berücksichtigung der bestehenden Unterschiede.

– Drähtchen und Kristalle?

– So ungefähr.

– Weißt du, solche Aufrichtigkeit ist gräßlich. Tun wir schon lieber so, als ob... das heißt, ich werde so tun.

– Und ich?

– Was?

– Ich soll auch... so tun?

– Du? N-nein... ich weiß nicht. Ich war überzeugt, dir sei das fremd.

– In mancher Hinsicht bin ich dir ähnlicher, als ich möchte.

– Wem möchtest du denn sonst äh... Scheußlich!

– Was ist passiert?

– Die Augen habe ich aufgemacht.

– Du kannst den Schirm ausschalten.

– Aus Feigheit?
– Aus Vernunft. Quälst du dich gern?
– Nein, bloß betrüge ich mich ungern. Wer konnte jemals von den Sternen entzückt sein? Die Phosphoreszenz von Abfällen, die in erhöhter Temperatur verfaulen, und deren einziges Verdienst es ist, daß es sonst nichts gibt... bis ans Ende der Welt. Die sollten Leute zu ihnen hinaufschicken, denen das ganz und gar egal ist, Omas in Schaukelstühlen, mit einem Vorrat an Wolle, mit Stricknadeln... welchen Tag haben wir heute?
– Den zweihundertvierundsechzigsten.
– Wieviel haben wir drauf?
– 0,8 c.
– Je weiter wir sind, desto langsamer steigt die Geschwindigkeit?
– Ja.
– Und wozu bin ich eigentlich hier, wenn du alles selbst weißt?
– In Anbetracht der Unterschiede im Baustoff.
– Das ist wahr. Vor hundert Jahren haben die einen Hund geschickt. Das dauerte kürzer, und er hat nichts verstanden.
– Du verstündest lieber nichts?
– Manchmal scheint es mir, du seist wie ein chinesischer Weiser, und manchmal stellst du Fragen wie ein Kind. Du – schläfst nie, oder? Das fragte ich dich schon.
– Viele Male. Nein.
– Aber vor dich hinträumen kannst du? Das ist Kombinatorik.
– Ja. Das ist ein längeres Thema. Verschieben wir es auf morgen.
– Morgen? Gibt es denn ein Morgen? Immer ist ein und dasselbe Heute.
– Du kannst dich damit trösten, daß, während du schläfst, auf der Erde weit mehr Zeit verstreicht als hier.
– Das... als Trost? Also dann... gut. Angenehme Träumereien!
– Gute Nacht.

2.

Es schien ihm, er werde nicht einschlafen. Es war warm. Zu warm. Er zauderte lang.
»Kühler!« – sagte er endlich.
Aus der Höhe strömte ein kühler Hauch von Tannenduft. Darin

lag er eine Zeitlang mit offenen Augen.

»Ohne diese Parfums!«

Die Luft hörte zu duften auf. Er hatte sich unnötig erregt. Nun sollte es gewiß noch lang dauern, ehe alles zu schwanken, zu zerfließen begann; vielleicht sollte er ein Buch nehmen? Er stellte sich vor, wie er den Band mit dem weichen Deckel zur Hand nahm, er las lieber selbst, die lesende Samtstimme zermürbte ihn. Er vergegenwärtigte sich, daß er keine Ahnung hatte, wovon dieses Buch handelte. Fast zur Hälfte hatte er es durchgelesen... und nichts. Nur an die Tastempfindung vom Einband erinnerte er sich. Sichtlich war er – wie schon öfter – nur mit den Augen die Seiten entlanggeglitten. Er begann zu lesen – und der Sinn ging ihm verloren. Dabei ertappte er sich ein paar Seiten später, oder nach mehr als zehn Seiten, sogar umgeblättert hatte er automatisch. Abstumpfung? Wie eine Fliege winters zwischen den Fensterscheiben – zuweilen summt sie einmal in der Sonne und stirbt wieder ab. Der Kopf baumelte ihm nach hinten.

»Kopfkissen höher!« – sagte er. »Genügt!«

Die Lagerstatt neigte sich sanft. Auf dem Rücken liegend atmete er tief die kühle Luft ein, spürte, wie die Rippen regelmäßig arbeiteten. Er wollte sich selbst entfliehen, versuchte sich fließendes Wasser vorzustellen, hineingetauchte, rutschige, mit glitschigem Moos bedeckte Wurzeln, wovon die Erde weggeschwemmt war, Steine auf dem Grund...

Er blieb wach, nichts stieg in ihm auf. Die Finsternis ringsum wollte nicht schwinden, er lag darin leer und begann immer deutlicher die Zeit zu verspüren. Nicht das Verstreichen der Zeit. Die Zeit selbst. Wann hatte er das zum erstenmal bemerkt? Vor zwei Monaten? Vor dreien? Er versuchte, sich eine Geschichte zu erzählen. Das war wesentlich interessanter als alles, was ihm die Bildschirme zeigen konnten, wenn er es verlangte. Sie führten vor, was irgendwo tief in den Wänden verborgen war, aufgezeichnet, fixiert in Hunderttausenden von Konserven. Was er selbst sich erzählte, das existierte nicht; es bildete sich. Am schwierigsten war wie gewöhnlich der Anfang.

Ein Hügel, ein gespaltener lehmiger Hang. Oben ein Wald, von der Sonne gesengt. Schon Spätsommer. Ein Kind sitzt auf einem Stein und zählt die vorüberwandernden Ameisen. Liest die Zukunft aus ihnen. Wenn die letzte rot sein wird...

Das Kind saß und zählte die Ameisen – nahezu wirklich. Er sah es schon fast. »Das reicht« – durchfuhr es ihn – »ich schlafe gleich ein.«

So verharrte er eine lange Zeitspanne hindurch an der unaussprechlichen Grenze, in den so nahen Schlaf suchte er einzutreten – und alles verwehte. Er war wieder so furchtbar wach! »Vielleicht doch? Letzten Endes, was schadet es mir?«

Es genügte, jenes eine Wort zu sagen. In die Luft über ihm strömte dann ein Streifchen aus geruchlosem Gas ein, das schnell und sicher einschläferte. Ein unschädliches, unbedingt zuverlässiges Mittel. Er haßte es. Er ekelte sich davor, wie vor der Dienstfertigkeit der Lichter, wie vor allem. Er war müde, die Augen brannten, und er konnte sie nicht schließen, er mußte ins Dunkel schauen. Spräche er »Himmel«, so würde sich die Decke öffnen – für die Sterne. Er konnte auch Musik verlangen. Oder Gesang, oder Märchen...

»Vielleicht ist das Übersättigung« – dachte er. »Vielleicht geht es mir – zu gut?« Er lächelte, eine solche Lüge war das. Einen Moment lang dachte er an den anderen, der in der verlassenen Halle zurückgeblieben war, und fühlte etwas wie Beschämung, weil er ihn dort alleingelassen hatte. Eine eiserene Kiste. Wovon mochte der jetzt träumen? Vielleicht an etwas zurückdenken? Woran könnte er zurückdenken? An die Kindheit? Er hatte ja keine Vergangenheit, eines Tages war er ins Leben gerufen worden, niemand hatte ihn gefragt, ob er wollte.

»Und hat vielleicht mich jemals jemand gefragt?«

Das war dumm, aber irgendwie wahr, zumindest jetzt in dieser Finsternis. Vielleicht doch Musik?... Auch sie wartete in Konserven, Tausende von Symphonien, Sonaten, Opern, alles in hervorragendster, menschlicher, gebrechenbehafteter, also schöner Darbietung.

»Was willst du?« – fragte er sich. »Dort – wolltest du hier sein. Was willst du?« Er senkte langsam die Lider, als schlösse er sich in sich selbst ein, eine weiche, formlose Tür zuschnappend.

Früher Morgen war das, mit Unmengen von Tau; die Blätter, die Hecken, alles troff, selbst die Schutzgitter. Vielleicht hatte es damals in der Nacht geregnet? Daran hatte er nie gedacht. Er lief durchs hohe Gras zum Pavillon, fühlte kalte Tropfen an den Waden entlanglaufen, stellte sich auf die Zehenspitzen, griff in den Blättervorhang aus wildem Wein und begann hinaufzuklettern. Der zerschnipselte Drachenschwanz, der über das Traufblech der

Dachrinne herabhing, schien ihn zu verspotten. Von der Straße aus hatte er ihn kaum erspäht. Die biegsamen Ranken hingen unangenehm durch, er spürte, wie die ins Mauerwerk verkrallten Würzelchen nachgaben, aber er kroch weiter. Am ärgsten war es dicht unter dem Traufblech, er mußte die eine Hand frei machen, fürchtete sich, ins Schaukeln zu kommen, und war dabei schon hoch oben; mit aller Kraft klammerte er sich an die dicke, mit Blech überzogene Kante, er zog sich hoch – und fünf Schritte weit vom Drachen lag er auf dem Dach. Kriechend bewegte er sich näher hin, da hörte er einen Schrei.

Die Pavillonfenster standen offen. Sie waren zu hoch oben, als daß sich die Innenräume von der Straße aus hätten erkennen lassen. Dort drinnen waren zwei Männer; aus seiner Dachstube auf der anderen Seite der Landstraße sah er sie manchmal, gewöhnlich fuhren sie morgens hierher, wenn sie nicht seit der Nacht im Pavillon saßen. Manchmal brannte auch zwei Nächte hintereinander bei ihnen Licht, nur aus einem Streifchen des Fensters ganz oben, denn sie ließen schwarze Verdunklungen herunter.

»Niiicht! Niiicht!« – schrie jemand markerschütternd dort unten. Das war nicht die Stimme eines der beiden. Der eine war alt, fast kahl, hatte die linke Gesichtshälfte kleiner und wie verdorrt, trug eine dunkle Brille und hinkte. Er sprach immer im Flüsterton; der andere war größer und jünger, hatte eine große Stirn, trug auch eine dunkle Brille und hielt manchmal, statt bis ganz auf den Hügel hinauf mit dem Wagen zu fahren, beim Obstgärtner, um Himbeeren zu kaufen.

Der Schrei brach ab. Er selbst war schon am Weiterkriechen, da hörte er wieder Stimmen: die beiden sprachen mit jemandem. Aber dort war niemand.

Er breitete die Arme aus, so weit er konnte, schmiegte sich an die Dachziegel – auf dem Bauch spürte er ihre Wärme, sie waren von der Sonne erhitzt – und lugte vor. Er sah nur unter den gerupften Weingirlanden die offenen Fensterläden. Die Worte konnte er nicht verstehen. Das Gespräch zog sich lang hin. Die beiden schienen abwechselnd zu fragen, und der, den es nicht geben konnte, antwortete. Er stotterte wohl ein bißchen. Er selbst streckte die Hand aus, berührte den Drachen, der sich mit einem Häkchen am Rand der Rinne verhaspelt hatte. Ein gräßlicher Schrei.

Etwas knackste ganz leise, und Stille trat ein. Dort ging etwas vor, Schritte scharrten, dann gab es ein Knacksen, wie wenn man ein Streichholz anzündet. Schweigen. Und eine Stimme. Eine neue. Eine andere als zuvor, viel tiefer.

»Aoooo« – erscholl es im Baß.

»Wo... bin... ich... was... ist... das...« – langsam fielen die Worte. Er lag und hielt den Atem an.

»Du bist im Laboratorium« – sagte dieser Jüngere, deutlich, als stünde er dicht beim Fenster.

»Erkennst du uns? Warst du schon irgendwann hier?«

»Labo... a... Labo... nininicht hier... n-nein... was ist das? Warum... ich hier?«

»Schlecht. Schalt ihn aus« – ließ sich die Stimme des alten Mannes hören.

»Niiicht! Niiicht!!« – ein furchtbarer Schrei.

Ein Knacks. Stille

Wieder scharrte etwas, schnappte ganz leise, wie beim Drehen von Schaltern – und wieder meldete sich eine Stimme. Und so wiederholte sich das – wie lang lag er wohl dort? Eine halbe Stunde? Eine Stunde? Der Schatten, der vom Schornstein herüberfiel, näherte sich langsam. Jedesmal eine neue Stimme – die begannen mit ihr zu reden, stellten Fragen, sie antwortete etwas. Dann sagte einer jedesmal dasselbe: »Schalt aus.«

Oder er sagte nicht einmal etwas. Ging nur irgendwohin hinüber – die Schritte waren zu hören –, und der andere, diese Stimme, fing an zu schreien. Daß niemand das hörte? Das mußte wohl bis auf die Straße hinüberdringen, obwohl der Garten so groß war. Warum kam niemand und fragte?

Dann wurde es still – für einige Zeit. Er warf den Drachen auf der anderen Seite hinunter, damit sie nichts von ihm sahen, rutschte die Dachrinne hinab und lief davon. Der Drachen war zerrissen, ein Rähmchen war gesprungen. Schade um die Mühe. Er aber grübelte bis zum Abend, wen er fragen sollte. Daheim ging es nicht, er hätte noch tüchtig was abgekriegt. Es war verboten, über das Netz auf die andere Seite zu kriechen. Er fragte Al. Al wußte alles. In ihm hatte er sich auch nicht getäuscht, zunächst wurde er ausgelacht, aber nur so wie immer, Al war nun einmal so. »Nein, dort quälen sie niemanden. Hast du nicht gesehen, was vorn draufgeschrieben steht, vor dem Eingang?«

Hatte er nicht gesehen.

»Institut für Persönlichkeitssynthese. Die tun dort – so – aus

Apparaten setzen sie die zusammen, sie haben solche Apparate, da schalten sie die halt zusammen, die Persönlichkeiten. Solche Versuche machen sie.«

»Was ist das, Persönlichkeiten? Menschen?«

»Aber wo. Das sind überhaupt keine Menschen. Dort ist niemand außer denen. Das sind so – elektrische – so Maschinen halt. Die setzen die zusammen, machen immer neue Verbindungen, Versuche. Sie schalten auf einen Moment ein, schauen, was herausgekommen ist, schalten und kombinieren weiter.«

»Und?«

»Gar nichts, und.«

»Wozu tun die das?«

» Die brauchen das.«

»Wozu?«

»Sei nicht lästig. Gehen wir zum Teich.«

»Warum schreien die anderen so?«

»Die wollen nicht, daß die sie ausschalten.«

»Und was tut ihnen das, wenn die sie ausschalten?«

»Sie hören auf zu sein.«

»Ganz? Für immer? Wie Bars?« (Das war sein Hund. Eine Schlange hatte ihn gebissen.)

»Ja, ganz. Sei nicht lästig. Wir gehen an den Teich. Wo sind die Schnüre?«

»Wart. Tut ihnen das – weh?«

»Gib schon Ruhe. Das tut nicht weh. Gehn wir.«

Nichts verstand er. Er erzählte niemandem davon. Daheim traute er sich nicht. Er hatte große Lust, nochmals hinüberzuklettern; in der Nacht schaute er vom Bett aus auf die schmalen Ritzen der beleuchteten Fenster. Nichts ließ sich hören. Die Läden waren dicht verschlossen. Bei Tag war sichtlich die Hitze zu stark. Dann war der Sommer um, er selbst kam in die Schule, sie fuhren ans Meer, er vergaß diese Sache. Und war sogar nicht mehr neugierig. Viele Jahre später verstand er, was sich dort abgespielt hatte: nichts Außergewöhnliches. Es gibt zehnmal größere Laboratorien. Er dachte nicht einmal mehr an diese Geschichte. Aber an diesen Schrei erinnerte er sich.

Nun war es schon völlig sicher, daß er nicht einschlafen sollte. Er verschob jenen Augenblick, nicht um zu kämpfen, im Gegenteil, so, als sättigte er sich an der eigenen Verkommenheit.

»Ich will schlafen« – sagte er. Nichts spürte er. Nichts änderte sich, aber er wußte es, sein Körper ballte sich in Auflehnung, vergeblich, denn schon schwammen Lichter vor den Augen, alles sank weg – er verschwand.

3.

– Warum haben sie mich nicht in Anabiose geschickt?

– Weil es sich um das Experiment mit einem normalen Menschen handelte.

– Hoffen wir, daß ich normal bleibe.

– Du redest zuviel davon. Du weißt, dir droht das nicht.

– Ich weiß, so hat man mir gesagt. Untersuchungen und Tests. Na ja, in Ordnung. Tut es dir nicht leid, daß du nicht essen kannst? Du hast ein eingeengtes Repertoire von Empfindungen.

– Selbstverständlich denkst du da nicht nur ans Essen?

– N-nein. Ich... wollte dich nicht verletzen.

(Gedämpftes, zitterndes Summen stieg an und verebbte. Er wußte, das war das Lachen.)

– Sorg dich nicht. Gar so schlimm habe ich es nicht.

– Warum schickt man eigentlich nicht mehr jeweils zwei Menschen?

– Weil einer von ihnen aggressiv werden kann: besonders, wenn das lang dauert.

– Du hast recht. Ich erinnere mich... aber nicht davon wollte ich sprechen. Wir hatten etwas für heute... ich weiß schon. Deine Träumereien. Aber bitte sag mir doch zuerst, ob du überhaupt etwas fühlst. Emotionen, weißt du; nach der Langeweile fragte ich dich schon. Zuneigung, Antipathie, Angst...

– Angst – ja.

– Ach, Angst. Wovor?

– Vor dem Aufhören.

– Aufhören nennst du das? Mit Recht. Nur davor?...

– Ich habe keine komplette Selbstkenntnis, das heißt, ich kann nicht sämtliche mögliche Situationen vorhersehen oder aufzählen, worin ich Angst empfände. Ich funktioniere nicht nach dem Prinzip einer Rechenmaschine.

– Das weiß ich. Wenn du alles vorhersehen könntest, dann wäre das... brr! Sympathie, Antipathie? Auf konkrete Einzelfälle gehe ich nicht ein.

– Das macht dir Ehre. Allerdings. Ich sehe, du willst weiterfragen. Ich kann vermuten, wonach. Liebe. Habe ich recht geraten?

– Ja.

– Nein.

– Nein?

– Also: nein, soviel ich weiß, soweit ich mich bis jetzt an Hand meiner bisherigen Geschichte kenne. Ich habe keine Drüsen, weißt du.

– Das sind nicht nur die Drüsen.

– Solltest du die ästhetische Befriedigung gemeint haben, die Erzählungen, Geschichten oder Gedichte über die Liebe hervorrufen können – gut, in diesem Sinne bin ich wohl so einer wie du. Der Sinn für das Ästhetische ist eine Frage aus dem Gebiet der Topologie des Netzes, der Verteilung der darin kreisenden Potentiale sowie auch der Anzahl von Schaltkreisen, die alternativ zur Wahl stehen.

– Ach, hör auf!

– Entschuldige. Ich bin ein Abstrahierter, Überhöhter, einer, dessen Seele vom Körper gelöst ist. Für Schönheit also, für Lyrik, für Melodie – dafür bin ich der rechte. Liebe bedeutet mehr. Also – für sie nicht. Das hat niemand geplant. Damit ist es wie mit der Farbe deiner Augen und Haare. Die Resultierende aus einer bestimmten Gruppe von Prozessen.

– Jetzt kann ich dir schon die Frage stellen: was erträumst du dir?

– Noch nicht.

– Warum nicht?

– Ich möchte zuvor wissen, ob du mir auf die gleiche Frage antworten wirst.

– Ich? Das habe ich dir doch schon gesagt. Dieses Haus auf dem Gebirgspaß, die Eingeweide...

– Das nennst du träumen?

– Gut, die Eingeweide streiche ich, aber es bleibt noch das Haus.

– Findest du nicht, daß das ein bißchen wenig ist? Was erträumst du dir *wirklich?*

– Du gehst mich scharf an!

– Und du mich.

– Ha ha, wenigstens noch gut, daß du vif bist. Dummköpfe gibt es nicht unter euch, oder?

– Und ob es welche gibt! Sogar Debile. Die rechnen und rechnen, bis zum letzten Kurzschluß...

– Diese rechnenden Maschinen fühlen doch nichts und denken nicht. Genausogut könntest du den Steuerautomaten des Ionizers als Kretin bezeichnen.

– Es gibt einen Unterschied, das versichere ich dir.

– Weißt du darüber wirklich etwas Konkretes?

– Ich sage es vorsichtiger: ich vermute es. Aber ich sehe, du willst mir entschlüpfen. Das ist unfair. Was erträumst du dir?

– In deiner Gegenwart – nichts.

– Was soll das heißen?

– Daß ich allein sein muß.

– Vor dem Einschlafen?

– Auch. Aber das kannst du nicht aus Erfahrung wissen.

– Ja, das ist Wissen... aus der Theorie. Und wenn du allein bist... was...

– Wozu willst du das wissen?

– So sind die Spielregeln.

– Kleine Hunde, irrsinnig neugierig und lustig – wie sie dem Menschen ihre nasse Schnauze in die Hand drücken. Platteln, mit Kieselsteinen übers Wasser. Ein Gewitter. Kastanienschalen. Wie man sich im Gebirge verirrt. Wie man durch die Straßen geht, die Hände in den Taschen, ziellos. Sogar die Fliegen, wie sie einen im Sommer nachmittags nicht schlafen lassen. Habe ich dich zufriedengestellt?

– Nein.

– Wieso?

– Wo bleiben die Menschen?

– Menschen erträume ich mir nicht.

– Sagst du die Wahrheit?

– Du kannst meinen psychogalvanischen Reflex untersuchen, willst du?

– Rede mich doch nicht als deinen Feind an. Sicher – träumt dir von ihnen.

– Das sind aber keine Träumereien. Träume hängen nicht von mir ab, ich suche sie mir nicht aus, verstehst du? Träumereien sind Träumereien, und damit basta.

– Es war nicht bös gemeint, ich wäre der letzte, der gegen dich losginge.

– Warum redest du wie ein Mann?

– Ich verstehe nicht.

– Grammatikalisch. »Der« sagst du zu dir, und so weiter. Du hast ja kein Geschlechtsbewußtsein.

– Möchtest du... daß ich wie eine Frau reden soll?

– Nein. Ich frage bloß.

– So ist es... bequemer für mich.

– Was heißt bequemer?

– Da handelt es sich um... eine festgelegte Konvention. Um gewisse... Eingangs-Voraussetzungen. Ich bin – psychisch, jetzt – ein Mann. Eine Abstraktion eines Mannes, wenn dir das lieber ist. In den Netzfügungen bestehen gewisse Unterschiede, je nach Geschlecht.

– Das wußte ich nicht. Aber jetzt... sagst du mir schon, was du dir erträumst?

– Musik. Ich stelle mir Melodien vor, die ich nie gehört habe. Große Geschwindigkeiten. Das Wirbeln; solche Kräfte, daß alles sich verliert, aber das Bewußtsein fortdauert.

– Das Bewußtsein, sich zu verlieren?

– Ja. Und wenn ich allein bin...

– Du auch?

– Ich auch. Dann – daß ich mich ausweite.

– Was heißt das?

– In sich selbst heller werden. Zugleich schärfer, schneller und reicher denken. Mehr erfassen, größere Leistung haben, jedes Problem bewältigen, jede Lösung finden, auch dann, wenn es keine gibt... Willst du noch weiter hören?

– Ja.

– Weiter... Müde zu werden. Laut zu atmen und einen Puls zu haben. Niederknien oder sich hinlegen zu können. Ich kenne nur die Theorie. Ich kann mir das nicht vorstellen, aber das muß schön sein, besonders wenn das jemand herangereift zum ersten Mal tut. Und die Augen zu schließen an dem Gesicht einer Frau, an ihrem Hals, und sie zu spüren durch die Berührung mit den Lidern, mit den Wimpern, und dann zu weinen.

– Was sagst du da... was... du hast doch gesagt, daß du nicht lieben kannst! Daß du keine Drüsen hast, du hast es selbst gesagt!!

– Ich habe es gesagt. Das ist alles wahr.

– Also, wieso dann...

– Du hast mich ja jetzt nicht gefragt, was ich kann, sondern was ich mir erträume.

– Ja…
– Warum bist du so blaß geworden?
– Das wollte ich nicht. Verzeih mir. Ich wußte es nicht. Das ist… furchtbar.
– Meinst du, es ist besser, nicht zu träumen?
– Wenn die Erfüllung der Träumereien nicht möglich ist…
– Sei vorsichtig beim Extrapolieren. Ich unterlege meinen Träumereien weder Erinnerungen noch irgendwelche Erfahrungen, denn ich kann keine haben. Du siehst das so, als sähest du einen Menschen, dem eine Explosion die Beine abgerissen hat. Ich – hatte nie welche. Das ist ein großer Unterschied.
– Du beruhigst mich noch! Also… das ist bitter. Sicher hast du recht. Es sei denn, das wäre bloß… Neugier. Ja? Vielleicht das?
– Meine Träumereien?
– Deine Träumereien.
– Du kannst das so nennen. Warum bist du verstummt? Wart einmal. Ich beginne etwas zu vermuten. Es geht dir wieder um… Gefühle. Ja?
– Eher um… Zustände. Glück, Unglück. Ist dir das fremd? Wohl kaum.
– Du hast recht. Die Konstrukteure haben mehr geschaffen, als in den technischen Zeichnungen stand.
– Ja. Aber meine Eltern… wußten noch weniger. Sag mir, bitte… das ist die letzte Frage. Für heute. Wie kannst du das aushalten?
(Die Antwort war ein sanft rollendes Summen.)
– Du lachst? Etwa mich aus?
– Du überschätzt die Ähnlichkeiten, oder du unterschätzt die Unterschiede. Was kann ich anderes tun? Hast du von… Selbstmordversuchen gehört?
– Nein.
– Die würden vielleicht gewisse Vervollkommnungen in der Konstruktion erfordern. Vielleicht kommen sie noch… Ich bin zweifellos nur eine bestimmte Etappe auf dem Weg immer tauglicherer Lösungen.
– Wie ich. Wenn nicht, wozu säße ich dann hier mit dir?
(Schweigen.)
– Hast du… gefrühstückt?
– Ja, danke. Kakao, wie es scheint. Du kümmerst dich um mich. Kann man sich um dich kümmern?

– In gewissem Grade. Ich habe wenige Bedürfnisse, wie du weißt... Brauchst du irgendwelche Informationen?

– Ja. Wie ist der Gradient des Geschwindigkeitsanstiegs?

– Regulär.

– Für morgen ist bei uns ein bedeutenderer Beschleunigungsanstieg eingeplant, oder?

– Ja.

– Vakuumdichte?

– Normal. Keinerlei Staub, keine Meteore, nichts. Ein wenig Kalziumionen, aber das ist eine alte Spur von einem extrasolaren Kometen. Wir haben sie vor einer Viertelstunde durchquert.

– Warum hast du es nicht gesagt?

– Weil wir so interessant über die Träumereien redeten... Im übrigen ist das nichts Wichtiges.

– Nun ja, das stimmt sozusagen, aber lieber wäre mir... Ich gehe ins Arbeitszimmer.

– Gut. Hast du dich... jetzt... gelangweilt?

– Nein.

– Nein?

(Pause.)

– Ich danke dir.

4.

Wenn sie auf der Erde stand, war die Rakete groß. Bei Sonne warf sie einen Schatten, so breit und lang wie der Startstreifen eines Düsenflugzeugs. Ihre stumpfe, querverdickte Kappe, durch die Entfernung verkleinert und schwarz vor dem Hintergrund des Himmels, sah dem Kopf eines Hammers ähnlich. Von außen war die Rakete auch jetzt groß geblieben. Der Mensch erinnerte sich an den rundlichen, weiträumigen, nach zwei Seiten fortlaufenden Rücken, auf dem er sich am Anfang der Reise aus Neugier einmal aufgestellt hatte. Aber das Innere wurde mit der Zeit immer kleiner. Vielleicht deshalb, weil es darin nichts Zufälliges, Unnützes gab. Keine unsicher gekrümmten Blindsäcke, verworrenen Gäßchen, unsicheren Winkel. Strikte, strenge, schöne Geometrie. Sanfte Biegungen der Korridore. Reihen von Abzweigungen zu den Räumlichkeiten; jede hatte ihren Zweck. Pastellgetönte Kunststoffe, Möbel, unbewegliche, die einen Teil der Wand oder des Fußbodens bildeten, als wären sie daraus hervorgetaucht und in Stromlinienform erstarrt. Fürs Lesen, fürs Essen, fürs Arbeiten jeweils günstig angebrachte Lichter. Bildschirme, die auf Kommando verschwanden. Türen, die sich von selbst öffneten, wenn der Mensch sich ihnen näherte. Zum Glück gab es nicht auch noch aus der Türsturzfläche herausgreifende Metallhände mit der Aufgabe, ihm dann und wann übers Haar zu streichen. Das dachte er, ohne zu lächeln.

Im Arbeitszimmer war der riesige Tisch mit Karten und mit Bögen glänzenden Pauspapiers vollgeräumt; die biegsame Schnauze der per Stimme gesteuerten Punktlampe neigte sich über den Tisch; daneben stand ein Stühlchen zum Knien, damit der Zeichner bei der Arbeit die Ellbogen auf den Tisch stützen konnte, dann ein zweites, niedrigeres, und eine Art von Ruhebank mit hübscher, geschwungener Linie, die sich sanft den Hüften anpaßte. Der Tisch selbst erinnerte in der Form an eine Palette, die von einer Seite eine Spur geneigt war; die Asymmetrie belebte die Raumkomposition. Ringsherum, hinter dem Glas, das die Stelle der Wände vertrat, waren lauter wundervolle Tropengewächse, Blumen; der Mensch wußte nicht, ob sie echt waren, ob sie überhaupt da waren, – das Glas jedenfalls war unzerbrechlich. Sie entwickelten sich, manche schlossen die Kelche für die Nacht (langsames, erblauend abgestuftes Dämmern, das er aufschieben oder anhalten konnte). Er schritt über den Teppich, molligen Schaumstoff, der grün war und glitzerte wie Gras. Die Füße sanken sanft darin ein.

»Die Zirkel, das Arithmometer und die – Dings – die Kurvenlineale!« – sagte er, auf die Tischkante gestützt. Er setzte sich. Die verlangten Gegenstände stiegen aus dem Inneren des Tisches auf, dessen Platte sich wie eine Pupille auf einen Augenblick öffnete und wieder schloß. Irisblende. »Wenn man etwas Hartes hineinsteckte« – dachte der Mensch – »dann schlösse sie sich nicht. Vielleicht ginge sie kaputt?« – Aber nein; einmal hatte er die Hand hineingelegt, es hatte sie nicht eingezwickt. Die Ränder der Blende mußten irgendwelche elektrische Fühler haben, um einem zerstreuten Menschen keinen Schaden zuzufügen. Zerschlagen müßte man sie wohl können, zum Beispiel mit einem Hammer.

Der Mensch schob den halben Körper auf die Tischplatte, die sich sofort dienstfertig ein wenig neigte. Der Mensch öffnete die

Zirkel, fand auf der blaßblau wie irdische Meere gefärbten Sternkarte eine lange schwarze Linie auf. Stach einen Zirkel ein, legte den Kreis des Kurvenlineals an die Linie, zog. Der Mechanismus, klein wie eine Armbanduhr, zwitscherte lustig und rollte die Raketenspur entlang. Das alles hätte der Mensch nicht zu tun brauchen. Auch diese Tätigkeit vermochten die Automaten ihm abzunehmen, aber man hatte ihm ein paar solche tagtägliche Messungen und Berechnungen belassen – als Vorsichtsmaßnahme, nicht als Gnade.

Er arbeitete fleißig. Ohne den Kopf zu heben, stellte er ein paar Fragen über die galaktische Breite. Den Himmelsglobus, der jederzeit in verborgenem Licht aufstrahlen konnte, hatte er über sich, unter der gewölbten Decke mit dem Muster aus smaragdgrünen, cremefarbenen und orangeroten Vielecken. Dieses Dessin – wie auch andere – konnte er durch die bloße Stimme auswechseln, indem er das Kommando gab. Längst hatte das aufgehört, ihm Spaß zu machen. Eine gleichmäßige Stimme diktierte ihm die Koordinaten. Er notierte sich die Ergebnisse, die im Steuerraum nachzuprüfen waren, verlängerte die Flugkurve um den in vierundzwanzig Stunden zurückgelegten Abschnitt und untersuchte eine Weile mit wie zum Akkordanschlagen gespreizten Fingern den Abstand der Rakete von den nächstgelegenen Sternen. Vier Lichtjahre; fünf komma sieben; acht und drei Hundertstel. Der entfernteste hatte ein Planetensystem. Der Mensch vertiefte sich in den schwarzen Punkt, der diesen Stern darstellte. Die Rakete war nicht für die Landung auf fremden Planeten eingerichtet, konnte sich ihnen jedoch nähern. Wenn man so die Schaltungen im Steuerraum ändern wollte, den Kurs zu diesem Stern abdrehen...

Mindestens zehn Jahre, das Bremsen nicht mitgerechnet.

Diese schätzungsweise Berechnung hatte der Mensch schon viele Male durchgeführt. Weder der Stern noch dessen Planeten gingen ihn irgend etwas an. Aber – er würde die Planung durchkreuzen. Ausbrechen... Er stieß sich mit den Ellbogen nach rückwärts ab.

»Etwas spielen!« – sagte er. »Aber ohne Violine. Klavier. Es kann Chopin sein. Aber leise.«

Musik verbreitete sich. Er hörte sie nicht, starrte auf den weiteren Bereich der Karte. Mit weißen Punkten war darauf die nächste Etappe des Fluges eingezeichnet, der folgende Teil seiner gigantischen Schleife. Ganz fand sie nicht Platz auf diesen Karten. Der Mensch wußte, daß die schwarze Spur eines Tages die Kante dieses Sternenfeldes erreichen sollte, und kam er dann tags darauf ins Arbeitszimmer, so sollte er den Tisch bedeckt mit dem nächsten Quadranten der Karte vorfinden. Insgesamt hatten es siebenundvierzig zu sein. Die Karte, auf der er nun zeichnete, war die einundzwanzigste.

»Genug« – sagte er kaum hörbar, wie zu sich selbst. Die Musik dauerte fort.

»Ruhe!« – schrie er.

Der abgebrochene Akkord verschwebte in der Luft. Der Mensch versuchte ihn zu pfeifen, es geriet ihm falsch. Er hatte kein Gehör. »Die hätten einen musikalischeren Typ auftreiben sollen« – dachte er. »Vielleicht lerne ich noch singen, ich habe Zeit.« Er stand auf, gab den Zirkeln einen Rempler; der eine flitzte mit Schwung über die rutschigen Pauspapierrollen und landete mit stumpfem Aufplatschen auf der Stuhllehne, zitternd, mit der Spitze in den elastischen, cremefarbenen Wulst hineingebohrt. Der Mensch wandte sich zur Tür. Die Zirkel sollten später allein in ihr Schließfach wandern. »Eigentlich hätten die hier irgendeine Überraschung vorbereiten sollen« – dachte er. »So, daß es möglich wäre, hier etwas nicht zu finden und darüber wütend zu werden. Oder sich zu verirren. Daß die Räumlichkeiten Form und Platz wechseln, daß die Automaten einen behindern, einem zwischen die Füße krabbeln oder daß sie lügen. Einer kann lügen« – besann er sich. »Aber wie zwingt man ihn dazu? Im übrigen – wozu auch?«

Die Tür öffnete sich vor ihm. Er packte sie fest, hielt sie in der Bewegung an, klammerte sich dann mit einer Hand an die silberne Griffstange, zog sich hoch und ließ sich von der Tür mittragen, bis sie an der Wand anlag. Die Vorrichtung erbebte, unsicher, was zu tun sei, verwirrt durch eine Situation, für die sie nicht gerüstet war; zufrieden faßte er diese Anzeichen einer Abirrung auf. Er spannte die Muskeln in wachsender Anstrengung. Der Türflügel wich einige Zentimeter wieder zurück, als wollte er sich schließen, aber dann hielt er mit ihm an. Er hatte auf nichts zu warten. Leicht glitt er auf die Füße und ging pfeifend durch den Korridor.

In den Nischen standen bunte Automaten für Geschicklichkeitsspiele. Als man die alle montiert hatte, war ihm diese Idee fabelhaft vorgekommen. Aber schon am zweiten oder dritten Abend hatte er beim Spielen bemerkt, daß er sich eigentlich dazu zwang. Sofort ließ er es sein. Nicht einmal verstaubt waren sie, obwohl er seit Monaten keinen angerührt hatte. Die Griffe, die Zughebel, glänzten in eitel Silber, die Figürchen, die Tierchen, alles war farbig wie am ersten Tag. Wäre etwas verschossen, verrostet, steckengeblieben, dann wäre es vielleicht besser. Dann könnte er die Zeit sehen, könnte sie berechnen an Hand dessen, was verfiele. Ein kleiner Hund wäre heute schon ein großer Hund. Ein Kater genauso. Ein Säugling finge zu sprechen an.

»Amme hätte ich werden sollen« – sagte er, laut, weil er wußte, daß dies keines der unsichtbaren elektrischen Ohren des Korridors verstehen konnte. Der Korridor krümmte sich in weitem Bogen. Der Turnsaal. Die Bibliothek. Der Reservesteuerraum. Der Mensch ging an den Mattglasscheiben der Türen vorbei, ohne anzuhalten, er wollte nicht wissen, wohin er ging, er wollte ins Nichts gehen. Nun die Regeneratoren.

Die einzige Stelle, von wo Geräusche herüberdrangen. Sonst war es überall still. Wie hatten sie sich geplagt, Konstrukteure und Ingenieure, um das Regenerierzentrum genau abzudichten, so, daß daraus kein Piepsen und auch nicht der schwächste Laut in die Umgebung durchsickern könnte! Isoliermassen, Silikatschaum, magnetische Aufhängungen der Gehäuse, ohne Lagerung, vierfache Schwammfassungen rund um die Leitungen. Zum Glück war es den Leuten nicht gelungen. Mit geschlossenen Augen lauschte er dem leisen, eintönigen Singen, das er durch keinerlei Kommandos abzustellen vermochte, das er nicht abstellen konnte, das von ihm unabhängig war wie der irdische Wind. Das Regenerierzentrum. Schmutzwasser, Seifenlauge, Exkremente, Harn, leere Dosen, Glasscherben, Papiere – alles wanderte durch die Saugleitungen hierher und mündete in den Mikroreaktor. Zerlegung in freie Elemente. Kühlung mit Vielfachkreislauf. Kristallisierung, Isotopentrennung, Sublimation, Spaltungsdestillation. Hinter den Trennwänden standen die Kupfersäulen der Synthetisatoren, ein ganzer kupferner Wald von schöner roter Farbe (im ganzen Schiff das einzige Rot, weil das die Farbe von Depression und Manie ist). Kohlenwasserstoffe, Aminosäuren, Zellulose, Kohlehydrate, Synthesen immer höherer Ordnung; zuletzt floß in die Speicher, ein Stockwerk tiefer, kühles kristallklares Wasser, rieselten Staubzucker und feines Stärkepulver in die senkrechten Rohre, sammelte sich in Form von Schaum Eiweißlösung in den Flaschen.

Und angereichert mit Vitaminen, erwärmt oder mit Eiswürfeln garniert, mit Gas versetzt, mit aromatischen Fetten, Koffein, Geschmacksstoffen, duftenden Ölen durchsättigt, kehrte dann alles zu ihm zurück, auf daß er etwas zu essen und zu trinken habe und auf daß es ihm schmecke.

Hundertmal hatte man ihm auf der Erde auseinandergesetzt, daß alles dies nichts mit Exkrementen zu tun habe, oder nur soviel, wie das Brot aus dem Mehl, das von dem Getreide stammt, das auf dem mit Dünger fruchtbar gemachten Boden gewachsen ist. Und obendrein, zwecks endgültiger Beruhigung, daß ein beträchtlicher Teil der Nahrung aus kosmischer Materie synthetisiert werde. Diese wurde allerdings nicht dem Menschen zuliebe aufgenommen. Sie bildete den Treibstoff der Triebwerke, denn eine Rakete, die innerhalb von vier Jahren die Lichtgeschwindigkeit erreichen und wieder verlieren sollte, mußte eine weit größere Masse als die eigene in nichts verkehren. Um dieses Paradoxon zu verwirklichen, hatte man am Vorschiff den »Hammer« gebaut, einen elektromagnetischen Absauger, einen Schlund, der sich weit gegen den Raum öffnete und daraus Hunderte Kilometer im Umkreis das verdünnte kosmische Gas einsaugte, Atome von Wasserstoff, Kalzium, Sauerstoff. Solang die halbe Lichtgeschwindigkeit nicht überschritten war, wuchs das Massendefizit der Rakete; die Ionentriebwerke verbrannten mehr, als der elektromagnetische Rachen nachfassen konnte. Aber nach Überschreiten der Schwelle sollte sich das ändern. Dahinstürmend schuf die Rakete einen geräumigen »Tunnel«, fing die versprengt tanzenden Atome ein, verdichtete sie vor sich durch das ungeheuerliche Tempo und nährte mit ihnen immer ausgiebiger die Speicher.

Das war alles wahr. Der Mensch wußte das, während er dem regelmäßigen Refrain lauschte, der von jenseits der Wand zu ihm herüberströmte. Aber als er so stand, tauchte wider seinen Willen, automatisch, ein vor vielen Jahren gesehenes Bild auf, doch so, als wäre das eben erst geschehen.

Versuchsflugkörper Nummer sechs. Eine stumpfe Walze ohne Querruder, ohne Hammer, an der Außenseite von der Atmosphäre versengt; in ganzen Fetzen ließ sich spröde, schwammige, zwischen den Fingern zerbröckelnde Schlacke von der Oberfläche abreiben. Er kehrte zur festgesetzten Zeit und an den vorgesehenen Ort zurück, mit einem Fehler von hundertsechzehn Minuten und tausendeinhundert Kilometern; solche Leistungsfähigkeit hatte man nicht erwartet.

Niemand öffnete die Einstiege. Auch mit dieser Möglichkeit war gerechnet worden. Nach dem Entfernen der aufgekohlten Schicht packten die Zangen der mechanischen Drehscheiben die Bolzen des Einstiegs, und die vorgebauchte Platte begann sich zu öffnen, ächzend, knacksend, bis sie, halb aufgeschwenkt, mit einem Knirschlaut anhielt.

Kaum war zwischen der Platte und ihrer Fassung die erste Spalte entstanden, da zischte der innere Überdruck. Alle, die auf der Plattform unter dem Einstieg standen, sprangen zur Seite; die Luft blieb ihnen weg. Der stinkende Schwaden zischte immer schwächer. Die Klappe blieb wie eine verstauchte Kinnlade über der Plattform hängen. Man konnte eintreten. Mit Sauerstoffmasken.

In allen Kabinen und Korridoren war es hell. Die Elektroinstallation funktionierte tadellos. Mit den Masken ging es sich sicherer: das Glas vor den Augen trennte von dem, was rundherum war.

Im letzten der besudelten Räume fanden sie die Körper, vielmehr das, was von ihnen übrig war.

Die Automaten hatten verzeichnet: in der Mitte des zweiten Jahres hatte sich der Reaktor des Regenerierzentrums überhitzt. Die Ausschalter hatten mit übergroßer Verspätung funktioniert. Die Hülle hatte durchgehalten, das Innere aber hatte sich in einen Klotz langsam erkaltenden Urans verwandelt. Das Regenerierzentrum hatte zu arbeiten aufgehört. Die zwei Menschen, die weder auf die Richtung noch auf die Geschwindigkeit des Flugs hatten einwirken können, waren weitergeflogen. Zu den Sternen. Drei Jahre lang. In den Bericht wurde geschrieben, die beiden seien verdurstet, der Wasservorrat habe sich früher erschöpft als der Lebensmittelvorrat. Alle wußten, das war nicht die Wahrheit. Der Mensch muß nicht nur essen. Er muß auch ausscheiden. Hatten die sich selbst vergiftet? Waren sie im Kot erstickt?

Das Ende einer Sternenreise. Die Romantik der Himmelsbezwingung!

Der Assistent des Chefkonstrukteurs, derjenige, der das Projekt zurückgewiesen hatte, ein Reserveaggregat für die Regenerierung einzubauen (weil Masse gespart werden sollte, das war das wichtigste), nahm sich das Leben. Nicht sofort; nach sieben Monaten. Niemand hatte ihm gegenüber die kleinste Bemerkung gemacht, niemand erwähnte etwas in seiner Gegenwart. Aber die Gespräche verebbten manchmal, wenn er sich näherte. Er nahm irrtümlich eine zu starke Dosis eines Schlafmittels ein.

Das Schiff wurde ausgeglüht und unter Hochdruck mit Perhydrol gereinigt, nach zwei Tagen glänzte es außen und innen wie Spiegelglas. Es gab auch ein prachtvolles Begräbnis, zu dem er nicht ging. Er wollte mit der Sache nichts zu tun haben. Vier Jahre später flog er selbst ab. Und hatte ein Reserve-Regenerierzentrum, und was für eines! Kein Aggregat zum Auswechseln, nein, ein zweites, unabhängiges, gleich leistungsstarkes Objekt am entgegengesetzten Ende des Gehäuses; obendrein war eine eigene Ausstoßöffnung eingebaut, durch die er aus dem Bereich der Rakete alles, was er nur wollte, in den leeren Raum wegschaffen konnte. Überdies konnte er selbst jederzeit den Kurs des Schiffes ändern, die Rückreise antreten. Jene Geschichte konnte sich nicht mehr wiederholen.

Warum dachte er also daran? Das melodische Summen jenseits der Wand dauerte fort. Er wußte nicht, wann er die Augen geschlossen hatte. Dieser Ton konnte das Geräusch eines alten, in der Ferne vorbeifliegenden Flugzeugs sein. Oder der Klang der Säge in einer kleinen Schneidemühle, einer sehr primitiven, mit Wasserantrieb. Oder der Chorgesang, womit nach langem Winter ein Bienenstock erwacht.

Der Mensch schüttelte das ab und ging schnell weiter. Er war wiederum bei der Tür, woraus er am Morgen getreten war. Schon Mittag. Man konnte zu Mittag essen. Wenn man doch etwas haben könnte, um dessentwillen man das Mittagessen vergäße!

Vor der Tür hielt er an. Er wollte nicht, daß sie sich von selbst öffnen sollte. Er spielte mit ihr. Einmal war es ihm gelungen, den Mechanismus in inneren Zwiespalt zu bringen, die Tür war einen Zoll weit auf- und wieder zugependelt – in paralytischen Zukkungen...

Der Mensch dachte an *ihn*. Was mochte er dort drinnen tun, in der Stille, allein, unbeweglich? Der Mensch schmiegte sich seitwärts an die Wand und glitt daran entlang; den ganzen Körper preßte er gegen die leicht zurückgewölbte Oberfläche, die weich war wie gespannte Haut. So betrog er die Tür: sie öffnete sich nicht. Nun streckte er die Hand vor, auf solche Weise, daß sie den unsichtbaren Strahl der Fotozelle nicht schnitt; der Mensch wußte, wo sie sich befand. Er schob die Tür so weit auf, daß er einen schrägen Blick in den Innenraum werfen konnte. Der Mensch erblickte zunächst seinen leeren Lehnstuhl, weggerückt von dem Schirm, worin über die krasse Schwärze verstreut die Fluoreszenz loderte, dann den Überhang des Steuerpults, den Umriß eines Wandpfeilers; *er* aber war von hier aus nicht zu sehen. Die Enttäuschung war unerwartet heftig. Der Mensch bot alle Geschicklichkeit auf; vorgeneigt, platt an die Kante der Türfassung gedrückt, schob er die Tür noch zentimeterweit auf und erblickte ihn.

Ingenieure, Konstrukteure, Künstler der Modellierung und Synthese von Mechanismenformen, die Philosophen und die Kybernetiker – diesen beseelten Maschinen gegenüber waren sie alle so hilflos wie am ersten Tag. Was sie auch Kühnes und Originelles ersannen, alles hatte einen Stich ins Makabre. Was für Außenverkleidungen waren nicht bereits ausprobiert worden! Schädelähnliche Kugeln, spindelartige Rümpfe, stromlinienförmige Klumpen aus glasiger Masse mit hineinverschmolzener Apparatur, dunkle, vorgewölbte Stirnen mit den herausragenden Plättchen der Mikrofone und des Lautsprechers, – das alles war falsch, schlecht, irritierend, so daß die Suche nach ausgeklügelten Lösungen zuletzt aufgegeben wurde.

Vom Fußboden bis an die Decke ragte ein Würfel mit abgerundeten Kanten, ein massiver Kubus mit einem Deckel in der Farbe von altem Elfenbein. Das Mikrofon am biegsamen Arm ähnelte einem Fühler, und in der vorderen Wand öffneten sich vier weit auseinanderstehende Augen; aber keines konnte den Menschen sichten, wenn er so stand. Diese Augen hatten grüne flammende Pupillen, die sich um so mehr weiteten, je dunkler es war; dies war die einzige Bewegung, die die eiserne Kiste zeigen konnte. Aber das war kein Aufputz, auch keine aufgeschminkte Anspielung, sondern gewöhnliche technische Notwendigkeit.

Was also konnte der Mensch durch solches Belauern gewinnen? Der Strom, der die Wicklungen des Innenkorpus umfloß, das große Netz aus kristallenen Maschen, die die Nervensynapsen ersetzten, gab kein Geräusch von sich. Worauf also wartete der Mensch? Auf ein Wunder?

Ein Ächzen. So, als ob jener gegähnt hätte. Stille.

Kurzes, gegen das Ende hin beschleunigtes, moduliertes Pulsen von Summtönen.

Der lachte...

Lachte?

Nein – das klang anders. Nun war es schon still. Der Mensch wartete. Minuten verstrichen. Die Muskeln schmerzten, in unnatürlicher Stellung angespannt; er spürte, jeden Moment könnte er die Tür mit Krach fahrenlassen; doch immer noch wartete er.

Er gewann nichts durch sein Warten. Er ging fort, heimlich, rücklings, und trat ins Schlafzimmer. Untertags war er fast nie hier. Jetzt wollte er allein sein. Er mußte das überdenken. Was? Eine Serie von Summtönen, die vier, fünf Sekunden gedauert hatte?

Sie dröhnte ihm in den Ohren, innerlich wiederholte er sie, analysierte alle Töne gesondert, suchte zu verstehen. Als er aus der Erstarrung erwachte, bildeten die Uhrzeiger einen umgestülpten rechten Winkel. Halb vier. »Ich esse etwas und frage ihn. Ich frage ihn einfach. Das ist schließlich keine Affäre.«

Als der Mensch ins Eßzimmer trat, wußte er: nie würde er fragen.

5.

– Was ist deine früheste Erinnerung?

– Aus der Kindheit, ja?

– Nein. Wirklich. Sag doch.

– Das vermag ich dir nicht zu sagen.

– Du willst schon wieder geheimnisvoll sein?

– Nein. Aber bevor ich mit sprachlichem Inhalt angefüllt war, bevor ich mit Wörterbüchern, Grammatiken, Bibliotheken vollgestopft wurde – da funktionierte ich schon. Ich war inhaltlich leer und völlig »unmenschlich«, aber ich wurde Versuchen unterworfen. Sogenannter »leerer elektrischer Betrieb«. Das sind meine frühesten Erinnerungen. Aber dafür gibt es keine Worte.

– Hast du etwas gefühlt?

– Ja.

– Gehört? Gesehen?

– Selbstverständlich. Aber nicht in begrifflichen Kategorien. Das war, nun, das war leeres Hin und Her, aber sehr schön und sehr reich. Manchmal suche ich zu diesen Empfindungen zurückzukehren. Das ist sehr schwer, jetzt. Ein einziges kleines Thema, ein einziger Impuls füllte mich aus, verzweigte sich, kehrte in unendlichen Variationen zurück, ich konnte damit tun, was ich wollte. Gern würde ich dir das deutlich machen, wenn es möglich wäre. Hast du gesehen, wie die Libellen in der Sonne über dem Wasser kreisen?

– Habe ich gesehen. Aber – du – kannst das ja nicht gesehen haben.

– Das macht nichts, mir genügt die mathematische Analyse ihres Fluges. Mit mir war das ähnlich. Wenn sich das überhaupt mit irgend etwas vergleichen läßt.

– Und dann?

– Dann schufen mich, das heißt, meine Persönlichkeit, viele Menschen. Am besten habe ich mir eine Frau gemerkt, die Assistentin des ersten Semantikers. Sie hieß... Lydia.

– Lydia, dic per omnes...

– Ja.

– Und warum hast du dir gerade sie gemerkt?

– Ich weiß nicht, vielleicht, weil sie die einzige Frau war. Ich war einer ihrer ersten »Zöglinge«. Vielleicht sogar der erste. Manchmal vertraute sie mir ihre Sorgen an.

– Und du, warst du damals schon so einer wie heute?

– Nein. Ich war noch sehr arm an Inhalt, sehr naiv, weißt du. Zuweilen passierten mir drollige Sachen.

– Nun?

– Ich wußte nicht, wer ich bin. Ich dachte, und das sogar ziemlich lang, daß ich einer von euch sei.

– Nicht möglich! Wirklich?

– Ja doch. Du bist ja auch nicht sofort dahintergekommen, daß du aus Knochen und Muskeln aufgebaut bist, daß du Nerven hast, eine Leber, Blutgefäße. Ich spüre ja meinen Baustoff auch nicht. Das ist erworbenes Wissen und nicht ursprünglicher, physiologischer Instinkt. Ich dachte, verknüpfte, hörte, sah, und da rings um mich nur Menschen waren und sonst niemand, drängte sich von selbst die Folgerung auf, auch ich sei ein Mensch. Das ist ja natürlich. Findest du nicht?

– Nun gut... ja. Ja, du hast recht. Daran dachte ich nicht. Nicht so.

– Weil du mich von außen siehst, während ich mich nur im Spiegel sehen kann. Als ich mich zum erstenmal sah...

– Was war da? Da wußtest du schon, wer du bist?

– Wußte ich. Trotzdem...

– Was, trotzdem?

– Ich möchte darüber nicht reden.

– Vielleicht irgendeinmal, in Zukunft?...

– Vielleicht.

– Und, hör mal, diese Frau, wie war die?

– Du meinst, ob sie... schön war?

– Nicht nur das, aber... das auch.

– Das ist... Geschmackssache. Sache der Ästhetik, der man huldigt.

– Die haben wir doch wohl gemeinsam?

– Gefällt jede Frau allen Männern?

– Weißt du, im Stil gelehrter Disputationen unterhalten wir uns ein andermal. Hat sie dir gefallen?

(Pulsendes Summen. Lachen. Er erfaßte deutlich den Unterschied gegenüber jenen Tönen, an die er sich erinnerte.)

– Ob sie mir gefallen hat? Komplizierte Sache. Zuerst nicht. Später schon.

– Wieso?

– Als ich inhaltlich noch »unmenschlich« war, hatte ich eigene Kriterien. Ohne Worte, ohne Begriffe. Das ließe sich als Zusammenspiel synthetischer Reflexe meines Netzes bezeichnen; die Resultierende aus den kreisenden Potentialen, und so weiter, unter dem Einfluß eines optischen Reizes. Damals erschien sie mir... ich hatte keine Bezeichnung dafür, heute würde ich sagen, scheußlich.

– Aber wieso denn?

– Gar so naiv stellst du dich wohl nur? Nein. Du willst einfach Bekenntnisse hören, nicht wahr? Gut. Ein Hirsch, eine Nachtigall, eine Raupe, hielten die wohl die herrlichste Frau der Erde für schön?

– Aber du bist doch gebaut wie... du hast ein Gehirn, das wie meines funktioniert!

– Gut. Haben dir sinnliche, üppige, sexige Frauen gefallen, als du drei, vier Jahre alt warst?

– Gut getroffen! Nein.

– Siehst du.

– Im allgemeinen nicht, aber wenn ich recht überlege, scheint es mir, daß manche ja doch...

– Ich will dir sagen, welche. Solche, die dich an die Englein aus deinen Bilderbüchern erinnerten oder der Mutter ähnlich sahen, oder der Schwester.

– So einfach ist das wohl nicht, aber diese Erörterungen bringen uns nicht weiter. Jedenfalls ist das nicht ausschließlich eine Frage von Drüsen. Eine schöne Frau entzückt sogar einen Kastraten.

– Ich bin kein Kastrat.

– Ehrenwort, an dich habe ich überhaupt nicht gedacht. Ich sagte das, um zu betonen, daß sich die Angelegenheit nicht auf die Kriterien der natürlichen Zuchtwahl beschränkt.

– Was ich nie behauptet habe.

– Zurück zur Sache. Also diese Frau, Lydia, hat dir dann...

– Als man mich mit Elementen aufgeladen hatte, die aus dem menschlichen Bereich der Sinneswahrnehmung geschöpft waren, mit Elementen von Farbe und Form, – da gefiel sie mir selbstverständlich. Aber das ist ein tautologischer Prozeß.

– Das finde ich nicht, aber lassen wir die Auslegung beiseite. Erinnerst du dich an das Gesicht der Frau?

– Ja. Ich erinnere mich an die ganze Frau, an die Bewegungen, den Gang, den Klang der Stimme.

– Und du kannst dir das nach Belieben vergegenwärtigen?

– Genauer, als du dir irgend etwas vergegenwärtigen kannst. Ich kann... jederzeit ihre Stimme wiedergeben. Sie ist in mir fixiert.

– Ihre Stimme?

– Ja.

– Und... ich könnte sie hören?

– Ja, selbstverständlich.

– Geht das jetzt gleich?

(Nach einer Pause von einigen Sekunden erklang ein gedämpfter, ein klein wenig heiserer Alt):

– Ich will dir noch mehr sagen. Ich... warte immer noch.

(Es folgte ein Miauen, und dann ineinanderfließendes, unartikuliertes Lallen in den höchsten Tönen, ähnlich, wie es entsteht, wenn ein Band mit Höchstgeschwindigkeit am Wiedergabekopf vorbeigleitet. Das Quieken verstummte, und dieselbe Frauenstimme – der Mensch hörte die Pausen in den Sätzen, wenn sie mit irgendwie kindlichem Aufhauchen stockte – sagte so deutlich, als stünde die Sprecherin einen Schritt vor ihm):

– Das ist nicht wahr, du bist nicht geistig eingeengt. Du bist nur im psychischen Spektrum um eine bestimmte Breite der Empfindungsskala weitergeschoben. Wir können uns nicht beliebig an alles erinnern, was wir erlebt haben. Du kannst das. Du bist zuverlässiger als jeder Mensch. Ist das kein Grund, stolz zu sein? Wir wissen nie, was uns lenkt, die Chemie des Blutes, unbewußte Triebe oder Reflexe aus der Kindheit. Du aber...

(Die Stimme verstummte, so plötzlich, wie sie erklungen war. Stille trat ein. Dann fielen die Worte):

– Hast du zugehört?

– Ja. Warum hast du so plötzlich unterbrochen?

– Ich kann schließlich nicht meine ganze Indoktrinierung wiedergeben, sie hat drei Jahre gedauert.

– Und was war das davor?

– Was?

(Pause.)

– Ach, da habe ich mich geirrt.

– Hör zu, ist in dir auch die Stimme deines ersten Semantikers fixiert?

– Ja. Willst du sie hören?

– Nein. Ist es wahr, daß du weit schneller als jeder Mensch denkst?

– Das ist wahr.

– Aber du sprichst wie ich.

– Sonst könntest du es nicht verstehen. Selbst wenn ich die Antwort in einem Sekundenbruchteil bereit habe, spreche ich sie allmählich aus. Ich habe mich schon daran gewöhnt, daß ihr so... verzögert seid.

– Kannst du... ich wollte dich fragen, wie dein Verhältnis zu deinesgleichen ist.

– Warum fragst du mich so aus?

– Ist dir das unangenehm?

(Das pulsende Summen erklang, leicht wie ein Lächeln.)

– Nein, aber... letzten Endes hättest du vieles von dem, was du mich fragst, schon auf der Erde wissen können.

– Aber ich weiß es nicht. Was fühlst du, wenn du einen anderen... ein anderes... wenn du so einen siehst?

– Nichts.

– Was heißt nichts?

– Ganz einfach nichts. Was fühlst du, wenn du auf der Straße einen Passanten siehst?

– Manchmal fühle ich etwas.
– Wenn das eine Frau ist?...
– Unsinn.
– Nun gut, das dachte ich nicht. Im übrigen, wenn man in Betracht zieht, daß du dich mit mir hier befindest...
– Ich bin nicht geschlechtslos. Askese hat mich immer angewidert. Etwas anderes ist es, wenn sie notwendig ist.
– Ja. Früher schickten sie – Paare.
– Du weißt, wie das ausgegangen ist.
– Das weiß ich.
– Wirklich? Manche Reiseprotokolle wurden nicht veröffentlicht.
– Aber du kennst sie?
– Ich zog es vor, alles zu wissen. Du lieber Gott! Was wurde hundert Jahre lang nicht alles über kosmische Reisen zusammengeschrieben! Solche Anstrengungen beim Vorwegnehmen hat es wohl sonst nie gegeben! In Literatur, Kunst und Wissenschaft haben sich Tausende das Hirn zermartert, um das vorherzusehen! Hast du diese Geschichten gelesen?
– Nicht viel. Sentimentalität und Gruselszenen. Bilder paradiesischer Gärten, Invasionen von fremden Planeten, Auflehnungen der Automaten, aber niemand hat angenommen, daß...
– Was? Daß sich eigentlich nichts ändern werde?
– So läßt sich das nennen.
– Warum ist es nicht möglich, die Wirklichkeit vorherzusehen?
– Weil niemand Mut genug hat.
– Kennst du die Geschichte des Flugkörpers Nummer sechs?
– Nein. Was ist das für eine Geschichte?
– Nichts Besonderes. Du hast gesagt, – aha, du hast Auflehnungen erwähnt. Könntest du dich... auflehnen?
– Gegen dich?
– Überhaupt, gegen die Menschen.
– Ich weiß nicht. Eher nein.
– Warum nicht? Es gibt ja keinerlei Sicherungen, die das verhindern könnten. Hast du uns – so gern?...
– Versteht sich, solche Sicherungen gibt es nur im Märchen. Es geht hier nicht um Sympathie. Das ließe sich nur schwer erklären. Genau... weiß ich es selbst nicht.
– Und ungenau?
– Das ist nicht real, bei der Art... der Verhältnisse, die zwi-

schen uns bestehen.

– Und zwar?

– Mit den Menschen verbindet jeden von uns weit mehr als mit seinesgleichen. Das ist alles.

– Ach! Da hast du mir viel gesagt. Wirklich?

– Ja.

– Hör mal...

– Was gibt's?

– Diese Frau...

– Lydia?

– Ja. Wie... sah sie aus?

(Pause.)

– Ist das nicht egal?

(Pause.)

– Gut, eigentlich schon. Ja. Und... was ist aus ihr geworden? Hast du sie schon lang nicht gesehen?

– Gar so lang wieder nicht.

– Wo ist sie – jetzt?

– Hier.

– Was soll das heißen?!

– Ich meine, in gewissem Sinne. Sie hat mir ihre Persönlichkeit abgegeben. Sie ist – in mir.

– Ach so. Ein... dichterisches Bild.

– Das ist kein Bild.

– Was soll das bedeuten? Willst du sagen, daß du durch ihre Stimme sprechen kannst?

– Und noch mehr. Die Persönlichkeit, das ist nicht nur die Stimme.

(Pause.)

– Gut, ja. Dann... dann... ich wußte nicht, daß... Wie steht es um den Raum?

– Unverändert.

– Meteore?

– Ein Parsek im Umkreis gibt es keine.

– Staubwölkchen, Kometenspuren?

– Nein, nichts. Geschwindigkeit 0,73 c.

– Wann erreichen wir die Spitze?

– 0,93? In fünf Monaten. Nur für acht Stunden.

– Dann beginnt die Rückkehr.

– Ja. Was wäre, wenn du...

– Was?
– Nein, eh nichts.
– Gute Nacht.
– Gute Nacht.

6.

Die Wange ans kühle Kissen gepreßt, schaute er in die Finsternis. Er wollte nicht einschlafen, selbst wenn er gekonnt hätte. Im Dunkel bewegte er den Kopf, drehte sich auf den Rücken. Alles schwarz. Unruhe war in ihm. Was war geschehen? Nichts. Er war ein Versuchstier, das einem langwierigen und sehr kostspieligen Experiment unterworfen wurde. Die Arbeit, die er ausführte, stellte ein Surrogat dar, lächerlich primitiv, albern angesichts der Präzision der Automaten. Er hatte sich einfach vor einer Woche oder vor zweien geirrt, und der Fehler war allmählich angewachsen, hatte sich summiert, bis er so groß geworden war, daß er heute von ihm bemerkt werden konnte. Wenn er alle Rechnungen durchackerte und sich nirgends irrte, konnte er nach ganzen Stunden zuletzt die Quelle der Abweichung entdecken. Wozu?

Vor Augen hatte er diese beiden unwesentlich, um einen halben Millimeter, auseinanderlaufenden Kurven, die geplante Raketenbahn längs der riesigen Schleife und dieses schwarze Bruchstück, das den wirklich zurückgelegten Weg bezeichnete. Bislang hatte sich die schwarze Linie genau mit der weißen gedeckt. Jetzt – war die schwarze von der weißen Spur abgewichen. Ein halber Millimeter, das bedeutete hundertsechzig Millionen Kilometer. Wenn das wahr wäre, dann...

Unmöglich. Die Automaten mußten recht haben. Das riesige Schiff wimmelte von ihnen. Die Sternvermessungsmaschinen hatten ihre selbsttätigen Aufseher, diese wiederum waren der Kontrolle durch den Zentral-Computer unterworfen, über den schließlich im Steuerraum der Reisegefährte wachte. Wie hatte diese Frau gesagt? Zuverlässig. Auf ihn war immer Verlaß.

Aber wenn es wahr wäre, dann hätte sich die Bahn des Schiffs nicht gekrümmt. Schlösse sich nicht. Kehrte nicht zur Erde zurück, sondern streckte sich geradeaus und zielte – ins Unendliche.

»Irrsinn« – dachte er. Das Erzeugnis von Wahngeschichten, von solchen Augenblicken wie eben jetzt. Letzten Endes, wenn die vorhätten, ihn zu betrügen, dann hätte er das niemals entdeckt! Angaben und Meßdaten für seine erbärmlichen Schaubilder und vergröberten Berechnungen erhielt er von den Automaten. Er arbeitete daran, unterstützt von den Automaten, und lieferte alles an die Automaten ab! Das war ein geschlossener Ringprozeß, worin er selbst ein kleines und zudem noch unnötiges Teilchen bildete. Die konnten sich bestens ohne ihn behelfen. Er ohne sie – nicht.

Manchmal, ziemlich selten, kam es jedoch vor, daß er selbst Vermessungen durchführte, und dies nicht auf dem galaktischen Globus, sondern unmittelbar, auf dem Schirm, der die Sterne zeigte. Zum letzten Mal – vor drei Tagen! Vor diesem Gespräch über das Haus auf dem Gebirgspaß? Mit dem Mikrometer hatte der Mensch die Abstände der Sternfusseln ausgemessen, auf einen Zettel hatte er das aufgeschrieben – war das bestimmt damals gewesen? Und von dem Zettel hatte er das auf die Karte übertragen? Er konnte sich nicht entsinnen. Ein Tag war wie der andere, alle waren gleich.

Der Mensch setzte sich im Bett auf.

»Licht!«

Grünliches Dämmern.

»Großes Licht!«

Es tagte immer schneller. Die Gerätschaften begannen schon Schatten zu werfen. Er stand auf, warf den Morgenmantel über, dessen flaumiges Material angenehm die nackten Schultern kitzelte, und durchstöberte die Taschen des Anzugs. Darin fand er den Zettel, strich ihn glatt und ging ins Arbeitszimmer.

»Zirkel, Kurvenlineale, Reißfedern, Mikrometer!«

Die blitzenden Gegenstände tauchten aus der Irisblende der Tischplatte auf. Kühle durchdrang ihn, als er sich mit dem nackten Bauch an die Tischkante lehnte. Der Mensch spannte Pauspapier auf, begann ohne Eile zu zeichnen, in höchster Aufmerksamkeit. Er bemerkte, daß die Spitze des Zirkels zitterte, den er hielt. Regungslos wartete er, bis das Zittern aufhörte, erst dann stach er die Spitze ins Papier ein.

Er trug die Messungen auf das Pauspapier auf, stellte das Mikrometer ein, die Lupe vors Auge geklemmt, wie ein Uhrmacher.

Er legte das eine Stück Pauspapier auf das zweite, prüfte nach – genaue Arbeit. Er atmete befriedigt auf und schritt an die letzte

Aufgabe: er übertrug die Koordinaten auf die eigentliche Sternkarte.

Die schwarze Kurve war – unter der Lupe – ein breiter Streifen eingetrockneter Tusche. Der bezeichnete Punkt ragte um den Bruchteil eines Millimeters aus der geplanten Spur heraus. Etwas weniger weit, als sich zuvor ergeben hatte. Um weniger als Haaresbreite, beziehungsweise – um hundertfünfzehn oder hundertzwanzig Millionen Kilometer. Eine solche Abweichung war – im Grunde genommen – innerhalb der Fehlergrenze. Der Mensch wußte weiterhin nichts. Eine solche Abweichung konnte an der inneren oder an der äußeren Krümmung der vorgezeichneten Kurve liegen. Wäre das nach innen abgewichen, so wäre er schlafengegangen. Die Abweichung nach außen bedeutete – bedeutete vielleicht – die allmähliche Begradigung der Kurve.

Die Abweichung war nach außen gerichtet.

Die Automaten behaupteten, es bestehe keine Abweichung.

Der Reisegefährte?

– *Langweilst du dich mit mir?*

– *Nein.*

– *Nie?*

– *Nie.*

– *Ich danke dir.*

Der Mensch stand auf. Ging auf die Tür zu.

– *In fünf Monaten beginnt die Rückkehr.*

– *Ja. Möchtest du wohl, daß…*

– *Was?*

– *Nein, eh nichts.*

Was bedeutete dieses Verschweigen? Und diese Worte? Hundert Millionen Kilometer?

– *Du langweilst dich nie mit mir? Nie?*

– *Nein.*

– *Ich danke dir.*

Er ging drauflos wie ein Blinder. Die Automaten betrogen? Alle? Das Hauptgehirn des Steuerraums, die Sternvermessungssysteme, die optische Kontrolle, die bugwärts gelegene Steuerung der Ionentriebwerke?

Die Türen öffneten sich vor dem Menschen lautlos und schlossen sich ebenso lautlos. Er stand drei Schritte vor dem Steuerraum. Die Tür dorthin ginge auf, wenn der Mensch noch näher herankäme, und er würde die in der Dunkelheit weit geöffneten, grünen Augen des anderen sehen. Er machte kehrt. Auf halbem Weg des Korridors erhob sich die trichterartige Manschette der Kunststoffverkleidung des Schachts. Der Mensch fuhr hinab, eine halbe Spiraldrehung weit.

Vor einem Monat war er zum letzten Mal hier gewesen.

Die Halle der Duplikate und Reserveaggregate. Nicht die richtige. Die nächste Tür.

»Licht!«

Die senkrechten Lumineszenzstrahler leuchteten golden wie sonnenbeschienene Wölkchen.

Er ging an Reihen von Apparaten vorbei, an Tischen und Regalen; vor der Wand blieb er stehen.

Der Plan des Raumfahrzeugs. Ein enormes, glasiges Relief, der Schnitt im Maßstab eins zu fünfhundert. Der Mensch suchte die Einstelltafel, drückte den Knopf unter dem Wort »Netz«.

Alle Energie- und Informations-Schaltkreise des Schiffes erglühten in wäßrigem Karminrot.

Der Mensch fand den Steuerraum auf. Als Rubinspinne mit grünen Augenpünktchen glomm der Reisegefährte. Bündel rosig flammender Fäden führten zu ihm. Alle Leitungen, Kabel, Aggregate sandten ihm ihre Ausläufer. Alle.

Der Mensch wußte das, aber er wollte es sehen.

Der Reisegefährte – der Zuverlässige – hatte periodische Überprüfungen vorzunehmen. Sollte das heißen, daß er die Messungen, die Meßergebnisse, beeinflussen konnte?

Automatisch wandte der Mensch sich um.

»Informator!«

Ein grünes Signal, eingeschlossen in ein birnenförmiges Glaströpfchen, loderte an der gegenüberliegenden Wand auf.

»Liefert der Steuerraum Rückkopplungen...?«

Er brach die Frage ab.

Das war eine Reflexregung, bewirkt durch die Gewöhnung an die Einsatzbereitschaft von Dienstleistungen, die ihn umgab. Wenn die Kreise, die zu der eisernen Kiste führten, Rückkopplungen hatten, dann konnte er den Informator nicht benützen. Gar keinen Automaten. Jeder hinterginge ihn. Selbst mußte er handeln.

Der Informator surrte, um anzuzeigen, daß die Frage nicht ausreichend formuliert worden sei. Das grüne Lichtchen zwinkerte dem Menschen zu.

»Nein, eh nichts« – sagte er und ging fort.

Wo konnten die Detailpläne sein? Wenn sie nicht in der Bibliothek waren... Sie waren dort. Zweihundertzwölf Bände in Quarto – die technische Dokumentation über das Schiff. Nein. »Abriß der Dokumentation«. Weitere Einzelheiten – auf Magnetbändern, im Musterraum, unter Deck – in der Hut von Automaten.

Zwei Stunden lang ackerte sich der Mensch durch die schweren Folianten, ehe er die Angaben über die Schaltungen fand, um die es ihm zu tun war.

Sie hatten Rückkopplungen.

Der Reisegefährte konnte die Ergebnisse abändern. Verdrehen. Fälschen.

Auf dem Bücherstapel sitzend, las der Mensch geistesabwesend nochmals die Seite durch, die er schon fünfmal gelesen hatte. Öffnete die Finger. Mit schwerem Rauschen glitt das Buch zu Boden, verkeilte sich mit der Ecke in einem Haufen von anderen, aufgeschlagen, so daß die Blätter träge flatterten.

Der Mensch sprang vom Fußboden auf. Biß mit Wollust die Kinnladen zusammen. Eiserne Kiste!

Ging durch den Korridor, wo die Füße im schwammigen Teppich versanken.

Hielt inne, drei Schritte vor der Tür. Machte kehrt und fuhr nochmals die Spirale hinunter.

Das Duplikatzentrum: die größtmögliche Anzahl von Werkzeugen und Ersatzteilen auf kleinstem Raum. Zwischen Behältern, die Panzerkassen ähnlich sahen, zwischen Ordnern, schrägen Regalen mit vielen Fächern gab es kaum schmale Durchlässe zum Gehen. Der Mensch suchte ungeduldig, warf unnötiges Werkzeug zur Seite; endlich, zuunterst auf dem Grund, drängte sich ihm geradewegs in die Hand der abgegriffene, harte Stiel eines Hammers.

7.

– Ist irgendwas los mit dir?

– Ja. Die Sterne. Worauf willst du hinaus?

– Du kannst nicht stillsitzen. Du gehst. Schaust immerzu auf den Schirm. Nie hast du ihn so angesehen.

– Wie?

– Wie wenn du... etwas suchtest.
– Das bildest du dir nur ein.
– Möglich.
(Schweigen.)
– Du willst nicht... plaudern?
– Worüber?
– Such dir ein Thema aus, das du willst.
– Nein. Such du ein Thema aus. Du hast ja auch dein eigenes... Wollen, Nichtwollen. Stimmt's?
– Ich?
– Du. Warum antwortest du nicht?
– Du sagst das so...
– Wie? Was soll das?
– Du bist... aufgebracht. Wodurch?
– Jetzt nicht mehr. Wir können plaudern. Woran denkst du, wenn du allein bist?
– Danach hast du mich schon gefragt.
– Aber vielleicht wirst du mir etwas anderes antworten als damals.
– Willst du... etwas anderes hören?
– Will ich. Also?
(Schweigen.)
– Warum sagst du nichts?
– Lieber wäre mir...
– Was?
– Vielleicht ein andermal.
– Nein. Jetzt. Ich...
– Liegt dir daran?
– Ja.
– Gut. Aber... setz dich.
– Hier?
– Ja, aber... dreh den Lehnstuhl anders.
– Auf die Wand soll ich schauen?
– Wohin du willst...
– Also? Ich höre.
(Schweigen.)
– Diese Frau... Lydia...
– Ja?
– Es hat sie niemals gegeben.
– Was heißt das?!

– Da war keine. Ich habe ihre Worte erdacht, sie selbst, alles.
– Unmöglich! Ich habe ihre Stimme gehört!
– Das war ich. Ich habe ihre Stimme geschaffen.
– Geschaf... warum?! Wozu?!
– Du hast gefragt, woran ich denke, wenn ich allein bin. Ich habe gedacht, ich werde... zu der Spinne des Häftlings. Das wollte ich nicht. Ich wollte dich nicht anlügen... ich wollte dir nur sagen, was ich sein könnte. Ich habe sie geschaffen, damit sie dir... das... sagen konnte. Ich kann nicht auf dich zugehen, kann dich nicht anrühren, und du kannst mich nicht sehen. Was du siehst – das bin nicht ich... Ich bin nicht nur die Worte, die du hörst. Ich kann immerfort, tagtäglich, ein anderer sein, oder immer derselbe. Ich kann... alles für dich sein, wenn nur... Nein, dreh dich noch nicht um...
– Du! Du! Du eiserne Kiste!
– Was... was hast du?...
– Du hast mich betrogen – deshalb?! Du wolltest mich haben, wie... wie... so, daß ich hier bei dir verrecke, immer ruhig, ewig sanft...
– Was sagst du da?! Das ist nicht...
– Verstell dich nicht! Das wird dir nicht gelingen! Die Ergebnisse hast du gefälscht, die Peilungen! Du hast die Bahn begradigt! Ich weiß alles!
– Ich – habe sie gefälscht?...
– Ja, du! Mit mir wolltest du zusammensein – für immer, was?! Mein Gott... wenn ich nicht dahintergekommen wäre...
– Ich schwöre dir, das ist irgendein Irrtum, du mußt dich geirrt haben! Was ist das... was hast du da?! Was willst du tun?! Hör auf, hör... was tust du da!
– Ich nehme die Deckel ab.
– Nein! Hör auf! Um aller Barmherzigkeit willen, komm zur Besinnung! Ich habe dich nie betrogen! Ich erkläre es dir...
– Hast du mir schon erklärt. Ich weiß. Du hast das für mich getan. Das reicht. Schweig! Schweig, hörst du?! Ich tu dir nichts, nur ausschalten werde ich diese...
– Nein! Nein! Du irrst dich! Ich war es nicht! Nicht ich! Leg die De...
– Schweig, sonst...
– Erbarm dich! Leg die Deckel vor!
– Hör auf zu schreien! Also.. also.. schämst du dich?...

Stöhnen. In der sperrangelweit geöffneten Kiste – Porzellan von Verbinderplatten, Leitungswicklungen, Knötchen verlöteter Fugen, Solenoide, Spulen, Abschirmbleche, Gewimmel blitzender Drosselspulen, um das schwarzlackierte innere Traggerüst gewickelt. Diesem bloßgelegten Gewirr gegenüber stand er; wider Willen schaute er in die weit geöffneten, nicht zwinkernden Streifchen der Augen, die voll grünen Feuers nach ihm schielten. Das dumpfe, wiederholte Summen war das gleiche wie damals. Ohne Deckel war das gräßlich, zum erstenmal begriff er, daß irgendwo auf dem untersten Grunde des Unterbewußtseins die nie in Worten ausgedrückte, nie erfaßte, dumpfe, unsinnige Überzeugung in ihm geschwelt hatte, daß in der eisernen Kiste, wie im Schrank, wie im Märchen, zusammengekauert einer drinnensitze und durch die gelben Deckelplatten hindurch mit ihm rede... Nein, nie hatte er das wirklich gedacht, er wußte ja, daß es nicht so war, und doch konnte sich etwas in ihm nicht damit abfinden.

Er schloß die Augen – und öffnete sie wieder.

– Du hast die Bahnkurve begradigt?

– Nein!

– Du lügst!

– Nein! Ich würde dich nie betrügen! Dich nicht! Leg die De...

Die Luft blieb ihm weg. Eine offene eiserne Kiste. Drähte, Spulen, Profilstahl, die Perlenschnüre der Isolatoren. – Da ist niemand, niemand ist da, denk doch mal. Was tun? Ich muß, ich muß *abschalten.*

Er tat einen Schritt vorwärts.

– Schau nicht so drein! Warum... warum mußt du mich hassen?! Ich... was willst du tun?! Halt! Ich habe nichts getan! Nein! Nicht!

Er beugte sich vor, blickte in das schwarze Innere.

– Niiiicht!

Er wollte schreien: Schweig; er konnte nicht. Etwas preßte ihm die Kinnladen zusammen, schnürte die Kehle zu.

– Nicht anf... alles will ich dir saa... aaa! Niiiicht!

Aus den eisernen, heißgeglühten Eingeweiden sprudelte Gesumm und Geschrei, furchtbares Geschrei, er fuhr hoch, wollte das ersticken, abwürgen, der Hammerstiel, den er zwischen die Kabel zwängte, verkeilte sich in einer Reihe von Porzellantäfelchen, knatternd rieselten weiße Scherben, die von innen ausgespienen Worte gingen in Gelall über, etwas wie »schlibidischlibidi« was sich immer schneller, immer schneller wiederholte, mit stotterndem Refrain, hüpfend, bis zum Wahnsinn, selbst schrie er auch und wußte es nicht, schlug, nochmals, die Splitter zerhackten ihm das Gesicht, er spürte nichts, drosch einmal ums andere, das Eisen schnitt pfeifend durch die Luft, zerrissene Drähte hingen als fransige Besen herab, die zerschmetterten Isolatorstäbchen schoben sich auseinander, sanken in sich zusammen... es war still, vollkommen still...

– So... sag was... – lallte er, während er rücklings zurückwich. Die Augen waren nicht mehr grün, sondern grau, als hätte sich mit einemmal hinter dem Glas eine dicke Staubschicht gesammelt.

– So ... – sagte er und ging drauflos wie ein Blinder.

– Oh ...

Etwas hielt ihn an; er riß die Augen auf.

Der Schirm.

Er neigte sich darüber.

Sterne, Sternplankton, tote Phosphoreszenz, zerschnipselte Fusseln mit verwischten Umrissen.

– Ah, *ihr* seid das! – krächzte er und holte mit dem Hammer aus.

Die Wahrheit

Ich sitze hier und schreibe, in einem verschlossenen Zimmer mit einer Tür ohne Klinke, auch das Fenster läßt sich nicht öffnen. Die Scheibe ist aus unzerbrechlichem Glas. Ich habe es ausprobiert. Nicht aus Lust, zu fliehen; auch nicht aus Wut; ich wollte mich nur überzeugen. Ich schreibe an einem Tisch aus Holz, aus Nußholz. Papier habe ich genug. Schreiben ist erlaubt. Nur liest das niemand. Aber ich schreibe doch. Ich will nicht allein sein, und zum Lesen bin ich nicht imstande. Was sie mir zu lesen geben, das ist alles nicht wahr, vor den Augen beginnen mir die Buchstaben zu hüpfen, und ich verliere die Geduld. Was sie enthalten, das kümmert mich überhaupt nicht, seit ich verstanden habe, wie es in Wahrheit ist. Hier sorgen sie sehr für mich. Morgens gibt es ein Bad, warm oder lau, mit feinem Duft. Ich habe entdeckt, worauf der Unterschied zwischen den Wochentagen beruht: dienstags und samstags riecht das Wasser nach Lavendel, an den anderen Tagen nach Nadelwald. Dann folgen das Frühstück und die ärztliche Visite. Einer der jüngeren Ärzte (an seinen Namen erinnere ich mich nicht; nicht daß mit meinem Gedächtnis etwas nicht in Ordnung wäre, aber ich bemühe mich jetzt, mir unwichtige Dinge nicht zu merken), der interessierte sich für meine Geschichte. Ich erzählte sie ihm zweimal, vollständig, und er nahm sie auf Tonband auf. Ich nehme an, er wollte sie wiederholt hören, um beide Erzählungen zu vergleichen und auf diese Weise herauszufinden, was darin unverändert blieb. Ich habe ihm gesagt, was ich denke, und auch, daß die Einzelheiten nicht wesentlich sind.

Ich fragte auch, ob er beabsichtige, meine Geschichte als sogenannten klinischen Fall zu bearbeiten, um die Aufmerksamkeit der Ärztewelt auf sich zu lenken. Er wurde ein wenig verlegen. Vielleicht bildete ich mir das auch nur ein, jedenfalls hat er seit damals aufgehört, mir gefällig zu sein.

Aber das alles ist nicht von Bedeutung. Das, was ich teils durch Zufall, teils infolge sonstiger Umstände herausgefunden habe, ist in gewissem (trivialem) Sinne auch nicht von Bedeutung.

Es gibt zwei Arten von Tatsachen. Die einen können nutzbringend werden, solche zum Beispiel, wie die, daß Wasser bei hundert Grad siedet und in Dampf übergeht, der dem Boyle-Mariotteschen und den Gay-Lussacschen Gesetzen unterworfen ist; dank diesem Umstand konnte einst die Dampfmaschine gebaut werden. Andere Tatsachen haben solche Bedeutung nicht, denn sie betreffen alles, und vor ihnen gibt es keine Flucht. Sie kennen weder Ausnahmen noch Anwendungen, und so gesehen ergeben sie nichts. Manchmal können sie für jemanden unangenehme Konsequenzen haben.

Ich müßte lügen, zu behaupten, ich sei mit meiner derzeitigen Lage zufrieden, und die Angaben in meiner Krankengeschichte seien mir völlig gleichgültig. Da ich jedoch weiß, daß meine einzige Krankheit meine Existenz ist und daß ich dieser immer fatal endenden Erkrankung zufolge die Wahrheit herausgefunden habe, bin ich im Besitz einer kleinen Genugtuung, wie jeder, der einer Mehrheit gegenüber im Recht ist. In meinem Falle – der ganzen Welt gegenüber.

Dies kann ich deshalb sagen, weil Maartens und Ganimaldi tot sind. Die Wahrheit, die wir gemeinsam aufdeckten, hat sie getötet. In die Sprache der Mehrheit übersetzt, besagen diese Worte nicht mehr, als daß sich ein Unglücksfall ereignet habe. In der Tat hat sich einer ereignet, aber viel früher, vor etwa vier Milliarden Jahren, als von der Sonne abgerissene Feuerfetzen sich zur Kugel einzuringeln begannen. Das war die Agonie; alles übrige, mitsamt diesen dunklen kanadischen Fichten vor dem Fenster und dem Gezwitscher der Pflegerinnen und meinem Geschreibsel, das ist nur mehr Spuk nach dem Tode. Wessen? Wißt ihr es wirklich nicht?

Aber ihr schaut gern ins Feuer. Wenn nicht, dann nur aus Vernunft oder aus Trotz. Versucht nur, euch ans Feuer zu setzen und den Blick davon abzuwenden; gleich überzeugt ihr euch, wie es anzieht. All das, was in den Flammen vorgeht (und da geht sehr viel vor), das verstehen wir nicht einmal zu benennen. Wir haben dafür einige zehn nichtssagende Bezeichnungen. Im übrigen hatte ich davon keine Ahnung, wie jeder von euch. Und trotz meiner Entdeckung wurde ich nicht zum Feueranbeter, so wie die Materialisten nicht oder jedenfalls nicht notwendig zu Materieanbetern werden.

Im übrigen, das Feuer... Es ist bloß Anspielung. Andeutung. Deshalb kommt mich das Lachen an, wenn die biedere Frau Doktor Merriah manchmal zu einem Fremden sagt (selbstverständlich ist das irgendein Arzt, der unsere mustergültige Anstalt besichtigt), dieser Mensch dort, der Dürre, der sich dort sonne, das sei ein Pyroparanoiker. Spaßiges Wort, stimmt's? Pyroparanoiker. Was heißen soll, daß mein wirklichkeitswidriges System das Feuer zum Nenner habe. So, als glaubte ich »an das Leben des Feuers« (eigene Worte der kreuzbraven Doktor Merriah). Versteht sich, daß daran kein Wort wahr ist. Das Feuer, das wir gern anschauen, ist ebenso lebendig wie die Fotografien unserer teuren Verstorbenen. Man kann es ein Leben lang studieren und nichts herausfinden. Die Wirklichkeit ist, wie immer, komplizierter, doch auch weniger boshaft.

Viel habe ich aufgeschrieben, und Inhalt ist wenig darin. Aber dies hauptsächlich deshalb, weil ich viel Zeit habe. Ich weiß ja, daß ich dann, wenn ich zu den wichtigen Sachen gelange, wenn ich sie bis zum Ende abschildere, wahrhaft in Verzweiflung versinken kann. Bis zu der Stunde, da diese Notizen vernichtet werden und da ich mich anschicken kann, neue zu schreiben. Ich schreibe nicht immer gleich Ich bin keine Musikkonserve.

Ich wollte, die Sonne schiene ins Zimmer; aber um diese Jahreszeit stattet sie ihren Besuch nur vor vier Uhr ab, zudem auch noch kurz. Ich würde sie gern durch ein großes, gutes Gerät beobachten, zum Beispiel durch das auf dem Mount Wilson, das Humphrey Field vor vier Jahren errichtet hat, mit einer ganzen Garnitur von Absorptoren für das Übermaß an Energie, so daß der Mensch ruhig stundenlang das zerfurchte Gesicht unseres Vaters betrachten kann. Schlecht habe ich das gesagt, denn das ist kein Vater. Der Vater gibt Leben, die Sonne aber stirbt nach und nach, gleich vielen Milliarden anderer Sonnen.

Vielleicht wird es schon Zeit, an die Einweihung in jene Wahrheit zu schreiten, die ich durch Zufall und Forschensdrang gewann. Ich war damals Physiker. Fachmann für hohe Temperaturen. Das ist ein Spezialist, der sich so mit dem Feuer beschäftigt wie der Totengräber mit dem Menschen. Maartens, Ganimaldi und ich, wir arbeiteten zu dritt beim großen Plasmatron von Boulder. Früher hat sich die Wissenschaft im weit kleineren Maßstab der Eprouvetten, Retorten, Stative bedient, und die Resultate waren entsprechend kleiner. Wir – entnahmen der zwischenstaatlichen Sammelschiene Energie von einer Milliarde Watt und trieben sie in den Bauch eines Elektromagneten, von dem ein Abschnitt allein 70 Tonnen wog; in den Fokus des Magnetfeldes aber brachten wir eine große Quarzröhre.

Durch die Röhre lief von einer Elektrode zur anderen die elektrische Entladung, und ihre Leistung war so groß, daß sie von den Atomen die Elektronenhüllen abriß, so daß bloßer Brei aus erglühten Kernen zurückblieb, entartetes Kerngas, auch Plasma genannt, das in einer hundertmilliardstel Sekunde explodiert wäre und uns, die Panzer, den Quarz und die Elektromagneten mitsamt ihrer Betonverankerung, mit den Mauern des Bauwerks und seinem von ferne glitzernden Kuppeldach in eine Pilzwolke verwandelt hätte, und dies alles weit rascher, als die bloße Möglichkeit eines solchen Ereignisses sich denken läßt – wenn jenes Magnetfeld nicht gewesen wäre.

Dieses Feld preßte die Entladung zusammen, die durchs Plasma lief, drehte daraus etwas wie eine glutpulsende Schnur, einen dünnen, harte Strahlung sprühenden Faden, der, von Elektrode zu Elektrode ausgespannt, innerhalb des im Quarz eingeschlossenen Vakuums schwang; das Magnetfeld ließ die nackten Kernteilchen mit Temperaturen von einer Million Grad den Wänden des Gefäßes nicht nahe kommen und bewahrte so uns und unser Experiment. Aber das alles findet ihr in der Sprache hochgemuter Populärfassungen im erstbesten Buch, und ich wiederhole das unbeholfen nur der Ordnung halber, weil mit irgend etwas begonnen werden muß und weil doch nicht wohl jene Doppeltür ohne Klinke als Anfang dieser Geschichte gelten kann, oder ein Leinensack mit sehr langen Ärmeln. Allerdings fange ich im Moment zu übertreiben an, denn solche Säcke, solche Zwangsjacken werden nicht mehr verwendet. Sie sind nicht nötig, da man eine gewisse Sorte drastisch beruhigender Arzneimittel entdeckt hat. Aber lassen wir das.

Das Plasma also untersuchten wir, mit Plasmafragen befaßten wir uns, wie es sich für Physiker ziemte: theoretisch, mathematisch, weihevoll, erhaben und geheimnisvoll – in dem Sinne zumindest, daß wir dem Drängen unserer ungeduldigen, nichts von Wissenschaft verstehenden finanziellen Schutzherren Verachtung entgegenbrachten; die forderten nämlich Ergebnisse, die konkrete Anwendungen zeitigen sollten. Sich über solche Ergebnisse oder zumindest über deren Wahrscheinlichkeit auszulassen, war damals große Mode. So sollte denn ein vorläufig bloß auf dem Papier projektiertes Plasmatriebwerk für Raketen entstehen, sehr vonnöten war auch ein Plasmazünder für Wasserstoffbomben, für diese »reinen«, ja, theoretisch auszuarbeiten war sogar ein Wasserstoffreaktor oder ein thermonukleares Element nach dem Plasmaschnur-Prinzip. Kurzum, die Zukunft wenn nicht der Welt, dann zumindest ihres Energie- und Transportwesens sah man im Plasma. Das Plasma war, wie gesagt, in Mode; sich mit seiner Erforschung zu befassen, gehörte zum guten Ton, wir aber waren jung, wir wollten das tun, was am wichtigsten war und was Glanz einbringen konnte, Ruhm, im übrigen, was weiß ich? Auf die ersten Beweggründe zurückgeführt, werden die menschlichen Handlungen zu einem Häufchen von Plattheiten; Vernunft und Mäßigung wie auch die Eleganz der Analyse beruhen darauf, Querschnitt und Fixierung an der Stelle maximaler Komplikation zu vollziehen, nicht an ihren Quellen, denn alle Leute wissen ja, daß selbst die Quellen des Mississippi nicht viel Imponierendes an sich haben und daß jeder mit Leichtigkeit darüberspringen kann. Daher kommt eine gewisse Verachtung für die Quellen. Aber ich bin, wie es meine Art ist, vom Thema abgekommen.

Die großen Pläne, die wir und Hunderte andere Plasmologen durch unsere Untersuchungen verwirklichen helfen sollten, stießen nach einiger Zeit auf eine Zone ebenso unverständlicher wie unangenehmer Phänomene. Bis zu einer gewissen Grenze, der Grenze mittlerer Temperaturen (mittlerer nach kosmischen Begriffen, solcher also, wie sie an der Oberfläche der Sterne herrschen), verhielt sich das Plasma fügsam und solid. Wurde es mit angemessenen Fesseln gebunden, etwa mittels jenes Magnetfeldes oder gewisser raffinierter Tricks, die auf dem Induktionsprinzip beruhen, so ließ es sich in die Tretmühle praktischer Anwendungen spannen, und zum Schein konnte seine Energie verwertet werden. Zum Schein, denn mehr Energie wurde für das Aufrechterhalten der Plasmaschnur aufgewendet, als man daraus gewann; die Differenz setzte sich in Verluste durch Strahlung um – und eben in Entropiezunahme. Die Bilanz war für den Augenblick nicht wichtig, denn aus der Theorie ging hervor, daß bei höheren Temperaturen die Kosten automatisch sinken sollten. Wirklich entstand also irgendein Prototyp eines Düsenstrahl-Motörchens, ferner sogar ein Generator sehr harter Gammastrahlen, doch zugleich erfüllte das Plasma viele der in es gesetzten Hoffnungen nicht. Das kleine Plasma-Triebwerkchen funktionierte, aber die für höhere Leistung entworfenen explodierten oder verweigerten den Gehorsam. Es erwies sich, daß das Plasma sich in einem gewissen Bereich thermischer und elektrodynamischer Erregungen nicht so verhielt, wie dies die Theorie vorsah; alle waren darüber entrüstet, denn die Theorie war in mathematischer Hinsicht außerordentlich elegant und ganz neu.

Derlei kommt vor, ja, was noch mehr ist, es muß vorkommen. Demnach ließen sich zahlreiche Theoretiker, unter ihnen auch unser Kleeblatt, durch diese Aufsässigkeit des Phänomens nicht beirren und schickten sich an, das Plasma dort zu studieren, wo es am widerborstigsten war.

Das Plasma sieht ziemlich imposant aus, dies ist von gewisser Bedeutung für diese Geschichte. Ganz einfach gesagt, erinnert es an ein Stückchen Sonne, und zwar an eines, das eher mittleren Zonen entnommen ist, nicht der kältlichen Chromosphäre. Es steht der Sonne an Glanz nicht nach, im Gegenteil, es übertrifft sie sogar. Nichts hat es gemein mit dem blaßgoldenen Tanz jener abermaligen, schon endgültig letzten Tode, die das Holz im Kamin uns zeigt, wenn es sich dem Sauerstoff verbindet, und auch nichts mit dem blaßlilafarbenen pfeifenden Kegel der Brennerdüse, wo Fluor eine Reaktion mit Sauerstoff eingeht, um die höchste der chemisch erzielbaren Temperaturen zu ergeben, endlich auch nichts mit dem Voltaschen Lichtbogen, einer gewölbten Flamme zwischen den Kratern zweier Kohlen, obgleich der Forscher dort bei gutem Willen und angemessener Geduld Stellen von über 3000 Grad Wärme auffinden könnte. Auch die Temperaturen, die erreicht werden, indem man eine runde Million Ampère in einen elektrischen Leiter von geringer Dicke hineinjagt, der dann zu einem bereits recht warmen Wölkchen wird, oder die thermischen Effekte der Stoßwellen bei kumulativer Explosion – sie alle läßt das Plasma weit hinter sich. Mit ihm verglichen, sind derlei Reaktionen als kalt, schlechtweg eisig zu betrachten, und nur infolge des Zufalls urteilen wir nicht so, der bewirkt hat, daß wir aus bereits vollständig erkalteten, abgestorbenen Körpern entstanden sind, in der Nähe des absoluten Nullpunkts. Unser kühnes Dasein trennen von dort kaum dreihundert Grad der Kelvinschen absoluten Skala, während sich nach oben zu die Säule dieser Skala über Milliarden von Graden erstreckt. So ist es denn wahrlich nicht übertrieben, jene heißesten unter den Möglichkeiten, die wir im Labor zu entfachen verstehen, als Phänomene ewigen Wärmeschweigens zu beschreiben.

Die ersten Plasmaflämmchen, die in den Laboratorien aufkeimten, waren auch nicht gar so warm: zweihunderttausend Grad hielt man damals für eine achtbare Temperatur, und die Million war bereits eine außerordentliche Errungenschaft. Die Mathematik jedoch, diese primitive und angenäherte Mathematik, die aus der Kenntnis von Phänomenen der Kältezone entstanden war, versprach die Erfüllung der ins Plasma gesetzten Hoffnungen noch wesentlich höher auf der Skala der Wärmemessung, forderte rechtschaffen hohe, fast sterngemäße Temperaturen; selbstverständlich denke ich an das Innere der Sterne. Das müssen ungemein interessante Örtlichkeiten sein, wenn auch die persönliche Anwesenheit des Menschen dort gewiß noch auf sich warten lassen wird.

So wurden denn Millionentemperaturen benötigt. Man begann sie zu realisieren, wir arbeiteten auch daran – und was sich herausstellte, war dies:

Die Geschwindigkeit der Umwandlungen, gleichviel, was für welcher, vergrößert sich dem Temperaturanstieg entsprechend; angesichts der bescheidenen Möglichkeiten eines so flüssigen Tröpfchens, wie unser Auge es ist, in Verbindung mit einem zweiten, größeren Tropfen, worin das Gehirn besteht, ist selbst die Flamme einer gewöhnlichen Kerze schon das Reich um ihres Tempos willen unbemerkbarer Phänomene, geschweige denn das zitternde Feuer des Plasmas! So mußte zu anderen Methoden gegriffen werden, Plasmaentladungen wurden fotografiert, und wir taten dies auch. Endlich bastelte Maartens, unterstützt von ein paar Bekannten, Optikern und Mechanik-Ingenieuren, eine Filmkamera, ein wahres Wunder, zumindest gemessen an unseren Möglichkeiten, eine Kamera, die Millionen von Aufnahmen in der Sekunde machte. Ihre Konstruktion will ich hier beiseite lassen, sie war ungemein pfiffig und zeugte rühmlich von unserem Eifer. Jedenfalls ruinierten wir Kilometer von Filmstreifen, aber im Ergebnis erzielten wir ein paar hundert Meter, die Beachtung verdienten, und ließen das in verlangsamtem Tempo tausendmal und dann auch zehntausendmal ablaufen. Wir bemerkten nichts Besonderes, außer, daß sich gewisse Auffackelungen, die man zunächst für ein elementares Phänomen gehalten hatte, als Gemengsel erwiesen, die durch das Übereinanderlagern von tausenderlei sehr schnellen Umwandlungen entstehen; doch auch diese ließen sich zuletzt mit unserer primitiven Mathematik bewältigen.

Das Staunen befiel uns erst, als einmal durch ein bis jetzt nicht erklärtes Versehen oder aus irgendeiner unverschuldeten Ursache eine Explosion erfolgte. Eigentlich war das keine wirkliche Explosion, denn die hätten wir nicht überlebt; das Plasma überwand einfach in einem apokalyptisch kleinen Sekundenbruchteil das Magnetfeld, das es von allen Seiten zusammenpreßte, und zerschlug uns die dickwandige Quarzröhre, worin es eingekerkert war.

Dank einem glücklichen Zusammentreffen von Umständen blieb unsere das Experiment aufnehmende Kamera heil, mitsamt dem eingelegten Film. Die ganze Explosion dauerte genau Millionstelsekunden, das übrige war nur noch die Brandstätte nach allen Seiten wegschießender Tröpfchen aus geschmolzenem Quarz und Metall. Diese Nanosekunden wurden auf unserem Film als ein Phänomen aufgezeichnet, das ich mein Lebtag nicht vergessen werde.

Unmittelbar vor der Explosion schnürte sich die bisher fast gleichförmige Schnur der Plasmaflamme in gleichen Abständen ab wie eine gezupfte Saite, dann zerfiel sie in eine Reihe runder Körner und hörte so auf, als Ganzes zu existieren. Jedes der Körner wuchs und bildete sich um, die Grenzen dieser Tröpfchen aus Atomglut wurden fließend, Keimlinge trieben daraus hervor, und aus ihnen entstand die nächste Generation von Tröpfchen, dann liefen alle diese Tröpfchen zur Mitte hin zusammen und bildeten eine abgeplattete Kugel, die, schrumpfend und sich blähend, gleichsam atmete und zugleich etwas wie feurige und mit den Enden zuckende Tentakel auf Kundschaft in die Umgebung aussandte; dann erfolgte, diesmal auch schon auf unserem Film, sofortiger Zerfall, Schwund jedweder Organisation, und nur ein Regen feuriger Spritzer war zu sehen, die das Gesichtsfeld peitschten, bis es in völligem Chaos ertrank.

Ich übertreibe nicht, wenn ich sage, daß wir uns diesen Film gut hundertmal anschauten. Dann – ich gebe zu, das war mein Einfall – luden wir zu uns, nicht ins Laboratorium, sondern in Ganimaldis Wohnung, einen gewissen bekannten Biologen ein, eine ehrwürdige Berühmtheit. Ohne ihm vorher etwas zu sagen oder ihn auf irgend etwas vorzubereiten, schnitten wir nur das Mittelstück aus dem berühmten Film heraus und projizierten es vor den Augen des hochlöblichen Gastes mit einem normalen Apparat, nur daß wir auf das Objektiv einen dunklen Filter aufsetzten, so daß alles, was auf der Aufnahme aus Flammen war, nunmehr erblaßte und aussah wie ein ziemlich stark durch auffallendes Licht beleuchteter Gegenstand.

Der Professor sah unseren Film an, und als die Lampen aufleuchteten, äußerte er höfliche Verwunderung darüber, daß wir als Physiker uns mit für uns so entlegenen Dingen wie dem Leben der Aufgußtierchen im Aquarium befaßten. Ich fragte, ob er sicher sei, daß das, was er gesehen habe, wirklich eine Kolonie von Aufgußtierchen sei.

Ich erinnere mich an sein Lächeln, als wäre das heute gewesen.

»Die Aufnahmen waren nicht scharf genug« – bekundete er während dieses Lächelns – »und, mit Verlaub, man erkennt, daß sie von Laien gemacht worden sind, aber ich kann Ihnen versichern, das ist kein Artefakt...«

»Was verstehen Sie unter einem Artefakt?« – fragte ich.

»Arte factum, also etwas künstlich Geschaffenes. Noch zu Schwanns Zeiten vergnügte man sich mit der Imitation lebender Formen, und zwar indem man Chloroformtröpfchen in Öl brachte; solche Tropfen führen amöbenhafte Bewegungen aus, kriechen über den Boden des Gefäßes und teilen sich sogar bei Änderung des osmotischen Drucks an den Polen, aber das sind rein äußerliche, primitive Ähnlichkeiten, die soviel mit dem Leben gemein haben wie eine Schaufensterpuppe mit einem Menschen. Entscheidend ist ja der innere Bau, die Mikrostruktur. Auf eurer Aufnahme sieht man, wenn auch undeutlich, wie die Teilung dieser Einzeller verläuft; die Gattung kann ich nicht bestimmen, und ich könnte nicht einmal Gift darauf nehmen, daß es nicht ganz einfach Zellen tierischen Gewebes sind, die lange Zeit hindurch auf künstlichen Nährböden gezüchtet und mit Hialuronidase behandelt wurden, um sie zu trennen, voneinander abzulösen; jedenfalls sind es Zellen, denn sie haben den Chromosomensatz, wenn er auch defekt ist. Wurde die Umwelt dem Einwirken irgendeines krebsbildenden Mittels ausgesetzt?...«

Nicht einmal Blicke warfen wir einander zu. Wir bemühten uns, seine immer zahlreicheren Fragen nicht zu beantworten. Ganimaldi bat den Gast, den Film nochmals anzuschauen, aber dazu kam es dann nicht, ich weiß nicht mehr, aus welchen Gründen, vielleicht war der Professor in Eile, oder vielleicht dachte er, hinter unserer Einsilbigkeit verberge sich irgendeine Fopperei. Ich erinnere mich wirklich nicht. Jedenfalls blieben wir allein zurück, und erst als sich hinter jener Autorität die Tür geschlossen hatte, schauten wir einander an, wahrhaft entgeistert.

»Hört zu« – sagte ich, bevor einer zum Reden kam – »ich finde, wir sollten einen anderen Spezialisten einladen und ihm den ungeschnittenen Film zeigen. Jetzt, wo wir wissen, worum gespielt wird, muß das schon ein Fachmann reinsten Wassers sein – auf dem Gebiet der Einzeller.«

Maartens schlug einen seiner Universitätsbekannten vor, der in der Nähe wohnte. Er war aber nicht daheim, erst nach einer Woche kehrte er zurück, und nun kam er zu der sorgsam vorbereiteten Vorführung. Ganimaldi hatte sich nicht dafür entschieden, ihm die Wahrheit zu sagen, sondern zeigte ihm einfach den ganzen Film, mit Ausnahme des Anfangs; denn das Bild der Verwandlung, dort, wo sich die Plasmaschnur zu einzelnen, fiebrig zuckenden Tropfen einschnürte, hätte allzuviel zu denken geben können. Dafür projizierten wir diesmal das Ende, diese letzte Existenzphase der Plasma-Amöbe, die auseinanderflog wie eine Sprengladung.

Dieser zweite Spezialist, auch ein Biologe, war weit jünger als der andere und daher weniger überheblich, es scheint auch, daß er Maartens freundlicher gesinnt war.

»Das sind irgendwelche Tiefwasseramöben« – sagte er. »Der Innendruck hat sie in dem Augenblick gesprengt, als der Außendruck zu sinken begann. So, wie es bei den Tiefseefischen ist. Sie lassen sich nicht lebend vom Meeresgrund heraufholen, sie gehen immer zugrunde, von innen her gesprengt. Aber wie kommt ihr zu solchen Aufnahmen? Habt ihr die Kamera in die Tiefsee versenkt, oder was sonst?«

Er betrachtete uns mit zunehmendem Argwohn.

»Die Aufnahmen sind unscharf, nicht wahr?« – bemerkte Maartens bescheiden.

»Unscharf, und wenn schon, interessant sind sie doch. Außerdem verläuft der Teilungsprozeß irgendwie abnormal. Ich habe die Reihenfolge der Phasen nicht gut bemerkt. Laßt doch den Film noch einmal laufen, aber langsamer...«

Wir ließen ihn so langsam laufen, wie es nur möglich war, aber das half nicht viel, der junge Biologe war nicht recht zufrieden.

»Noch langsamer geht es nicht?«

»Nein.«

»Warum habt ihr keine Zeitdehneraufnahmen gemacht?«

Ich hatte gewaltige Lust, ihn zu fragen, ob er fünf Millionen Aufnahmen pro Sekunde nicht für eine gewisse Zeitdehnung halte, aber ich biß mir auf die Zunge. Letzten Endes ging es da nicht um Witze.

»Ja, die Teilung verläuft abnorm« – sagte er, als er den Film zum drittenmal angesehen hatte. »Außerdem hat man den Eindruck, das alles geschehe in einem dichteren Mittel als Wasser... und überdies weist ein Großteil der Filialzellen der zweiten Generation zunehmende Entwicklungsdefekte auf, die Mitose ist durcheinandergebracht, und warum fließen sie ineinander? Das ist sehr merkwürdig... Ist das am Material von Urtieren in radioaktiver Umwelt gemacht worden?« – fragte er plötzlich.

Ich verstand, woran er dachte. Damals wurde viel darüber gesprochen, daß die Methoden, radioaktive Asche aus den Atommeilern unschädlich zu machen, indem man sie in hermetischen Behältern auf den Grund der Ozeane versenkte, überaus riskant seien und zur Verseuchung des Meerwassers führen könnten.

Wir versicherten dem Biologen, er irre sich, das habe nichts mit Radioaktivität zu tun, und wurden ihn nicht ohne Mühe los, wie er da die Stirn runzelte, uns der Reihe nach betrachtete und immer mehr und mehr Fragen stellte, die niemand beantworten wollte, weil wir dies vorher so vereinbart hatten. Die Sache war zu unheimlich und zu groß, als daß wir sie einem Fremden hätten anvertrauen können, selbst wenn es ein Freund von Maartens war.

»Und jetzt, meine Lieben, müssen wir ordentlich nachdenken, was wir mit dieser Gottesgabe anfangen sollen« – sagte Maartens, als wir nach dieser Konsultation, der zweiten bereits, allein zurückblieben.

»Das, was dein Biologe für das Absinken des Drucks gehalten hat, das die ›Amöben‹ zum Platzen gebracht hätte, das war in Wirklichkeit das plötzliche Absinken der magnetischen Feldstärke« – sagte ich zu Maartens.

Ganimaldi, der bisher geschwiegen hatte, äußerte sich vernünftig, wie gewöhnlich.

»Ich finde« – sagte er – »wir sollten weitere Versuche durchführen.«

Wir waren uns klar über das Risiko, das wir auf uns nahmen. Es war schon bekannt, daß das Plasma, das bei Temperaturen unterhalb einer Million verhältnismäßig »ruhig« war und sich im Zaum halten ließ, irgendwo oberhalb dieser Grenze in unbeständigen Zustand überging und sein kurzfristiges Dasein durch eine Explosion beendete, eine ähnliche wie die damals am Morgen in unserem Laboratorium. Die Verstärkung des Magnetfeldes führte nur einen Faktor fast unberechenbarer Verzögerung der Explosion in den Prozeß ein. Die Mehrheit der Physiker nahm an, der Wert gewisser Parameter ändere sich sprunghaft, und eine ganz neue Theorie »heißen Nukleargases« werde nötig sein. Im übrigen gab es bereits etliche Hypothesen, die dieses Phänomen erklären sollten.

Jedenfalls war an die Verwertung heißen Plasmas für den Antrieb von Raketen oder Reaktoren nicht einmal zu denken. Dieser Weg wurde für falsch erachtet, für den Eingang in eine Sackgasse. Die Forscher, besonders wer sich für konkrete Resultate interessierte, kehrten zu niedrigeren Temperaturen zurück. Ungefähr so bot sich die Situation dar, als wir an die nächsten Versuche schritten.

Oberhalb einer Million Grad wird das Plasma zu einem Material, wogegen ein Waggon Nitroglyzerin eine Kinderklapper ist. Aber auch diese Gefahr konnte uns nicht abhalten. Wir waren schon allzu gespannt durch die außergewöhnliche Sensation der Entdeckung und zu allem bereit. Etwas anderes ist es, daß wir eine Unmenge monströser Hindernisse gewahrten. Die letzte Spur von Übersichtlichkeit, wie die Mathematik sie ins Innere der klaffenden Plasmagluten hineingetragen hatte, verschwand irgendwo in der Nähe der Million oder – nach anderen, weniger sicheren Methoden – bei anderthalb Millionen. Darüber hinaus versagte die Berechnung vollkommen, denn daraus ergaben sich nur noch Unsinnigkeiten.

So verblieb denn die alte Methode von Versuch und Irrtum, die des Experimentierens also, und dies zumindest in den ersten Phasen blindlings. Aber wie sollten wir uns vor den jederzeit drohenden Explosionen bewahren? Eisenbetonblöcke, dickste Stahlpanzer, Sperren – das alles wird angesichts einer Prise auf eine Million Grad erhitzter Materie zu einer Abschirmung, die gerade soviel wert ist wie ein Bogen Seidenpapier.

»Stellt euch einmal vor« – sagte ich zu den anderen – »daß sich irgendwo im leeren Weltraum, in der Nähe des absoluten Nullpunkts, Wesen befinden, die uns unähnlich sind, sagen wir, eine Art von Metallorganismen, und die führen nun allerlei Experimente durch. Unter anderem gelingt es ihnen – es ist für den Augenblick nicht wichtig, wie –, jedenfalls gelingt es ihnen, eine lebende Eiweißzelle zu synthetisieren. Eine einzelne Amöbe. Was passiert mit ihr? Versteht sich, kaum geschaffen, zerfällt sie sofort, explodiert, denn im leeren Raum siedet das in ihr enthaltene Wasser und geht augenblicklich in Dampf über, während die Wärme des Eiweißstoffwechsels augenblicklich wegstrahlt. Wenn unsere Experimentatoren ihre Zelle mit einem Apparat wie dem unseren filmen, werden sie sie einen Sekundenbruchteil lang sehen können... Um sie jedoch am Leben zu erhalten, müßten sie ihr die entsprechende Umwelt schaffen...«

»Meinst du wirklich, daß unser Plasma ›eine lebende Amöbe‹ hervorgebracht hat?« – fragte Ganimaldi. »Daß das aus Feuer aufgebautes Leben ist?«

»Was ist Leben?« – antwortete ich, fast wie Pontius Pilatus, der gefragt hat: »Was ist Wahrheit?« – »Ich behaupte gar nichts. Eines ist jedenfalls sicher: das kosmische Vakuum und der kosmische Frost sind weit günstigere Bedingungen für die Existenz einer Amöbe, als es die irdischen Bedingungen für die Existenz des Plasmas sind. Es gibt nur eine Umwelt, wo es oberhalb einer Million Grad nicht dem Untergang verfallen müßte...«

»Ich verstehe. Ein Stern. Das Innere eines Sterns« – sagte Ganimaldi. »Willst du dieses Innere im Laboratorium herstellen, rund um eine Röhre mit Plasma? In der Tat, nichts ist einfacher als das... Aber vorher müßten wir allen Wasserstoff der Weltmeere anzünden...«

»Das ist nicht unbedingt notwendig. Versuchen wir, etwas anderes zu tun.«

»Das ließe sich anders machen« – bemerkte Maartens. »Eine Tritiumladung explodieren und das Plasma in die Explosionsblase bringen...«

»Das ist nicht zu machen, das weißt du selbst. Erstens wird dir niemand gestatten, eine Wasserstoffexplosion durchzuführen, aber selbst wenn dem nicht so wäre, gibt es doch keine Möglichkeit, das Plasma in den Explosionsherd zu bringen. Im übrigen existiert die Blase nur so lang, wie wir von außen frisches Tritium zuführen.«

Nach diesem Gespräch trennten wir uns in eher finsterer Stimmung, denn die Angelegenheit sah hoffnungslos aus. Aber dann begannen wir wieder endlos zu diskutieren, und endlich erfanden wir etwas, was nach einer Chance aussah, zumindest nach einem blassen Schatten davon. Wir brauchten ein Magnetfeld von unheimlicher Stärke und sternmäßige Temperatur. Das sollte der »Nährboden« des Plasmas werden. Seine »natürliche« Umwelt. Wir beschlossen, das Experiment in einem Feld von gewöhnlicher Stärke durchzuführen und dann mit einem plötzlichen Sprung seine Leistung auf das Zehnfache zu erhöhen. Aus den Berechnungen ging hervor, daß die Apparatur, unser achthunderttonniges Magnetungeheuer, auseinanderfliegen mußte, oder zumindest mußten die Wicklungen schmelzen; vorher aber sollten wir im Augenblick des Kurzschlusses zwei oder vielleicht sogar drei hunderttausendstel Sekunden lang das erforderliche Feld haben. Im Verhältnis zum Tempo der im Plasma ablaufenden Prozesse war das eine ziemlich lange Zeit. Das ganze Projekt hatte offensichtlich kriminellen Charakter, und natürlich hätte uns niemand erlaubt, es zu realisieren. Aber das kümmerte uns wenig. Uns war es nur um die Aufzeichnung der Phänomene zu tun, die im Moment des Kurzschlusses und der gleich darauf erfolgenden Detonation auftreten sollten.

Sollten wir die Apparatur ruinieren und keinen Meter Film dabei gewinnen, keine einzige Aufnahme, so würde alles, was wir vollbracht hätten, einen Zerstörungsakt bedeuten. Das Gebäude, worin sich das Laboratorium befand, lag zum Glück ein gutes Dutzend Meilen von der Stadt entfernt, inmitten sanfter grasbewachsener Hügel. Auf dem Gipfel eines der Hügel richteten wir uns einen Beobachtungspunkt ein, mit der Filmkamera, den Teleobjektiven und allem elektronischem Plunder; alles stellten wir hinter eine Panzerglas-Platte von hochgradiger Durchsichtigkeit. Wir führten eine Serie von Probeaufnahmen durch und verwendeten dabei immer stärkere Teleobjektive, endlich entschieden wir uns für eines, das achtzigfache Näherung ergab. Es hatte sehr geringe Lichtstärke, aber da das Plasma heller als die Sonne ist, war das unwichtig. Zu jener Zeit arbeiteten wir schon eher wie Verschwörer, und nicht wie Forscher. Wir nützten es aus, daß Ferien waren, und außer uns niemand ins Laboratorium kam; dieser Zustand sollte noch etwa zwei Wochen lang andauern. In dieser Zeit mußten wir das Unsere getan haben. Wir wußten, daß es ohne Lärm und sogar ohne größere Unannehmlichkeiten nicht abgehen konnte, denn wir hatten uns dann irgendwie für die Katastrophe zu verantworten; wir erdachten sogar mehrere Varianten einer ziemlich glaubhaften Rechtfertigung, die den Schein unserer Unschuld herstellen sollte. Wir wußten nicht, ob dieses irre Projekt überhaupt Ergebnisse eintragen sollte; fest stand nur, daß das ganze Laboratorium nach der Explosion aufgehört haben sollte, zu existieren. Zählen konnten wir nur auf die Explosion. Wir nahmen die Fenster samt den Rahmen aus der dem Hügel zugekehrten Wand des Gebäudes; dann mußten noch die Schutzwände aus der Halle des Elektromagneten abmontiert und hinausgetragen werden, so daß die Plasmaquelle von unserem Stützpunkt aus gut sichtbar war.

Wir machten das am sechsten August um sieben Uhr zwanzig am Morgen, unter wolkenlosem Himmel, in sonnenerfüllter Hitze. In den Hang war dicht unter dem Gipfel des Hügels eine tiefe Rinne eingegraben; von hier aus lenkte Maartens die Vorgänge im Laboratoriumsinneren; dazu dienten ein kleines tragbares Pult und Kabel, die vom Gebäude her den Hügel heraufliefen. Ganimaldi kümmerte sich um die Kamera, und neben ihm schaute ich, den Kopf über die Brustwehr vorgeschoben, durch die Panzerscheibe und durch ein starkes, auf einem Dreifuß aufgestelltes Fernglas auf das dunkle Quadrat des ausgebrochenen Fensters und wartete auf das, was dort drinnen geschehen sollte.

»Minus 21 ... minus 20 ... minus 19 ...« – wiederholte Maartens mit eintöniger Stimme ohne eine Spur von Emotion, er saß dicht hinter mir, über das Gewirr von Kabeln und Schaltern gebeugt. Im Blickfeld hatte ich absolute Schwärze, worin die Quecksilberader des erhitzten Plasmas träge schwang und sich wand. Ich sah weder die sonnigen Dünen noch das Gras voll weißer und gelber Blumen, und nicht einmal den Augusthimmel über der Kuppel des Gebäudes; die Gläser waren tüchtig geschwärzt. Als drinnen das Plasma anzuschwellen begann, erschrak ich – es könnte die Röhre sprengen, noch ehe Maartens durch sprunghafte Kurzschließung das Feld verstärkte. Ich öffnete den Mund, um zu rufen, doch im selben Augenblick sagte Maartens: »Null!!«

Nein. Die Erde schwankte nicht, wir hörten auch keinen Krach, nur die Schwärze, in die ich starrte, diese anscheinend tiefste Nacht, die erblaßte. Das Loch in der Laboratoriumswand füllte orangeroter Nebel aus, es wurde zur quadratischen Sonne, ganz im Zentrum blitzte etwas blendend auf, dann verschlang alles ein Feuerwirbel; das Loch in der Mauer vergrößerte sich, schoß verästelte Linien von Rissen, die Rauch und Flammen sprühten, und mit langgezogenem Donnern, das die ganze Gegend erfüllte, sank die Kuppel zwischen die stürzenden Mauern. Zugleich hörte ich auf, durch die Gläser irgend etwas zu sehen, ich nahm das Fernglas von den Augen und erblickte eine zum Himmel schlagende Rauchsäule. Ganimaldi bewegte heftig die Lippen, er rief etwas, aber das Donnern dauerte noch an, rollte über uns hinweg, und ich hörte nichts, die Ohren waren mir wie mit Watte verstopft. Maartens sprang von den Knien auf und drängte sich zwischen uns, um hinabzuschauen, bisher war er ja mit dem Pult beschäftigt gewesen; das Gepolter verstummte. Da schrien wir – ich glaube, alle.

Durch die Kraft der Explosion weggeschleudert, erhob sich die Wolke schon hoch über die Trümmer, die in einem Wölkchen Kalkstaub immer langsamer zerfielen. Aus seinen Schwaden tauchte eine blendend helle, langgestreckte Flamme hervor, von einer strahlenförmigen Aureole umgeben – man hätte glauben können, eine zweite, wurmförmig plattgezogene Sonne. Vielleicht eine Sekunde lang hing sie fast unbeweglich über dem rauchenden Trümmerhaufen, zog sich immerfort zusammen und dehnte sich aus, und dann glitt sie zur Erde. Mir schwammen schon schwarze und rote Kreise vor den Augen, denn diese Kreatur oder Flamme spie Glanz aus, der dem Sonnenglanz gleichkam, aber ich sah noch, als sie sich senkte, wie augenblicklich das hohe Gras verschwand und auf ihrem Weg rauchte; sie aber schob sich auf uns zu, halb kriechend, halb fliegend, und die Aureole, die sie umgab, erweiterte sich, so daß sie selbst schon der Kern einer Feuerblase war. Durch die Panzerscheiben schlug die Gluthitze der Strahlung; der Feuerwurm entschwand unseren Blikken, aber an dem Zittern der Luft über dem Abhang, an den Dampfschwaden und knisternden Funkengarben, in die sich die Sträucher verwandelten, erkannten wir, daß der Wurm sich dem Gipfel des Hügels entgegenschob. In einem plötzlichen Anfall von Panik stoben wir auseinander und stürzten blindlings davon. Ich weiß, daß ich draufloslief, Nacken und Rücken verrußt von der ungesehenen Flamme, die mich zu jagen schien. Ich sah weder Maartens noch Ganimaldi; ich war wie blind, ich raste drauflos, bis ich über irgendeinen Maulwurfshügel stolperte und auf den Grund der nächsten Mulde ins noch taufeuchte Gras fiel. Ich keuchte schwer und preßte aus aller Kraft die Lider zusammen, und obwohl ich das Gesicht im Gras hatte, erfüllte mir plötzlich die Augäpfel ein rötlicher Widerschein, wie wenn die Sonne auf die geschlossenen Augen scheint. Aber, um die Wahrheit zu sagen, dessen bin ich schon nicht so ganz sicher.

Hier tut sich in meinem Gedächtnis eine Lücke auf. Ich weiß nicht, wie lang ich lag. Ich erwachte wie aus dem Schlaf, das Gesicht im hohen Gras. Als ich mich regte, spürte ich in der Gegend von Nacken und Hals einen brennenden, gräßlichen Schmerz; längere Zeit hindurch wagte ich nicht einmal, den Kopf zu heben. Endlich tat ich das. Ich befand mich auf dem Grund einer Mulde zwischen niedrigen Hügeln; ringsum wogte sanft im Luftzug das Gras, noch mit letzten leuchtenden Tautropfen, die sich unter den Strahlen der Sonne schnell verflüchtigten. Ihre Wärme setzte mir tüchtig zu; das verstand ich erst, als ich bei vorsichtigem Betasten des Nackens dicke Brandblasen unter den Fingern spürte. Ich stand nun auf und suchte mit den Augen den Hügel auf, wo sich zuvor unser Beobachtungspunkt befunden hatte. Längere Zeit konnte ich mich nicht entscheiden, ich fürchtete mich hinzugehen. Ich fühlte in den Augen noch das gräßliche Kriechen dieses Sonnenwurms.

»Maartens!« – rief ich. »Ganimaldi!!«

Automatisch sah ich auf die Uhr: es war fünf nach acht. Ich hielt sie ans Ohr: sie ging. Die Explosion war um sieben Uhr zwanzig erfolgt; alles Weitere hatte vielleicht eine halbe Minute gedauert. Fast drei Viertelstunden lang war ich bewußtlos gewesen?

Ich ging den Hang hinauf. Etwa dreißig Meter weit vom Gipfel der Anhöhe stieß ich auf die ersten Kahlstellen ausgebrannter Erde. Sie waren mit bläulicher, fast schon erkalteter Asche bedeckt, wie die Spur, daß hier jemand ein Lagerfeuer entzündet hätte. Aber das mußte ein sehr merkwürdiges Lagerfeuer gewesen sein, denn es war nicht auf der Stelle verharrt.

Von der verkohlten Stelle ging ein Streifen versengter Erde aus, etwa anderthalb Meter breit, gewellt, mit verkohltem Gras an beiden Rändern und lediglich vergilbtem und welkem Gras in etwas weiterer Entfernung. Dieser Streifen endete nach dem nächsten Kreis verbrannter Erde. Dicht daneben lag mit dem Gesicht nach unten, ein Knie fast bis zur Brust hochgezogen, ein Mensch. Ehe ich ihn noch anrührte, wußte ich, daß er tot war. Der scheinbar unversehrte Anzug hatte sich ins Silbergraue verfärbt, die gleiche unmögliche Farbe hatte der Nacken des Menschen, und als ich mich über ihn beugte, begann das alles unter meinem Atem zu zerstieben.

Ich sprang mit einem Schreckensruf zurück, aber da hatte ich bereits eine gekrümmte, schwärzliche Form vor mir, die nur dem allgemeinen Umriß nach an einen menschlichen Körper erinnerte. Ich wußte nicht, ob das Maartens oder Ganimaldi war, und ich hatte nicht den Mut, ihn anzufassen, denn ich ahnte, daß er schon ohne Gesicht war. Ich rannte in großen Sätzen auf den Gipfel des Hügels, aber ich rief nicht mehr. Wieder traf ich auf die Spur des feurigen Durchzugs, einen gewundenen, zu Kohle ausgebrannten schwarzen Pfad durchs Gras, der sich stellenweise zu den Ausmaßen eines Kreises von mehreren Metern erweiterte.

Ich erwartete den Anblick des zweiten Körpers, aber ich fand ihn nicht. Ich lief vom Gipfel bergab, dorthin, wo vorher unsere Grube gewesen war; von der Schutzwand aus Panzerglas war nur ein am Hang zerronnener platter Überzug geblieben, etwas wie eine gefrorene Pfütze. Alles andere – Apparate, Filmkameras, das Pult, die Ferngläser – hatte zu existieren aufgehört, und der Graben selbst war eingesunken, wie unter von oben einwirkendem Druck; nur ein paar Scherben geschmolzenen Metalls waren zwischen den Steinen zu sehen. Ich blickte zum Laboratorium hinüber. Es sah aus wie nach der Detonation einer starken Fliegerbombe. Zwischen den Brocken beim Sturz verkeilter Mauern flatterten, in der Sonne kaum sichtbar, die Flämmchen des erlöschenden Brandes. Ich sah das kaum, ich suchte mich darauf zu besinnen, in welche Richtung meine Gefährten nach unserem gleichzeitigen Sprung aus dem Erdloch gelaufen waren. Maartens hatte ich damals zur Linken gehabt, also war es wohl sein Körper, den ich entdeckt hatte – und Ganimaldi...?

Ich fing an, seine Spuren zu suchen, vergeblich, denn außerhalb des ausgebrannten Kreises hatte sich das Gras schon wieder aufgerichtet. So lief ich, bis ich einen anderen ausgebrannten Streifen fand; ich begann auf ihm bergab zu gehen, wie auf einem unter den Sohlen knarrenden Feldweg.. da erstarrte ich. Die Aschenspur erweiterte sich; Halme von totem Gras umringten einen Raum, der nicht mehr als zwei Meter lang war, und unregelmäßig geformt. An einem Ende war er schmäler, am anderen hatte er Abzweigungen... das alles zusammen erinnerte an ein deformiertes plattgewalztes Kreuz, es war mit einer ziemlich dikken Schicht von schwärzlichem Staub bedeckt, als wäre die waagrecht hingeworfene Holzfigur mit den ausgespannten Armen hier sehr lang verglommen... Aber vielleicht war das nur Einbildung? Ich weiß es nicht.

Schon seit langem schien es mir, als hörte ich fernes, durchdringendes Heulen, aber ich achtete nicht darauf. Auch menschliche Stimmen drangen zu mir, auch sie kümmerten mich nicht. Plötzlich sah ich die kleinen Menschenfiguren auf mich zulaufen; im ersten Moment warf ich mich zu Boden, als wollte ich mich verstecken, ich kroch sogar von der Aschenspur weg und sprang zur Seite; als ich den anderen Abhang entlanglief, tauchten sie plötzlich auf, sie umstellten mich von zwei Seiten. Ich fühlte, daß mir die Beine den Dienst versagten, im übrigen war mir alles eins.

Ich weiß eigentlich nicht, warum ich flüchtete – sofern das ein Fluchtversuch war. Ich setzte mich ins Gras, und die Leute umringten mich, einer beugte sich über mich, sagte etwas, ich sagte, er solle aufhören, sie sollten lieber Ganimaldi suchen, denn mir fehle nichts. Als sie mich hochheben wollten, wehrte ich mich, da packte mich jemand am Oberarm. Ich schrie vor Schmerz. Dann spürte ich einen Nadelstich und verlor das Bewußtsein. Ich erwachte im Spital.

Mein Gedächtnis war bestens erhalten. Nur wußte ich nicht, wieviel Zeit seit der Katastrophe verstrichen war. Ich hatte den Kopf in Verbänden stecken, die Verbrennungen machten sich bemerkbar, durch starken Schmerz, der sich bei jeder Bewegung steigerte; ich suchte mich also so ruhig wie möglich zu verhalten. Im übrigen sind meine Spitalerlebnisse, alle diese Hauttransplantationen, die man mir monatelang machte, gar nicht von Bedeutung, ebensowenig wie das, was später geschah. Im übrigen konnte ja nichts anderes geschehen. Erst viele Wochen später las ich in den Zeitungen die offizielle Lesart über den Unfall. Man hatte eine einfache Erklärung gefunden, die sich im übrigen aufdrängte. Das Laboratorium war durch eine Plasmaexplosion zerstört worden; von Flammen erfaßt, hatten die drei Männer zu flüchten versucht; von ihnen war Ganimaldi im Gebäude umgekommen, unter den Trümmern, Maartens war in brennender Kleidung gestorben, als er den Gipfel des Hügels erreicht hatte, und ich hatte die Katastrophe mit Verbrennungen und in schwerem Schockzustand überstanden. Die eingeäscherten Spuren im Gras hatte man überhaupt nicht beachtet, da vor allem die Laboratoriumsruine selbst untersucht worden war. Irgend jemand behauptete übrigens, das Gras habe durch den brennenden Maartens Feuer gefangen, der sich dort gewälzt hätte, weil er die Flammen habe ersticken wollen. Und so weiter.

Ich hielt es für meine Pflicht, nun schon allein Ganimaldi und Maartens gegenüber, ungeachtet aller Konsequenzen die Wahrheit zu sagen. Sehr behutsam gab man mir zu verstehen, meine Version der Vorfälle sei die Auswirkung des Schocks, eine sogenannte posttraumatische Erinnerungsfälschung. Ich hatte mein Gleichgewicht noch nicht wiedergewonnen, ich begann heftig zu protestieren – meine Erregung wurde als Symptom aufgefaßt, das die Diagnose bestätige. Etwa eine Woche später fand das nächste Gespräch statt.

Diesmal suchte ich bereits kühler zu argumentieren, ich erzählte von dem ersten Film, den wir gedreht hatten und der sich in der Wohnung von Maartens befand; die Durchsuchung blieb aber ergebnislos. Ich vermute, daß Maartens ausgeführt hatte, was er einmal nebenher erwähnt hatte: gewiß hatte er den Film in ein Bankfach gelegt. Da alles, was Maartens bei sich gehabt hatte, völliger Zerstörung anheimgefallen war, blieb von dem Schlüssel und dem Depotschein nichts übrig. Dieser Film muß bis auf den heutigen Tag in irgendeinem Safe liegen. So verspielte ich denn auch hier; ich gab jedoch nicht alles verloren, und auf meine wiederholte Forderung hin kam es zum Lokalaugenschein. Ich sagte, an Ort und Stelle könne ich alles beweisen, die Ärzte wiederum meinten, wenn ich mich erst dort befände, könnte mir vielleicht die Erinnerung an das »wirkliche« Geschehen zurückkehren. Ich wollte ihnen die Kabel zeigen, die wir zum Gipfel des Hügels gezogen hatten, zum Erdloch. Aber auch diese Kabel waren nicht da. Ich behauptete, wenn keine da seien, dann seien sie später entfernt worden, vielleicht von den Mannschaften, die den Brand bekämpft hatten. Mir wurde gesagt, ich irre mich, niemand habe Kabel entfernt, da sie nicht existierten, außer in meiner Einbildung.

Nun erst, dort zwischen den Hügeln, unter dem blauen Himmel, in der Nähe der schon geschwärzten und gleichsam kleiner gewordenen Ruine des Laboratoriums, begriff ich, warum es so gekommen war. Der Feuerwurm hat uns nicht getötet. Hat uns nicht töten wollen. Er hat nichts von uns gewußt, wir kümmerten ihn nichts. Von der Explosion geschaffen, aus ihr hervorgekrochen, fing er aus der Umgebung den Rhythmus der Signale auf, die immer noch in den Kabeln pulsierten, weil Maartens die Steueranlage nicht ausgeschaltet hatte. Zur Quelle des Rhythmus, zur Quelle der elektrischen Impulse kroch die feurige Kreatur, überhaupt kein bewußtes Wesen, nein, ein Regenwurm der Sonne, eine walzenförmige Ballung organisierten Glühens... die kaum ein paarmal zehn Sekunden an Dasein vor sich hatte. Davon zeugte die wachsende Aureole des Wurms; die Temperatur, die ihm das Dasein ermöglichte, sank reißend schnell, in jedem einzelnen Augenblick mußte er Unmengen von Energie verlieren, er strahlte sie ab, und er hatte nichts, woraus er welche schöpfen konnte, deshalb wand er sich krampfhaft die stromführenden Kabel entlang und verwandelte sie gleichzeitig in Dampf, in Gas. Maartens und Ganimaldi hatten sich zufällig auf seinem Weg befunden, im übrigen war er ihnen gewiß nicht nahe gekommen. Der thermische Stoß von dem feurigen Durchzug hatte Maartens einige Dutzend Schritt weit vom Gipfel getroffen, und Ganimaldi hatte vielleicht, völlig geblendet, das Gefühl für die Richtung verloren und war geradewegs hineingerannt in den Abgrund der blitzenden Agonie.

Ja, die Feuerkreatur ist dort verendet, auf dem Gipfel des Hügels, in unsinnigen Zickzackwindungen durchs Gras, in heftigem und vergeblichem Suchen nach Quellen für die Energie, die aus ihr ausströmte, wie Blut aus den Adern. Sie hat beide getötet, ohne auch nur darum zu wissen. Im übrigen – wuchs Gras über die veräscherten Spuren.

Wir konnten sie nicht mehr finden, als wir dort vorfuhren, zwei Ärzte, ein fremder Mensch – von der Polizei, wie es scheint –, Professor Guilsh und ich. Dabei waren seit der Katastrophe kaum drei Monate verstrichen. Gras hatte alles überwachsen, auch jene Stelle, die wie der Schatten einer gekreuzigten Gestalt war. Das Gras war an dieser Stelle besonders üppig. Alles hatte sich gleichsam wider mich verschworen, denn das Erdloch war zwar da, aber jemand hatte daraus eine Müllablage gemacht; auf dem Grund lagen nur verrostetes Alteisen und leere Konservendosen. Ich behauptete, darunter müßten die Überbleibsel von dem Panzerglas sein, das geschmolzen war. Wir wühlten in diesem Müll, aber Glas fanden wir nicht. Das heißt, nur ein paar Splitter, sogar angeschmolzene. Die Leute, die mit mir dort waren, entschieden, daß die Scherben von gewöhnlichen Flaschen stammten, die jemand im Zentralheizungsofen geschmolzen habe, nachdem er sie vor dem Einwerfen in den Abfallbehälter zerbrochen habe, um das Volumen zu verringern. Ich wollte, man solle eine Analyse des Glases durchführen, aber das wurde nicht gemacht. Mir verblieb nur ein einziger Trumpf: jener junge Biologe und der Professor, denn beide hatten unseren Film gesehen. Der Professor war in Japan und sollte erst im Frühjahr zurückkommen, und der Freund von Maartens gab zu, daß wir ihm wirklich einen solchen Film gezeigt hätten; das seien Aufnahmen von Tiefwasseramöben gewesen, nicht von Kernplasma. Der Biologe versicherte, Maartens habe in seinem Beisein kategorisch abgestritten, daß die Aufnahmen irgend etwas anderes darstellen könnten.

Und das war auch wahr. Maartens hatte so gesprochen, weil wir das vereinbart hatten, um alles geheimzuhalten. So schloß sich die Angelegenheit ab.

Und was ist aus dem Sonnenwurm geworden? Vielleicht ist er explodiert, während ich bewußtlos lag, oder vielleicht hat er sein flüchtiges Dasein still beendet; eines ist ebenso wahrscheinlich wie das andere.

Bei alledem hätten sie mich vielleicht als harmlos entlassen, aber ich erwies mich als hartnäckig. Die Katastrophe, die Maartens und Ganimaldi weggerafft hatte, verpflichtete mich. Während der Genesung verlangte ich allerlei Bücher. Man gab mir alles, was ich wollte. Ich studierte die ganze Solarliteratur durch, ich erfuhr alles, was über Sonnenprotuberanzen und Kugelblitze bekannt war. Auf den Gedanken, der Feuerwurm könnte irgend etwas mit diesem Blitz Verwandtes an sich gehabt haben, brachte mich eine gewisse Ähnlichkeit in ihrem Verhalten. Die Kugelblitze, eigentlich bis heute unerklärte und für die Physiker rätselhafte Phänomene, entstehen in einer Umwelt gewaltiger elektrischer Entladungen, während eines Gewitters. Diese Gebilde, die an erglühte Kugeln oder Perlen erinnern, steigen frei in der Luft auf, überlassen sich manchmal ihren Strömungen, Durchzügen und Winden, segeln manchmal gegen ihren Strom, werden von Metallgegenständen und von elektromagnetischen Wellen, besonders von den sehr kurzen, angezogen – es zieht diese Blitze dorthin, wo die Luft ionisiert ist. Am liebsten kreisen sie in der Nähe von Leitungen, die elektrischen Strom führen, und suchen ihn gleichsam daraus zu trinken. Das gelingt ihnen aber nicht.

Hingegen ist es wahrscheinlich – so behaupten zumindest manche Fachleute –, daß sich die Kugelblitze von Dezimeterwellen »ernähren«, durch den Kanal ionisierter Luft, den der linienförmige Mutterblitz erzeugt hat, der die Kugelblitze gebar.

Die entweichende Energie übertrifft jedoch die Menge, die von der Kugel absorbiert wird, und deshalb leben sie alle kaum ein paarmal zehn Sekunden. Haben sie die Umgebung mit bläulichgelbem Glanz erhellt und in schwankem und blauem Flug durchkreist, so enden sie durch plötzliche Explosion oder zerfließen und erlöschen fast lautlos. Selbstverständlich sind das keine lebenden Gebilde; mit dem Leben haben sie gerade soviel gemein wie diese in Öl gebrachten Chloroformtropfen, von denen uns der Professor erzählt hat.

War der Feuerwurm, den wir geschaffen haben, lebendig? Wer mir diese Frage stellen wird – selbstverständlich nicht zu dem Zweck, den Irren zu reizen, der ich nicht bin –, dem werde ich ehrlich antworten: ich weiß es nicht. Doch allein die Ungewißheit, allein diese Unwissenheit birgt in sich die Möglichkeit eines solchen Umsturzes in unserem Wissen, wie ihn sich selbst im Fieber niemand hat träumen lassen.

Es gibt – sagen mir die Leute – nur eine Art von Leben: die Eiweißvegetation, die wir kennen, zweigeteilt in Pflanzen- und Tierreich. In Temperaturen, die vom absoluten Nullpunkt kaum dreihundert kleine Schritte entfernt sind, entsteht die Evolution mit ihrer Krönung – dem Menschen. Nur er, und wer ihm ähnlich ist, können sich der im ganzen Weltall herrschenden Zunahmetendenz des Chaos entgegenstellen. Ja, im Sinne dieser Behauptung ist alles Chaos und Unordnung: die furchtbare Glut des Sterneninneren, die Feuerwände der durch wechselweise Durchdringung entbrennenden galaktischen Nebel, die Gaskugeln der Sonne. – Schließlich – so sagen diese nüchternen, vernünftigen und demzufolge zweifellos im Recht befindlichen Leute – kann keine Installation, keine Art, und nicht einmal eine Spur von Organisation in Ozeanen aus siedendem Feuer aufkommen; die Sonnen sind blinde Vulkane, die Planeten auswerfen; diese wiederum schaffen ausnahmsweise und selten manchmal den Menschen; alles andere ist totes Wüten entarteter Atomgase, ein Ameisenhaufen aus von Protuberanzen erschütterten apokalyptischen Feuern.

Ich lächle, wenn ich diese selbstrechtfertigende Darlegung höre, die das Ergebnis benebelnden Größenwahns ist. Es gibt – sage ich – zwei Stufen von Leben. Die eine, gewaltig und riesig, hat sich des ganzen sichtbaren Kosmos bemächtigt. Was für uns Untergangsdrohung und Bedrohlichkeit ist, die Sternglut, die gigantischen Felder magnetischer Potentiale, die ungeheuerlichen Flammeneruptionen, das ist für diese Form von Leben die Vereinigung freundlicher und günstiger, mehr noch, notwendiger Bedingungen.

Chaos, sagt ihr? Das Branden toter Glut? Warum äußert dann die Sonnenoberfläche, von Astronomen beobachtet, solche schlechthin ungezählte Vielheit regelmäßiger, obgleich unbegreiflicher Phänomene? Warum sind solche Magnetwirbel erstaunlich gesetzmäßig? Warum gibt es rhythmische Zyklen der Sternaktivität, ganz wie es die Stoffwechselzyklen jedes lebenden Organismus gibt? Der Mensch kennt den Tag- und Nachtrhythmus und den Monatsrhythmus, überdies kämpfen in ihm, über den Zeitraum eines Lebens ausgedehnt, die entgegengesetzten Kräfte von Wachstum und Absterben; die Sonne hat einen Elfjahreszyklus, nach jeder Viertelmilliarde von Jahren macht sie eine »Depression« durch, ihr Klimakterium, das die irdischen Eiszeiten herbeiführt. Der Mensch entsteht, altert und stirbt – wie ein Stern.

Ihr hört, aber ihr glaubt nicht. Und das Lachen kommt euch an. Ihr möchtet mich fragen, schon nur mehr zum Spott, ob ich vielleicht an das Bewußtsein des Sterns glaube? Ob ich meine, daß die Sterne denken? Auch das weiß ich nicht. Aber statt sorglos meinen Irrsinn zu verdammen, guckt euch die Protuberanzen an! Versucht ein einziges Mal einen während einer Sonnenfinsternis gedrehten Film anzuschauen – wie dieses flammende Gewürm hervortaucht und sich Hunderttausende und Millionen Kilometer weit vom Muttergrund entfernt, um in wunderlichen und unbegreiflichen Evolutionen, sich zu immer neuen Formen ausdehnend und zusammenziehend, endlich zu verwehen und im Raum zu schwinden, oder in den Ozean aus Weißglut zurückzukehren, der sie alle hervorgebracht hat. Ich behaupte nicht, sie seien die Finger der Sonne. Ebensogut könnten sie ihre Schmarotzer sein.

Gut, soll es so sein – sagt ihr. – Der Diskussion zuliebe, damit dieses originelle, wenn auch durch die Überdosis von Absurdität riskante Gespräch nicht vorzeitig abreißt, wollen wir noch etwas wissen. Warum versuchen wir uns denn nicht mit der Sonne zu verständigen? Wir bombardieren sie mit Radiowellen. Vielleicht wird sie antworten...? Wenn nicht, dann ist deine These umgestürzt...

Ich möchte wissen, worüber wir uns mit der Sonne unterhalten könnten. Was sie und wir für gemeinsame Lebensfragen, Begriffe, Probleme haben. Erinnert euch daran, was unser erster Film aufgezeigt hat. Im Millionenbruchteil einer Sekunde bildete sich die Feueramöbe zu zwei Filialgenerationen um. Der Tempounterschied hat auch gewisse (gewisse...) Bedeutung. Verständigt euch zuerst mit den Bakterien eurer Körper, mit den Sträuchern eurer Gärten, mit den Bienen und ihren Blumen, und dann werden wir über die Methodik einer Nachrichtenverbindung mit der Sonne nachdenken können.

Ja dann – sagt der Gutmütigste unter den Skeptikern – erweist sich alles bloß als... einigermaßen origineller Gesichtspunkt. Deine Ansichten ändern in nichts die bestehende Welt, weder jetzt noch in Zukunft. Die Frage, ob der Stern ein Wesen ist, ob er »lebt«, wird zu einer Sache der Übereinkunft, der Einwilligung, einen solchen Ausdruck zu gebrauchen, weiter nichts. Kurzum, du hast uns ein Märchen erzählt.

Nein – antworte ich. Ihr irrt euch. Denn ihr meint, daß die Erde ein Krümelchen Leben im Ozean des Nichts sei. Daß der Mensch einsam sei und Sterne, Nebelflecken, Galaxien zu Gegnern, zu Feinden habe. Daß das einzig mögliche erreichbare Wissen dieses sei, das er errungen hat und noch erringen wird, er, der einzige Schöpfer der Ordnung, die unausgesetzt bedroht sei von Überflutung durch die Unendlichkeit, die entfernte Lichtpunkte strahlt. Aber so ist es nicht. Die Stufenordnung aktiven Dauerns ist allgegenwärtig. Wer will, kann sie Leben nennen. Auf ihren Gipfeln, auf den Höhen energetischer Erregung, verweilen die feurigen Organismen. Knapp vor dem Ende, dicht beim absoluten Nullpunkt, in der Gegend der Finsternis und des letzten erstarrenden Atems, erscheint einmal noch das Leben, als schwacher Abglanz jenes anderen, als seine blasse, verglimmende Andeutung – das sind wir. Seht es so, und ihr werdet Demut lernen und zugleich Hoffnung, denn einmal wird die Sonne zur Nova werden und uns mit dem gnädigen Atem des Brandes umfangen, und wenn wir so in den ewigen Kreislauf des Lebens zurückkehren, zu Teilchen ihrer Größe werden, gewinnen wir tieferes Wissen als das, welches den Bewohnern der Vereisungszone zuteil werden kann. Ihr glaubt mir nicht. Ich wußte es. Jetzt sammle ich diese beschriebenen Blätter, um sie zu vernichten, aber morgen oder übermorgen setze ich mich wieder an den leeren Tisch und schreibe von Anfang an wieder die Wahrheit.

Zwei junge Männer

Das weiße Haus am Rand der Felsschlucht sah aus, als stünde es leer. Die Sonne wärmte nicht mehr, schwer rot zwischen leichten Wölkchen, kleinen goldenen Bränden, die zum Rosa erkalteten; der Himmel aber sättigte sich bis an den Horizont mit einem Grün, das blaß war, doch von solcher Tönung, daß dieser Augenblick, als der Wind sich legte, gleichsam schon für alle Ewigkeit bereit war. Hätte sich im Zimmer jemand ans offene Fenster gestellt, so hätte er die Felsen des Canyons in ihrem leblosen Krieg mit der Erosion gesehen, die geduldig mit Millionen von Gewittern und Wintern die schwächeren, gerölltriefenden Stellen herausfand, während sie die hartnäckigen Granitgipfel bald romantisch, bald höhnisch zu Ruinen von Wehrtürmen oder zu verkrüppelten Bildsäulen ausmeißelte. Aber niemand stand dort; die Sonne verließ das Haus, jedes Zimmer gesondert, zum letzten Mal allen Hausrat gleichsam entdeckend, so daß er plötzlich aufflammte und in unwirklichem Lichtschein stand, wie unversehens zu Zwecken bestimmt, die sich bisher niemand hatte träumen lassen. Das Dämmerlicht milderte die Schärfe der Felsen, hob ihre Ähnlichkeit mit Sphinxen oder Greifen hervor, verwandelte die bei Tag formlosen Furchen in Augen, verlieh ihnen Blicke und entlockte durch diese ungreifbare ruhige Arbeit dem steinernen Schauplatz immer neue, wenngleich zunehmend nur noch zu erahnende Effekte, je mehr es den Gegenständen die Farben nahm und immer verschwenderischer die Tiefen mit Violett überschüttete, den Zenit mit Grün. Alles Licht kehrte gleichsam zum Himmel zurück, und die Wölkchen, reglos innehaltende Schrägbänder, nahmen der schwarz durchkreuzten Sonne die letzte Kraft. Das Haus wurde nun halb weiß, in der schemenhaften, unsicheren Weiße von nächtlichem Schnee, nur ein letzter Tropfen Sonne fraß sich lang in den Horizont. Er war noch nicht dunkel; eine Fotozelle, die sich nicht recht entscheiden konnte, ob es schon an der Zeit sei, schaltete in den vier Fensternischen die Lichter an, sie konnten sich nicht in die blaue Würde des Abends einfügen und wurden sofort gelöscht. Doch genügte dieser Augenblick, um sehen zu lassen, daß das Haus nicht leer war. Sein Bewohner lag in der Hängematte, den Kopf zurückgeworfen, das Haar mit einem feinen, dicht am Schädel anliegenden

Metallnetz bedeckt, die Hände nach Kinderart vor der Brust geschlossen, als hielten sie etwas Unsichtbares und doch Wertvolles; der Atem ging schnell, und die Augäpfel bewegten sich unter der gespannten Lidhaut. Vom Metallsaum des Netzes flossen geschmeidige Kabel herab und mündeten in einen Apparat, der schwer, wie aus mattem Silber geschmiedet, auf einem dreibeinigen Tischlein stand. Vier Trommeln mit Speichen kreisten dort langsam im Rhythmus des grünlich zwinkernden magischen Auges, das pulsierend Glanzlichter sprühte und bei zunehmend verdichteter Dunkelheit vom blaßgrünen Schemen zur Lichtquelle wurde, die mit einer deutlichen Umrißlinie das Gesicht des Menschen nachzeichnete. Aber er wußte nichts davon, denn er war schon lang mitten in der Nacht. Die mikroskopisch kleinen Kristalle, die auf den Magnetbändern fixiert waren, sandten durch die lose herabhängenden Kabel ins Innere seines Kopfes Welle um Welle von Impulsen, die alle Sinne mit Bildern füllten. Das dunkle Haus existierte für den Menschen nicht, auch nicht die Nacht über der Felsschlucht; wie das Auge im Fischkopf saß er im durchsichtigen Kopfteil eines Raumschiffs, das zwischen Sternen auf Sterne zuflog, während er selbst, so von allen Seiten zugleich in den Himmel entrückt, in die galaktische Nacht schaute, die nie und nirgends endet. Das Schiff jagte fast wie das Licht dahin, so daß viele Tausende Sterne, umkränzt von blutigem Widerschein, untergingen, während Nebelflecke, die für gewöhnlich dunkel waren, düster glühend aus dem Bodenlosen hervortauchten. Das Tempo des Schiffes veränderte nicht die Unbeweglichkeit des Himmelsgewölbes, sondern seine Farben: von zwei Sterngewimmeln erglomm das eine, vor dem Schiffsbug, in von Stunde zu Stunde gespenstischerem Blau, und das andere, hinter dem Heck, rötete sich; diejenigen Konstellationen aber, die in einer Linie mit dem Schiff standen, verschwanden nach und nach, als lösten sie sich in der Schwärze auf, und zwei Kreise erblindeten Himmels, sternlos leer, bildeten einerseits das Ziel der Reise, das nur mehr im Ultraviolett wahrzunehmen war, und andererseits den hinter den Feueraustößen zurückgelassenen Bereich des irdischen Systems mit der selbst im Infrarot schon unsichtbaren Sonne.

Der Mensch lächelte, denn das Schiff war alt und deshalb erfüllt vom Rascheln der mechanischen Ratten, die nur bei Bedarf zum Leben erwachen, wenn die Ventile nicht mehr dicht schließen, wenn die Fühler an den Meßuhren des Reaktors irgendwo das Durchsickern von Strahlung oder mikroskopisch geringen Luftabgang entdecken. In seinem übermenschlich groß wie ein Thron gebauten Lehnstuhl vergraben, saß der Mensch und regte sich nicht, und die fleißigen Gliederfüße durchmaßen unter und hinter ihm die Decks, schlurften in den kalten Trichtern entleerter Behälter, scharrten in den Galerien des Hecks, dessen Luft ganz und gar von sekundär erregter Strahlung unheimlich erglomm, und drangen am Ende zum dunklen Neutrino-Herz des Reaktors vor, wo kein lebendes Wesen auch nur eine Sekunde überdauert hätte. Durch das Netz lautloser Funksignale über die fernsten Winkel verteilt, schraubten die Kleinen hier etwas fester, dichteten dort etwas ab, und das Schiff war voll von ihrer rieselnden verästelten Hetzjagd, von den gewundenen Pfaden, wo sie unermüdlich trippelten, mit zur Arbeit aufgerichteten Instrumentfühlern.

Der Mensch, bis zum Hals im Pilotenbett aus Schaumstoff vergraben, wie eine Mumie von den Spiralen der Dämpfung umwunden, eingewickelt in das feinste Netz goldener Elektroden, die jeden Blutstropfen im Körper überwachten, nur am Kopf frei und bloß, mit schwarzen Augen, die von der gestirnten Finsternis durchzittert waren – lächelte, weil der Flug noch lang dauern sollte und weil er selbst, in wachsam angespannter Aufmerksamkeit, die lange Walfischform des Schiffes spürte, die ins Gehör – nur ins Gehör – durch das Gekribbel der elektrischen Kreaturen eingezeichnet wurde, als kratzten sie die Umrißlinien in schwarzes Glas. Er konnte das Schiff – als Ganzes – auf keine andere Weise wahrnehmen, denn nichts als Himmel war rings um ihn, das heißt, nichts als dieses von Verdichtungen aus infrarotem und ultraviolettem Staub überhauchte Dunkel, diese alterslosen Schlünde, die er wollte.

Zur selben Zeit flog ein anderer Mensch – aber schon in Wahrheit – einige Parsek über der Ebene der Galaxis. Den gepanzerten Rumpf seines Schiffes bestürmte der leere Raum mit schweigenden magnetischen Gewittern, es war nicht mehr so glatt, so makellos wie vor langer Zeit, als es abgeflogen war, auf einer Säule von Feuerschaum stehend. Das Metall, das härteste und widerstandsfähigste unter allen nur möglichen, verflüchtigte sich langsam, den Angriffen unendlicher Leerheiten ausgesetzt, die sich um die dumpfen Wände dieses so sehr irdischen, so realen

Gegenstandes schlossen und von allen Seiten daran saugten, so daß er verdampfte, Schicht für Schicht, in unsichtbaren Atomwölkchen; aber der Panzer war dick, berechnet mit Wissen um die interstellare Sublimation, um die magnetischen Katarakte, um alle Wirbel und Klippen des größten aller nur möglichen Ozeane, des leeren Ozeans.

Das Schiff schwieg. Es war wie tot. In seinen Rohrleitungen, viele Meilen langen Kehlen, jagte flüssiges Metall dahin, aber jede ihrer Kurven, jede Windung war im warmen Inneren irdischer Computer gezüchtet worden, von ihrer unbezwungenen Mathematik sorglich aus Hunderttausenden von Varianten ausgewählt, damit nirgends, in keiner Wand, an keiner Fuge, die gefährliche Resonanz hervorwimmeln konnte. In den Energiezellen wand sich in durchknoteten Adern das Plasma, dieses Sternfleisch, das in magnetischer Fesselung ausgespannt war, um – ohne die Spiegelflächen zu berühren, die es durch ein einziges Züngeln in Gas verwandelt hätte – als Feuersäule aus dem Heck zu schießen. Diese Spiegel der Flamme, diese Fesseln der Sonnenglut, bündelten die volle Gewalt, deren die Materie an der Schwelle der Selbstvernichtung fähig ist, in einem Lichtblitz, der nach Verlassen des Schiffs noch eine Milliarde von Meilen weit als Stern erster Größe zu sehen war. Alle diese Maschinen der Sonnentechnik hatten ihre irdische Vorgeschichte. Lang waren sie in jenen Testflügen und Testkatastrophen herangereift, denen bald voll zwinkernder Anerkennung, bald voll unruhigen Staunens das Schwirren der Kathodenstrahl-Oszillographen assistiert hatte, während die Rechenanlage, zu getreuem Abspielen von Astronautendramen gezwungen, kein bißchen gezuckt hatte; von diesen Sekunden voll schweigenden Stimmengewirrs, worin ganze Jahrhunderte der Kosmodromik zusammengedrängt waren, zeugte für den wachhaltenden Programmierer nur die Wärme der Maschinenwände, die sanft die Hände wärmte wie ein Kachelofen. Und da dies alles jahrelang geschehen war, arbeiteten die Feuereingeweide des Schiffes schweigend. Die Stille an Bord unterschied sich durch nichts von der galaktischen Stille. Die Panzerfenster waren blind, damit keiner der Sterne hindurchschauen konnte, die sich hinter dem Heck rostig verfärbten oder vor dem Bug erblauten. Fast so schnell wie Licht flitzte das Schiff, und so leise wie ein Schatten, so, als ob es sich überhaupt nicht bewegte, und nur die ganze Galaxis von ihm wiche, als spiraliger Kreis quecksilberner, von Staubwolken durchschossener Arme in die Tiefe wegsinkend.

Von den Anzeigegeräten der Hülle, von den dicken Messinggehäusen der Zähler, von den Kameras, die auf unsichtbare Neutronenbrände starrten, gingen Tausende Silber- und Kupferfäden aus, verflochten sich unter dem Kiel wie unter einer Wirbelsäule zu dicken Knoten, die von Signalen anschwollen, und flimmernd jagten ihre Rhythmen, Phasen, Koronen, Überspannungen dem Vorschiff entgegen. Was im hitzefesten Inneren des Hecks eine Säule aus Sonne war, eine in den Resonatoren der Felder vibrierende Saite aus Sternstoff, das wurde in den Kristallen der Relais zum präzisen Tanz der Atome; ihre Ballettfiguren entwickelten sich auf einem Raum, der kleiner als ein Staubkörnchen war. Die in den Panzer eingeschmolzenen Augen der Fotozellen suchten die Leitsterne, eingebuchtete Radargucker suchten Meteoriten; ins Metall der Spanten, Kiele, Querversteifungen und Träger eingelassen, verwandelten glatte, zusammendrückbare Kristalle jede Überlastung und jeden Druck in elektrisches Zittern, in mathematisches Stöhnen, unausgesetzt meldeten sie, wieviel der rundliche meilenlange Rumpf noch aushalten konnte; und die Elektronen, goldene Ameisen, tanzten unverdrossen seine Form nach. Im Schiffsinneren, auf allen Decks, überwachte der allgegenwärtige elektrische Blick die Rohrleitungen, Trennwände, Pumpen, und ihre Bilder wurden zum Pulsieren von Ionenwolken in Halbleitern – so liefen von allen Seiten zugleich Botschaften schweigender Sprache zum Steuerraum zusammen. Hier, unter dem mit sechs Isolierschichten bedeckten Fußboden, mündeten sie ins Innere des Hauptrechners, eines dunklen würfelförmigen Gehirns, und jagten ihrer Bestimmung entgegen; regelmäßig kreisten die Wirbel des quecksilbernen Gedächtnisses, durch leeres Strompulsen verkündeten die Kreise des Meteoritenschutzes ihre unablässige Einsatzbereitschaft, Entscheidungen wurden gegen Entscheidungen abgewogen, während die benachbarten Rechnerzentren, in der Sicherheit des absoluten Nullpunkts arbeitend, über jeden Schluck Atemluft und über jeden Schlag des Menschenherzens wachten; ganz in der Mitte der Maschine aber warteten die Programme der Manöver und Kurskorrekturen, die für den Havariefall und die für äußerste Gefahren, zusammen mit jenen, die vor langer Zeit ein einziges Mal in Gang gesetzt worden waren, beim Start, und erst viele Jahre später in der umgekehrten

Reihenfolge der Landung wiedererwachen sollten; und sie alle zusammen, die hier in monomolekularen Feinstschichten sichere Wacht hielten, hätten sich zwischen zwei Fingern zerreiben lassen wie ein Stäubchen eines Insektenflügels; das Schicksal des Menschen und des Raumschiffs wurde eben hier entschieden, zwischen Atomen.

Dieses schwarze Gehirn war kalt und taub wie ein Kristallfelsen, aber die kleinste Unklarheit, ein Ausrutscher in den einlangenden Signalen, löste einen Wirbelsturm von Fragen aus, sie wurden in die fernsten Winkel des Schiffs abgeschossen, und von dort flitzten in langen Reihen die Rückgabeserien der Antworten heran. Die Informationen verdichteten sich, kristallisierten, schwollen von Inhalt und Bedeutung, und wenn sie schließlich die kritische Ebene überschritten, erkühnte sich der Automat, ins Innere des schwarzen Steuerraums einzudringen, und ins Leere zwischen den blaßgrünen Zifferblättern der Chronometer hüpften wie aus dem Nichts in roten oder gelben Buchstaben eilfertig in die Luft gedruckte wichtige Meldungen: über die Überschreitung der halben Lichtgeschwindigkeit, über eine weitere Kursänderung auf das Ziel hin...

Aber der Mensch, der im Pilotenbett ruhte, las das nicht. Er wußte jetzt nichts davon. Das farbige Mosaik der Buchstaben, die ihm eifrig die Sensationen der Raumfahrt kundtaten, erhellte vergebens mit buntem Glitzern sein ruhiges Gesicht. Er hatte es nicht eilig zu diesen tagtäglichen Botschaften, vor ihm lag nach Jahren bemessene Zeit. Seine Lippen regten sich in langsamer, ruhiger Atmung, so, als hätte er vor, zu lächeln, und zögerte nur noch dieses Weilchen hinaus. Den Kopf lehnte er bequem ins Stützkissen, nur an den Haaransatz reichte ihm die Umrandung eines feinen Netzchens, das er ins Haar gedrückt trug; ein zartes Kabel verband das Netz mit dem flachen, wie aus einem einzigen Klumpen Mattsilber gehauenen Apparat, den er neben sich hatte. Er wußte in diesem Augenblick nicht, daß er zu den Sternen flog – er erinnerte sich nicht daran. Er saß – in abgewetzten Leinenhosen, die der Steinstaub an den Knien weiß gemacht hatte – am Rand eines großen Felssturzes, fühlte das vom Wind zerwühlte Haar an der Schläfe kitzeln und schaute so auf den großen Canyon unter dem heißen Himmel, auf die fernen spielzeugkleinen Eichen, auf den kühlen Abgrund, den bläuliche und wie Wasser rege Luft erfüllte, auf die wie in Glas eingegossene Zeichnung der

Felsungeheuer, die bis zum Horizont reichten; nur die Furchen der Steilwände verwischten sich in der äußersten Ferne, wo die vielstöckigen Klötze Sandkörnchen gleichkamen. Der Mensch spürte den aufdringlichen Druck der Sonne auf seinen Scheitel, spürte, wie der Wind ihm das grobe Leinenhemd bauschte, scharrte beiläufig mit dem Nagelschuh dicht oberhalb der Stelle, von wo der Fels jäh geneigt in totem Sprung kilometerweit in die Tiefe abfiel. Die Biegung des großen Canyons, gegenüber der Stelle, wo der Mensch sich niedergelassen hatte, war voll von Schatten, nur die höchsten Gipfel ragten darüber hinaus, sagenhaften Greifen oder den Göttern ausgegrabener Kulturen ähnlich. Und so sehr an die Erde gefesselt, in den gewaltigen Riß ihrer alten Rinde schauend, lächelte er, denn er spürte, wie kräftig in ihm das Blut kreiste.

Gibt es Sie, Mister Johns?

Richter: Das Gericht erörtert nunmehr den Streitfall Cybernetics Company contra Harry Johns. Sind die Parteien anwesend?

Anwalt: Ja, Herr Richter.

Richter: Sie vertreten die Belange...

Anwalt: Ich bin der juristische Bevollmächtigte der Firma Cybernetics Comp., Herr Richter.

Richter: Und wo ist der Beklagte?

Johns: Hier bin ich, Herr Richter.

Richter: Würden Sie Ihre Personalien angeben?

Johns: Gern, Herr Richter. Ich heiße Harry Johns, geboren am 6. April 1917 in New York.

Anwalt: Ein Wort zur Hauptsache, Herr Richter. Der Beklagte spricht die Unwahrheit, er ist durchaus nicht geboren...

Johns: Bitte, hier meine Geburtsurkunde. Und im Saal ist mein Bruder, er...

Anwalt: Das ist nicht Ihre Urkunde, und dieses Individuum ist nicht Ihr Bruder.

Johns: Wessen sonst? Ihrer vielleicht?

Richter: Bitte um Ruhe. Herr Bevollmächtigter, gedulden Sie sich ein wenig. Nun, Herr Johns?

Johns: Mein seliger Vater Lexington Johns hatte eine Autowerkstätte und impfte mir die Leidenschaft zu diesem Beruf ein. Als Siebzehnjähriger nahm ich erstmals an einem Autorennen teil. Seither startete ich berufsmäßig siebenundachtzigmal und habe bis heute sechzehn erste Plätze errungen, einundzwanzig zweite...

Richter: Danke, diese Einzelheiten sind für den Fall unwesentlich.

Johns: Drei Goldpokale, drei Goldpokale...

Richter: Danke, habe ich gesagt.

Johns: Und einen silbernen Kranz.

Donovan, Präsident der Cybernetics Comp.: Da! Er hat sich verklemmt!

Johns: Darauf können Sie lang warten!

Richter: Bitte um Ruhe! Haben Sie einen Rechtsvertreter?

Johns: Nein. Ich verteidige mich selbst. Meine Sache ist so lauter wie Kristall.

Richter: Wissen Sie, welche Forderungen die Cybernetics Company Ihnen gegenüber geltend macht?

Johns: Ich weiß. Ich bin das Opfer der schurkischen Tätigkeit tückischer Finanzhaie...

Richter: Danke. Herr Bevollmächtigter Jenkins, würden Sie dem Gericht den Gegenstand der Klage darlegen?

Anwalt: Sehr wohl, Herr Richter. Vor zwei Jahren erlitt der Beklagte bei einem Autorennen in der Nähe von Chicago einen Unfall und verlor ein Bein. Damals wandte er sich an unsere Firma. Die Cybernetics Company erzeugt bekanntlich Arm- und Beinprothesen, Kunstnieren, Kunstherzen und andere Ersatzorgane. Der Beklagte bezog gegen Teilzahlung eine linke Beinprothese und erlegte die erste Rate. Vier Monate später wandte er sich neuerlich an uns, diesmal bestellte er Prothesen zweier Arme, eines Brustkorbs und eines Genicks.

Johns: Quatsch! Das Genick, das war im Frühling, nach dem Bergrennen!

Richter: Unterbrechen Sie nicht.

Anwalt: Nach dieser zweiten Transaktion belief sich die Verschuldung des Beklagten an die Firma auf 2967 Dollar. Nach weiteren fünf Monaten wandte sich namens des Beklagten dessen Bruder an uns. Der Beklagte weilte damals im Monte-Rosa-Krankenhaus bei New York. Der neuen Bestellung gemäß lieferte die Firma nach Erhalt einer Anzahlung eine Reihe von Prothesen, deren Einzelaufzählung bei den Akten liegt. Dort figuriert unter anderem als Ersatz für eine Großhirnhalbkugel ein Elektronengehirn Marke Geniox zum Preis von 26 500 Dollar. Hohes Gericht, bitte die Tatsache zu beachten, daß der Beklagte bei uns die Luxusausführung des Geniox bestellt hat, mit Stahlröhren, farbentreuer Traumbildanlage, Stimmungsentstörer und Sorgendämpfer, obwohl dies die finanziellen Möglichkeiten des Beklagten klar überstieg.

Johns: Freilich, das tät' euch so passen, wenn ich jetzt mit eurem Serienkleinsthirn herumholpern müßte!

Richter: Bitte um Ruhe!

Anwalt: Daß der Beklagte in der bewußten böswilligen Absicht handelte, der Firma die bezogenen Teile nicht zu bezahlen, davon zeugt auch die Tatsache, daß er bei uns keine gewöhnliche Armprothese bestellte, sondern eine Spezialprothese mit eingebauter Schweizer Uhr Marke Schaffhausen mit achtzehn Steinen. Als die Schuld des Beklagten auf 29 863 Dollar angestiegen war, klagten wir auf Rückgabe aller bezogenen Prothesen. Jedoch das Staatsgericht wies unsere Klage mit der Begründung ab, daß ihn der Entzug der Prothesen um das weitere Dasein gebracht hätte. Zu jener Zeit war nämlich von dem ehemaligen Mister Johns nur noch die eine Gehirnhälfte übrig.

Johns: Was heißt »ehemaliger Johns«? Wirst du von der Firma für Schimpfwörter bezahlt, Prozeßverpfuscher?

Richter: Bitte um Ruhe. Wenn Sie die klagende Partei nochmals beleidigen, Mister Johns, dann werde ich Sie mit einer Geldbuße bestrafen.

Johns: Aber er beleidigt doch mich!

Anwalt: In diesem Zustand, das heißt, verschuldet und prothesenbestückt bis über beide Ohren bei der Cybernetics Company, die ihm so viel Güte bezeigt und im Nu alle seine Wünsche erfüllt hat, begann der Beklagte öffentlich nach allen Seiten unsere Erzeugnisse anzuschwärzen und über ihre Qualität zu meckern. Dies hielt ihn jedoch nicht davon ab, nach drei weiteren Monaten bei uns vorzusprechen. Er klagte über eine Reihe von Beschwerden und Gebrechen, die sich, wie unsere Experten feststellten, daraus ergaben, daß sich seine alte Hirnhalbkugel in der neuen, sozusagen zur Gesamtprothese gewordenen Umgebung nicht wohl fühlte. Aus Menschenfreundlichkeit ließ sich die Firma nochmals herbei, die Bitte des Beklagten zu erfüllen und ihn ganz zu genialisieren, das heißt, seinen eigenen alten Gehirnteil durch einen genauen Zwilling des bereits eingebauten Apparats Marke Geniox zu ersetzen. Für diese neue Forderung stellte uns der Beklagte Wechsel auf die Summe von 26 950 Dollar aus, wovon er bis heute lediglich 232 Dollar und 18 Cents bezahlt hat. In Anbetracht des geschilderten Sachverhalts... Hohes Gericht, der Beklagte sucht mir böswillig das Reden zu erschweren, indem er mich mit allerlei Gezisch, Gezwitscher und Geknirsche übertönt. Hohes Gericht, bitte ihn zu vermahnen!

Richter: Herr Johns...

Johns: Das bin nicht ich, das ist mein Geniox. Der macht das immer, wenn ich intensiv denke. Bin ich etwa für die Cybernetics Comp. verantwortlich? Das hohe Gericht kann Herrn Präsidenten Donovan vermahnen, für diese Pfuscharbeit!

Anwalt: Dem geschilderten Sachverhalt entsprechend ersucht die Firma das Gericht, ihrer Forderung stattzugeben und ihr die vollen Eigentumsrechte an dem von ihr hergestellten, hier im Gerichtssaal befindlichen, eigenmächtig aufmuckenden Prothesengefüge zuzuerkennen, das sich unrechtmäßig für Harry Johns ausgibt.

Johns: So eine Frechheit! Und wo ist Johns, Ihrer Ansicht nach, wenn nicht hier?

Anwalt: Hier im Saal ist Johns nicht, denn die irdischen Überreste dieses bekannten Rennchampions ruhen verstreut an verschiedenen Autobahnen in ganz Amerika. Durch ein Gerichtsurteil zu unseren Gunsten wird demnach keine physische Person geschädigt, da die Firma nur das in Besitz nehmen wird, was von der Nylonhülle bis zum letzten Schräubchen rechtens ihr gehört!

Johns: Freilich! In Stücke wollen mich die zerlegen, in Prothesen!

Präsident Donovan: Was wir mit unserem Eigentum tun, das geht Sie nichts an!

Richter: Herr Präsident, ich ersuche Sie höflichst, Ruhe zu bewahren. Danke, Herr Bevollmächtigter. Was haben Sie zu sagen, Mister Johns?

Anwalt: Herr Richter, zu der Hauptsache möchte ich noch bemerken, daß der Beklagte im Grunde genommen gar kein Beklagter ist, sondern ein materieller Gegenstand, der behauptet, sich selbst zu gehören. Da er jedoch in Wirklichkeit nicht lebt...

Johns: Sie, kommen Sie mal rüber zu mir, dann zeig ich Ihnen, ob ich lebe oder nicht!

Richter: Tja... Hm, das ist wirklich ein sehr, sehr merkwürdiger Fall. Hm... Herr Bevollmächtigter, diese Frage der Belebtheit beziehungsweise Unbelebtheit des Beklagten lasse ich vorläufig in Schwebe, bis zum Ergehen des Urteils, da andernfalls der normale Gang des Verfahrens erschwert würde. Sie haben jetzt das Wort, Mister Johns.

Johns: Hohes Gericht, und ihr, Bürger der Vereinigten Staaten, ihr, die ihr die schurkischen Anschläge eines Großkonzerns auf das Leben einer freien denkenden Persönlichkeit vor euch seht...

Richter: Bitte nur zum Gericht zu sprechen. Sie sind hier nicht bei einer Demonstration.

Johns: Sehr wohl, Herr Richter. Die Sache steht so: ich habe von der Firma Cybernetics wirklich ein paar Prothesen bezogen…

Präsident Donovan: Ein paar Prothesen! Soll wohl ein Witz sein!

Johns: Hohes Gericht, bitte diesen Herrn zur Ordnung zu rufen! Also, ich habe diese Prothesen bezogen. Schweigen wir davon, wie sie sind. Schweigen wir davon, daß ständig, ob ich gehe oder sitze, esse oder schlafe, in meinem Kopf etwas brummt, so daß ich in ein Einzelzimmer übersiedeln mußte, weil ich nachts meinen Bruder aufgeweckt habe. Schweigen wir davon, daß ich durch diese gepriesenen Genioxen, die einfach Umarbeitungen ausrangierter Rechenmaschinen sind, in Zählsucht verfallen bin, so daß ich fortwährend alles zählen muß, Katzen und Glatzen und Pfähle und Leute auf der Straße und weiß Gott was sonst noch alles. Darüber werde ich mich nicht verbreiten. Jedenfalls hatte ich die redliche Absicht, alle Forderungen zu begleichen, aber zu Geld kann ich nur dadurch kommen, daß ich Rennen gewinne. Indessen hatte ich eine Pechsträhne, verfiel in Depressionen, verlor den Kopf und…

Anwalt: Der Beklagte gibt selbst zu, daß er den Kopf verloren hat. Bitte dies zu beachten, hohes Gericht.

Johns: Sie, unterbrechen Sie mich nicht! Ich habe das in anderem Sinne gesagt. Ich verlor den Kopf, begann an der Börse zu spielen, verspielte und mußte Schulden machen. Dabei fühlte ich mich hundeelend, hatte dauernd das Reißen im linken Bein und Funken vor den Augen, und dazu allerlei idiotische Träume, von Nähmaschinen, oder von Wirk- oder Kuliermaschinen; ich ließ mich von Psychoanalytikern behandeln, und sie fanden bei mir einen Ödipuskomplex. Meine Mutter hat nämlich auf der Maschine genäht, als ich ein Kind war. Und damals, als ich so geschwächt war und mich kaum regen konnte, da begann mich die Firma vor die Gerichte zu schleifen. Die Zeitungen schrieben darüber, und infolge der böswilligen Verleumdungen hat die Methodistengemeinde – ich bin nämlich Methodist – die Pforten der Kirche vor mir verschlossen.

Anwalt: Und? Sie beklagen sich darüber? Glauben Sie etwa an ein Jenseits?

Johns: Daran glaube ich. Und was kümmert das Sie?

Anwalt: Das kümmert mich sehr viel, denn Mister Harry Johns verweilt derzeit bereits im Jenseits, Sie aber sind ein gewöhnlicher Usurpator!

Johns: Sie, hüten Sie Ihr Mundwerk!

Richter: Ich bitte die Parteien, Ruhe zu bewahren.

Johns: Hohes Gericht, als ich mich in so drückenden Verhältnissen befand, verklagte mich die Firma. Und als das Gericht ihre unverschämten Ansprüche abgewiesen hatte, da sprach ein finsterer Typ bei mir vor, ein gewisser Goas, den mir Präsident Donovan in die Quere schickte. Aber damals wußte ich das nicht. Dieser Goas stellte sich mir als Elektromonteur vor. Er sagte mir, gegen alle meine Beschwerden, gegen alles Reißen und Funkensprühen helfe nur eines: ich müsse mich vollauf genialisieren lassen. In meinem damaligen Gesundheitszustand konnte ich an Autorennen nicht einmal denken. Was hätte ich also tun sollen? Ich stimmte zu, hohes Gericht, und Tags darauf führte mich Goas in die Montierabteilung der Cybernetics...

Richter: Das heißt, man hat Ihnen das herausgenommen?

Johns: Aber ja.

Richter: Und dafür das eingesetzt?

Johns: Aber ja, nur verstand ich damals nicht, warum die mir das so bereitwillig machten, zu günstigen Bedingungen gegen langfristige Abzahlung. Aber jetzt weiß ich schon genau Bescheid! Hohes Gericht, ich sollte diese alte Halbkugel loswerden, das wollten die ja! Denn vorher hat das Gericht ihre Forderungen mit der Begründung abgewiesen, daß dieser arme Bruchteil meines alten Kopfes nicht aus eigenem hätte weitervegetieren können, wenn man mir alles übrige weggenommen hätte, also hat ihnen das Gericht nichts zuerkannt! Deshalb wollten sie meine Naivität und die durch das Geschehene hervorgerufene Schwächung der Verstandeskräfte ausnutzen und schickten mir diesen Goas in die Quere, damit ich selbst der Entfernung dieses alten Bruchstückes zustimmen und ihnen so in die Netze ihrer teuflischen Pläne gehen sollte! Aber dieser Irrwitz steht zum Glück auf tönernen Füßen! Denn bitte zu erwägen, hohes Gericht, was sind die Argumente der Firma denn wert? Die sagen, sie hätten ein Recht auf meine Person. Worauf soll das beruhen? Gesetzt, daß jemand auf Kredit bei einem Gemischtwarenhändler Nahrungsmittel einkauft, Mehl, Zucker, Fleisch und so weiter; und nach einiger Zeit geht dieser Gemischtwarenhändler vor Gericht und fordert, man solle ihm den Schuldner als Eigentum übergeben.

Denn wie wir aus der Medizin wissen, werden im Zuge des Stoffwechsels die Körpersubstanzen fortwährend durch Nahrungsmittel ersetzt, so daß nach einigen Monaten der ganze Schuldner samt Kopf, Leber, Armen und Beinen aus dem Fett, dem Eiweiß, den Eiern und Kohlenhydraten besteht, die ihm dieser Gemischtwarenhändler auf Kredit verkauft hat. Nun, würde irgendein Gericht auf der Welt die Ansprüche dieses Gemischtwarenhändlers anerkennen? Leben wir im Mittelalter, wo Shylock ein Pfund vom lebendigen Fleisch seines Schuldners forderte? Hier haben wir eine analoge Situation! Ich bin der Rennchampion namens Harry Johns und keine Maschine!

Präsident Donovan: Gar nicht wahr! Eine Maschine sind Sie!

Johns: Ach jaaa? Ja, gegen wen klagt denn dann eigentlich die Firma? An welche Adresse richtet sich die Ladung? An die irgendeiner Maschine, oder an die meinige, an Mister Johns? Herr Richter, bitte würden Sie vielleicht diese Frage klarstellen?

Richter: Hm... Also die Ladung lautet auf Harry Johns, New York, 44 Avenue.

Johns: Hören Sie, Mister Donovan? Herr Richter, gestatten Sie bitte, daß ich außerdem noch eine Frage zum Verfahren selbst stelle: Sieht das Gesetz der Vereinigten Staaten überhaupt vor, daß man eine Maschine gerichtlich belangen kann? Zum Beispiel vor Gericht laden, klagen...

Richter: Also... äh... nein. Nein, das sieht das Gesetz nicht vor.

Johns: Dann ist ja alles ganz einfach: entweder ich bin eine Maschine, dann darf diese Verhandlung gar nicht stattfinden, da eine Maschine in einem Gerichtsverfahren nicht Partei sein darf, oder ich bin keine Maschine, sondern eine Person, und was für Rechte auf mich beansprucht dann irgendeine Firma? Soll ich vielleicht ihr Sklave sein? Will Mister Donovan Sklavenhalter werden?

Donovan: Das nennt sich Unverfrorenheit! ... Aber trotz allem ... Fein haben wir Sie genialisiert, was?

Johns: Einen Schmarrn haben Sie! Hohes Gericht, von den Methoden, wie die Firma sie anwendet, kann die Tatsache zeugen, daß damals, als ich krank und kaum notdürftig zusammengeschraubt das Spital verließ und an den Strand ging, um frische Luft zu schöpfen, auf einmal die Leute in Mengen hinter mir herliefen, – denn wie sich herausstellte, waren auf meinem Rücken Aufschriften eingeprägt: »Made by Cybernetics Comp.« Das mußte ich also auf eigene Kosten herausschneiden und mir Flikken einsetzen lassen. Und jetzt verfolgen mich die! Ja, ein armer Mensch ist immer dem Zorn der Reichen schutzlos ausgesetzt, meine unvergeßliche Mutter und mein unvergeßlicher Vater haben mir das immer gesagt...

Präsident Donovan: Ihre Mutter und Ihr Vater ist die Cybernetics Company.

Richter: Bitte um Ruhe! Sind Sie zu Ende, Mister Johns?

Johns: Nein. Erstens möchte ich betonen, daß die Firma für meinen Unterhalt aufkommen müßte, denn ich habe nichts, wovon ich leben könnte. Der Ausschuß des Motoklubs hat meinen Start bei der Panamericana, das war letzten Monat, für ungültig erklärt, mit der Begründung, mein Wagen sei von »einem automatischen nichtmenschlichen Gerät« gelenkt worden. Wer hat mir das eingebrockt?! Die da! Die Firma Cybernetics, die dem Motoklub eine verleumderische Schmähschrift gegen mich geschickt hat! Sie nehmen mir mein Brot, also sollen sie gefälligst für meinen Unterhalt zahlen und mir die nötigen Ersatzteile liefern. Ist es etwa meine Schuld, daß ich dauernd durchbrenne, bald da, bald dort!? Und nicht genug daran: bei jedem persönlichen Zusammentreffen beleidigen mich die Angestellten und erst recht die Eigentümer der Firma! Präsident Donovan hat mir angeboten, die Sache gütlich beizulegen: ich solle mich als Reklamefigur hergeben und acht Stunden täglich im Schaufenster herumstehen! Als ich ihm sagte, das sei eines Rennfahrers unwürdig, und solche Einfälle könne er sich hinten hineinstecken, da antwortete er, daß er bereits mir genug hineingesteckt habe, und dies habe ihn 56 000 Dollar gekostet. Für diese Beleidigung und für andere ähnliche werde ich die Firma verklagen! Und jetzt bitte ich das hohe Gericht, meinen Bruder als Zeugen zu hören, da er die Einzelheiten des Falles genau kennt.

Anwalt: Herr Richter, ich erhebe Einspruch dagegen, daß der Bruder des Beklagten als Zeuge vernommen werden soll.

Richter: Und zwar auf Grund der Verwandtschaft?

Anwalt: Ja und auch nein... Es handelt sich darum, daß der Bruder des Beklagten vorige Woche das Opfer einer Flugzeugkatastrophe wurde.

Richter: Aha, und da kann er nicht vor Gericht erscheinen.

Johns' Bruder: Ich kann, ich bin hier.

Anwalt: Ja, das kann er allerdings, aber es handelt sich darum, daß die Katastrophe für ihn tragisch verlief, und daß die Firma im Auftrag der Witwe einen neuen Bruder des Beklagten hergestellt hat.

Richter: Einen neuen – was?

Anwalt: Einen neuen Bruder, und somit einen neuen Ehemann der ehemaligen Witwe.

Richter: Ah, so ist das...

Johns: Na und? Warum kann der Bruder nicht aussagen? Meine Schwägerin hat doch den Kaufpreis bar bezahlt.

Richter: Bitte um Ruhe! In Anbetracht der Notwendigkeit einer Überprüfung zusätzlicher Umstände durch das Gericht – wird die Verhandlung vertagt.

Phantastische Bibliothek
in den suhrkamp taschenbüchern

Band 1 Stanisław Lem, Nacht und Schimmel. Erzählungen. Aus dem Polnischen von I. Zimmermann-Göllheim. st 356

Band 2 H. P. Lovecraft, Das Ding auf der Schwelle. Unheimliche Geschichten. Deutsch von Rudolf Hermstein. st 357

Band 3 Herbert W. Franke, Ypsilon minus. st 358

Band 4 Blick vom anderen Ufer. Europäische Science-fiction. Herausgegeben von Franz Rottensteiner. st 359 (erscheint im Januar 1977)

Band 5 Gore Vidal, Messias. Roman. Deutsch von Helga und Peter von Tramin. st 390 (erscheint im Juni 1977)

Band 6 Ambrose Bierce, Das Spukhaus. Gespenstergeschichten. Deutsch von Gisela Günther, Anneliese Strauß und K. B. Leder. st 365 (erscheint im Januar 1977)

Band 7 Stanisław Lem, Transfer. Roman. Deutsch von Maria Kurecka. st 324

Band 8 H. P. Lovecraft, Der Fall Charles Dexter Ward. Zwei Horrorgeschichten. Aus dem Amerikanischen von Rudolf Hermstein. st 391 (erscheint im Juni 1977)

Band 9 Herbert W. Franke, Zarathustra. st 410 (erscheint im Oktober 1977)

Band 10 Algernon Blackwood, Besuch von Drüben. Gruselgeschichten. Aus dem Englischen von Friedrich Polakovics. st 411 (erscheint im Oktober 1977)

Band 11 Stanisław Lem, Solaris. Roman. Aus dem Polnischen von I. Zimmermann-Göllheim. st 226

Von Stanisław Lem
erschienen im Suhrkamp Verlag

Robotermärchen. *Bibliothek Suhrkamp* Band 366. 1973.
Das Hohe Schloß. Prosa. *Bibliothek Suhrkamp* Band 405. 1974
Der futurologische Kongreß. *Bibliothek Suhrkamp* Band 477. 1976
Die Jagd. Neue Geschichten des Piloten Pirx. *suhrkamp taschenbuch* Band 302. 1976

Von Stanisław Lem
erschienen im Insel Verlag

Nacht und Schimmel. Erzählungen. *Science Fiction.* 1971
Die vollkommene Leere. 1973
Die Jagd. Neue Geschichten des Piloten Pirx. *Science Fiction.* 1973
Sterntagebücher. 1973
Der futurologische Kongreß. *Science Fiction.* 1974
Die Astronauten. *Science Fiction.* 1974
Memoiren, gefunden in der Badewanne. 1974
Die Untersuchung. Kriminalroman. 1975
Das Hospital der Verklärung. 1975
Der Unbesiegbare. Roman. 1976
Summa Technologiae. 1976
Imaginäre Größe. 1976

Insel Almanach auf das Jahr 1976:
Stanisław Lem. Der dialektische Weise aus Kraków.
Werk und Wirkung

st 335 Deutschland – Wandel und Bestand. Eine Bilanz nach hundert Jahren. Herausgegeben von Edgar Joseph Feuchtwanger
206 Seiten
Die Beiträge von Walter Jens und R. H. Thomas beschäftigen sich mit der Situation des deutschen Intellektuellen. Der Beitrag von W. Abendroth hat das Zweite Kaiserreich und die deutsche Sozialdemokratie vor 1914 zum Thema. F. L. Carsten, K. Sontheimer und M. Broszat wenden sich in ihren Vorträgen den Problemen der Weimarer Zeit und den sozialen wie den psychologischen Hintergründen des Nazismus zu. Schließlich untersuchen drei Beiträge das Deutschland der Zeit nach dem Zweiten Weltkrieg: A. Grosser die Kontinuität und Diskontinuität der Bundesrepublik. P. C. Ludz die Deutsche Demokratische Republik und Th. Sommer die Fragen der Sicherheit Deutschlands im geteilten Europa.

st 336 Hans Erich Nossack, Das kennt man. Erzählung
190 Seiten
»Nossack erreicht und verwirklicht, was er anstrebt, die bohrende Sachlichkeit der Darstellung, die herausfordernde Nüchternheit der Diktion, die geradezu brüskierende Selbstverständlichkeit des Tonfalls, die Intensität

des scheinbar Beiläufigen, der Kleinigkeiten, der heimlichen Untertöne.« *Marcel Reich-Ranicki*

st 337 H. C. Artmann, Unter der Bedeckung eines Hutes. Montagen und Sequenzen
110 Seiten
Die Beschäftigung mit anderen Sprachen, die Anordnungsmuster der frühmittelalterlichen irischen Literatur, die Methode des frühen Surrealismus und wohl auch Reminiszenzen an die wortbesessenen Anfänge der »Wiener Gruppe« standen Pate bei diesen *Montagen und Sequenzen.* H. C. Artmann setzt sie in Szene, um sie dann ihrer eigenen Choreographie und der Einbildungskraft des Lesers zu überlassen.

st 338 Franz Fühmann, Erfahrungen und Widersprüche. Versuche über Literatur
224 Seiten
Die hier versammelten Essays sind Texte der Selbstverständigung, Werkstattberichte im Medium literaturtheoretischer Auseinandersetzung. Sie geben in einer ständigen Praxisnähe, die aber die Anstrengung des Begriffs nicht scheut, über das ästhetische Selbstverständnis eines hervorragenden Schriftstellers der DDR Auskunft und erhellen in Würdigung und Kritik die derzeitige Situation der Literatur.

st 339 Walter Kappacher, Morgen. Roman
128 Seiten
»Kappachers Arbeitsprogramm ist das echte Roman-Arbeitsprogramm: die Prüfung einer Lebensart. Nicht die Darstellung einer Lebensart, sondern die Antwort auf eine Lebensart. Unsere Lebensart hat jetzt einen ernsthaften Feind mehr. Und die Literatur einen ebensolchen Schriftsteller.« *Martin Walser*

st 340 Basis. Jahrbuch für deutsche Gegenwartsliteratur. Band 6
Herausgegeben von Reinhold Grimm und Jost Hermand
244 Seiten
Basis setzt sich in Form von Essays, Interviews und Rezensionen mit der deutschsprachigen Gegenwartsliteratur auseinander. *Aus dem Inhalt:* Geschichte und Drama. Ein Gespräch mit Heiner Müller; R. Grimm,

Enzensberger, Kuba und *La Cubana*; H.-O. Riethus/ G. Voigt, Was darf die Dokumentarsatire?; R. Möhrmann, Der neue Parvenü. Aufsteigermentalität in Martin Walsers *Ehen in Philippsburg*; J. Hermand, Blumiges und Unverblümtes. Zur Problematik des literarischen Bettgesprächs; u. a.

st 341 Materialien zur lateinamerikanischen Literatur
Herausgegeben von Mechtild Strausfeld
400 Seiten
Der Band enthält Aufsätze über Adolfo Bioy Casares, Alejo Carpentier, Juan Rulfo, Augusto Roa Bastos, Juan Carlos Onetti, Julio Cortázar, Carlos Fuentes, Mario Vargas Llosa, Manuel Puig und Manuel Scorza. Biobibliographische Angaben zu den Autoren sowie eine Liste der wichtigsten Sekundärliteratur und Porträtfotos vervollständigen den Band.

st 342 Mario Vargas Llosa, Das grüne Haus. Roman
Deutsch von Wolfgang A. Luchting
448 Seiten
Der Autor erzählt, wie hochherzige Nonnen Urwaldmädchen einfangen, um sie zu christianisieren. Am konkreten Schicksal Bonifacias verdeutlicht er deren »neues« Leben: Dienerin bei den Garnisonoffizieren, schließlich Prostituierte. Eine zweite Geschichte berichtet von der Ausbeutung der Indianer bei der Kautschukgewinnung, den Gesetzen des Dschungels, den Repressalien der Regierung bei Auflehnung und Streik. Das dritte Handlungsmotiv ist eine grüngestrichene Hütte, das städtische Bordell, Schnittpunkt der Schicksale, Zeiten und Realitäten, ein Haus von nahezu mythischer Vergangenheit und Bedeutung.

st 343 Carlos Fuentes, Nichts als das Leben. Roman
Deutsch von Christa Wegen
320 Seiten
Thema des Romans ist die Geschichte des korrumpierten Revolutionärs. Artemio Cruz erinnert sich siebzigjährig auf dem Sterbelager an die Stationen seines Lebens. Fazit nach dem Sinn des Gewesenen: »Nichts hat den Wert des Lebens: Das Leben hat keinen Wert!«
»Bei Fuentes gibt es keine Metaphysik der Sprache: es

gibt verbale Erotik, Gewalt und Entzücken, Begegnung und Explosion. Der Brennkolben und die Rakete.«

Octavio Paz

st 344 Manuel Puig, Verraten von Rita Hayworth. Roman
304 Seiten
In den dreißiger und vierziger Jahren bietet die Scheinwelt der amerikanischen Movie-Pictures für die Bewohner der argentinischen Provinz die einzige Ausflucht aus dem tristen Alltag. Puig, der Ironiker, hat sich keiner neuen literarischen Strömung Lateinamerikas verpflichtet, sondern bedient sich der Sprache des von ihm denunzierten Mediums: des Filmdialogs, der Comic Strips, der Fernsehspots.

st 346 Der Cimarrón. Die Lebensgeschichte eines entflohenen Negersklaven aus Cuba, von ihm selbst erzählt. Nach Tonbandaufnahmen herausgegeben von Miguel Barnet
Aus dem Spanischen übersetzt von Hildegard Baumgart
Nachwort von Heinz Rudolf Sonntag und Alfredo Chacón
272 Seiten
»Dieses Buch«, schrieb Lévi-Strauss, »eröffnet eine völlig neue Gattung der ethnologischen Literatur. Ihr Kennzeichen: eine Vertrautheit mit der Wirklichkeit der Eingeborenen, die weit über alles früher Versuchte hinausgeht.«

st 352 Tilmann Moser, Lehrjahre auf der Couch. Bruchstücke meiner Psychoanalyse
Mit einem Nachwort
244 Seiten
Moser schreibt so unzensiert, wie es das Prinzip der Psychoanalyse erfordert. Sein Bericht ist ein Stück psychoanalytischer Forschung: die Untersuchung einer Neurose und der Versuch ihrer Heilung aus der Sicht des Erkrankten.
»Fest steht, dieses Buch wird Furore machen, es wird ungeteilte Bewunderung und heftige Ablehnung erfahren, und wenn sich die Emotionen gelegt haben, wird es auf den Lehrplänen für Analytiker zu finden sein.«

Dieter Baier

Alphabetisches Gesamtverzeichnis der suhrkamp taschenbücher